간화정로

| 看話正路 |

간화정로
| 看話正路 |

간화선을 말한다

월암 月庵

클리어마인드
CLEARMIND

인천(人天)의 안목(眼目)을 밝히니

세존世尊께서 영산회상靈山會上에서 천상天上과 인간人間의 백만억 대중이 모인 가운데 꽃을 들어 보이시니(拈花示衆), 대중이 무슨 영문인지 몰랐지만 가섭존자迦葉尊者만이 빙그레 웃었다. 이에 부처님께서 말씀하시기를 "나의 정법안장正法眼藏을 가섭에게 부촉하노라." 하셨다. 이것이 선문禪門의 시초始初요, 선종禪宗의 종지宗旨이다.

달마대사께서 말씀하시기를 "전불前佛과 후불後佛이 마음으로써 마음을 전하셨다(以心傳心)." 하시고 "마음이 곧 부처요(卽心卽佛), 부처가 곧 도이며(佛卽是道), 도가 곧 선이니(道卽是禪)."라고 하셨다.

선문禪門을 통통하지 않고서는 도를 이룰 수 없고, 도를 이룰 수 없다면 어떻게 견성성불見性成佛하여 도탈중생度脫衆生할 수 있을 것인가? 근래 불도佛道를 수행修行하는 이들 가운데 선禪과 교敎에 모두 어두워서 스스로 들어가는 길을 알지 못하고, 부처님의 가르침을 듣고 배우려 하지 않는 풍조가 만연하여, 도를 닦는 형식만 있고 실제實際가 없으니 한탄스럽기 그지없다.

더구나 요즈음 선禪을 표방하는 여러 가지 수행법이 우후죽순雨

後竹筍처럼 생겨나 수많은 사람들을 현혹시키고, 아울러 우리 종문宗門의 전통수선법傳統修禪法인 간화경절看話徑截의 돈법頓法이 위협받고 있는 것 또한 사실이다.

이러한 위기危機 속에서 우리 종문宗門에 시절인연時節因緣이 도래到來함인가. 월암선화月庵禪和가 홀연히 일어나 학문수연學問修硏과 실참실수實參實修의 경험經驗을 토대로 『간화정로看話正路』를 저술著述하여 간행刊行하려 하니, 선문禪門을 지키는 수호신장守護神將이요, 수선자修禪者의 귀중貴重한 지침서指針書로써 간화선看話禪의 정로正路를 제시해 주고 있다.

월암선화禪和는 이 책을 통하여, 먼저 달마達摩 이후 선종사禪宗史에서 우리 선사先師들이 어떻게 수증修證했는지를 논구論究하고, 또한 간화선看話禪의 성립成立배경과 연원淵源을 소상히 밝히고 수증修證의 실제實際를 명료明了하게 기술記述하고 있다.

현대사회에서 인간은 신속한 변화와 다양한 가치관의 충돌로 인해 혼돈의 삶을 살고 있다. 이러한 현대인들에게 선禪이 문명文明의 대안代案으로써 최고의 가치로 자리매김할 수 있다면, 많은 대중들이 보다 쉽고 간결한 방법으로 접근할 수 있어야 할 것이다. 이러한 과제 앞에서 월암선화月庵禪和의 『간화정로』는 분명히 이 시대에 던지는 하나의 화두話頭로써 선수행禪修行의 방양榜樣이며, 나침반羅針盤이 될 수 있을 것이다.

 아울러 간화선이 미망迷妄에서 벗어나 인천人天의 안목眼目을 개발開發하는 제일第一의 경절문徑截門이라면, 여타餘他의 다른 수행방법보다 더욱 수승한 최상승最上乘의 가르침이 될 수 있을 것이다. 이 한권의 책으로 이론과 실참實參의 겸수兼修를 통하여 안심입명安心立命에 이르기를 간설히 바란다.

세존응화世尊應化 병술년丙戌年 청매지춘靑梅之春
덕숭총림德崇叢林 수좌首座 설정雪靖 지식識

책을 펴내면서

초등학교 5학년 시절에 학교 도서실에서 도서출납을 담당한 적이 있다. 방과 후에 도서실에 묻혀 책 출납의 일과 책읽기에 몰두했다. 여러 종류의 어린이 위인전을 접하고 난 후의 느낌은 "사람은 어디서 왔다가 어디로 가는가?"라는 막연한 의문과 "이 우주의 끝은 어디인가?"라는 치기어린 호기심이었다.

다행히 중학교 2학년 때 불교를 만나게 되었다. 불교학생회를 통해 경주 분황사에서 훗날 은사가 되신 도문道文큰스님으로부터 난생 처음 들은 법문이 "나는 무엇을 생각할까. 도道를 생각하리라. 나는 무엇을 말할까. 도道를 말하리라. 나는 무엇을 행할까. 도道를 행하리라 하여 도道 생각하는 마음 잠깐인들 잊으리까."라고 하는 게송이었다. 그 때 들은 이 법문은 어린 나에게 큰 충격으로 다가왔다. "그래, 대장부가 이 세상에 태어나 도道를 생각하고, 도를 말하고, 도를 행하며 살 수 있다면 이 보다 더 값진 인생이 어디 있겠는가."라고 하는 생각이 문득 들었다. 이 날부터 집에 돌아가지 않고 어설픈 행자생활이 시작되었다.

군대를 제대하고 제대복을 입은 채로 지리산 칠불사로 가서 재

출가하는 심정으로 기도를 했다. 그리고 부모님께 인사라도 드리고 갈려고 속가에 가서 일주일 간 머물렀다. 어머님은 아들이 제대하고 절에 가지 않고 집으로 돌아왔다고 희색이 만연하셨다. 아마도 어머님 생각에 내가 어린 나이에 멋모르고 절집에 들어갔다가 이제 철이 들어 군을 제대하고 부모님 곁으로 돌아와서 가족과 함께 살려고 하는가보다라고 생각하시는 것 같았다. 몇 일간 꼼짝하지 않고 방안에만 있다가 일주일 후에 느닷없이 걸망을 짊어지고 "저 갑니다. 편안히 계십시오."라는 말만 남기고 사립문을 나서는 야속한 자식을 향해 어머니는 눈어귀에 기내어 서서 밍하니 허공을 향하여 안타까이 하신 말씀이 경주지방 말로 "마! 가나."라고 하는 한 마디였다.

"도道를 생각하는 마음 잠깐이라도 놓지 말라."고 하신 은사스님의 법문과 "그냥 그렇게 또 가야만 하느냐(마! 가나)."라고 절규하신 어머니의 한마디는 지금도 나의 공부를 채찍질하고 있다. 즉 도를 생각하고 말하고 행하라는 은사스님의 법문은 "견성성불見性成佛"하라는 수행으로, "마! 가나."라고 하신 어머님의 말씀은 늘 중생의 은혜를 생각하고 "요익중생饒益衆生"하라는 교화의 경구警句가 되어 항상 나의 출가사문으로서의 자세를 돌아보게 하였다.

그런데 공문空門에 들어와 삼보와 수많은 인연의 은혜 속에 살면서 아직 수행은 더디고 깨달음은 요원하니 은사의 은혜를 갚지 못함이며, 안락한 경지를 얻어 기쁜 소식을 가지고 돌아가지 못했으니 이 또한 어머님의 은혜에 보답하지 못한 것이다. 옛 스승이 말하기를 "출가하여 도를 이루지 못하면 삼가三家에 죄를 짓는다."고 하였으니, 국가國家와 속가俗家와 출가出家의 은혜를 언제 다 갚을 수 있을지 걱정이 태산처럼 높다.

대혜선사는 "무상신속無常迅速, 생사사대生死事大"라는 말로 수선납자를 경책하였다. 세월은 사람을 기다려 주지 않는데, 생사의 일은 너무나 크고 신속하게 다가오고 있다. "견성성불見性成佛, 요익중생饒益衆生"이 선문의 종지宗旨일진대, 무상無常을 절감하며 일대사一大事를 해결하여야 그 종지에 부합하게 되는 것이다. 지천명知天命의 나이를 살아가면서도 아직 철이 나지 않아 무사안일로 허송세월하며 시물施物만 축을 내고 있는 자신이 부끄럽기 짝이 없다.

시절은 하수상하고 납월 삼십일은 시시각각으로 다가오는데 아직 미망迷妄을 떨쳐내지 못하고 인정人情에 휩쓸려 향상일로(向上一路 : 조사관)에 나아가지 못하고 있으니 천불이 출세한들 무슨 소용이 있겠는가.

중국 유학 시절에 대혜선사가 행화(行化 : 수행과 교화)하셨던 천목산天目山 경산사徑山寺 능인선원能仁禪院의 구지舊址를 참배한 적이 있다. 그 때 폐허된 간화조정看話祖庭을 보고 가슴 아파하면서 마음속으로 다짐했다. 한국의 간화선 중흥과 중국의 간화선풍 진작을 발원하며, 이 시대에 맞는 간화정종(看話正宗 · 간화선 지침서)을 마련하는데 일조하리라 결심한 바 있었다.

그 후 학문연마에 힘쓰고 선원에서 정진한답시고 차일피일 미루어 오다가 재작년(2004년) 동안거를 덕숭총림德崇叢林 정혜사定慧寺 능인선원能仁禪院에서 나게 되었다. 그 때 도반들과 함께 설정雪靖 수좌首座스님을 모시고 정진하던 중, 대중들이 쉽게 볼 수 있는 간화선 지침서가 필요하다는 큰스님의 말씀에 용기를 내어 해제철에 틈틈이 원고를 쓰게 되었다. 워낙 학문이 일천하고 수행이 부족한지라 여러 가지 어려움이 많은 가운데, 지난 동안거를 다시 정혜사에서 보내게 되어 그 동안 써놓은 원고를 정리하여 「간화선의 역사와 사상」이라는 교재로 만들어 선원대중들에게 3일간 강의한 바 있다.

대중들의 호응에 힘입어 그 원고를 다시 정리하여 이번에 『간화정로看話正路』를 간행하게 되었다. 돌이켜 보면 중국 간화선의 조정祖庭인 경산사 능인선원에서 발원發願하고, 한국 간화선의 중흥도량인 덕숭총림 정혜사 능인선원에서 집필을 시작하였으니 이 또한 시절인연인 듯 하다. 그리고 또한 벽송지엄, 부용영관, 청허휴정에 의해 조선 최고의 간화조정看話祖庭이 된 이곳 지리산 벽송선원에서 탈고하여 간행하게 되었으니, 불조佛祖의 은혜가 무량함에 머리 숙일 뿐이다.

선禪을 깨달음을 얻기 위한 수단이나 혹은 깨달은 이후의 경지로 국한시켜서는 안 된다. 그리고 선禪을 적멸의 경지를 얻는 것으로 착각한다든가, 신비한 영적체험을 경험하는 것으로 이해하고, 외적 초월성에 초점을 맞추어 현실을 도외시하고 적정한처寂靜

閑處에 안주하는 것 또한 올바른 선禪이 아니다. 선禪은 지금 여기 고통의 현실 속에서 그 고통이 실체가 없음(空)을 직하直下에 요달了達하여, 고통이 고통 아닌 행복으로 돌려쓰는 깨어있고 열려있는 삶 자체인 것이다.

그래서 조사선祖師禪의 핵심은 한 생각(一念)의 번뇌망념煩惱妄念을 보리정념菩提正念으로 돌려쓰는 일념해탈一念解脫, 일념성불一念成佛에 있는 것이다. 내가 숨쉬고 있는 바로 여기에서 주인이 되어(주체적으로) 해탈의 진실세계를 살아가는 것을 임제선사는 "수처작주隨處作主 입처개진立處皆眞"이라고 말했다.

이러한 조사선의 정신이 간화방법론으로 계승되어진 것이다. 대혜선사는 화두의 참구를 통해 안심입명安心立命의 해탈을 위한 수심의 정로(修心正路)를 제시하였다. 간화선 역시 수단이나 방법론만을 말하는 것이 아니며, 깨달은 자의 경계만을 설하는 것도 아니다. 순간마다 화두話頭로 깨어있고 무심無心으로 열려 있어, 전도망상顚倒妄想이·바로 진정견해眞正見解가 되는 자유의 삶이 바로 간화선의 지향점이다. 곧 화두참구를 통해 망념이 본래 없음을 체달하여 구경의 깨달음(究竟覺)으로 안심입명安心立命하는 것이 간화종지라 하겠다. 화두참구의 수행 자체가 구경각은 아니지만 또한 구경각을 떠나 있는 것도 아니다. 화두일념은 깨달음의 현현顯現이며, 깨달음 또한 화두일념을 통해 이루어진다. 그러므로 화두참구의 의정이 간화선 수행의 관건이 되는 것이다.

간화선의 수행전통이 살아있는 한국에서 간화의 정신과 사상이 오늘에 다시 활발발한 모습으로 되살아나서 수선납자修禪衲子와 출가사문을 위시한 일반대중들에게 널리 유통되어 일상생활의 지남이 될 수 있게 해야 한다. 선의 역사와 사상 그리고 그 방법론으로 사부대중이 함께 실참實參하고 탁마할 수 있는 법석이 일상화되기 위한 간절한 바램으로 간화선의 지침서 격인 『간화정로』를 간행하고자 한다.

평소 선원에서 바른 길을 일깨워 주시고 이번에 기꺼이 발문跋文을 써주신 덕숭총림 수덕사 설정雪靖 수좌큰스님께 감사를 올리고, 본서 집필에 학문적 지침을 마련해주신 사형 학담鶴潭스님께도 감사드린다. 아울러 선원에서 함께 정진한 많은 구참선배들과 도반들의 지도와 격려에도 감사드리고 싶다. 또한 졸고를 기꺼이 출판에 응해주신 현대북스 오세룡사장님과 직원 여러분, 며칠 밤을 새워 교정을 보아 준 혜견스님과 지공, 묘청, 법초, 지행 등 동대 선학과 학인스님들께도 깊은 감사를 드리는 바이다.

  실력에 한계가 있고 시간에 쫓겨 좀더 완성된 간화선 지침서를 만들지 못한 점이 못내 아쉽게 생각된다. 강호제현江湖諸賢의 기탄 없는 질정叱正과 경책警策에 응하고자 한다.

지리산 벽송사碧松寺 벽송선원碧松禪院에서
간화행자 월암月庵 두손 모음

간화정로 _ 차례

인천의 안목을 밝히니   5

책을 펴내면서   8

이끄는 말   22

제 1장
선종의 수증론   29

1. 초기 선종의 수증론   31
   (1) 능가종 - 벽관과 심불기 35
   (2) 동산법문의 좌선간심   41

2. 남북종의 수증론   52
   (1) 북종선의 수증론   52
   (2) 남종선의 수증론   63
      1) 돈오성불 - 일념해탈   63
      2) 정혜등과 일행삼매   71

3. 조사선의 수증론   79
   (1) 도불용수   79
   (2) 돈오본성   93

제 2장
간화선 성립의 배경   105

1. 문자선과 그 폐풍   107
   (1) 문자선의 형성   107
      1) 어록의 편찬   107
      2) 문자선의 형성   113
      3) 문자선의 개창   115

(2) 문자선의 발전　　　　　　120
　　1) 설두중현 ― 송고백칙　120
　　2) 원오극근 ―『벽암록』　127
　(3) 문자선의 폐해　　　　　　138

2. 무사선과 그 폐해　　　　　　150
　(1) 무사선의 연원과 성립　　　150
　　1) 우두선의 본래무사　　　150
　　2) 남종선의 무념위종　　　154
　　3) 홍주선의 평상심과 무심 162
　　4) 임제선의 평상무사　　　169
　(2) 무사선의 폐해　　　　　　172

3. 묵조선과 묵조사선　　　　　181
　(1) 묵조선의 연원과 성립　　　181
　(2) 묵조선의 사상　　　　　　190
　　1) 묵조선의 수증관　　　　190
　　2) 묵조선의 핵심사상　　　197
　(3) 묵조사선에 대한 비판　　　202
　　1) 묵조사선　　　　　　　202
　　2) 묵조사선 비판　　　　　207

제 3장
간화선의 성립　　　　　　　　223

1. 공안참구의 연원　　225

2. 간화의 성립　　232
　(1) 오조법연　　232
　(2) 불안청원　　237
　(3) 원오극근　　243
　(4) 대혜종고　　250

제 4장
간화선의 이론과 수행　　255

1. 간화선 수행의 전제　　257
　(1) 일반전제　　258
　　1) 중도정관의 확립　　258
　　2) 계정혜 삼학등지　　266
　　3) 인과와 자비관의 정립　　276
　　4) 선교겸수　　281
　　5) 삼요를 갖춤　　288
　(2) 특별전제　　292

2. 공안의 의미와 목적　　298
　(1) 공안의 의미와 역할　　298
　(2) 공안 시설의 목적　　303

3. 간화선의 특성　　312

19

(1) 생활선　　　　　　　　312

　　(2) 사중선　　　　　　　　318

　　(3) 증오선 - 깨달음으로 법칙을 삼음　328

4. 화두 참구　　　　　　　　346

　　(1) 발심　　　　　　　　　346

　　(2) 선지식 참문　　　　　　354

　　(3) 화두의 간택　　　　　　372

　　(4) 활구의 참구　　　　　　380

　　(5) 화두 참구의 방법　　　　386

　　　　1) 시시제시　　　　　　386

　　　　2) 생사교가　　　　　　392

　　　　3) 성성적적　　　　　　397

　　　　4) 화두삼매　　　　　　400

　　　　5) 절후재소　　　　　　404

5. 간화선의 선병　　　　　　407

　　(1) 혼침과 도거　　　　　　407

　　(2) 무자화두의 십종 병　　　411

제 5장
현재 간화선풍에 대한 반성　419

　1. 이론과 실참의 병행　　　　421

2. 안빈낙도의 승풍　　426
3. 동중수행의 강화　　435
4. 생산성의 제고　　438
5. 수행과 인격의 일치　　441

맺는말　445

부록　451

1. 무자화두　　453
2. 이뭣고?　　470
3. 본래면목 화두　　488
4. 만법귀일 화두　　500
5. 대혜종고선사 행장　　508

이끄는 말

　대승불교는 근본불교의 정신으로 돌아가 지혜와 자비를 함께 닦는 "비지쌍운悲智雙運"으로 그 사상적 근간을 이루고 있다. 중국 선종도 대승불교의 깨달음과 실천의 정신을 계승하여 "견성성불見性成佛, 요익중생饒益衆生"을 종지로 이론과 실천의 토대로 삼았다. 선종은 좌선과 선정을 기본으로 한다. 그러나 좌선과 선정이 형식에 고착되어 행주좌와行住坐臥 어묵동정語默動靜의 전 생활영역으로 확대되지 못한다면, 진정한 지혜를 발현할 수 없기 때문에 선정수행과 일상생활은 이원화되어 안심입명安心立命에 이를 수 없게 된다.
　초기불교에서 부처님이 수정주의修定主義와 고행주의苦行主義를 비판했고, 남종선이 북종의 일부 선정주의禪定主義에 매몰된 수행자들을 향해 외도사법外道邪法이라고 비판했으며, 대혜大慧가 형식적 앉아있음으로 선禪을 삼는 선류禪流들을 향해 묵조사선默照邪禪이라 비판하고 간화선을 제창하였다.
　간화선의 정신에서 보면 선은 깨달음의 전제로써의 방편수행이거나 수행해서 얻는 적멸의 경지가 아니라, 인간과 세계의 닫혀진 실체적 고립성을 지양하고 열려진 연기적 관계성을 밝혀내는 실천운동이다. 간화의 참정신은 진리를 내면의 경지나 외적 초월성에서 찾지 않고 주체의 삶과 행위의 창조적 해탈(心解脫, 慧解脫)로 정립하는 불교정신의 시대적 구현이라 할 수 있다.[1]

예로부터 조계종은 조사선을 표방하며 간화경절看話徑截에 의한 최상승의 돈오법문을 종지로 표방한다. 그러나 현재 조계종은 통불교通佛敎적 성격에 기초한 선종禪宗의 전통으로 인해 다양한 수행법이 혼재하고 있는 것도 사실이다. 즉 간경, 염불, 주력, 참회, 위빠사나, 전통의 참선 등 여러 가지 수행법이 혼재한 가운데, 간화선수행이 대종을 이루고 있다.

오늘날 한국불교에서 중요한 문제의 하나는 기존의 수행체계를 선종, 혹은 간화의 방법론 위에서 재정립하는 것이다. 그리고 수선修禪대중은 철저한 역사인식과 사회인식의 바탕 위에 역사의 요구와 시대의 사조에 능동적으로 대처하는 역동적 선풍을 진작시켜야 한다. 현대사회는 다변화의 시대요, 다양한 가치관의 사회다. 빠르게 변화하는 시대 풍조와 서로 다른 가치관의 충돌로 인해 혼

---

1) 鶴潭 『간화결의론과해』, p 4.

돈의 삶을 맞이하고 있다.

이런 혼돈의 시대 속에서 '선禪이 최고의 가치'이니, '선이 현대 문명의 대안'이라느니, 혹은 '간화선만이 최상승의 수행법'이라는 주장은 자칫 독선의 늪에 빠질 위험을 내포하고 있다. 진정 선이 최고의 가치요 대안이며, 간화선이 최상승最上乘의 가르침이라고 한다면 그 '최상승의 가치와 가르침'이 지금 여기에서 철저히 구현되어야 한다. 아울러 다른 것과 공존하고 다른 것을 융회할 수 있는 유연성과 포괄성을 가지고 제시되어야 한다.

역대 선의 대종장大宗匠들이 자신의 시대를 살면서 당대의 정신사조를 창도하고 또한 시대를 초월하는 사상적 모델을 제시하여 정신문화를 개현하였듯이, 오늘을 살아가는 선수행자도 역시 이 시대와 대중이 요구하는 살아 있는 수행과 정신으로 선의 가치를 선양하고 시대를 개도해야 한다.

현재 간화선 수행의 문제는 여러 선장禪匠들이 지적하고 있는 것처럼 '간화선 수행법 자체의 문제'라기 보다는 많은 부분 '간화선을 수행하는 수행자의 문제'라고 보아야 한다. 다시 말하면 간화선 수행자들이 간화의 정신에 입각하여 철저히 간화방법론에 의해 수행과 깨달음을 실천해야 한다.

송대 대혜종고大慧宗杲는 공안公案에 대한 개념적 이해知解로써 깨달음을 삼는 문자선文字禪의 병폐, 앉아있음만으로 선을 삼는 묵조사선默照邪禪의 폐풍과 아무 일 없음에 안주하여 무사안일에 빠져있는 무사선無事禪의 풍조에 대응하여 간화선看話禪을 제창하게 되었다. 오늘날 선을 표방하며 실참실구實參實究하는 간화행자들의 의식과 수행이 이러한 간화선의 종지종풍을 계승하여 역대 간화종장들이 노심초사 설파한 간화정종看話正宗의 지남指南에 의해 본지풍광本地風光을 드러내고 있는지 깊이 성찰해 볼 필요가 있다.

본서에서는 중요하게 간화선의 역사와 사상 그리고 수행에 대해 연구하고 토론해 보고자 한다. 그러기 위해서는 먼저 간화선이 성립되기 이전의 선종 제종파의 사상과 수증론에 대해 살펴볼 필요가 있다고 생각한다. 즉 달마의 능가선을 시작으로 동산법문, 북종선, 남종선, 조사선 등이 주장하는 수행과 깨달음에 대한 방법론에 대해 개괄해 봄으로써 간화선의 성립과의 연관관계를 짚어 보고자 한다. 다음으로 간화선이 성립된 직접적인 사상배경과 그 연원淵源을 살펴보기로 하겠다. 즉 간화선이 문자선文字禪, 무사선無事禪, 묵조선默照禪의 병폐에 대한 반응으로 제창되었음을 선사상사를 통해 고찰해 보고자 한다.

그리고 대혜가 주창한 간화선의 사상과 수행방법에 대해 구체적으로 알아보고, 또한 그것을 위해 중국과 한국의 선종사상에서 제기되어진 간화수증의 이론을 함께 천착해 보고자 한다. 본서에서 굳이 간화선의 역사와 사상을 아울러 고찰하고자 하는 이유는 선종사 전체의 맥락에서 간화선을 회통적으로 이해하고자 함이며, 아울러 간화선 역시 역사적이며 연기적 산물이기에 이 시대에 맞는 간화정종看話正宗의 이론적 토대를 마련하여 시대 대중들로 하여금 결국 실참실구實參實究로 귀착시켜 해탈의 삶을 지향해 나아가도록 하고자 한다.

이러한 일련의 사상적 작업을 통해 이 시대 간화선 수행의 문제점을 반추해 보고 나름대로 그 대안을 고민해 보는 것으로써 결론을 맺고자 한다.

그리고 "무자화두無字話頭"와 "시심마(是甚麼 : 이뭣고)화두"에 대한 소고小考와 "대혜선사 행장行狀"을 부록으로 추가하였다. 종문에서 간헐적으로 제기되고 있는 "무자화두"와 "이뭣고화두"에 대한 이견에 대한 반론과 대혜선사의 간략한 행장을 첨부하여 간화선사상을 이해하는데 조그마한 참고가 되길 바란다.

제 1장 선종의 수증론(修證論)

1. 초기 선종의 수증론

선禪은 생사를 해탈하는 가장 궁극적인 일이며, 모든 불조사의 심지법문心地法門이다. 이 일은 언어의 길이 끊어지고(言語道斷) 마음의 길이 소멸해 버린(心行處滅) 경지이기 때문에 범부의 사량분별思量分別로는 깨달을 수가 없다.

선종은 일찍이 "교 밖에 따로 전하고(敎外別傳), 문자를 세우지 않고(不立文字), 사람의 마음을 바로 가리켜(直指人心), 성품을 보아 부처를 이루게 하는 것(見性成佛)"을 내세워 그 종지로 삼았다.

사실 선종은 화엄종이 교상판석敎相判釋에서 선을 돈교頓敎로 규정하여 교敎 안에 둠에 대항하여, 선이란 부처님의 일대시교一代示敎 밖에 따로 마음으로써 마음을 전한(以心傳心) 것이라고 정의하여 교외별전敎外別傳이라고 했다. 그러나 달마는 자교오종藉敎悟宗이란 말로 교에 의거하여 종(宗 : 禪)을 깨달아야 한다고 주장했다. 이것이 달마선의 선교관禪敎觀이다.

불립문자不立文字란 선의 깨달음의 경계는 언어문자로써 나타낼 수 없는 경지라는 의미로 한 말이며, 구체적으로 문자를 사용하지 않는다(不用文字)는 뜻이 아니라, 문자에 집착하지 않는다(不着文字)는 말이다. 도는 문자가 아니지만 또한 문자를 떠나서 도에 이를 수 없기 때문이다. 그래서 선종에 있어서 문자와 깨달음의 관계는 의교오선依教悟禪이라 해야 할 것이다. 즉 교에서 설하고 있는 언어 문자를 활용해 선의 깨달음에 나아가야 한다는 의미이다.

직지인심直指人心이란 사람의 마음을 바로 가리켜 부처라고 하는 것이다. 마음을 떠나서는 부처를 찾을 수 없다(心外無佛). 그러므로 선의 수행은 전적으로 마음을 둘러싸고 이루어지고 있는 것이다. 마음이 곧 부처란 것은 인격人格의 수행이 곧 불격佛格을 체득하는 것이란 말이다. 마음 밖을 향해 삼아승지겁의 오랜 세월을 수행해도 결국 깨달을 때에는 이 마음을 깨닫는 것이다. 그래서 선종에서는 마음이 곧 부처(卽心是佛)라고 말하는 것이다.

견성성불見性成佛이란 마음의 성품을 보아 부처를 이룬다는 말인데, 마음의 성품을 깨닫는 견성이 바로 부처를 이루는 성불이라는 뜻이다. 즉 견성이 그대로 성불이라는 말이다. 그러니 선종에서는 차제를 가지고 점차로 닦는 점수문보다 마음의 성품이 공함을 직하直下에 요달하여 중생을 단박에 뛰어넘어 부처의 지위에 들어가는(一超直入如來地) 돈오문을 소중하게 여긴다.

중국 남북조 시대에 도생道生이 "돈오성불론頓悟成佛論"을 주장하여, 돈점논쟁을 제기한 바가 있다. 이 논쟁의 주된 쟁점은 돈오의 지위를 어디에 두느냐에 초점을 맞추어 전개되고 있다. 즉 보살 십지 가운데 칠지七地에 무생법인無生法忍을 증득한다고 주장하는 소돈오小頓悟와, 십지(十地 : 여기서는 佛地)에 돈오한다는 대돈오大頓悟

의 주장이 대립되었다.

그리고 이와 함께 불성본유佛性本有설과 불성시유佛性始有설의 논쟁이 전개 되었다. 이른바 불성본유란 일체중생이 본래 불성을 갖추고 있기 때문에 조작적인 수행을 더하지 않고 구경에 성불할 수 있다고 주장하는 것이다. 이른바 불성시유란 두 종류의 함의가 있는데, 그 하나는 일체중생은 본래 오염되어 부정不淨하기 때문에 반드시 수행을 통해야 비로소 불성을 얻는다고 주장하는 것이고, 다른 하나는 중생이 본래는 불성을 갖추고 있었으나(本有) 지금 현재는 번뇌망념에 가려서 없으므로(今無) 또한 수행을 통해야만 불성을 드러낼 수 있다고 주장하는 것이다.

불성본유설은 수행(修)과 깨달음(證)의 "인중유과(因中有果 : 원인 가운데 결과가 있음)" 혹은 "인과불이(因果不二 : 원인과 결과가 하나임)"의 입장에 있기 때문에 돈오頓悟적인 색채가 강하고, 불성시유설은 "인과점차(因果漸次 : 원인과 결과 사이에 차제가 있음)" 혹은 "수인증과(修因證果 : 원인을 닦아 결과를 증득함)"의 입장이어서 점수漸修적 색채가 농후하다.

이러한 돈점頓漸, 수증修證의 사상이 선종의 수증론으로 발전하게 된다. 그러므로 선종의 수증론은 그 안에 수행(修)과 깨달음(悟)의 선후先後, 인과因果, 돈점頓漸 등의 문제가 내포되어 있다. 여기서 제기되어지는 수증의 방법이 수인증과修因證果, 수증동시修證同時와 점수돈오漸修頓悟, 돈오돈수頓悟頓修, 돈오점수頓悟漸修 등의 수증론이다.

종밀은 『원각경대소초』에서 여러 가지 수증론을 제시하고 있는데, 그 가운데 중요한 수증론의 내용은 "수증인과修證因果"와 "점수漸修" 및 "돈오頓悟"이다. 다시 말하면, 수증인과는 수행과 깨달음의 상호 관계에 대한 문제인데 선수후오先修後悟, 선오후수先悟後修, 혹은 수오동시修悟同時 등의 문제로 나누어진다. 선수후오는 수인증과修因證果를 말하는데, 닦음을 원인으로 해서 깨달음의 결과를 얻는 것을 말하고, 선오후수는 먼저 깨닫고 그 깨달음에 의해 닦는 것을 가리키며, 수오동시는 닦음과 깨달음(證悟)이 둘이 아니어서 인因과 과果가 서로 겹치므로(因果交徹) 닦음과 깨달음이 동시인 것을 말한다. 그 다음은 수행과 깨달음에 대한 돈점頓漸의 문제로써, 수修와 오悟에 지위점차地位漸次를 인정하느냐(漸), 아니면 단박에 이루느냐(頓) 하는 것을 말한다.

 그런데 실제로 선종사에서 크게 문제가 된 수증의 방법론은 남북종에서 점수와 돈오로 나뉘어 쟁론하였고, 그 외에는 본각本覺과 불각不覺 그리고 시각始覺 가운데 그 어느 것에 중점을 두느냐의 문제로 나타났다.

 남북종선법에서 보면 북종은 점수를 강조하는 점교의 입장이며, 남종은 돈교의 입장에서 돈오에 초점을 맞추고 있다. 북종의 점수선漸修禪은 지위점차의 수행을 통하여 깨달음(證悟)을 성취한다고 하는 수인증과修因證果를 그 내용으로 하고 있으며, 남종은 인과동시因果同時의 입장에서 단박 깨닫는 돈오 혹은 돈수를 강조하게 된다.[2]

---

2) 참조, 김태완 지음 『조사선의 실천과 사상』, (장경각, 2001년), p 251.

전체 선종사에서 볼 때 가장 중요하게 제기된 수증론은 점수이오漸修而悟[3], 돈오돈수頓悟頓修, 돈오점수頓悟漸修라고 말할 수 있다. 이러한 수증론에 입각해서 달마선으로부터 간화선 이전인 조사선까지의 선법을 고찰해 보도록 하겠다.

(1) 능가종 - 벽관(壁觀)과 심불기(心不起)

달마의 선을 일반적으로 능가종楞伽宗, 혹은 불심종佛心宗이라고 말한다. 이것은 달마가 중국에 와서 『능가경』에서 설하고 있는 "불어심위종佛語心爲宗", 즉 "부처님이 말씀하신 마음으로 종宗을 삼는다."는 말과, "제불심제일諸佛心第一", 즉 "모든 부처님의 마음이 제일"이니, 불심을 깨달음이 가장 중요하다는 입장에서 능가종 혹은 불심종이라고 한다. 불심종인 달마선이 구체적 수행법은 『이입사행론二入四行論』에 잘 나타나 있다.

이입理入이란 부처님의 가르침에 의해 불교의 근본종지를 깨닫는 것이다(籍敎悟宗). 중생은 성인(부처님)과 동일한 참성품(眞性)을 지니고 있으나, 다만 객진망상에 뒤덮여 있어 그 참성품을 드러내지 못하고 있음을 깊이 믿는(深信) 것이다. 만약 망념을 제거하여

---

[3] 점차적인 수행을 통해 깨달음을 얻는 이른바 점수이오(漸修而悟)에는 점수점오(漸修漸悟)와 점수돈오(漸修頓悟)가 있다.

진성을 드러내기(捨妄歸眞) 위해서는 마음을 집중하여 벽관壁觀을 행해야 한다. 이를 통해 자타의 구별이 없고, 범부와 성인이 본질적으로 동일하다는 그 믿음에 굳게 머물러 변함이 없으며, 또한 다시는 언어문자의 개념적 가르침을 따르지 않아야 한다. 이런 때에 진리와 하나가 되어 분별을 여의고 고요한 무위無爲에 도달한다. 이것을 이입理入이라 한다.[4]

달마가 설하고 있는 이입理入이란 이치로 깨달음에 들어간다는 말인데, 엄격히 말하면 깨달음 그 자체라고 말할 수 있다. 불교의 근본적인 핵심을 깨닫기 위해서는 우선 부처님의 가르침인 교에 의해서 마음을 깨달아야 한다(藉教悟宗)고 주장하고 있다. 이른바 "자교오종"이 달마선의 전통이다. 그러면 그 깨달음의 내용이 무엇인가. 범부와 성인이 동일하게 가지고 있는 참성품(眞性)을 깨닫는 것이다. 본질적인 면에서 볼 때 중생과 부처는 동일진성同一眞性으로 하나이다. 그러나 범부는 불행하게도 그 진성을 지키지 못하고 객진망념에 가려져 있다. 다시 말하면 "마음의 본성(心性)은 본래 깨끗하지만(心性本淨), 객진번뇌에 오염되어 있다(所染客塵)."는 것이다. 이 객진번뇌에 가려져 있는 참성품을 드러내는 것이 달마선 수증론의 출발이다.

---

4) 『二入四行論』, 『楞伽師資記』. "理入者, 謂藉教悟宗, 深信含生凡聖同一眞性, 但爲客塵妄覆, 不能顯了. 若也捨妄歸眞, 凝住壁觀, 無自他, 凡聖等一, 堅住不移, 更不隨於言敎, 此卽與眞理冥符, 無有分別, 寂然無爲, 名之理入."

그런데 여기서 문제가 되는 것은 범부와 성인이 동일하게 본래 갖추고 있는 그 참성품(眞性)을 밝혀냄에 있어서, 이미 부처와 똑같이 깨달아 있는 불성佛性의 본래성의 입장을 강조할 것인가, 아니면 객진번뇌에 덮여 오염된 중생심衆生心의 현재성을 강조할 것인가에 따라 수증의 방향은 달라질 수밖에 없다.

달마는 위에서 깊이 믿으라(深信)고 했는데, 이 믿음이야 말로 선사상사에 일관되게 강조되고 있는 제일의 수증전제라 할 수 있다. 물론 선종에서의 믿음은 중생이 곧 부처요, 이 마음이 부처임을 믿는 것을 말한다. 그런데 여기서 이 믿음이 진성眞性인 본래성을 더 강조하느냐, 아니면 중생심衆生心인 현재성을 더 강조하느냐, 그것도 아니면 본래성을 인정하면서 현재성의 입장에 서 있느냐에 따라 수증론의 방법이 달라질 수 있다.

불교사상사에서 볼 때에 부파불교시대에 이미 "심성본정心性本淨"설과 "심성부정心性不淨"설이 내립된 적이 있다. 심성본정설을 주장한 대중부 등에서는 심성은 본래 청정한 것이기 때문에 본래성에 회귀하면 된다는 주장을 했으며, 심성부정설을 주장한 설일체유부 등에서는 심성은 본래 부정한 것이기 때문에 더욱 열심히 닦아서 청정을 이루어야 한다는 상이한 주장을 하게 된다.

이후 이 두 사상은 대승불교와 중국초기불교에서 "불성본유佛性本有"설과 "불성시유佛性始有"설로 발전하게 된다. 이 두 사상에 대해서는 이미 앞에서 설명하였기에 여기서는 생략하겠다.

주지하는 바와 같이 『대승기신론』에서는 본각本覺과 불각不覺 그리고 시각始覺을 설하고 있다. 부처와 중생이 본래 깨달아 있는 본래성에서 본각本覺을 설하고, 현재 중생은 본각을 여의고 있기 때문에 깨닫지 못한 상태를 불각不覺이라 말하고, 장차 수행을 통해서 비로소 깨달음을 회복함으로 시각始覺이라 한다.

그러면 과연 달마선은 어느 입장에서 수증을 설하고 있는 것인가. 달마는 먼저 진성은 부처와 중생이 동일하다는 입장에서 본각의 입장을 수용하고 있다. 그런 연후에 이러한 진성이 망념에 덮여있어 지금은 나타나 있지 못한 불각의 상태를 동시에 설하고 있다. 그 다음 망념의 상태인 불각을 버리고 진성의 상태인 본각으로 돌아가고자(捨妄歸眞) 하거든 마음을 집중하여 벽관壁觀을 행해야 한다고 주장하고 있는 것이다.

이와 같이 수행의 방법으로 벽관을 제시하고 있다. 물론 이 벽관이 달마 자신의 입장에서 볼 때는 이미 깨달음 자체를 나타내고 있는 본각의 현전現前이기 때문에 더 닦음이 필요 없는 닦음(無修之修)일 수 있다. 그러나 장차 깨달아 망념을 여의고 진성을 회복해야 하는 범부의 입장에서 보면 이 벽관은 분명히 닦음이 있는 닦음(有修之修)일 수밖에 없다.

그러므로 달마선의 수증관은 본각을 인정하는 토대 위에서 불각의 중생현실을 여의기 위해, 벽관을 통해 다시 본각을 회복하는 시각의 입장을 고취하고 있다고 말할 수 있다. 물론 여기서 단박에 닦아 깨닫느냐(頓悟), 점차 지위를 두고 닦아 깨닫느냐(漸悟)는 중생의 근기 차이에 있겠지만 어쨌든 점차적인 닦음을 통해 깨달음을 얻는 "점수이오漸修而悟"를 주장하고 있다고 할 수 있다.

여기서 우리는 달마선의 수행이 "벽관을 통한 좌선"에 있음을 알 수 있다. 곧 좌선이 선종의 수행전통으로 자리를 잡게 된 기초를 마련하고 있다. 그러면 좌선벽관의 구체적 내용은 무엇일까. 『능가사자기』「구나발타라」장에 보면 다음과 같은 내용이 설해져 있다.

> 『능가경』에 말하기를, '모든 부처님의 마음이 제일이다.' 라고 했다. 내가 법을 가르칠 때에 마음이 일어남이 없는 그 자리(心不起處)가 바로 이것(諸佛의 心)이다. 이 법은 삼승을 초월하며, 보살 십지를 넘어 불과처佛果處를 구경으로 하나니, 단지 묵심默心하여 스스로 깨달아 알 뿐이다. 무심으로 양신養神하고, 무념으로 안신安身하며, 한가하게 머물러 고요히 앉아서 근본을 지키고 진성에 돌아간다(守本歸眞).[5]

여기서 우리가 주목해야 할 말은 마음이 일어남이 없는 그 자리, 즉 이른바 심불기처心不起處라는 말이다. "심불기心不起"란 마음이 일어나지 않는 본래의 자리, 바로 진성의 자리이다. 벽관이 번뇌를 버리고 진성을 회복하는 것(捨妄歸眞)이므로, 벽관은 바로 일

---

5) 『楞伽師資記』「구나발타라삼장」. "『楞伽經』云, 諸佛心第一. 我敎授法時, 心不起處是也. 此法超度三乘, 超過十地, 究竟佛果處, 只可默心自知, 無心養神, 無念安身, 閑居靜坐, 守本歸眞."

념이 일어나기 전을 관觀하는 것이다. 이 일념이 일어나기 전의 본래심이 곧 제불의 심이기 때문에 이 법은 삼승과 보살 십지를 초월하여 바로 부처의 지위에 나아가게 되는 것이다.

그런데 일반적으로 선종이라면 좌선관심이나 간화좌선만을 닦는 것으로 알고 있으며 실제로 선문 안에서도 그렇게 행하는 사람이 많이 있다. 달마의 선관에는 "이치로 들어가는 문(理入)"과 "실천행으로 들어가는 문(行入)"을 동시에 시설하고 있다. 이것은 매우 중요한 사실이다. 이사원융理事圓融의 관점에서 볼 때 앉아있는 좌선수행(理) 뿐만 아니라, 그 외의 일을 행함(事)도 그대로 수행이어야 하기 때문에 달마가 이입과 행입을 겸수할 것(理事兼修)을 주장하고 있는 것이다.

달마는 행입으로 보원행報怨行, 수연행隨緣行, 무소구행無所求行, 칭법행稱法行[6] 등 일상생활에서 적극적으로 자리행과 이타행의 육바라밀을 실천할 것을 주문하고 있다. 이러한 전통이 훗날 남종선과 간화선의 전통으로 이어져 행주좌와行住坐臥와 견문각지見聞覺知의 어떠한 시간과 공간을 막론하고 선을 실천하는 생활선으로 발전하게 되는 것이다.

달마를 이은 혜가와 승찬 역시 마찬가지로 벽관을 중심으로 한

---

6) 보원행 : 수행인이 현재 받고 있는 고통이 자신이 숙세에 지은 과보로 생각하고 감내하며 모든 인연에 감사함을 가지는 것. 수연행 : 일체 모든 일이 인연에 의한 것이기에 고락에 흔들리지 않고 도에 일치하게 함. 무소구행 : 진리로 안심무위(安心無爲)하여 모든 분별상을 여의고 무엇을 구함이 없음. 칭법행 : 일체의 법이 공(空)하다는 이치를 터득하여 법(진리)에 일치하는 행을 함.

좌선의 실천으로 선을 삼고 있다. 특히 혜가는 "시방의 모든 부처님 가운데 만약 한 분이라도 좌선에 의하지 아니하고 성불한 분이 있다는 것은 도저히 있을 수 없다."[7]라고 하여 좌선수행을 강조하고 있다. 혜가와 승찬의 선법 역시 수증론에 있어서는 "점수이오 漸修而悟"에 해당된다고 할 수 있다.

(2) 동산법문의 좌선간심(坐禪看心)

달마능가선의 전통이 혜가와 승찬을 거쳐 선종의 4조인 도신에 전승되어지고 있다. 도신은 달마선의 전통인 좌선벽관의 기초 위에 삼론종과 천태종의 반야성공般若性空의 사상을 수용하여 일행삼매一行三昧의 수증관을 수립하고 있다.

> 나의 이 법을 말하자면, 『능가경』의 "모든 부처님의 마음이 제일이다(諸佛心第一)."라는 것에 의거하고 있으며, 또한 『문수설반야경』의 "일행삼매一行三昧"에 의거하고 있다. 즉 염불심念佛心이 부처요, 망념妄念이 범부이다.[8]

---

7) 『楞伽師資記』,「혜가장」, "十方諸佛, 若有一人不因坐禪而成佛者, 無有是處."
8) 『楞伽師資記』,「도신장」. "我此法要, 依楞伽經諸佛心第一. 又依文殊說般若經一行三昧. 卽念佛心是佛, 妄念是凡夫."

『문수설반야경』에 의거하면 일행삼매란 "법계는 한 모양인데(法界一相), 한 모양인 법계에 계합하는 것(繫緣法界)"을 말한다. 도신은 이러한 일행삼매에 들어가기 위해서는 먼저 염불을 통해야 가능하다고 주장하고 있다. 즉 방편의 "칭명염불稱名念佛"9)로 시작하여 최후에 마음이 부처에 계합되는(繫心一佛) "실상염불實相念佛"10)을 통하여 염불심이 곧 부처임(念佛之心卽是佛)을 강조하고 있다.

도신은 또한 『대품경』을 인용하여 말하기를, "생각하는 바가 없는 것을 이름하여 염불이라 한다. 어떤 것이 생각하는 바가 없는 것인가? 부처를 생각하는 마음(念佛心)을 이름하여 생각하는 바가 없다는 것이다. 마음을 떠나서 따로 부처가 없고, 부처를 떠나 따로 마음이 없다. 부처를 생각함(念佛)이 곧 마음을 생각하는 것(念心)이요, 마음을 구하는 것이 곧 부처를 구하는 것이다."11)라고 하였다.

도신은 열반불성涅槃佛性과 반야실상般若實相을 염불로 통일하여, 이로부터 생사해탈의 안심법문安心法門을 제출하고 있는 것이다. 기실 이러한 염불이 바로 실상염불과 유심염불唯心念佛을 결합한, 즉 관함(能觀)과 관하는 바(所觀)가 하나 되어 주객이 소멸된 일행삼매인 것이다. 이른바 "부처를 생각함이 마음을 생각함이요, 마음

---

9) 사종염불(四種念佛)의 하나. 불보살의 명호를 소리 내어 부르는 염불.
10) 사종염불의 하나. 자신과 아울러 일체제법(一切諸法)의 진실한 자성인 법신(法身)을 관하는 것.
11) 『楞伽師資記』. "大品經云, 無所念者, 是名念佛. 何等名無所念? 卽念佛心名無所念. 離心無別有佛, 離佛無別有心. 念佛卽是念心, 求心卽是求佛."

을 구함이 곧 부처를 구함이다."라고 하는 것은 유심염불에 해당되며, "부처의 마음을 생각한다는 것을 이름하여 생각하는 바가 없다."라든가 "생각하는 바가 없다는 것이 이름하여 부처를 생각하는 것" 등은 실상염불에 해당하는 말이다.

실상염불에 도달하는 것이 곧 달마선의 즉심시불卽心是佛의 경계에 이르는 것이다. 도신은 유심염불唯心念佛의 유심唯心과 실상염불實相念佛의 실상實相을 결합하여 무념無念으로 회통하고 있다. 무념이 곧 즉심시불의 경계인 것이다. 그는 『능가사자기』 가운데 『관무량수경』에서 설한 "시심시불(是心是佛 : 마음이 부처)과 시심작불(是心作佛 : 마음이 부처를 만듬)"을 인용하여 즉심시불卽心是佛의 경계를 설명하였다.

도신은 "마음은 명경과 같다(心如明鏡)."고 전제하고 상근인은 말하지 않아도 "마음이 스스로 밝고 청정함(心自明淨)"의 도리를 단박에 깨달을 수 있고, 다른 사람의 설명을 듣고 깨닫는 하근인은 오랜 세월의 점자석 수행(漸修)을 통하여 "마음이 다시 밝고 청정한 (心更明淨) 경계"를 체득한다고 주장하고 있다. 그러므로 상근이기上根利機는 단박에 깨달을 수(頓悟) 있으며, 하근둔기下根鈍機는 점차적 수행(漸修)을 통해야 하는 차별이 있다고 말하고 있다.

    부처를 생각하지도 않고, 마음을 잡아두지도 않으며, 마음을 보지도 않고, 헤아리지도 않으며, 사유하지도 않고, 관행하지도 않으며, 산란하지도 않고, 바로 임운(任運 : 스스로 그러함에 맡김)하여, 가지도 않게 하고, 머무르지도 않게 하여, 홀로 청정하면 구경처

인 마음은 더욱 맑고 청정해진다.[12]

상근의 수행인은 임운자재한 수행만이 필요하다. 도신이 주장하는 수증론의 입장에서는 방편의 점수적 수증방법에 비해 돈오적 일행삼매를 더욱 강조하고 있다고 말할 수 있다. 그러므로 그가 법융法融에게 법을 전할 때 "내가 승찬선사로부터 받은 돈교법문頓教法門을 너에게 부촉한다."라고 지시하고 있다. 도신은 이러한 돈교법문의 입장에서 오종방편의 선법을 전개하고 있다.

무릇 다섯 종류가 있다. 첫째, 마음의 본체心體를 아는 것이니, 마음 본체의 성품이 청정하여 그 본체와 부처가 동일하다고 아는 것이다. 둘째, 마음의 작용心用을 아는 것이다. 마음의 작용이 법보를 생하고 항상 적멸하여 모든 미혹이 모두 여여如如한 것이다. 셋째, 마음이 항상 멈춤이 없음을 깨닫는 것이다. 마음이 현전함을 깨닫고, 모든 법이 무상無相임을 깨닫는다. 넷째, 항상 몸이 공적하여 내외가 하나로 통해져 있음을 관하여, 이 몸이 법계 가운데 있어도 일찍이 장애되지 않는다. 다섯째, 하나를 지켜 움직임이 없다(守一不移). 동정動靜 가운데 항상 머물러 능히 수행자로 하여금 불성을 밝게 보아 빨리 선정의 문에 들게 한다.[13]

---

12) 『楞伽師資記』. "亦不念佛, 亦不捉心, 亦不看心, 亦不計念, 亦不思惟, 亦不觀行, 亦不散亂, 直任運, 亦不令去, 亦不令住, 獨一淸淨, 究竟處, 心自明淨."
13) 『楞伽師資記』. "凡有五種, 一者, 知心體, 體性淸淨, 體與佛同. 二者, 知心用, 用生法寶, 起作恒寂, 萬惑皆如. 三者, 常覺不停, 覺心在前, 覺法無相. 四者, 常觀身空寂, 內外通同, 入身於法界之中, 未曾有碍. 五者, 動靜常住, 能令學者明見佛性, 早入定門."

이것은 마음의 본체와 작용의 관점에서 부처와 중생을 논하고 있다. 마음의 본체에서 보면 중생이 본래 구족한 불성과 제불의 성품이 둘이 아니기 때문에, 그 작용의 각도에서 객진망념에 오염 되었다 하더라도 심신心身이 공적함과 제법무상의 도리를 관찰함을 통하여 구경에 "명견불성明見佛性"에 도달할 수 있다는 것이다. 이것을 이른바 "수일불이守一不移"라고 하는 것이다. 즉 수일불이 란 중생과 제불이 둘이 아닌 "중도일미(中道一味 : 中道佛性)를 잘 지켜서 움직임이 없음을 말하는 것"이다. 도신은 수일불이에 의한 구체적 수행법에 대해 다음과 같이 말하고 있다.

'하나를 지켜 움직임이 없다(守一不移)'라는 것은 이 공정한 눈(空淨眼)으로 하나의 사물에 주의하기를, 밤낮으로 간단없이 이어가며 오로지 힘써 항상 움직임이 없는 것이다. 그 마음이 흩어져 달아나려고 하면 급히 거두어들이는 것이 마치 새의 다리를 끈으로 묶어 두었다가 날아가려고 하면 끈을 잡아당겨 잡는 것과 같이 하며, 온종일 끊임없이 보면 고요하여 마음이 스스로 정에 들게 된다. 『유마경』에 말하기를 "마음을 거두어들이는 것(攝心)이 도량道場이다."라고 하였다. 이것이 마음을 거두어들이는 법(攝心法)이다.[14]

여기서 도신이 주장한 수일불이守一不移의 수행법은 뒷날 간화선

---

14) 『楞伽師資記』, "守一不移者, 以此空淨眼注意看一物, 無間晝夜時, 專精常不動. 其心欲馳散, 急手還攝來, 如繩繫鳥足, 欲飛還掣取, 終日看不已, 泯然心自定. 『維摩經』云, 攝心是道場, 此是攝心法."

에서 화두를 간看하는 수행법의 요소要素가 포함되어 있음을 볼 수 있다. 즉 한 물건을 간看하여 움직임이 없게 하되 잡념으로 마음이 달아나려고 할 때 마음을 거두어들여 굳게 지키는 섭심법攝心法은 간화선에서 화두를 참구하는 형식적 모태가 된다고 할 수 있다. 특히 공정한 눈으로 하나이 사물을 간단없이 긴看하는 것과 새의 다리를 묶어 두어 날아가려고 할 때 끈을 잡아당겨 잡는 것의 비유가 간화선 참구의 형식면에서 유사한 점이 있다고 할 수 있다.

이어서 도신은 처음 좌선에 입문한 사람들에게 다음과 같이 하라고 가르치고 있다. 고요한 곳에서 몸과 마음을 직관(直觀身心)해야 하나니, 마땅히 사대오온四大五蘊과 안이비설신의眼耳鼻舌身意와 탐진치貪嗔癡, 선이든 악이든, 원수이든 친한 이든, 범부이든 성인이든, 그리고 일체 모든 것에 이르기까지 본래로 공적空寂하고, 불생불멸不生不滅이며, 평등하여 둘이 아니고(平等無二), 본래로 무소유無所有여서 구경에 적멸한 것이며, 본래로 청정하여 해탈되어 있다고 관찰해야 한다. 낮과 밤을 가리지 않고 행주좌와에 항상 이렇게 관하게 되면 곧 자신이 마치 물 속의 달(水中月)과 같고, 거울 속의 모습(鏡中像)과 같으며, 뜨거운 날의 아지랑이와 같고, 허공이 메아리를 수용함과 같음을 알게 된다.

있다고 말하더라도 어느 곳에서 찾아보아도 볼 수 없고, 없다고 말하더라도 분명하고 분명해 항상 눈앞에 있다. 제불법신이 모두 또한 이와 같다. 곧 자신이 무량겁 이래로부터 필경에 일찍이 태어남이 없었고, 지금으로부터 또한 필경에 죽음이 없다. 만약 능히 이와 같이 관觀한다면 이것이 바로 진실한 참회이다. 천겁만겁 동안 쌓아 온 무거운 악업이 즉시에 스스로 소멸할 것이다. 오직 의혹을 내어 신심을 내지 못함을 제거하라. 만약 믿음을 내어 이에 의거하여 수행하는 자는 무생의 정리(無生正理)에 들어가지 못함이 없을 것이다.

이와 같이 도신은 좌선의 기본 공부법에 대해 상세히 논술하고 있다. 이러한 좌선법은 천태종의 지관止觀좌선법의 영향으로 볼 수 있는데, 도신은 일찍이 여산廬山 대림사大林寺[15]에서 10년간 천태지관을 수습修習하여 천태선과 달마선의 융합을 시도한 바가 있다.

> 초학자로서 좌선간심坐禪看心하려는 사람은 혼자 한 곳에 앉아 먼저 몸을 단정히 정좌하고 옷과 허리띠를 풀어 편안하게 하고, 몸을 느긋하고 부드럽게 하여 스스로 7~8번 정도 흔들어 편안히 하여 숨을 전부 내쉬면 곧 물 흐르듯 심성이 맑아져서, 청허하며 고요하게 된다. 몸과 마음이 조화를 이루어 정신이 안정되면 그 윽하고 유현幽玄하게 되어, 기식이 청랭淸冷해지며 서서히 마음이 거두어지고 정신이 맑고 예리하게 되며, 심경도 밝고 상쾌해진다. 관찰이 분명해지고 내외가 공정空淨하여 심성이 적멸하게 된다. 이렇게 적멸하게 되었을 때 성심聖心이 나타나게 된다.

---

15) 대림사(大林寺)는 삼론종의 지개(智鍇)가 창건한 절인데, 그는 법랑에게 삼론의 종지를 배우고 천태지자에게 지관(止觀)법을 배웠다. 도신은 여기서 삼론과 천태지관을 수습한 바 있다.

심성(心性 : 聖心)은 비록 형상이 없으나 지절志節은 항상 존재하고 있으며 유연하고 신령한 빛은 다함이 없어 항상 두렷이 밝으니, 이것을 불성이라고 부른다. 불성을 보는 자는 영원히 생사를 떠나니 이름하여 출세인이라 한다.[16]

위에서 도신은 몸과 마음과 호흡의 조화를 강조하는 습선習禪의 방법에 대해 자세히 가르치고 있다. 이것은 천태종의 좌선지관에서 중요하게 설하고 있는 좌선의 3대 요건이라 할 수 있는 조신(調身 : 몸을 조화함), 조심(調心 : 마음을 조화함), 조식(調息 : 호흡을 조화함)의 기초 위에 섭심(攝心 : 마음을 거두어들임)을 통하여 불성을 깨달을 것을 지시하고 있는 것이다. 도신이 강조하고 있는 섭심攝心에 의한 좌선간심의 방법은 뒷날 북종선과 묵조선의 선법에 전승되어 선종의 수행법으로 면면히 이어지게 된다.

도신이 주장한 일행삼매의 선법은 홍인弘忍에 계승되어 이미 일정한 정도에 이르도록 발전하게 되는데, 선종사에서는 도신과 홍인의 선법을 "동산법문東山法門"이라고 부른다. 동산법문은 쌍봉산의 동산東山을 중심도량으로 하여 『능가』와 『반야』를 융합하고, 좌선과 노동을 겸수하는 "점수에 의한 돈오(漸修頓悟)"를 강조하며

---

16) 『楞伽師資記』. "初學坐禪看心者, 獨坐一處, 先端身正坐, 寬衣解帶, 放身縱體, 自按摩七八翻, 令腹中嗌氣出盡, 卽滔然得性, 清虛恬靜, 身心調適, 能安心神, 則窈窈冥冥, 氣息清冷, 徐徐斂心, 神道清利, 心地明淨. 觀察分明, 內外空淨, 卽心性寂滅, 如其寂滅, 則聖心顯矣. 性雖無形, 志節恒在. 然幽靈不竭, 常存朗然, 是名佛性. 見佛性者, 永離生死, 名出世人."

개창한 진정한 의미에서의 선종의 시작이라고 할 수 있다.

홍인은 전통의 "자심본래청정自心本來淸淨"설을 강조하며 그 실천 방법으로는 이 본래 청정한 마음을 잘 지킬 것을 주장하였다. 그가 강조한 심성본정心性本淨의 심성론心性論과 수심守心을 위주로 한 선禪의 방법론은 달마의 응주벽관凝住壁觀과 도신의 수일불이守一不移의 사상과 완전히 일치하고 있다.

> 다만 행주좌와 가운데서 항상 요연히 본래 진심을 잘 지켜(守本眞心) 망념이 일어나지 않고 마음이 멸한 바를 깨달으니 일체 만법은 스스로의 마음을 떠나지 않는다.[17]

홍인의 이른바 "수본진심守本眞心"은 도신의 "수일불이守一不移"의 사상을 계승한 것이다. 위에서 밝혔듯이 도신이 말한 "수일守一"에서의 "일一"이란 중도불성中道佛性의 마음을 가리키는데, 홍인은 도신의 중도불성의 마음을 지킴을 명확하게 "수본진심守本眞心"이라고 정의하고 있는 것이다. 그러므로 "마음을 지키는 것(守心)을 깨닫는 것이 제일의 도"[18]라고 말하고 있다. 두 분의 선사 모두 중도불성의 입장에서 "수일守一"과 "수심守心"을 거론하고 있다. 즉 홍인은 "수일守一"의 종지를 계승 발전시켜 선법을 수지修持함에 마

---

17) 『最上乘論』, 『大正藏』48권, p 378. "但於行住坐臥中, 常了然守本眞心, 會是妄念不生, 我所心滅, 一切萬法不出自心."
18) "了知守心, 是第一道."

제1장 선종의 수증론(修證論) 49

땅히 "수심"으로 심요를 삼아야 한다고 강조하고 있다. 수행이라는 것은 응당히 스스로 본래청정의 진심을 깨닫는 것이므로 "수본진심守本眞心" 혹은 "수본정심守本淨心"이라고 말하는 것이다.

홍인은 수본진심을 하기 위한 수행법으로 수시로 제자들에게 선문답을 유도함으로 해서 깨달음을 일깨우고 있다. 이러한 선문답은 뒷날 조사선의 전형적인 수행법으로 정착되게 된다. 그리고 또한 홍인은 간화선의 효시라고 말할 수 있는 공안적 의미가 내포된 물음을 제기하고 있다.

> 대사가 말했다. 여기 한 채의 집이 있는데, 집안에 똥과 초토가 가득하다. 이것이 어떤(무슨) 물건인가? 또 말했다. 똥과 초토를 모두 소제하여 한 물건(一物)도 없을 때, 이것이 무슨 물건인가?[19]

여기서 말하고 있는 "한 물건(一物)"에 대한 물음은 뒷날에 정형화 된 "이뭣고(是甚麽)" 화두의 효시라 할 수 있다. 이와 같이 동산법문의 시대에 이미 간화적인 선문답형의 선법이 이루어지고 있음을 볼 수 있다. 그리고 홍인은 그 선법의 구체적 수행방법으로 일자간一字看 혹은 일상관日想觀을 제시하고 있다.

> 네가 앉을 때에는 평면에 몸을 단정히 정좌하고, 몸과 마음을

---

19) 『楞伽師資記』, 「홍인장」, "大師云, 有一口屋, 滿中惣是糞穢草土, 是何物?, 又云, 掃除却糞穢草土, 併當盡一物亦無, 是何物?"

여유롭게 풀어놓고, 허공 끝의 저 멀리에 일자一字를 간看하면 자연히 진전이 있을 것이다. 초심자로서 경계에 쉽게 끄달리는 경우엔 심중을 향하여 일자를 간看하라."[20]

만약 초심자로서 좌선을 배우려는 자는 『관무량수경』에 의지하여 몸을 단정히 정좌하여 눈을 감고 입을 다물고 마음으로 앞을 응시하되 뜻에 따라 멀고 가깝게 한다. 일상관日想觀을 하여 진심을 지켜서 생각 생각에 머물지 않는다.[21]

도신이 주장한 한 물건을 관하는 좌선법이 홍인에게 계승되어져 일자간, 일상관으로 전개되고 있는 것이다. 이것이 동산법문이 주창하고 있는 구체적 수행법이라 할 수 있다. 그리고 동산법문에서 도신이나 홍인 역시 점차 수행하여 깨달음에 들어가는 점수이오漸修而悟의 수증론을 제기하고 있다고 말할 수 있다. 점수이오漸修而悟에는 구체적으로 점수점오漸修漸悟와 점수돈오漸修頓悟가 있는데, 동산법문의 수증론은 점수돈오漸修頓悟를 강조하고 있다고 말할 수 있다.

---

20) 『楞伽師資記』. "你坐時, 平面端身正坐, 寬放身心, 盡空際遠看一字, 自有次第. 若初心人攀緣多, 且向心中看一字."
21) 『修心要論』, 『大正藏』48권, p 378上. "若有初心學坐禪者, 依觀無量壽經, 端坐正身, 閉目合口, 心前平視, 隨意近遠. 作一日想, 守眞心, 念念不住."

2. 남북종의 수증론

(1) 북종선의 수증론

동산법문의 좌선간심坐禪看心의 방법은 북종선의 "관심간정觀心看淨"을 내용으로 하는 관심법문觀心法門으로 전개된다. 북종 신수의 관심법문의 사상적 근거로는 대승불교에서 설한 "자성청정심自性淸淨心"을 들 수 있는데, 자성청정심은 도신의 "수일불이守一不移"한 본래심이며, 홍인의 "수본진심守本眞心"의 본진심을 가리키는 말이기도 하다. 이러한 자성청정심은 마치 구름에 가린 태양과 같으므로 구름이 흩어져야 태양광명이 빛을 발하듯이, 번뇌망념을 여의고 본래의 청정심을 밖으로 드러내는 작업이 필요하다. 이와 같이 본래의 청정심을 드러내는 작업인 관심간정의 좌선법이 북종이 주장하는 관심수행의 요체이다.

> 묻기를, 만약에 어떤 사람이 불도를 구함에 마땅히 어떤 수행법이 가장 중요한 요점이 됩니까? 답하기를, 오직 관심일법觀心一

---

22) 『觀心論』, 『大正藏』제48권, p 366下. "問, 若復有人, 志求佛道, 當修何法, 最爲省要? 答, 唯觀心一法, 總攝諸行, 最爲省要."

法이 일체법을 포괄하니 불법수행의 최고 덕목이다.[22]

위에서 신수는 일체 모든 법을 포괄하고 있는 '관심일법觀心一法'이 선수행의 요체임을 주장하고 있다. 『대통선사비문』에 의거하면 "지수화풍 사대가 모여 몸을 이루고, 만법을 세우는 것은 마음이 주체가 된다. 몸은 허망하여 곧 공空함을 보니 비로소 묘용을 나타내고, 마음은 실체가 없어 마음이 환幻인 줄 관하면 바로 진여眞如와 같다."라고 설하고 있다.

또한 『관심론』에서 "마음은 만법의 근본이다. 일체 모든 법은 오직 마음의 소생이다. 만약 능히 마음을 요달하면 만행을 모두 갖추게 된다."라고 설하고 있다. 따라서 사생육도에 윤회하는 것이나, 마음을 닦아 윤회에서 해탈하는 것도 모두 이 마음에 의지하지 않음이 없다. 그러므로 말하기를, "마음은 출세의 문이며, 마음은 해탈의 나루터이다."라고 하였다.

신수는 『기신론』의 '진망이심眞妄二心'의 체용體用설을 인용하여 관심선법의 이론기초를 세우고 있다. 주지하는 바와 같이 『기신론』에서는 "일심이문一心二門"을 설하고 있는데, 중생이 본래 구족한 일심一心을 진여문眞如門과 생사문生死門으로 나누어 설명하고 있다. 즉 일심의 본체에 있어서는 진성(眞性 : 淸淨)으로 동일하나, 그 작용에 있어서는 청정과 오염으로 나뉘게 된 것이다. 그러나 오염된 생사의 작용도 본체에 있어서는 진여의 청정성을 갖추고 있으므로 생사의 허망함을 바로 앎으로써 진여의 청정성을 회복할 수 있다는 것이다.

이것을 일러 신수는 "깨달음의 본체는 생사의 망념을 떠났기에(覺體離念), 망념 자체가 실다움이 없음을 보아서, 진여본심의 청정함을 보게 되는 것(觀心看淨)"이라고 말한다. 이러한 사상적 기초 위에 그는 "망념이 일어나지 않고(妄心不起), 진심을 잃지 않는 것(眞心不失)"으로써 수증해탈을 삼아, "망심을 쉬고 진심을 닦는(息妄修眞)" 관심수행의 법문을 강조하고 있다.

문, 어떻게 관심觀心을 깨달음이라 합니까?
답, 보살마하살이 깊은 반야바라밀을 행할 때 사대오온이 본래 공하여 내가 없음을 요달하여 자심의 작용에 두 가지 차별이 있음을 보았다. 무엇이 둘인가? 첫째는 정심淨心이요, 둘째는 염심染心이다. ......만약 오염되지 않으면(진여를 자각하면) 성인이라 칭할 수 있으니 모든 고통을 여의어 열반락을 증득한다. 만약 오염을 따라 업을 지어 그 속박을 받으면 이름하여 범부라 하니 삼계에 윤회하여 가지가지 고통을 받는다. 어찌한 까닭인가? 그 염심으로 진여의 본체를 장애하기 때문이다. ......
또 『열반경』에 이르기를, "일체 중생이 모두 불성이 있으나 무명에 가려서 해탈을 얻지 못한다. 불성은 곧 각성覺性이다. 단지 자각각타自覺覺他하여 각지覺智를 밝게 깨달음을 해탈이라 이름한다. 그러므로 일체의 선법善法이 깨달음으로 근본(뿌리)을 삼음을 알아야 한다. 그 깨달음을 뿌리로 하기 때문에 능히 모든 공덕의 나무를 나타내어, 열반의 과실은 이것으로부터 이루어진다. 이와

같으므로 관심을 깨달음이라 하는 것이다.[23]

중생이 고통을 여의고 해탈을 구하기 위해서는 반드시 관심觀心 수행을 통하여 무명망념을 제거하고 진여불성의 본지풍광本地風光을 드러내야만 한다. 그러면 무명을 제거하고 진여를 드러내는 관심수행의 구체적 방법은 무엇인가? 신수는 그 수습방법으로 달마선의 전통인 "섭심攝心"을 들고 있다.

> 다만 마음을 거두어 안으로 비추고(攝心內照), 깨달아 비추어 밖으로 밝으면(覺觀外明), 삼독의 마음을 끊어 영원히 소멸하고, 육적의 문을 닫아 어지럽지 않으면 자연히 항사의 공덕과 가지가지의 장엄, 무량의 법문도 일일이 성취하게 된다. 범부의 경계를 뛰어넘어 성인의 경지를 깨닫는 것은 멀리 있는 것이 아니라 눈으로 직접 보는 것이다. 깨달음은 찰나지간에 있는 것이니, 어찌 머리를 어지럽히랴. 신리의 문은 비밀스러우니 이렇게 모두 진술할 수 있겠는가. 간략히 관심의 법을 설하여 그 일부를 밝히는 바이다.[24]

---

23) 『觀心論』, 『大正藏』제48권, p 366下. "問, 云何觀心稱之爲了? 答, 菩薩摩訶薩, 行深般若波羅蜜多時, 了四大五陰本空無我, 了見自心起用有二種差別. 云何爲二? 一者淨心, 二者染心. ……若不受所染, 則稱之爲聖. 遂能遠離諸苦, 證涅槃樂. 若隨染心造業, 受其纏覆, 則名之爲凡, 沈輪三界, 受種種苦. ……又涅槃經云, 一切衆生悉有佛性, 無明覆故, 不得解脫. 佛性者卽覺性也, 但自覺覺他, 覺智明了則名解脫. 故知一切諸善以覺爲根. 因其覺根, 遂能顯現諸功德樹. 涅槃之果, 因此而成. 如是觀心, 可名爲了."
24) 『觀心論』, 『大正藏』제48권, p 369下. "但攝心內照, 覺觀外明, 絶三毒心, 永使消亡, 閉六賊門, 不令侵擾, 自恒沙功德, 種種莊嚴, 無量法門, 一一成就. 超凡證聖, 目擊非遙, 悟在須臾, 何煩皓首, 眞門幽秘, 寧可具陳, 略說觀心, 詳其小分."

위에서 말한 "섭심내조攝心內照, 각관외명覺觀外明[25]"이 바로 삼독三毒을 삼취정계三聚淨戒로 육적六賊을 육바라밀六波羅蜜로 돌려쓰게 하는 구체적 실천 방법이다. 이로써 북종의 관심법의 구체적 실천 역시 "좌선섭심坐禪攝心"이라는 것이 명확해 진다.

또한 신수는 "섭심이란 몸과 마음이 일어나지 않는 것(身心不起)이니, 항상 진심을 지켜(常守眞心), 악을 떠나니 곧 마음의 본체가 망념을 떠나(心體離念), 육근이 청정하게 된다."라고 설명하고 있다. 그러므로 "일체 악업이 자심으로부터 생겨남을 알아 다만 능히 마음을 거두어(攝心) 모든 삿된 악을 떠나면 삼계윤회의 업이 자연히 소멸되어 모든 고통을 여의니 이름하여 해탈이라 한다."라고 주장하게 된다.

중생은 본래성불本來成佛이지만 현실적으로 무명업장에 가려 불성을 드러내지 못하고 있기 때문에, 관심수행(攝心)을 통해 그 불지견佛知見을 계발해야 비로소 성불할 수 있다. 본래성불이 본각本覺의 본래태라면 무명에 가려진 중생은 불각不覺의 현실태이며, 수행을 통한 불성의 발현은 시각始覺의 미래태라고 할 수 있다. 북종의 선법은 본각의 본래태보다는 불각의 현실태의 입장에서 시각의 당래태를 지향하고 있기 때문에 반드시 관심간정觀心看淨의 좌선수행이 필요하다.

다시 말하면 인심人心에서 불심佛心을 다시 회복해야 하는 입장

---

[25] 『禪門撮要』 本 『觀心論』에는 "각관외명(覺觀外明)이 각관상명(覺觀常明 : 깨달아 비추어 항상 밝으면)"으로 표현되어 있음.

에서 선정을 통한 지혜의 발현이 강조될 수 밖에 없다. 이것을 일러 "선정으로부터 지혜를 발한다(由定發慧)."라고 말한다. 이와 같이 신수의 "관심일법觀心一法"의 좌선법은 그 구체적 실천으로 동산법문의 수심守心설을 이어 섭심攝心을 강조함으로써 관심간정觀心看淨의 선사상을 적극적으로 표명하고 있다.

『대승무생방편문』에서 말하기를, "방편을 배우는 목적은 성불에 있다. 성불은 각자의 정심의 체(淨心體)로써 이룰 수 있다. 그 정심의 체는 밝은 거울과 같아서, 시작이 없는 옛날로부터 만상을 비추고 있지만, 일찍이 더럽혀지지(染着) 않았다. 지금 이 정심의 체를 깨닫기 위해 방편을 배운다."라고 하고 있다. 또한 이어서 설하기를 "각성(覺性 : 깨달음의 성품)이 바로 정심의 체인데, 지금까지 깨닫지 못했기 때문에 망심妄心이 각심覺心을 부리었고, 오늘 깨달았기 때문에 각심이 망심을 부리게 된다. 따라서 정심의 체를 간看하게 한다. 각심은 주인으로서 망심을 부리기 때문에 마음을 쓰는 방편을 배워 시방세계를 투철히 간하여(透看) 무염無染에 이르니 이것이 깨달음이다."라고 하였다.

여기서 설하고 있는 정심의 체(淨心體)란 일체 망념이 일어나지 않는(念不起) 본래의 자성청정심을 가리키는 말이다. 북종선에서는 이러한 정심체를 깨닫기 위해 망념을 여의고 그 정심체를 간看하는 것으로 좌선을 삼고 있다. 즉 티끌과 먼지 같은 번뇌망념을 부지런히 제거하여 밝은 거울과 같은 정심의 본체를 깨닫기 위해 행주좌와에 끊임없이 간하는 "불진간정拂塵看淨"의 간심법看心法으로 좌선을 삼는 것이다. 북종선을 "간정선看淨禪", "청정선淸淨禪" 혹은 "이념선離念禪"이라 정의하는 이유가 여기에 있다.
  위에서 북종선의 수행법으로 섭심攝心을 거론한 바 있다. 그러면 섭심에 의한 구체적 좌선법에 대해 다시 한번 살펴보기로 하자.

  각각 결가부좌하고 불자의 마음과 같이 담연하게 움직이지 않게 하라. 무엇을 정淨이라고 말하는가? 불자여! 제불여래는 입도의 대방편이 있으니, 일념에 정심(一念淨心)을 이루면 단번에 불지 위에 뛰어 오를 것(頓超佛地)이다. 화상이 말했다. 일체의 모양을 취하지 말라. 때문에 『금강경』에서는 '무릇 형상이 있는 것은(凡所有相) 모두 허망한 것이다(皆是虛妄).' 라고 설했다. 마음을 간看하여 청정을 이루면 정심지淨心地라고 부른다. 몸과 마음을 긴장하여 웅크리거나 풀어버리지 말라. 마음을 편안히 걸림없이 하여 멀리 간看하고 평등히 허공을 다하여 간하라.
  화상, 무슨 물건이 보이는가?
  제자, 한 물건도 보이지 않습니다.
  화상, 정淨을 간하여 자세히 간하라. 즉 정심안淨心眼을 사용하여 끝없이 멀리 간하라.
  화상, 장애없이 간하라.
  화상, 무슨 물건이 보이는가?
  제자, 한 물건도 보이지 않습니다.
  화상, 앞을 향해 멀리 간하라. 사유상하四維上下를 함께 평등히 간하라. 허공을 다하여 간하라. 오래 정심안淨心眼을 사용하여 간

하라. 간단間斷없이 간하고, 다소를 한정限定없이 간하라.[26]

　이상은 『대승무생방편문』에 보이는 스승과 제자가 좌선을 주제로 문답형식을 취하고 있는 북종선의 좌선법에 대한 구체적 기술이다. 이른바 "정심안淨心眼을 사용하여 정심체淨心體를 간하라."고 하는 것이 북종교단에서 가르치는 간심좌선看心坐禪의 핵심요지이다. 이러한 좌선법은 분명히 홍인이 주장한 바 있는 "일자간一字看"의 계승발전인 것이다. 북종의 신수는 홍인의 선법을 이어받아 스승과 제자간의 선문답을 통해 좌선입도坐禪入道하는 방법을 취하고 있음을 볼 수 있다. 이러한 입도의 방법은 뒷날 조사선의 선문답으로 발전하게 되는데, 아마도 초기 선종사에서 문답형식의 구체적 선수행방법의 제시로 깨달음에 이르게 하는 선법을 널리 사용한 선사가 바로 북종의 신수라고 할 수 있다.

　좌선은 선종의 생명이다. 달마가 안심벽관安心壁觀을 제창한 이래 동산법문을 거쳐 북종선에 이르기까지 한결같이 좌선방편을 강조하고 있다. 특히 북종선은 홍인이 설한 일자간一字看 혹은 일상관日想觀 등의 좌선법을 한층 더 심화시켜 심불기心不起의 경지인

---

26) 『大乘無生方便門』, 『大正藏』제85권, p 1273中~下. "次各令結跏趺坐, 同佛子心湛然不動. 是沒言淨? 佛子, 諸佛如來有入道大方便. 一念淨心, 頓超佛地. 和言, 一切相總不得取□以 金剛經云, 凡所有相皆是虛妄 看心若淨名淨心地. 莫卷縮身心舒展身心. 放曠遠看平等盡虛空看. 和問言, 見何物? 子云, 一物不見. 和, 看淨細細看, 卽用淨心眼無邊無涯除遠看. 和言, 問無障礙看. 和問見何物? 答, 一物不見. 和向前遠看, 四維上下, 一時平等看. 長用淨心眼看. 莫間斷亦不限多少看."

정심의 체(淨心體)를 간하도록 가르치고 있다. 『대승오방편북종大乘五方便北宗』에서 역시 북종의 선법을 다음과 같이 소개하고 있다.

문, 간看할 땐 어떤 것을 간합니까?
답, 간看하고 간하여 물이 없음(無物)을 간하라.
문, 누가 간看합니까?
답, 각심覺心이 간한다. 시방세계를 투철히 간(透看)하니 청정하여 한 물건도 없다. 항상 무처無處를 간하여 상응하는 이것이 부처이다. 활연히 간하고 간하여 간에도 머물지 말라. 담담湛湛하여 변제邊際가 없고 오염이 없는 것(不染)이 바로 깨달음의 길(菩提路)이다. 마음이 적연寂然하면 이것이 바로 깨달음의 나무(菩提樹)이다. 사마四魔도 들어갈 곳이 없고 대각大覺이 원만하여 능소能所를 초탈했다. ……마음을 보지 않으면 마음이 일어나지 않고, 몸을 보지 않으면 죽음이 없다. 몸과 마음의 상相을 보지 않으면 다만 여기서 생사를 초월한다. 누가 능히 생사를 초월하는가? 불타가 능히 생사를 초월한다.

법계는 일상(法界一相)이기 때문에 한 물건도 없다. 즉 무상실상無相實相이기 때문에 한 물건도 없는 것이다. 한 물건도 없는 청정본심을 간看하는 것이 북종선의 수증법이다. 그래서 "시방세계를 투철히 간하니 본래 청정하여 한 물건도 없다."라고 말하는 것이다. 이와 같이 북종선은 한 물건도 없는 각심覺心, 즉 염불기념不起의

정심체淨心體를 간하라고 주장하는 청정선淸淨禪, 이념선離念禪을 확립하고 있다.

북종선을 이념선離念禪이라고 규정할 때 "이념離念"의 함의는 첫째, 정심체淨心體, 즉 깨달음의 당체인 청정본각淸淨本覺의 상태를 가리키는 말이며[27], 둘째는 청정본각을 드러내기 위한 수행인 "망념을 여의고 정념을 구한다(離妄念而求淨念).", 즉 "번뇌를 여의고 보리를 얻는다(離煩惱而得菩提)."는 의미로 사용된 말이다. 이렇게 번뇌 망념을 여의는(떠나는) 점수를 통하여 최후에 청정보리심을 깨닫는 수증법은 먼저 점수하여 나중에 돈오하는 "점수돈오漸修頓悟"에 해당된다. 이것은 수인증과修因證果의 수증방편이다.

그런데 이러한 점수방편 가운데서 특별히 주의해야 할 점은 그 선법이 매우 용이하게 번뇌망념煩惱妄念과 보리정념菩提淨念이라고 하는 이원(二元 : 二法)의 함정에 빠질 위험이 있다는 것이다. 즉 보리정념을 실체화實體化히는 경향에 빠지기 쉽다는 말이다.

이른바 "번뇌를 여의고(떠나서) 보리를 얻는다(離煩惱而得菩提)"는 말에서 "떠남(離 : 여의다)"의 개념은 번뇌가 본래 공성(空性)이므로, 공한 줄 알면 번뇌가 그대로 보리인 것이다. 다시 말하면 번뇌가 공한 줄 알아 번뇌를 보리로 돌려쓴다(轉用)는 의미의 떠남이다. 이른바 "돌려쓴다(轉用)."는 것은 전미개오轉迷開悟의 뜻인데, 위에서 언급하

---

27) 『大乘無生方便門』에 설하기를, "이념(離念)이란 부처란 뜻이며, 깨달음의 뜻"이라고 하였다.(離念是佛義覺義.)

였듯이 북종은 삼독(三毒 : 탐진치)을 삼취정계三聚淨戒로 육적(六賊 : 眼耳鼻舌身意識)을 육바라밀六波羅蜜로 돌려 쓸 것을 주장하고 있다.

떠남(여윔)의 의미를 이렇게 이해하지 않고 번뇌와 보리의 영역이 따로 있어서 번뇌(오염)의 영역을 떠나서 보리(청정)의 영역으로 들어간다고 생각하면 번뇌와 보리를 이원화한 것이며, 아울러 번뇌의 영역 너머 존재하는 절대청정의 보리영역(절대적 자아, 아트만, 주인공)을 실체화 혹은 신비화하게 되어 무아설無我說과 연기설緣起說에 위배된다.

남종선이 북종선을 공격할 때 안으로 바로 이러한 망정妄淨, 체용體用의 "이원화二元化"와 청정본심의 "실체화實體化"의 문제가 가장 본질적인 문제로 제기되었던 것이다. 북종선법 자체가 이원화, 신비화의 오류에 빠졌다는 것이 아니라 일부 북종선류들의 삿된 선풍(邪禪)에 대한 경종으로 보아야 할 것이다. 이러한 본질적 문제는 비단 남북종선간의 쟁론이 아니라 시대를 초월하여 언제 어디서나 제기되어질 수 있는 문제이기도 하다. 오늘날 간화선 수행자가 적멸의 경지나 초월적 경지를 얻기 위해 수행한다거나, 자나 깨나 한결같은(寤寐一如) 화두 일념의 경지를 넘어 소소영영昭昭靈靈한 주인공을 찾는 것이 구경각究竟覺이라고 여긴다면 이 또한 같은 우를 범하는 것이 된다.

종문에서 북종선에 대한 정당한 평가를 하여 남북종선의 회통을 꾀하고 있는 선사가 바로 법안종 계통의 영명연수永明延壽이다. 연수는 『종경록』에서 일부 선류들이 혜능이 설한 본자청정本自淸淨을 잘못 이해하고 청정함에 안주하여 묘한 닦음을 폐기해버린 잘못된 수행관에 대해 비판의 뜻을 담아 이렇게 말하고 있다.[28] "대감혜능선사는 외짝눈 갖춤에 그쳤고(大鑑止具一隻眼), 대통신수선사는 두 눈을 두렷이 밝혔다(大通則雙眼圓明)." 이것은 구체적으로 『단경』의 "불성상청정佛性常淸淨" 혹은 "본래무일물本來無一物"의 본래성불本來成佛사상을 잘못 이해하여 수행을 폐기하고(無修) 실천행을 방기하여(無行) 무사안일을 선으로 삼는 무리들을 향한 비판임과 동시에 종문에서 턱없이 낮게 평가된 북종선에 대한 복권의 의미가 내포되어 있다고 할 수 있다.

(2) 남종선의 수증론

1) 돈오성불(頓悟成佛) - 일념해탈(一念解脫)

불교의 수증론에서 보면 그 가장 큰 관심은 고통의 현실에서 어떻게 깨달음의 해탈을 실현하느냐에 있다. 혜능은 『단경』에서 "자성청정自性淸淨"의 기초 위에 "식심견성識心見性"하는 "돈오성불頓悟成佛"의 사상을 제출하고 있다. 그래서 돈오는 혜능의 해탈수증관의 핵심요소이며, 심지어 돈오성불은 남종선 고유의 상징이라고 말할 수 있다.

---

28) 참조, 학담, 『육조법보단경해의』, (큰수레, 1995년), p 213.

선지식아, 내가 홍인화상 처소에서 한 번 듣고 언하言下에 크게 깨달아 단박에 진여본성을 깨달았다. 이러한 까닭에 이 가르침을 후대에 전하여 도를 배우는 자가 보리를 단박에 깨닫게 하고, 자기의 본성을 단박에 깨닫게 하는 것이다.[29]

이른바 돈오성불頓悟成佛이란 위에서 말하고 있는 "단박에 진여본성을 깨달음(頓見眞如本性)"을 가리키는 말이니, 곧 자성이 청정(淸淨 : 空)함을 단박에 깨닫는 것을 말한다. 혜능은 위에서 돈오성불의 방법에 대해 말하기를 "언하에 크게 깨달았다(言下大悟)."라고 하였듯이 "말 아래 바로 깨닫는다."는 의미의 "언하변오言下便悟"를 제출하고 있다.

그런데 혜능이 주장한 돈오頓悟의 "돈(頓: 단박)"에는 두 가지 의미가 있다. 첫째는 돈점을 함께 제출한 상대적인 "점중돈漸中頓"이며, 둘째는 오悟와 수修를 아우르는 절대적인 "돈중돈頓中頓"이다. 그러나 혜능이 강조하고 있는 수증의 핵심은 "돈오돈수頓悟頓修"라고 할 수 있다.

자성을 스스로 깨달아야 하니 단박에 깨닫고 단박에 닦아 마쳐서(頓悟頓修) 점차의 지위가 없다. 그러므로 일체의 법(一切法)을 세

---

29) 돈황본 『壇經』, "善知識, 我於忍和尙處, 一聞言下大悟, 頓見眞如本性, 是故將此教法流行後代, 令學道者頓悟菩提, 令自本性頓悟."
30) 德異本 『六祖壇經』「頓漸品」. "自性自悟, 頓悟頓修, 亦無次第. 所以不立一切法, 諸法寂滅, 有何次第."

우지 않는다. 제법이 적멸한데 어떻게 차제가 있겠는가?[30]

『단경』에서 설하고 있는 "진여불성을 단박에 깨달음(頓見眞如佛性)"은 혜능 돈오선법의 심지법문(心地法門)이다. 이 가운데 "단박 깨달음(頓見)"은 "돈오돈수(頓悟頓修)"를 가리키는 말이다. 상근기보살은 "돈견불성"함에 있어서 차제점수가 필요하지 않아서 단도직입(單刀直入)으로 일찰나에 구경의 불경계에 돈입(頓入)한다.

그러므로 깨닫지 못하면 부처가 곧 중생이다. 일념에 깨달으면 중생이 바로 부처다. 일체 만법이 모두 자신 가운데 있음을 알았는데 어찌 자심으로부터 진여본성을 단박에 드러내지 않는가? 『보살계경』에 말하기를, "나의 본래 자성이 청정하다."고 하였다. 마음을 알고 성품을 보아(識心見性) 스스로 불도를 이룬다. 『정명경』에 이르기를, "즉시에 활연히 다시 본심을 깨닫는다(얻는다)."고 하였다.[31]

이른바 "돈견진여불성(頓見眞如佛性)"이라고 말했을 때의 "진여불성"은 "중도불성(中道佛性)"을 지칭하는 말이다. 중도불성을 돈오하고 중도정관(中道正觀)을 돈수함이 혜능 돈오선의 근간이다. 혜능은 중도불성을 돈오하면 바로 스스로 불도를 이룰 수 있다고 말한다.

---

31) 上同. "是故不悟, 卽是佛是衆生. 一念若悟, 卽衆生是佛. 故知一切萬法, 盡在自身中, 何不從於自心. 頓見眞如佛性. 菩薩戒經云, 我本原自性淸淨. 識心見性, 自成佛道. 淨命經云, 卽時豁然, 還得本心."

돈오의 구체적 방법이 바로 "식심견성識心見性"이라고 할 수 있다. 돈오는 중생을 초월하여 부처에 이르는 관문이기 때문에 철저히 마음을 알고 성품을 보아야만(識心見性) 깨달음의 해탈경계에 도달할 수 있는 것이다.

> 본래의 마음을 알지 못하면 법을 배워도 이익이 없고, 마음을 알아 성품을 보는 것이 곧 깨달음의 대의이다.[32]

위에서 설하고 있는 이른바 "식심견성識心見性"은 훗날 "명심견성明心見性"이란 말로 유행하게 되는데, 언하에 돈오하는 내용이자 방법이라 할 수 있다. 명심견성이란 자기의 본성을 밝히는 것이며, 자심 본유의 불성을 밝히는 것이다. 즉 선지식의 설법에 힘입어 문득 자심을 관조하여 안팎으로 명철함(內外明徹)을 얻는 것이 돈오명심頓悟明心의 견성법이다.

이러한 의미에 비추어 보면 혜능의 돈오성불의 돈오에는 다음과 같은 세 가지의 특성이 있다. 첫째, 돈오는 찰나지간에 실현되는 깨달음이다.

> 미혹한 즉 오랜 세월을 지나고, 깨달은 즉 찰나지간에 이루어진다.[33]

---

32) 돈황본 『壇經』, "不識本心, 學法無益, 識心見性, 卽悟大意."
33) 上同. "迷來經累劫, 悟則刹那間."

찰나지간에 망념을 함께 소멸하면, 바로 스스로의 진정한 선지식으로서 한 번 깨달음에 즉시 불지에 도달한다.[34]

이것은 일반적인 인식활동처럼 하나하나의 점진적 단계를 거쳐 순차적으로 이해하는 것이 아니고, 시간상으로 신속하게 순간적으로 완성하여 "앞 생각이 미혹하면 중생이요(前念迷卽凡), 뒷 생각에 깨달은 즉 부처(後念悟卽佛)"라는 말과 같다.

둘째로 돈오는 단 한 번(一次)에 완정完整하게 전체 진여의 이치를 파악하는 것이지, 국부적이며 유루有漏함이 없는 것이다. 이것을 『단경』에서는 다음과 같이 표현하고 있다.

> 자심 가운데 자성이 항상 정견을 일으켜 일체 사견번뇌망념의 중생이 단 한 번에 완전한 깨달음(當時盡悟)을 이룬다. 마치 큰 바다가 일천 강물을 받아들여 작은 강물, 큰 강물이 한 몸으로 합해지는 것처럼 즉시에 (완정하게) 견성한다.[35]

여기서 말하는 "당시진오當時盡悟"는 나누어짐이 없는 완정한 깨달음의 경계를 표현한 말이다. 만약에 자성 혹은 자심을 완정하게 깨닫지(盡悟) 못했다면 이것은 돈이 아니고 점이다. 도생道生은 일찍이 수행이 십지十地 이상의 금강심金剛心에 이르러서 완정한 무

---

34) 上同. "刹那間, 妄念俱滅, 卽是自眞正善知識, 一悟卽至佛地."
35) 上同. "但於自心, 令自性常起正見, 一切邪見煩惱塵勞衆生, 當時盡悟. 猶如大海納於衆流, 小水大水合爲一體, 卽是見性."

생의 이치(無生之理)를 깨닫는다고 주장한 바 있다. 그에 의하면 "이치는 나누어 질 수 없다(理不可分)."는 것이다. 즉 불성의 당체는 나누어질 수 없는 성질의 것이기 때문에 한 번에 완정하게 깨달아야 한다. 이러한 전체적이고 불가분성(不可分性)인 금강의 이치는 반드시 한 번에 전면적으로 파악하여야만 되는 것이지 결고 한 걸음씩 근접하여 조금씩 체득해 나가는 것이 아니다. 이러한 특성에서 말한다면 혜능의 "당시진오"는 도생의 대돈오의(大頓悟義)[36]와 일맥상통하는 것이다.

셋째, 돈오는 평상심의 일념 위에서 자심의 본성을 깨닫는 것이다. 즉 중생의 일상생활의 견문각지(見聞覺知)의 즉각적인 마음(當下之心: 一念) 위에서 중생의 망심을 돌이켜 부처의 진심을 증득하는 것이다. 그러므로 마음과 중생과 부처는 본질적인 면에서 하나이다(心佛及衆生是一體). 이러한 의미에서 혜능은 일념수행(一念修行)을 매우 강조하고 있다고 할 수 있다.

일념을 수행하면 자신이 곧 부처이다.[37]
깨닫지 못한 즉 부처가 중생이요, 일념을 깨달은 즉 중생이 부

---

36) 중국 남북조 시대에 돈점논쟁(頓漸論爭)이 제기되었는데, 칠지(七地)에 돈오한다는 주장을 소돈오(小頓悟)라 하고, 십지(十地 : 여기서는 佛地)에야 돈오한다고 주장하는 것을 대돈오(大頓悟)라 하였다. 이것은 경지론(境地論)의 입장에서 돈오를 설명하는 것인데, 근래에 성철선사가 강조하는 돈오돈수가 바로 대돈오에 해당된다고 할 수 있다. 불지(佛地)에서 바로 깨달음이 돈오돈수라는 것이다.
37) 돈황본 『壇經』. "一念修行, 自身等佛."

처이다.[38]

혜능이 천명한 "일념수행一念修行"이란 중생과 제불의 차별을 단지 일심一心의 미오迷悟에 있다고 보고, 미와 오의 차이는 다만 일념지간一念之間에 있으므로 일찰나에 "전미개오轉迷開悟"하는 것이 돈오선이 강조하는 바의 수증방법이라 할 수 있다. 이것은 점수와 서로 대립되는 돈수지돈頓修之頓으로써, 돈오지돈頓悟之頓과 같으며 일찰나지간에 한번에 걸쳐 전면적으로 깨달음이 완성되는 것이므로 점수의 과정이 필요하지 않고, 오직 "미혹한 즉 점차로 계합하며, 깨달은 사람은 단박에 닦아 마칠 수 있다."라고 한 것이다.

혜능의 돈오돈수의 수증이론은 모두 이러한 "일념의 수증"으로 귀결되는 것이다. 즉 돈오돈수의 실현은 "일념상응一念相應"의 혁명적인 인식천환을 통하여 이루어진다는 것이다. 그래서 신회는 일찍이 "다만 돈문頓門을 드러냄은 오직 일념상응에 있으므로 실로 다시 점수의 계단을 거치지 않는다."라고 말하고 있다. 여기서 우리는 일념수행一念修行과 일념해탈一念解脫이 혜능의 "돈오수증론"의 심지법문이며, 남종선의 핵심종지(宗旨)라는 결론을 도출해 낼 수 있다.

이러한 일념수행은 중생심이 본래 청정하므로 밖으로 수행을 보탤 필요가 없는 "무수지수無修之修"의 수행으로 표현되어 진다. 혜

---

38) 上同. "故知不悟, 卽佛是衆生. 一念若悟, 卽衆生是佛."

능이 일찍이 "보리는 본래 청정하여 마음을 일으키면 즉시 망념이 된다."[39]라고 주장하고 있으며, 신회 역시 말하기를 "중생의 본래 자심은 청정하므로 만약 다시 마음을 일으켜 수행을 하려고 하면 즉시 망심이 된다."[40]라고 했다.

이와 같은 무수지수의 수행은 뒷날 조사선의 근본종지로 전승되고 있는데, 혜능의 『단경』에는 이에 대한 구체적 언급이 없다. 혜능이 설한 무수지수는 수행이 필요하지 않다는 의미가 아니라, 수행상修行相에 집착한 규정적이고 일률적인 외수(外修 : 밖을 향한 점수적 수행)를 하지 않는다는 것을 말한다. 동시에 이것은 또한 역으로 그의 전체 선학체계 가운데서 수행의 필요성에 대한 강조이기도 하다.

어쨌든 간에 혜능이 제창한 돈오돈수 역시 사람의 근기에 따라 시설한 대치설법임에 틀림없다. 만약 오직 돈오돈수의 무수종지無修宗旨에만 집착한다면, 이 또한 일종의 법집(法執 : 頓病)이 되는 것이다. 혜능은 비록 무수의 돈오법문을 주장하였지만 다른 한편으로 하근중생을 위하여 점차적 수행을 통한 깨달음의 필요성에 대해 언급을 하고 있다. 이와 같이 혜능 남종선의 수증론은 하근중생을 위한 점수법을 언급하고 있긴 하나 결국 돈오돈수頓悟頓修의 종지를 강조하고 있다고 할 수 있다.

---

39) 上同. "菩提本淸淨, 起心卽是妄."
40) 『神會語錄』. "衆生本自心淨, 若更欲起心有修, 卽是妄心."

2) 정혜등(定慧等)과 일행삼매(一行三昧)

혜능은 불이법문不二法門의 관점에서 정혜등定慧等사상을 제출하고 있다. 혜능의 정혜관을 고찰하기 위해서는 우선 그의 좌선에 의한 선정관禪定觀을 살펴보아야 한다.

> 이 법문 가운데 무엇을 일러 좌선이라 하는가? 이 법문 가운데 일체 걸림이 없어 밖으로 일체의 경계 위에 망념이 일어나지 않음을 좌坐라 하고, 본성을 보아 어지럽지 않음을 선禪이라 한다. 무엇을 일러 선정이라 하는가? 밖으로 상相을 여읨이 선禪이요, 안으로 어지럽지 않음이 정定이다. 만약 밖으로 상相에 집착하면 안으로 마음이 곧 어지러우며, 밖으로 상을 여의면 안으로 성性이 어지럽지 않다. 본성은 스스로 청정(空)하며 스스로 안정(定)하나, 다만 인연 경계에 부딪쳐 어지럽게 되며 상을 여의어 어지럽지 않으면 안정된다. 밖으로 상을 여원 즉 선禪이요, 안으로 어지럽지 않은 즉 정定이니, 밖으로 선禪이 되고 안으로 정定이 되는 것(外禪內定)을 이름하여 선정禪定이라 한다.[41]

달마계의 오위의 조사들은 좌선을 수행의 기본으로 설하였으나, 혜능은 좌선에의 집착을 명확하게 반대하고 있다. 즉 "망념이 일

---

41) 돈황본 『壇經』, "此法門中何名坐禪? 此法門中一切無碍, 外於一切境界上, 念不起爲坐, 見本性不亂爲禪. 何名禪定? 外離相曰禪, 內不亂曰定. 外若着相, 內心卽亂, 外若離相, 內性不亂. 本性自淨自定, 只緣境觸, 觸卽亂, 離相不亂卽定. 外離相卽禪, 內不亂卽定. 外禪內定, 故名禪定."

어나지 않음이 좌坐요, 본성을 보아 어지럽지 않음이 선禪이며, 밖으로 상相을 여읨이 선禪이요, 안으로 어지럽지 않음이 정定"이라고 좌선선정에 대해 명확한 정의를 내리고 있다. 이러한 선정관에 의거하면 반드시 앉고 앉지 않음에 집착할 필요가 없으며, 반드시 생각 생각 가운데 스스로 본성이 청정(空)함을 보면 되는 것이다.

여기서 한 가지 주의해야 할 말은 "밖으로 상相에 집착하면 안으로 마음이 어지러우며, 밖으로 상을 여의면 안으로 성性이 어지럽지 않다."고 하는 말이다. 상相에 집착하면 마음이 어지러운 중생이 되는 것이며, 성性이 스스로 공空한 줄 알면 부처가 되는 것이다. 그러므로 견상見相이면 중생이요, 견성見性이면 부처라고 하는 것이다. 다시 말하면 어리석은 중생은 견상見相하지만 지혜로운 보살은 견성見性한다. 견성見性하는 것이 진정한 선정禪定인 것이다.

혜능의 이러한 선정관은 자성청정自性淸淨, 즉 중도실상中道實相의 반야무소득般若無所得사상을 선수행 가운데 체현하는 것으로써 좌선을 하고 좌선을 하지 않음은 실제상 둘이 아니어서 무슨 차별이 있는 것은 아니다. 다시 말하면, 앉지 않고 움직임 가운데 움직이지 않는 좌坐를 보니, 즉 동(動 : 움직임) 가운데 부동(不動 : 고요함)을 보며, 부동 가운데 동을 보니 이것이야 말로 진정한 좌선인 것이다. 혜능은 선정을 행주좌와의 사위의 가운데로 융합(확대)하고 있으니, 이것은 그가 혜(慧 : 智慧)로써 정(定 : 禪定)을 융섭融攝하여 정혜定慧를 무념無念으로 통일하고 있는 것이다. 그러므로 혜능의 정혜관을 정혜무별定慧無別, 정혜불이定慧不二 혹은 정혜등定慧等이라 한다.

선지식아, 나의 법문에는 선정과 지혜로써 근본을 삼는다. 먼저 선정과 지혜를 별개라고 잘못 말하지 말라. 선정과 지혜는 그 바탕이 하나로서 둘이 아니다. 선정은 지혜의 본체요 지혜는 선정의 작용이니, 지혜가 있으면 선정은 지혜 가운데 있고 선정이 있으면 지혜는 선정 가운데 있다. 선지식아, 이 뜻을 곧 선정과 지혜가 같다(定慧等)라고 한다. 도를 배우는 사람이 생각에 따라서 먼저 선정을 하여 지혜를 낸다고 말하거나, 먼저 지혜가 있어서 선정을 한다고 말하지 말라. 선정과 지혜가 따로 있다고 본다면, 이는 법에 두 가지 상(二相)을 두는 것이니, 입으로는 선善을 말하면서 마음은 선하지 않는 것은 선정과 지혜가 같지 않음과 같고, 마음과 입이 모두 선하여 안팎이 하나면 선정과 지혜가 같은 것과 같다.[42]

이와 같이 혜능은 대승의 불이법문不二法門의 기초 위에 정혜불이定慧不二, 즉 정혜쌍수定慧雙修를 주장하고 있다. 정혜를 쌍수한다고 하는 것은 선정의 수행과 지혜의 깨달음을 동시에 함께 닦는다는 말이다. 이것은 곧 수행(修)과 깨달음(悟)이 체용관계로써 수오일여修悟一如가 되는 것이다. 수행(修)과 깨달음(悟)이 하나(一如)이므로 돈오頓悟하면 돈수頓修가 되어 돈오돈수頓悟頓修의 수증론이 성립되

---

42) 돈황본 『壇經』, "善知識, 我此法門, 以定慧爲本. 第一勿迷言定慧別, 定慧體一不二, 卽定是慧體, 卽慧是定用, 卽慧之時定在慧, 卽定之時慧在定. 善知識, 此義卽是定慧等. 學道之人作意, 莫言先定發慧, 先慧發定, 定慧各別. 作此見者, 法有二相, 口說善, 心不善, 定慧不等, 心口俱善, 內外一種, 定慧卽等."

는 것이다.

 이러한 정혜관의 입장에서 보면 이른바 선정禪定과 지혜는 닦으나 닦음이 없는(修而無修), 즉 닦음 없는 닦음(無修之修)이 가능해지는 것이다. 그러므로 "선정은 들어가는 바가 없고 지혜는 의지하는 바가 없어, 손을 들고 발을 놓음에 항상 도량에 있다."[43]라고 말하는 것이다.

 사실 혜능은 무수지수無修之修란 말을 직접적으로 언급을 하고 있진 않지만 다만 돈수頓修와 관련된 법문으로 그것을 추론할 수 있다. 혜능의 선법에 무수지수의 색채가 농후하다고 가정하면 거기에는 다음의 두 가지 의미가 내포되어 있다고 하겠다.

 첫째, 자오자수自悟自修이다. 이른바 자오자수自悟自修란 자성자도自性自度의 관점에서 해설한 수행관이다. 혜능의 관점에서 볼 때 스스로의 성품을 스스로 닦고 깨닫는 것이지, 삼아승지겁의 오랜 세월 동안 번잡한 수행방식을 통해 밖으로 구함은 올바른 수증방법이 아니다. 지혜로운 상근 수행자는 법을 듣고 일찰나에 자성청정의 구경경계를 단박에 닦아 마쳐(頓悟頓修) 어떠한 점차적 수행(漸修) 과정을 거치지 않는다.

 『단경』 가운데 말하기를 "선지식아, 스스로의 성품이 청정함을 보게 되면 스스로 닦고 스스로 지어 스스로의 성품이 법신이니, 스스로 부처의 행(佛行)을 행하여 스스로 부처를 이룬다."[44]라고 하

---

43) 『六祖能禪師碑銘』. "定無所入, 慧無所依, ……擧手下足, 常在道場."

고, "만약 스스로 깨닫는다는 것은 밖으로 선지식을 구하지 않는 것이다. 만약 밖으로 선지식을 구하여 해탈하고자 하면 맞지 않다. 자심 안의 선지식을 알면 바로 해탈할 수 있다."라고 하였다. 선지식은 해탈의 정로를 제시해 주기는 하지만 이것은 다만 입도기연入道機緣의 조건을 제공해 줌에 불과한 것이다. 진정한 깨달음은 필경 자오자수自悟自修의 발현에 있는 것이다. 여기서 알 수 있듯이 밖을 향해 닦음에 의지하지 않고(不假外修) 스스로 깨닫고 스스로 닦음(自悟自修)이 곧 무수지수無修之修의 내용이다.

둘째, 개성의 발휘와 고정된 획일성의 배척이다. 돈오의 수행이란 반드시 규범화規範化되고 모식模式적인 수행을 배격하고 각자의 개성個性을 중시하는 것이다. 종교수행의 실천은 마땅히 개성화個性化해야 하며 고정된 법칙과 통일된 모식이 있는 것은 아니다. 혜능 돈오선의 자성자도自性自度의 각도에서 보면 선수행은 마땅히 전통이 규정저이고 일률적인 수행을 배척하게 된다

그래서 "각각 스스로 닦으며(各各自修) 법은 서로 기다리지 않는다(法不相待)."라고 하였다. 자성자도의 체험은 완전히 개인 자신의 몫이다. 그것은 수행자마다 소질과 근기가 천차만별이고 바깥 기연機緣의 조건이 상이하기 때문에 심성心性을 수증함에 있어서 동일한 방식이 적용될 수 없다. 즉 수행자의 근기와 병에 따라 수기隨機와 대치對治의 방편을 달리하여 통일된 수행방법이 없는 것이

---

44) 돈황본 『壇經』. "善知識, 見自性自淨, 自修自作自性法身, 自行佛行, 自作自成佛."

무수지수인 것이다.

 무엇을 자성자도自性自度라 하는가? 자신의 색신 가운데 있는 사견번뇌邪見煩惱와 우치미망愚癡迷妄이 스스로 본래 각성覺性을 갖추고 있다. 다만 본래 각성이 정견正見으로 제도한다. 이미 정견을 깨우쳐 반야의 지혜가 우치미망의 중생을 제거하여 각각 스스로 제도한다. 사邪에 대해 정正으로 제도하고, 미혹(迷)에 대해 깨달음(悟)으로 제도하고, 어리석음(愚)에 대해 지혜(智)로 제도하고 악惡에 대해 선善으로 제도하고, 번뇌에 대해 보리로 제도하여 이와 같이 제도함을 이름하여 진정한 제도라 한다.[45]

 혜능은 자성청정의 기초 위에 중생의 자성자도自性自度, 자오자수自悟自修의 수증원칙을 세웠다. 아울러 자성의 반야지혜로 중생의 어리석은 미망을 대치하여 증상에 따라 약을 처방하는 위인爲人방편을 강조하고 있다. 즉 일정한 수행의 틀속에서 벗어나 일상생활 가운데서 생각 생각에 망념에 집착하지 않고 본각의 마음을 현현해야 한다는 것이다. 이것은 수행상修行相에 집착하지 않아 일념에 본각과 상응하여 일거수 일투족이 모두 수행임을 강조하고 있는 것이다. 만약에 혜능의 부수지수를 이렇게 이해할 경우 무수

---

45) 돈황본 『壇經』, "何名自性自度? 自色身中, 邪見煩惱, 愚癡迷妄, 自有本覺性. 只本覺性, 將正見度. 旣悟正見, 般若之智, 除却愚癡迷妄衆生, 各各自度. 邪來正度, 迷來悟度, 愚來智度, 惡來善度, 煩惱來菩提度, 如是度者, 是名眞度."

지수란 수행이 필요 없다는 것이 아니라, 규정과 집착에 기인한 밖으로의 닦음(外修)이 없다는 말이다. 동시에 이것은 남종 전체의 선학 체계 가운데서 또한 수행의 필요성을 강조하는 말이기도 하다.

혜능은 이러한 무수지수無修之修의 사상적 기초 위에서 진일보하여 일행삼매一行三昧를 해석하고 있다. 그의 일행삼매에 대한 견해는 전통의 그것과 많은 차별을 보여주고 있다.

> 일행삼매란 일체시一切時 가운데 행주좌와에 항상 직심直心을 행하는 것이다. 『정명경』에 설하기를, '직심이 도량이요, 직심이 정토이다.'라고 했다. 마음과 행동을 아첨하지 않고 입으로 법을 말함에 곧게 하라. 입으로 일행삼매를 말하고, 직심을 행하지 않으면 불제자가 아니다. 다만 직심을 행하여 일체법에 집착이 없음을 일행삼매라 이름한다.[46]

이른바 "직심直心"이란 성품이 정직하여(質直) 왜곡되고 아첨함이(曲諂) 없는 마음이며, 평등하여 정직한 마음을 가리킨다. 또한 집착과 오염이 없는 진실한 마음이다. 즉 일상생활의 행주좌와 가운데 일체처, 일체시에 일체법에 대해 집착과 오염이 없는 마음을 말한다. 다시 말하면 일행삼매를 수행하는 자는 일체법에 대해 모

---

46) 上同. "一行三昧, 於一切時中, 行住坐臥, 常行直心是. 淨命經云, 直心是道場, 直心是淨土. 莫心行諂曲, 口說法直. 口說一行三昧, 不行直心, 非佛弟子. 但行直心, 於一切法, 無有執着, 名一行三昧."

두 분별심이 없이 항상 직심直心을 행해야 한다. 수행방법론에서 보면 이러한 일행삼매는 무념無念, 무상無相, 무주無住를 말하는 것이다. 무념, 무상, 무주의 삼무三無사상에 대해서는 무사선無事禪 장에서 다시 자세히 언급하기로 하겠다.

3. 조사선의 수증론

(1) 도불용수(道不用修)

혜능으로부터 태동된 조사선 사상은 홍주종의 개창자 마조도일 馬祖道一에 이르러 꽃을 피우게 된다. 마조는 혜능의 돈오자성청정 頓悟自性淸淨의 사상을 계승하여 "즉심시불卽心是佛", "평상심시도平 常心是道"를 주창하였다. 마조를 중심으로 한 홍주종의 수증체계를 한 마디로 요약하면 "도불용수道不用修" 즉 "도는 닦을 필요가 없 다."는 것이다. 이른바 도불용수란 수증론에서 보면 불각不覺이나 시각始覺보다는 본각本覺의 입장을 더욱 강조하고 있다고 할 수 있 다. 이와 같이 조사선의 전체 수증의 원칙은 본각의 측면을 강조 하는 입장에서 전개되고 있는 것이다.

종밀은 『원각경대소초』 권3에서 홍주선의 핵심을 "부딪치는 모 든 것이 도(觸類是道)"라고 정의하고, "도가 곧 마음이니, 마음으로 써 마음을 닦지 못하고, 악惡 또한 마음이니 마음으로써 마음을 끊 지 못한다." 그러므로 "마음에 맡기는 것(任心)이 수행이요, 그대로 맡겨서 자재함(任運自在)이 해탈이다."라고 해설을 하고 있다.

이른바 "부딪치는 모든 것이 도(觸類是道)"라는 것은 마조가 말한 즉심시불卽心是佛, 비심비불非心非佛의 중도불성中道佛性에 대한 절대 긍정이다. 즉 마음을 일으켜 생각을 움직이는 탐진번뇌 및 선善, 불선不善의 행위 모두가 불성이요, 도이다. 불성의 항사작용恒沙作用의 면에서 보면 부딪치는 모든 것(觸類)이 불성의 전체작용全體作用인 것이다. 이것이 종밀이 파악한 홍주선의 주요내용이다.

일체가 모두 진실(一切皆眞)임을 주장하는 홍주선은 지금 당장의 일거일동一擧一動, 일언일행一言一行 등 모두가 본래 부처의 작용이며, 임운자재任運自在한 자신 전체가 그대로 부처임을 깨닫게 한다. 이것은 작용으로 성품을 삼는 것(作用爲性)이다.

홍주선의 "작용으로 성품을 삼음(作用爲性)"의 사상적 연원은 『전등록』권3에 바라제가 설한 게송에 "성품은 작용에 있다(性在作用)."라는 말에 있다. 이른바 "성품은 작용에 있다."라고 한 뜻은, 수행자는 현실의 구체적 생활 가운데, 즉 지금 여기에서 바로 불성을 깨우치며, 또한 밖을 향해 구하지 말아야 하며, 일체의 견문각지見聞覺知가 불성의 전체 작용이 아님이 없다는 말이다. 여기에 근거하여 홍주선은 "촉류시도觸類是道" 혹은 "일체개진一切皆眞"을 설하고 있다.

소위 "마음에 맡긴다(任心)."는 것의 구체적 내용이 곧 마조가 말한 바의 "도불용수道不用修"와 "평상심시도平常心是道"이다. 즉 진리(道)는 평상의 일용사 가운데서 마음에 맡겨 행하는 것(任心而行)으로 실현할 뿐 추호도 조작造作하여 취향趣向함이 없어야 하니, 일체가 도道 아님이 없는 연고로 "도는 닦을 필요가 없다(道不用修)."

라고 말하는 것이다.

　도는 닦을 필요가 없다(道不用修). 다만 오염시키지 말라. 무엇을 오염이라 하는가? 생사심으로 조작하여 취향함이 있으면 모두 오염이다. 만약 그 도를 바로 깨달으려면 평상심이 도이다(平常心是道). 평상심은 조작造作, 시비是非, 취사取捨, 단상斷常, 범성凡聖이 없음이다.[47]

　홍주종에서 말하는 도道란 진여, 법성, 불성을 가리키며, 또한 선종이 설한 바의 자성, 자심, 즉 중도실상中道實相을 말한다. 중도실상인 자심을 밝히는 것은 일부러 수행할 필요가 없고 다만 오염시키지 않으면 된다는 것이다. 다시 말하면 범부는 이미 정한 목표의 추구와 포기가 있으니, 예를 들어 선善의 방편으로써 추구하고, 악惡이 방편으로써 버린다. 이를 위해 선정으로 공空을 관하고 정淨을 취하고, 기타 밖을 향해 구함이 있으니, 이 모든 것이 중도자심中道自心에 대한 오염이다. 마조는 중도자심의 도를 평상심으로 환원시키고 있다. 조작, 시비 등의 두 가지 법에 오염되지 않는 것이 평상심이라고 규정하고, 이러한 평상심에서 보면 범성凡聖의 차별이 없어서 일체 모두가 부처의 색이요, 부처의 소리가 되는

---

47) 『馬祖道一禪師語錄』, 『續藏經』제119冊, p 406左上. "道不用修, 但莫汚染. 何爲汚染? 但有生死心造作趣向, 皆是汚染. 若欲直會其道, 平常心是道. 謂平常心無造作, 無是非, 無取捨, 無斷常, 無凡無聖."

것이다.

앞 생각에 범부요(前念是凡), 뒷 생각에 성인(後念是聖)이라고 말하는 것은 마치 손을 뒤집는 것과 같으니, 이것은 삼승三乘의 궁극이다. 우리 선종(洪州宗)에 의거하면 앞 생각도 결코 범부가 아니요, 뒷 생각도 결코 성인이 아니다. 앞 생각도 부처가 아니요, 뒷 생각도 중생이 아니다. 그러므로 일체 색色은 부처의 색이요, 일체 소리는 부처의 소리이다.[48]

홍주선의 "작용으로 성품을 삼는(作用爲性)" 임운자재任運自在한 색채는 혜능의 "앞 생각이 미혹한 즉 범부요(前念迷則凡夫), 뒷 생각에 깨달은 즉 성인(後念悟則聖人)"이라고 하는 체용유별體用有別의 관점보다 훨씬 앞서가고 있다. 즉 황벽의 주장에 따르면 혜능선은 미심迷心과 오심悟心을 사람의 당하지심(當下之心 : 지금 여기의 現在心)으로 귀납시키고 있지만, 이 당하지심은 아직 완전히 체용을 구별함(體用有別)을 벗어나지 못했다. 그러나 홍주선은 미오迷悟와 범성凡聖마저도 분별하지 않는 자연지심自然之心을 더욱 강조하고 있는데, 이것이 "작용위성作用爲性", "촉류시도觸類是道"의 전체즉용(全體即用 : 전체가 그대로 작용임)설이다. 이른바 마조의 자연지심이란 진망眞妄의

---

48) 『宛陵錄』, 『禪林寶典』 (藏經閣), p 322. "如言前念是凡, 後念是聖, 如手翻覆一般, 此是三乘敎之極也. 據我禪宗中, 前念且不是凡, 後念且不是聖, 前念不是佛, 後念不是眾生, 所以一切色是佛色, 一切聲是佛聲."

이원二元을 분별하지 않는 혜능의 진성일원眞性一元을 계승한 있는 그대로의 마음이다. 그래서 마음이 바로 부처(卽心卽佛)라고 말하는 것이다.

그러면 수도인은 어떻게 해야 해탈도를 체득할 수 있는가? 마조는 마땅히 평상심의 상태에서 자연스럽게 자심을 체득하여 해탈을 성취해야 한다고 주장하고 있다. 위에서 마조가 "도는 닦을 필요가 없다."고 하는 이유는 진여자성이 본래 원만구족하기 때문에 수행이라는 조작을 더할 필요가 없으며, 설사 수행이라는 조작을 통하여 얻는다 하더라도 그것은 반드시 다시 잃게 된다는 것이다.

무엇을 일러 평상심이라 하는가? 위에서 말했듯이 평상심은 조작, 시비, 취사 등의 이원화(二元化 : 二法)가 없는 상태를 가리킨다. 따라서 마조는 "일념이 망상이면 바로 생사심이요(一念妄想卽是生死心), 한 생각도 없으면 바로 보리심을 얻는다(無一念卽得菩提心)."라고 분명하게 제시하고 있다.

혜능과 신회는 일찍이 "일체 경계에 물들지 않음을 일러 무념無念"이라 하고, 또 "작위作爲의 마음이 없음(無作爲)이 무념"이라고 하는 등의 무념설법을 제기한 바 있다. 마조 역시 마찬가지로 "조작함이 없음이 무념"이라고 정의하고 있다. 무념은 남종선과 조사선의 수증의 근거이다.

그런데 조사선이 제시한 무념법無念法에서 평상심이 도라고 하면, 이 평상심은 과연 닦음의 범주에 포함되는가, 그렇지 않은가?

적지 않은 선사상 연구가들은 조사선 선사들이 설한 "수행에 의지하지 않는다(不可修習)"는 류의 설법, 즉 마조의 "도불용수道不用修", 백장의 "무수무증無修無證", 혜해의 "일체법무수一切法無修", 황벽의 "불가수성不可修成" 등이 일상의 좌선 등의 수행을 완전히 배격한다고 이해하고 있다. 여기에는 적지 않은 오해가 있다. 위의 인용문에서 어렵지 않게 볼 수 있듯이, 마조는 비록 "도는 닦을 필요가 없다(道不用修)."라고 강조하고는 있지만, "오염시키지 말라." 혹은 "조작하지 말라." 등의 내용으로 비추어 볼 때, 일반 사람들이 도달하기에는 매우 어려운 수행요구를 포함하고 있다.

사실 사람들이 일념 가운데 각종 시비是非, 취사取捨, 염정染淨 등의 의향과 희로애락喜怒哀樂의 감정 등을 끊는다는 것은 결코 쉬운 일이 아니다. 마조의 설법에 의거하면 "닦아서 이루는 것(修成)은 성문법聲聞法이요, 닦지 않는 것(不修)은 우인법愚人法이다."라고 하였다. 그러므로 수도인은 마땅히 닦되 닦지 않고(修而不修), 닦지 않되 닦는(不修而修) 무념의 닦음(無念之修)을 수행해야 한다고 설하고 있는데, 이러한 수행은 결코 쉬운 것이 아니다.

기실 조사선에서 행주좌와行住坐臥 어묵동정語默動靜이 선禪이 아님이 없다고 강조하여, 사람들에게 선의 근본정신을 일상생활의 구체적 활동에 관철시켜 본래 청정한 자성을 돈오하게 하여, 성품을 떠나 도를 구하고 마음을 여의고 부처를 구하는 망견을 부수려는 것이지, 결코 선문의 일상수행인 좌선 등의 수행을 완전히 부정하거나 배척하는 것은 결코 아니다. 그러므로 혜해는 일찍이 선정에 대해 이와 같이 말하고 있다.

> 묻기를, 근본을 닦는다는 것은 어떻게 닦는 것입니까? 답하기를, 오직 좌선하여 선정으로 얻는다. 『선문경』에 말하기를, 부처의 거룩한 지혜를 구하기 위해서는 선정을 닦아야 한다. 만약에 선정이 없으면 번뇌가 치성해 그 선근이 무너진다. 묻기를, 무엇을 선禪이라 하고, 무엇을 정定이라 합니까? 답하기를, 망념이 일어나지 않음이 선이요, 앉아서 본성을 봄이 정이다. 본성이라는 것은 너의 마음이 일어나지 않는 것이며, 정定이란 경계에 무심하여 팔풍八風에 움직이지 않는 것이다. ……만약 이와 같이 정定에 들면 비록 범부지만 바로 불지위에 들어간다.[49]

혜해는 "망념이 일어나지 않음이 선禪이요, 앉아서 본성을 봄이 정定"이라는 무작선정無作禪定을 제시했을 뿐만 아니라, 또한 좌선을 포함한 선정수행을 강조하고 있다. 이러한 무작선정은 의심할 것 없이 혜능이 제기한 "밖으로 상을 여읨이 선(外離相曰禪)이요, 안으로 어지럽지 않음이 정(內不亂曰定)"이라는 선정사상을 계승하고 있는 것이다. 혜해가 생각하기에 이러한 무작선정 역시 좌선을 통해서 수지修持해야 하지만 앉음(坐禪)의 상에 집착하지 않아야 한다

---

49) 『頓悟入道要門論』, 『禪門寶典』 (藏經閣), p 171. "問, 夫修根本, 以何法修. 答, 惟坐禪禪定卽得. 禪門經云, 求佛聖智, 卽要禪定. 若無禪定, 念想喧動, 壞其善根. 問, 云何爲禪, 云何爲定? 答, 妄念不生爲禪, 坐見本性爲定. 本性者, 是汝無生心, 定者, 對境無心, 八風不能動. ……若得如是定者, 雖是凡夫, 卽入佛位."

는 것이다. 이것이 무념수증無念修證이다. 무념수증은 조사선 수증론의 핵심법문이다. 이러한 무념의 수증은 반드시 일념에 대한 반조(一念返照)로 이루어져야 한다.

> 문, 어디로부터 닦아야 하는가? 답, 근본으로부터 닦아야 한다. 무엇을 근본으로부터 닦는다고 하는가? 답, 마음이 근본이다. ……경에 이르기를, 성인은 마음을 구하고 부처를 구하지 않는다. 어리석은 사람은 부처를 구하고 마음을 구하지 않는다. 지혜 있는 사람은 마음을 조절하고 몸을 조절하지 않는다. 어리석은 사람은 몸을 조절하고 마음을 조절하지 않는다. 『불명경』에 말하기를, 죄는 마음으로부터 일어나고 멸한다. 그러므로 선악 일체는 모두 자심으로부터 일어남을 앎으로 마음이 근본이라 한다.[50]

혜해는 또한 강조하기를 "밖을 향해 닦음을 구하지 말고, 밖을 향해 부처를 구하지 말라. 마음 밖에 닦음이 없고, 마음 밖에 부처가 없다. 그러므로 한 생각 마음이 근본이다."라고 가르치고 있다. 만약에 진정으로 해탈하고자 한다면 먼저 반드시 한 생각(一念)의 마음을 깨달아야 한다. 즉 바깥의 경계를 돌이켜 일념반조一念返照하여 일체상(相)에서 그 본성(性)을 체달함이 견성이다. 그래서 견상

---

50) 『頓悟入道要門論』, 위의 책. p 168~169. "問, 從何而修? 答, 從根本修. 云何從根本修? 答, 心爲根本. ……經云, 聖人求心不求佛, 愚人求佛不求心. 智人調心不調身, 愚人調身不調心. 『佛名經』云, 罪從心生還從心滅, 故知善惡一切, 皆由自心, 所以心爲根本也."

見相하면 중생이고, 견성見性하면 부처라고 하는 것이다.

조사선의 수증에서 가장 중요한 점은 바깥 모양을 향해 구하지 말고 자신의 마음, 즉 일념심一念心을 반조하여 단박에 작용의 불성을 깨닫는 것이다. 그러므로 "이 도리를 알지 못하면 헛되이 노력하는 것이며, 바깥 모양을 향해 구하면 도리에 맞지 않다. 『선문경』에 말하기를, 바깥 모양을 향해 구하면 비록 수천 겁이 흘러가도 끝내 이룰 수 없다. 안으로 마음을 깨달아 관하면 일념의 찰나 지간에 바로 보리를 증득한다."라고 하였다.

이것은 조사선의 수선修禪 원칙이 형식상의 앉음(坐)과 앉지 않음(不坐)에 집착하지 않고, 일체처一切處 일체시一切時의 생활 모두가 일념심一念心의 좌선수행이 되는 것을 말하고 있다. 이것이 조사선에서 강조하고 있는 진정한 의미의 좌선坐禪이요, 수선修禪이다.

이처럼 조사선에서 도불용수道不用修를 주장하였다고 하여, 이것이 수선납자의 발신수행 자체를 부정한다고 이해해서는 안 된다. 마조나 황벽, 임제 등 조사선의 종장들이 말하는 "닦음(修)"은 유위有爲, 조작造作, 지위점차地位漸次 등으로 표현되어지는 외수(外修 : 밖을 향해 닦음)의 의미를 가지고 있다고 하겠다. 밖을 향해 닦음을 구하는 외수外修는 필경 "부족한 것을 완전하게 채우는 형식"의 유위조작有爲造作의 수행일 수 밖에 없다. 도란 본래 완전하게 갖추어져 있는 것이기에 밖을 향해 부족한 무엇을 채우고 만들어가는 지위점차의 점수漸修가 필요한 것은 아니다. 그러므로 "도는 닦음이 필요 없다(道不用修)."라고 말하고, 혹은 "도는 닦는데 속하지 않는다(道不屬修)."라고 설하고 있는 것이다.

조사선이 얼핏 발심수행發心修行 자체를 폐기하는 것처럼 이해한다면 이는 조사선법을 잘못 인식하는 오류를 범하게 된다. 혜능을 위시하여 마조, 황벽, 임제 등이 비판하고 있는 점수론자들의 결정적 오류가 바로 이러한 유위조작의 점수를 통해 도를 깨닫고자 함에 있다고 파악된다. 선禪이란 도道를 만들어 가는 것이 아니라, 중생의 전도된 견해를 교정하는 일이라고 보는 것이 조사선의 입장이다.

도란 본래 아무 문제가 없이 어디에나 완전무결하게 갖추어져 있는데도, 중생들은 스스로 도가 결여되거나 불완전하다고 착각하고 있는 것이다. 이것이 바로 중생이 분별망상分別妄想에 의해 전도되어 일으키는 몽상(顚倒夢想)이다. 또한 견상見相만 하고 견성見性치 못하는 것이니, 즉 분별의 상相에 치우쳐 무분별의 성性을 보지 못하는 원인이다.

그러므로 올바른 수선修禪이란 점차적으로 닦아 자신의 불완전함을 보충하는 것이 아니라, 자신이 착각하고 있음을 순간적으로 깨달아(頓悟) 자신이 본래 아무 문제가 없는 완전한 존재(無事人 혹은 無位眞人)임을 자각하는 일이다. 이것이 조사선의 입장이다. 물론 자신의 전도몽상에 의한 착각을 자각하여 진정견해眞正見解를 갖추기 위해서는 당연히 발심수행이 필요하다. 그러나 그 발심수행이 점차적으로 닦아서 도를 완성해 간다는 입장에서 유위有爲로 조작하는 것이어서는 안 된다는 것이다.[51] 이것이 조사선이 표방하고 있는 수증의 원칙이다.

사실상 일상수행 가운데 좌선수행은 선문의 일상사이다. 『조당집』에 의하면 백장회해의 "법당에서 좌선하여 사경四更에 이르렀다."라든가, 분양무업이 "걸을 때는 반드시 직시하고, 앉을 때는 가부좌로 하였다."라든가, 장경대안이 "혹 선당에 앉아 집중하기를 그루터기처럼 하고, 혹 동굴에 들어가 수십 개월 나오지 않았다."라든가, 동산양개의 "좌선", 설봉의존의 지관좌선只管坐禪, 천황도오의 "일체를 폐관하고 선방에 고요히 앉아" 등등 수없이 많은 좌선수행의 기록이 전해지고 있다. 백장, 무업, 대안, 양개, 설봉, 도오 등은 모두가 조사선의 유명한 선사들이다. 일부 선학자들이 남종선과 조사선에서 완전히 좌선을 부정했다고 주장하고, 마치 좌선에 의거하여 수행하면 점수문漸修門에 떨어진 것처럼 여기는 것은 분명 잘못이다.

좌선은 선수행자의 핵심 수행이며 선승의 입장에서는 생략할 수 없는 일과인 것이다. 만약에 "도불용수道不用修", "평상심시도平常心是道" 등의 표면적 문자의에 집착하여 좌선 등 수행을 완전히 배격한다면 선종은 다시 선종일 수 없고, 수선修禪 또한 무념의 평상심을 유지할 수 없다.

기실 이러한 수선은 일체처 일체시가 모두 참선 아님이 없는 무념의 수행이다. 다시 말하면 망념은 자성이 없어 마음으로부터 경

---

51) 참조, 김태완 『조사선의 실천과 사상』, p 280~281.

계와 합하여 일어나기 때문에, 만약에 마음과 경계가 모두 성품이 공한 줄 깨달으면(悟心境空性), 마음과 경계가 하나 되는(心境一如) 무념의 념(無念之念)에 이르게 된다. 따라서 번뇌망념이 본래 공한 줄 알면 그대로 청정보리이니, 곧 무념, 무심이 되는 것이다.

　이 마음은 무심의 마음으로 일체 모양을 떠나 있어 중생과 제불이 차별이 없다. 다만 무심하면 바로 구경究竟이다. 도를 배우는 사람이 직하直下에 무심하지 못하면 누겁의 수행을 해도 끝내 도를 이루지 못하니 삼승의 수행에 얽매이면 해탈할 수 없다.[52]

　수행자는 직하直下에 자심의 생각 생각이 상이 없고(無相), 함이 없음(無爲)을 단박에 깨달아 다만 구하지 않고 집착하지 않음을 배워 구하지 않는 즉 마음에 일어남이 없고, 집착하지 않는 즉 마음이 멸함이 없어서, 일어남이 없고 멸함이 없음(不生不滅)이 곧 부처이다. 황벽은 자기의 마음이 그대로 부처이므로 밖으로 구하지도 집착하지도 않음을 배우는 것이 무심의 수행임을 주장하고 있다. 그는 무심無心과 망심妄心의 관계를 한편으로는 무심을 망심과 분리하여 망심을 그대로 무심으로 보는 것을 비판하고, 다른 한편으로는 이 둘의 관계를 "부즉불리(不卽不離 : 속하지도 않고 여의지도 않

---

52) 『傳心法要』, 『大正藏』제48권, p 211. "此心卽無心之心, 離一切相. 衆生諸佛更無差別. 但能無心, 便是究竟. 學道人若不直下無心, 累劫修行, 終不成道, 被三乘功行拘繫, 不得解脫."

음)"로 규정하고 있다.

> 단지 견문각지見聞覺知하는 곳에서 본심을 안다고 하지만 본심은 견문각지에 속해 있는 것도 아니요, 또한 견문각지를 떠나 있는 것도 아니다. 오직 견문각지에서 견해를 내지 말고, 견문각지에서 생각을 움직이지 말아야 한다. 또한 견문각지를 떠나서 마음을 찾지 말며, 견문각지를 버리고 법을 취하지도 말라. 속하지도 않고 여의지도 않고(不卽不離), 머물지도 않고 집착하지도 않아서(不住不着) 종횡으로 자재하면 도량 아님이 없다.[53]

 망심을 떠나서 결코 무심을 얻을 수 없으니, 응당히 양자가 상즉불이相卽不二한 입장에 서서 망심이 공한 줄 알아서 직하에 무심(直下無心)을 깨달아야 해탈할 수 있다는 것이다. 이것이 황벽의 무심법문이며, 이 법문을 깨달은 자를 일러 무심도인無心道人이라 부르고 있다.
 이와 같은 조사선의 무심수행은 혜능의 무념수행을 직접 계승한 것으로 "다만 무심하면(但能無心) 바로 구경각이다(便是究竟)."라고 주장하고 있다. 무상, 무위의 자심自心은 본래 "한 법도 얻을 수 없고(無一法可得), 한 행도 닦을 수 없는 것(無一行可修)"이지만, 다만 그

---

53) 『傳心法要』, 위의 책, p 212. "但於見聞覺知處認本心, 然本心不屬見聞覺知, 亦不離見聞覺知. 但莫於見聞覺知上起見解, 亦莫於見聞覺知上動念. 亦莫離見聞覺知覓心, 亦莫捨見聞覺知取法. 不卽不離, 不住不着, 縱橫自在, 無非道場."

마음이 조작, 시비, 취사 등의 망념에 미혹된다면, 망념이 본래 공空함을 깨닫는 청정한 공부가 필요하게 되니, 이것을 무념의 닦음(無念之修)이라 한다.

그러면 조사선에서 주장하고 있는 깨닫기 위한 구체적인 수행법은 무엇인가. 위에서 언급하였듯이 조사선은 우선 간심간정看心看淨의 점수적 수행을 부정하고, 선지식의 지시에 의한 선문답으로 직지인심直指人心하여 회광반조廻光返照하게 한다. 즉 스승과 제자 사이의 참문과 설법을 통해 언하에 변오(言下便悟)하게 하며, 만약 그렇지 못하다면 선문답에서 이루어지는 근원적이고 궁극적인 문제에 대해 일념으로 참구하게 하여 본심을 단박에 깨닫게 한다. 그것이 좌선坐禪이 되었든 행선行禪이 되었든 밖으로의 구함이 아니라, 안으로 자심의 참구를 통해 견성에 이르게 되는 것이다. 이때의 견성은 시절인연時節因緣에 의해 즉각적인 깨달음인 돈오頓悟로 이루어진다.

어리석은 중생은 법계의 모든 현상이 마음의 작용으로 이루어진 줄 모르고, 그 드러난 명상名相만 쫓아 대상 경계에 집착하여 미혹되고 만다. 조사선에서는 수선자에게 대상 경계를 취사取捨하지 말고 일념반조一念返照하여 마음과 경계가 본래 공한 도리를 보아 일체 망념으로부터 해방될 것을 가르친다. 즉 명상에 집착하지 말고 명상이 만들어내는 그 작용인 불성을 깨닫는 것을 일념반조라고 하는 것이다. 명상(相)인 현상(事)을 향해 계교하는 마음을 돌이켜(廻光) 명상의 작용인 불성(性)의 이치(理)를 비추어 보게(返照) 한다.

다시 말하면 일체 경계의 상(相)에 끄달리지 않고 그 작용인 성(性)으로 반조하여 사(事)를 버리고 이(理)에 순응하는 것이 깨달음이다. 그러므로 마조는 "이(理)를 따르면 깨달음이요, 사(事)를 따르면 미혹이다. 미혹해도 자기의 본심에 미혹한 것이고, 깨달아도 자기의 본성을 깨닫는 것이다."[54]라고 설하고 있다. 깨달은 자는 현상(事 : 用) 속에서 이치(理 : 體) 보고 이치 속에서 현상을 보며, 형상(相) 가운데서 작용(性)을 보고 작용 가운데서 형상을 보는 이사원융(理事圓融), 성상일원(性相一元)의 무념경계를 수용하는 것이다. 이러한 무념의 경계를 깨달은 이가 임제선의 무위진인(無位眞人)이며 무의도인(無依道人)이다. 이러한 도인은 언제 어디서나 주인으로서 항상 주체적인 삶을 살고(隨處作主), 서 있는 그 자리가 다 진실의 세계인 것(立處皆眞)이다.

(2) 돈오본성(頓悟本性)

남종선이 무념으로 종지를 삼는다면(無念爲宗), 무념의 수증은 모두 돈오의 실천 가운데서 발휘되는 것이다. 따라서 남종선의 사상체계는 모두 돈오(頓悟)라는 한 마디로 귀결시킬 수 있다. 혜능은

---

54) 『馬祖語錄』, 『古尊宿語錄』 권1, "順理爲悟, 順事爲迷, 迷卽迷自家本心, 悟卽悟自家本性."

『단경』에서 돈오돈수頓悟頓修를 주창하고, 신회는 그를 이어 돈오돈수를 선양함과 동시에 돈오점수頓悟漸修를 제시하였다. 그러면 홍주종을 중심으로 한 조사선의 수증론에 대해 살펴보기로 하자.

    그러므로 성문은 미혹을 깨달았고 범부는 깨달음에 미혹하다. 성문은 성심聖心이 본래 지위, 인과, 계급이 없음을 알지 못하여 망상으로 인을 닦아 과를 증득(修因證果)하려 하니, 그 공정(空定 : 斷滅空)에 머물러 팔만 겁, 이만 겁의 세월을 보내서 비록 깨달았다고 하나 아직 미혹하다. ……만약 상근중생이 우연히 선지식의 지시를 만나 언하에 깨달으면 다시 계급, 지위를 거치지 않고 본성을 단박에 깨우친다(頓悟). 그러므로 경에 말하기를, 범부는 무명심이 있으나 성문은 없다. 미혹에 대하여 깨달음을 말한다. 본래 미혹이 없으니 깨달음 또한 세우지 않는다.[55]

마조가 생각하기에 상근중생은 본래 스스로 구족한 청정자성을 단박에 깨닫는다. 청정본성을 깨달음에 있어서 수인증과修因證果의 지위계급을 거치지 않고 단박에 이루어지므로 돈오頓悟라고 한다. 이러한 돈오는 수증론에서 보면 돈중돈頓中頓인 돈오돈수頓悟頓修를 가리킨다. 사실 돈오돈수는 "본래 미혹이 없으니, 깨달음 또한 세

---

55) 『馬祖語錄』, 『古尊宿語錄』권1, "所以聲聞悟迷, 凡夫迷悟. 聲聞不知聖心, 本無地位因果階級心量, 妄想修因證果, 住其空定, 八萬劫二萬劫, 雖卽已悟, 却迷. ……若是上根衆生, 忽遇善知識指示, 言下領悟, 更不歷於階級地位, 頓悟本性. 故經云, 凡夫有反覆心, 而聲聞無也. 對迷說悟. 本旣無迷, 悟亦不立."

우지 않는" 본연의 경지 그 자체임과 동시에 또한 단박 깨달아 번뇌를 끊음도 없고, 보리열반을 세우지도 않는 최상승의 수증방법이기도 하다. 여기서 알 수 있듯이 마조는 혜능과 마찬가지로 돈오돈수에 대해 한편 깨달음의 당체로서 이해하고 있으며, 다른 한편으로 근기론根機論과 위인실단爲人悉檀[56]의 입장에서 수증방법으로 또한 그것을 강조하고 있는 것이다. 아울러 조사선에서는 점수법은 둔근인鈍根人의 수행방법이라고 치부하고 배격하고 있다.

묻기를, 무엇이 도이며 어떻게 수행해야 합니까? 스님이 답하기를, 도가 어떤 물건이기에 너는 수행하려고 하느냐? 묻기를, 제방의 종사들이 서로 계승하여 참선하여 도를 배우는데 대해 어떻게 생각하십니까? 스님이 대답한다. 둔근인을 위한 말이니 의지할 바가 못 된다. 말하기를, 이것이 둔근인을 접인하기 위한 말이라면 상근인을 접인하기 위해서는 어떠한 법을 설합니까? 스님이 대답하기를, 만약 상근인이라면 어느 곳에 다시 그가 법을 찾겠는가. 그 스스로 얻지 못하는데 어떻게 다른 법이 해당되겠는가. 교 가운데 보지 못했는가? '법, 법이 어떤 모양인가.' 라고 하지

---

[56] 위인실단은 사실단(四悉檀)의 하나. 사실단은 부처님께서 중생을 제도하기 위한 방편설법을 네 종류로 나누어 설명함을 말한다. 『大智度論』권1의 기록에 의하면, 첫째, 제일의실단(第一義悉檀) : 일체의 언어와 문자를 세우지 않고 직접 제일의 뜻으로 제법실상(諸法實相)의 도리를 밝혀 중생들로 하여금 진정으로 교법에 깨달아 들게 함. 둘째, 세계실단(世界悉檀) : 세간의 법에 수순하여 인연화합의 도리를 설함. 셋째, 위인실단(爲人悉檀) : 중생의 근기와 능력에 따라 각종 세간 실천법을 설하여 중생들로 하여금 선근을 일으키게 함. 넷째, 대치실단(對治悉檀) : 중생의 탐진치 등 번뇌에 대하여 병에 따라 약을 줌.

않았던가?⁵⁷⁾

　예를 들어 네가 삼현사과三賢四果, 십지만심十地滿心을 얻었다 하더라도 다만 범성凡聖 안에 있음이다. 아직 도를 깨우치지 못했는가. 제법의 성품은 무상하여 생멸법이다. 세력이 다하면 화살은 떨어지듯이 내생은 기약할 수 없으니, 어찌 무위의 실상문實相門과 같겠는가. 한 번 뛰어 넘어 여래의 지위에 들어가야(一超直入如來地) 한다.⁵⁸⁾

　황벽이 설한 최상승의 관점에서 보면 참선하여 도를 배운다는 것은 근기가 하열한 사람을 접인하기 위한 방편이기 때문에 상근보살은 결코 의지할 바가 못 된다. 도(道 : 眞如實相)는 본래 갖추어져 있는 것인데 어찌 달리 다른 방법이 필요가 있겠는가. 따라서 상근의 지혜 있는 사람은 단박에 모든 반연을 쉬고, 한 번 뛰어 넘어 바로 불지위에 들어간다.

　여기서 알 수 있듯이 마조, 황벽 등이 설한 바 돈오법문은 한편으로 혜능의 돈오돈수설을 직접 계승하고 있으며, 다른 한편으로는 한 걸음 더 나아가 "무수돈오無修頓悟"설을 제기하고 있다고 하

---

57) 『黃檗語錄』, 『古尊宿語錄』 권2, "問, 如何是道? 如何修行? 師云, 道是何物, 汝欲修行? 問, 諸方宗師相承, 參禪學道, 如何? 師云, 接引鈍根人語, 未可依憑. 云, 此旣是引鈍根人語, 未審接引上根人復說何法? 師云, 若是上根人, 何處更就他覓! 他自己尙不可得, 何況更別有法當情! 不見敎中云, 法法何狀?"
58) 上同. "假饒你學得三賢四果十地滿心, 也只是在凡聖內坐. 不見道, 諸性無常, 是生滅法. 勢力盡, 箭還墮, 招得來生不如意, 爭似無爲實相門, 一超直入如來地."

겠다. 여기서의 무수無修란 수행을 하지 않는다는 의미가 아니라, 차제점수의 외수外修에 의한 수인증과修因證果를 인정하지 않는다는 뜻으로 사용되고 있다.

아래에 조사선이 표방하는 돈오 수증관에 대해 살펴보기로 하겠다. 마조의 제자 혜해는 『돈오입도요문론』에서 돈오에 대해 다음과 같이 명쾌한 해설을 하고 있다.

> 문, 어떤 법을 닦아야 바로 해탈할 수 있습니까? 답, 오직 돈오의 한 문으로 바로 해탈할 수 있다. 무엇을 돈오라 합니까? 답, 돈(頓 : 단박)이라는 것은 망념을 단박에 제거하는 것(頓除妄念)이요, 오(悟 : 깨닫는다)라는 것은 얻을 바 없음을 깨닫는 것(悟無所得)이다.[59]

혜능이 『단경』에서 "돈견진여본성頓見眞如本性"의 돈오법문을 제시한 이후, 신회는 돈오의頓悟義에 대하여 "불성(理)과 반야(智)를 함께 깨달음이 돈오요, 점차의 단계를 거치지 않고 스스로 그러함(自然)이 돈오다." 등 총 11개 방면에 걸쳐 해석을 가하여 정의하고 있다. 그 중 "마음에 얻을 바 없음이 돈오(卽心無所得者爲頓悟)"라고 한 것과 "법에서 마음을 깨달아(存法悟心), 마음에 얻을 바 없음이 돈오(心無所得是頓悟)"라고 하는 두 종류의 돈오의가 있다. 혜해는 신회의 "얻을 바 없음이 돈오(無所得爲頓悟)"라는 구절에 주목하여 "돈

---

59) 『頓悟入道要門論』. "問, 欲修何法, 卽得解脫? 答, 唯有頓悟一門, 卽得解脫. 云何爲頓悟? 答, 頓者頓除妄念, 悟者悟無所得."

자돈제망념頓者頓除妄念, 오자오무소득悟者悟無所得"이라는 돈오의頓悟義를 제출하고 있다. 위에서 보았듯이 그 뜻은 "단박(頓)이란 망념을 단박에 제거한다는 것이고, 깨닫는다(悟)는 것은 얻을 바 없음을 깨닫는 것"을 말한다.

이른바 "돈제망념頓除妄念, 오무소득悟無所得"은 오직 조사선이 체현한 전체 반야중관般若中觀사상으로 이해하고 파악해야 한다. 즉 이것은 일체개공一切皆空의 입장에서 세워진 법문인 것이다. 망념妄念이 허망(空)한 줄 알면 그대로 진념眞念이다. 또한 일체법은 공空하기에 한 법도 얻을 바가 없다. 그러므로 얻을 바 없음(無所得)을 깨닫는다고 말하는 것이다. 만약 얻을 바가 있다면 유위법이요, 외도법이다.

그런데 적지 않은 선종사상 연구자들은 선종의 식심견성識心見性의 심성론이 "진상유심眞常唯心"설[60]에 바탕을 두고 있으며, 조사선은 여전히 일심一心을 진실되고 허망하지 않는 실체로 인식하고 있다고 보고 있다. 여기에 근거하여 그들은 "마음에 얻을 바가 없음이 돈오(卽心無所得者頓悟)"라든가, "깨달음이란 얻을 바 없음을 깨닫는 것(悟者悟無所得)"이라는 돈오법문의 특징에 대해 정면의 해석을 회피하며, 심지어는 왜곡된 해석을 하기도 한다.

소위 돈오본성頓悟本性의 본성에 대해, 만약 그것을 망심 배후에

---

60) "중생의 일상적 번뇌망상의 마음 너머 진실로 상주하는(眞常) 유일한 실체적 마음(唯心)이 있다고 보는 설"

실재하는 영원불멸의 실체로 이해한다면, 사실 이것이야말로 일종의 외도 망견이 아닐 수 없다. 진여본성의 도란 중관학파가 말한 "불생불멸不生不滅, 불상부단不常不斷, 불일불이不一不異, 불래불거不來不去의 팔불중도八不中道를 가리키는 말이다.

남종선 이래 조사선은 사람들로 하여금 중도정관中道正觀을 수행케 하고, 중도실상中道實相을 깨닫게 하니, 진여본성이란 바로 중도불성을 말하는 것이다. 이러한 중도불성은 항사의 묘용을 나타내니, 본체에 의해 작용이 일어나고, 작용에 의해 본체가 드러난다. 만약에 본체를 고정시켜 집착한다면 유심주의唯心主義에 떨어지고, 작용을 고정시켜 집착한다면 유물주의唯物主義에 빠질 위험을 내포하고 있다. 중도정관의 입장에서 보면 "즉체즉용卽體卽用", 즉 본체이면서 작용이요(本體而作用), 작용이면서 본체인 것(作用而本體)이다. 비유하자면 물이면서 물결이요, 물결이면서 물인 것이다. 그래서 "마음도 아니요(不是心), 부처도 아니요(不是佛), 물건도 아니다(不是物)."라고 말하고, 또한 "얻을 바가 없다(無所得)."라고 말하는 것이다.

돈점수증론의 각도에서 보면 혜해가 설한 돈오의 정의는 돈오돈수설이라고 말할 수 있다. 그러므로 혜해는 "어리석은 사람은 오랜 겁을 기다려 증득하지만, 깨달은 사람은 단박에 깨닫는다."라고 말하고, 아울러 돈오의에 대해 아래와 같은 설명을 더하고 있다.

돈오란 것은 이생을 떠나지 않고 바로 해탈을 얻는다. 어떻게 그것을 아는가? 비유하여 말하면 사자새끼가 처음 태어났을 때 진짜 사자이듯이, 돈오를 닦는 자 또한 이와 같아서 닦을 때 바로 불지위에 들어간다. 마치 봄에 대나무의 순이 나와서 봄을 지나지 않고 바로 어미 대나무와 가지런해 져서 서로 다름이 없는 것과 같다.

어찌된 까닭이냐? 마음이 공하므로 돈오를 닦는 자도 이와 같다. 망념을 단박에 제거하고 영원히 아我와 인人을 끊어 필경에 공적하여, 바로 부처와 나란히 하여 다름이 없는 까닭에 범부가 바로 성인인 것이다. 돈오를 닦는 자는 이 몸을 떠나지 않고 바로 삼계를 초월한다. 경에 말하기를, "세간에 물들지 않고 세간을 초월하며, 번뇌를 버리지 않고 열반에 들어간다."고 하였다. 돈오를 닦지 않는 자는 마치 들판의 여우와 같아서 사자를 가까이 하여 백천겁을 지나도 끝내 사자를 이루지 못한다.[61]

이것은 돈오에 대한 혜해의 관점이다. 그런데 신회는 일찍이 돈오점수頓悟漸修에 대해 설명하기를 "수행자는 마땅히 단박에 불성을 깨달아(頓見佛性) 인연을 점차로 닦아서(漸次因緣) 이 생을 떠나지 않고 해탈을 얻는다. 비유하자면 어머니가 문득 아이를 낳아 젖으

---

61) 『頓悟入道要門論』, 上同, p 186. "頓悟者, 不離此生, 即得解脫. 何以知之? 譬如獅子兒, 初生之時, 即眞獅子. 修頓悟者, 亦復如是, 即修之時, 即入佛位. 如竹春生笋, 不離於春, 即與母齊, 等無有異. 何以故? 爲心空, 修頓悟者, 亦復如是. 爲頓除妄念, 永絶我人, 畢竟空寂, 即與佛齊, 等無有異, 故云即凡即聖也. 修頓悟者, 不離此身, 即超三界. 經云, 不壞世間, 而超世間, 不捨煩惱, 而入涅槃. 不修頓悟者, 猶如野干, 隨逐獅子, 經百千劫, 終不得成獅子."

로 양육하여 그 아이의 지혜가 자연히 증장하듯이 불성을 돈오함도 또한 이와 같다."[62]라고 하였다. 신회가 말하는 "아이"의 성장 비유와 혜해의 인용문 가운데 "사자새끼", "죽순"의 비유는 완전히 동일한 내용의 다른 표현에 불과하다. 양자 모두 돈오에 대한 설명이지만, 아이의 "성장함"을 강조하여 돈오점수頓悟漸修라 하고, 사자새끼의 "진짜사자"에 중점을 두어 돈오돈수頓悟頓修로 규정하고 있다. 같은 내용을 어디에 중점을 두느냐에 따라 수증론상에서는 돈오돈수와 돈오점수로 나뉘어 지고 있음을 알 수 있다.

이와 같은 논리로 보면 혜해의 돈오돈수와 신회의 돈오점수는 같은 의미의 내용에 대한 강조점의 차이일 뿐이다. 사실 돈오에 대한 혜해의 설명에 이러한 돈오가 수증론에서 구체적으로 돈오돈수라고 적시하지는 않고 있다. 다만 뒷날 법안종의 영명연수가 혜해의 "사자새끼"와 "죽순"의 비유를 인용하여 돈오돈수의 설명으로 채택하고 있음을 볼 수 있다.

종문의 정전조사正傳祖師 가운데 위산영우, 법안문익, 대혜종고, 감산덕청, 자백진가, 청허휴정, 경허성우 등은 한결같이 돈오한 연후에 습기를 제거하는 점수를 말하고 있다. 즉 위산은 『위앙록』에서 "돈오한 연후에 다시 점수해야 합니까?"라는 물음에 대해 "처음 발심한 사람이 인연 따라 일념에 자리(自理 : 불성)를 단박 깨달

---

62) 『南宗定是非論』, 『神會和尙語錄』. "夫學道者, 須頓見佛性, 漸修因緣, 不離是生而得解脫. 譬如其母, 頓生其子, 與乳漸養育, 其子智慧, 自然增長. 頓悟見佛性者, 亦復如是."

았으나(頓悟), 시작이 없는 오랜 겁의 습기는 단박에 없애지 못하므로 그것을 깨끗이 없애기 위해서는 현재의 업과 의식의 흐름을 다 없애야 하는데, 이것을 닦는다 하는 것이지 따로 수행하는 이치가 있다는 것은 아니다."63)라고 하고 있다. 그리고 법안의 『종문십규론』에 말하기를 "비록 이치(理)는 단박에 밝힐 수 있지만, 현상(事)은 반드시 점차로 증득해야 한다."64)고 설하고 있다.

『감산몽유집』 권2에 "소위 돈오점수는 먼저 깨달음이 관철되었더라도 다만 습기가 아직 갑자기 깨끗해질 수 없기 때문에, 일체의 경계상에 나아가 깨달은 그 이치(理)로써 관조하는 힘을 일으켜 경계를 거치며 마음을 점검하여, 일분의 경계를 얻고 일분의 법신을 증득하며, 일분의 망상을 없애고 일분의 본지本智를 드러내는 것이다. 이것은 모두 면밀한 공부에 있다."65)라고 설하고 있다. 또 『자백전집』 2권에 역시 "도道는 단박(頓)에 깨달을 수 있지만, 정情은 반드시 점차로(漸) 제거해야 한다."66)라고 주장하고 있다. 그리고 조선의 서산도 『선가귀감』에서 "이치(理)는 비록 돈오해야 하지만, 현상(事)은 단박에 제거할 수 없다."67)라고 말하고 있다. 경허

---

63) 『潙仰錄』, (藏經閣), p 26. "如今初心, 雖從緣得一念頓悟自理, 猶有無始曠劫, 習氣未能頓淨, 須教渠淨除現業流識, 卽是修也, 不可別有法渠修行."
64) 『法眼錄』, (藏經閣), p 229. "雖理在頓明, 事須漸證."
65) 『憨山老人夢遊集』卷二. "所言頓悟漸修者, 乃先悟已徹, 但有習氣, 未能頓淨, 就於一切境界上, 以所悟之理, 起觀照之力, 歷境驗心, 融得一分境界, 證得一分法身, 消得一分妄想, 顯得一分本智, 是又全在綿密工夫."
66) 『紫柏全集』, 『續藏經』 제126책, p 665下. "道可頓悟, 情須漸除."
67) 『韓國佛敎全書』第七册, p 639上. "理雖頓悟, 事非頓除."

역시 설하기를 "돈오하여 이치를 깨달음은 부처님과 동일하나, 다생으로 익혀 온 습기는 아직 일어난다. 바람은 고요하나 아직 잔물결이 일렁이고, 이치는 분명히 드러나도 망념은 남았구나."[68]라고 하였다. 이러한 주장은 「수능엄경首楞嚴經」제 10권의 다음과 같은 구절에 그 연원을 두고 있다. "이치(理)는 단박에 깨닫는 것이라(頓悟). 깨달으면 모두 사라지지만, 현상(事)은 단박에 제거되는 것이 아니라 점차로 없어지는 것이다(理則頓悟, 乘悟倂銷, 事非頓除, 因次第盡)."

사실상 돈오점수의 점수漸修는 결코 돈오 이전의 닦음이 있는 닦음(有修之修 : 漸修頓悟)이 아니고, 돈오 이후의 닦음이 없는 닦음(無修之修 : 頓悟漸修)이다. 그리고 혜해가 말한 "이 생을 떠나지 않고 바로 해탈을 얻는다."라고 한 것은 또한 일종의 "일생성불一生成佛"의 관점이다. 신회가 말하기를 "일념에 소제하여 성품의 체가 무생無生이니 찰나에 도를 이루는데 어찌 일생에 얻을 수 없겠는가?"라고 한 내용과 혜해가 제출한 "돈오를 닦는다는 것은 이 몸을 떠나지 않고 바로 삼계를 초월한다."고 한 것은 완전히 동일한 개념의 일생성불사상의 표현이다. 이와 같이 조사선의 돈오의頓悟義는 일념성불一念成佛, 일생성불一生成佛을 지향하고 있는 것이다.

결론적으로 말해서 조사선에서 제시한 "도불용수道不用修"라는 개념의 돈오본성頓悟本性의 수증론에는 두 가지 함의가 있다. 첫째, 돈오돈수의 강조이다. 즉 본성을 돈오함에 있어서 삼현, 사과, 십

---

68) 『鏡虛法語』, p 328. "頓悟雖同佛, 多生習氣生, 風靜波尚湧, 理顯念猶侵."

지 등 차제점수를 거치지 않고 바로 깨닫는 것이다. 그래서 본래 청정한 본성은 "한 법도 얻을 것이 없고, 한 행도 닦을 것이 없어서", 한 번 뛰어 넘어 바로 여래의 지위에 들어간다(一超直入如來地). 단박 깨달음에 닦음 또한 단박에 완성되는 까닭에 돈오무수頓悟無修 혹은 무수돈오無修頓悟라고도 하는 것이다. 둘째, 돈오점수이다. 즉 돈오 이후 보림保任이 필요한데, 다만 이러한 점수는 돈오 이전의 점수와는 완전히 달라서 돈오 이후에 저절로 이루어지는 닦음(自然之修)이라고 한다.

제 2장 간화선 성립의 배경

1. 문자선(文字禪)과 그 폐풍

(1) 문자선의 형성

1) 어록(語錄)의 편찬

선종이 표방한 "불립문자不立文字"의 전통은 달마선으로부터 간화선에 이르기까지 심지법문心地法門으로 여겨져 왔다. 선사들은 선은 언어나 문자로 표현할 수 없기 때문에 '언어의 길이 끊어지고(言語道斷), 마음 길마저 소멸해 버린(心行處滅)' 경계라고 말한다. 그들은 불교경전을 다만 중생을 제도하고 중생의 질병을 대치하는 하나의 도구로 여겼다. 즉 선사늘은 선禪과 부처의 경세(佛境界)에 대한 지해知解와 언설言說을 다만 하나의 방편으로 보았으며, 심지어는 객진망념客塵妄念으로 여기기도 했다.

그런데 달마선의 전통에서 볼 때 선과 교는 불가분의 관계에 있다고 할 수 있다. 위에서도 언급하였듯이 달마선의 선교관은 "자교오종藉敎悟宗", 즉 교에 의거해서 종(宗 : 心 혹은 禪)을 깨닫는 것이다. 이러한 자교오종의 관점은 교敎보다는 선禪 우위의 의미가 내포되긴 했지만 그 참뜻은 어디까지나 선교일치禪敎一致, 혹은 선교겸수禪敎兼修의 주장이라 할 수 있다. 즉 달마는 언어문자를 부정하지 않고 그것에 의해 선을 깨달을 것을 주장하고 있는 셈이다.

이러한 전통은 남종선에도 그대로 계승되어 의교오선依敎悟禪의 사상으로 전개된다. 『단경』의 설법에 의하면 불립문자不立文字의 진정한 뜻은 불용문자(不用文字 : 문자를 사용하지 않음)가 아닌 불착문자(不着文字 : 문자에 집착하지 않음)에 있다. 혜능이 말한 『법화法華』에 굴리지 말고 『법화』를 굴리라는 가르침은 언어문자를 깨달음과 교화의 방편으로 적극적으로 활용하라는 뜻으로 해석할 수 있다.

어떤 의미에서 보면 교에 의해 선을 깨닫고, 선에 의해 교가 실천되어져야 할 것이다. 이러한 의미에서 선은 문자로 전할 수 없지만(不可以語言傳) 또한 문자를 떠나서 표현할 수도 없는 것(可以語言見)이라고 여겼던 것이다. 그러므로 불립문자(不立文字 : 문자를 세우지 않음)인 동시에 불리문자(不離文字 : 문자를 여의지 않음)를 추구하게 된 것이다. 그래서 "도道는 본래 말이 없으나, 말을 통해야 도가 드러난다."[69]고 설하는 소위 "부즉불리(不卽不離 : 문자를 집착하지도 여의지도 않음)"의 중도적 문자관을 형성하게 되었다.

한편, 송대宋代에 와서 선종을 둘러싼 외부환경, 즉 정치계와 문화계와의 관계 또한 큰 변화를 맞이하게 된다. 오가종五家宗 가운데 위앙종과 법안종은 일찍 소멸되고 임제종臨濟宗, 운문종雲門宗 그리고 조동종曹洞宗 등 3개 유파가 지속적으로 발전하게 되었다.

---

69) 『圓悟心要』上, (藏經閣), p 135. "道本無言, 因言顯道."

그 중요 원인 가운데 하나가 당시의 통치자나 지방세력의 지지와 외호를 받게 된 것이다. 일단의 수행이 고명하고 문화적 소양을 겸비한 선사들은 자주 정계관료나 사대부 및 문인학사들과 교왕交往이 빈번하게 되므로 해서 점차로 통치자나 사대부들의 수요에 적응하게 되어 중국 주류문화主流文化와 그 정신에 부합하는 새로운 선풍을 형성하게 되었다.

그래서 깊은 산중의 총림에 거주하며 항상 서민들과 교류하며 형성한 평이하고 소박한 선풍을 점차 여의게 된다. 이러한 새로운 선풍의 특징은 언어문자 위에서 선禪에 대한 진일보한 해설을 가하여 불립문자不立文字로부터 불리문자不離文字로 전환되는 문자선文字禪을 형성하게 된다.

이른바 "문자선"이라는 것은 선종전적을 배우고 연구하여 선리禪理를 파악하는 선학형식을 말한다. 그것은 언어문자를 통해 선을 닦고 가르치며, 언어문자를 통하여 미오迷悟와 득도得道의 깊이를 가늠하는 것으로 특징을 삼는다. 송대에 와서 문자선이 형성되는데 그 형성과 발전은 시종 공안公案과 함께 운용되었다. 공안이 선종 안에서 매우 중시되어 점차로 선을 배우고 가르치는 기본 자료로 제공되었다. 아울러 공안이 중당中唐시기부터 선승들의 생활방식과 수행방식의 변화와도 무관하지 않게 된다.

마조도일선사(馬祖道一 : 709~788)와 석두희천(石頭希遷 : 700~790)선사가 강서와 호남에서 각각 선종의 양대 중심도량을 세우고 강호제현江湖諸賢[70]을 제접하고 있을 때에 혹은 경제적 곤란 혹은 명안종사明眼宗師의 참방 혹은 수행 공동체의 연계 등으로 선승들이 자주 여러 곳을 유동하게 되었다. 그래서 선종은 점차로 "행각참선行脚參禪"의 가풍이 일어나게 된다.

생활 방식의 변화는 곧바로 수행 방식의 변화로 이어지게 되는데, 이는 선법禪法을 닦는 것이 다만 조용한 곳에서의 좌선수행만으로 이루어질 수 없고, 선의 경지(禪境)의 체험 또한 수선자 개인의 "말로 전할 수 없는 경계境界"로만 제한시킬 수 없어지며, 점차로 사제지간 혹은 도반 사이에 상호 토론하고 계발하고 검증하는 것으로 변천되었다. 행각참선의 납자들은 총림에 나아가 참문한 선사와 서로 문답하여 말로써 피차 계합하면 서로 이해하고 인가받아 그곳에 머물고, 계합하지 못하면 다른 곳으로 떠나 또 다른 선사를 찾아가게 된다. 사제지간 혹은 도반 사이에 교류되는 이런 종류의 선학의 견해나 체험의 상호응대가 실제적으로 선을 배우고 가르치는 과정이 된다.

선문답에 사용되는 언어는 일종의 특수한 언어일 수밖에 없는데, 이것을 "기봉어機鋒語"라고 부른다. 이러한 기봉어는 대부분 함

---

70) 강호제현(江湖諸賢)의 본래 말뜻은 혜능 이후 남종선이 마조도일의 홍주종(洪州宗)과 석두희천의 석두종(石頭宗)으로 양분되어 천하의 수선납자들이 모두 마조와 석두의 문하를 참문하지 않은 이가 없었다. 당대의 용상대덕(龍象大德)들이 모두 마조와 석두 문하에서 수학하고 선지를 터득하였다 해도 과언이 아니었다. 그래서 마조의 주석도량이 강서(江西)이고 석두의 행화도량이 호남(湖南)인 까닭에 두 문하를 합해서 "강호(江湖)"라고 부르고, 그 문하의 뛰어난 용상들을 "제현(諸賢)"이라 하여 "강호제현(江湖諸賢)"이라는 말이 생겼다. 이 말은 본래 선문의 전문 용어였으나 지금은 일반 사회의 용어로 바뀌어 사용되고 있다.

축, 은유, 동문서답의 언구로 이루어진다. 어떤 때는 쌍방의 면전에서 아무 말도 하지 않고 밀고(推), 때리고(打), 밟고(踏), 소리치는(喝) 등의 방식으로 표시하기도 한다. 이러한 종류의 참선 방식과 수단을 통틀어 "기봉방할機鋒棒喝"이라고 한다. 기봉방할의 성행은 선승들의 생활방식과 수행방식의 변화와 직접적인 관계가 있다.

그러나 선승들이 채용한 이러한 선학방식은 선종의 기본이론과 밀접한 연관이 있다. 혜능 남종이 주장한 자심불성自心佛性은 언어를 초월하고 형상을 여의어서 논리적 사유로는 완전히 파악할 수 없으며, 언어문자를 사용해서는 정확하게 묘사할 수 없다. 선의 경지(禪境)에 대한 체험, 자심불성에 대한 깨달음은 오직 자기 자신의 실천수행에 의지할 수밖에 없다. 그러므로 기봉機鋒을 행하고 방할棒喝을 씀에 다만 본질상 표현할 수 없는 물건을 표현해야 하기 때문에 단지 선자 자신의 자증자오自證自悟로 계발할 수밖에 없는 것이다.

당말唐末 오대五代에 이르러 기봉방할은 선림에서 절정의 시기를 맞이한다. 이것은 원래 수행오도修行悟道, 해탈성불解脫成佛을 위하여 제출된 하나의 방편시설方便施設 혹은 권의수단權宜手段인데, 이것이 점차로 명심견성明心見性의 중요한 수단으로 바뀌어 갔다. 선사들의 이러한 기봉언행은 널리 유전되어 그 제자들에 의해 기록되어지게 되니, 이것을 "어록語錄" 혹은 "입도기연入道機緣"이라 불렀다. 이로 인해서 대량의 『어록』이 출현하게 된다. 물론 만당晚唐 시기부터 어록이 출현하기 시작했지만 송대에는 그야말로 선종

어록이 편찬된 황금시대였다. 송대의 유명한 어록을 예로 들면, 『황룡혜남선사어록黃龍慧南禪師語錄』, 『양기방회화상어록楊岐方會和尙語錄』, 『원오불과선사어록圓悟佛果禪師語錄』, 『대혜보각선사어록大慧普覺禪師語錄』, 『굉지정각선사어록宏智正覺禪師語錄』 등이다. 이러한 어록은 문인제자들에 의해 그 당사자 한 사람의 언론을 기록하는데 그쳤지만, 역대 여러 선사들의 언행을 모아 종합적으로 기술한 어록도 나타나게 되었는데, 이장頤藏이 편찬한 『고존숙어록古尊宿語錄』이 유명하다. 그것은 멀리 남악회양南岳懷讓 이하 마조도일馬祖道一의 홍주종 계통의 백장, 황벽, 의현 등 40여 당·송 선사들의 어록을 종합하여 모은 것인데, 당·송 선종사를 이해하는데 중요한 자료가 된다.

어록에 이어 편찬된 것이 "등록燈錄"이다. 선사가 제자에게 법을 전해 준 것은 어두운 세계에 밝은 등불을 전하는 것과 같으므로 법등法燈의 전승으로 보아 등록이라 명한 것이다. 송대에 이르러 선사들은 자가사법自家嗣法의 계보를 확립하기 위해 많은 등록을 편찬하게 되는데, 그 중에서 도원道原의 『경덕전등록景德傳燈錄』이 가장 유명하다. 그 외에 『천성광등록天聖廣燈錄』, 『건중정국속등록建中靖國續燈錄』, 『연등회요聯燈會要』, 『가태보등록嘉泰普燈錄』 등이 있다. 위의 5부 등록은 그 내용이 중복되는 것이 많아 보제普濟에 의해 간략한 합본인 『오등회원五燈會元』이 편찬 된다.

2) 문자선의 형성

이러한 어록과 등록 가운데 일단의 저명한 선사들의 언행은 특색을 갖추어 전문적으로 제출되게 되어서 수행에 대한 시비是非와 깨달음에 대한 평가評價의 준칙準則으로 삼게 되니 이를 일러 "공안公案"이라 부르게 되었다. 선종의 공안은 간단한 언구로 표현되어 뜻이 어렵고 난해하다. 위에서 언급하였듯이 공안이 선을 배우고 가르치는 기본 자료가 되므로 해서 송대 선사들은 공안에 대해 문자로써 해석하고 고증하기 시작했다. 그래서 초기 선종의 불립문자不立文字의 전통은 불리문자不離文字의 가풍으로 변하게 된 것이다. 문자선文字禪은 이러한 배경 아래에서 형성된 것이다.

문자선이라고 하는 것은 하나의 특수한 개념이며, 그것은 독특한 표현방법과 고정된 양식을 가지고 있다. 문자선을 정의해 보면 넓은 의미로 1)경론문자의 해석 2)등록과 어록(燈錄語錄)의 편찬 3) 송고염고頌古拈古의 제작 4)세속시문의 음송吟誦 등이 모두 포함될 수 있으며, 좁은 의미로는 선승들의 깨달음과 깨달음을 위한 시가詩歌와 사대부들의 불리佛理와 선기禪機를 소재로 한 시가 등이다.

문자선은 주로 게송, 시가 등의 형식으로 선리禪理를 표현하기 때문에 일반적인 어록의 문자작품과는 괘를 달리한다. 이러한 설선說禪의 방법을 정착시키기 위하여 선사들은 기교를 사용하여 아름다운 문자를 추구하며, 또한 그 문자 속에서 선지를 파악하려 한다. 위에서 살펴보았듯이 만당晩唐, 오대五代, 북송北宋에 걸쳐서 전등사서傳燈史書와 조사어록이 대량으로 편집되고, 또한 이른바 '공안公案'에 대하여 염고拈古, 송고頌古, 평창評唱, 대별代別 등의 주석이 대거 나타나게 됨으로써 점차 선의 수행은 일종의 주석학註釋學적인 문자선이 주류를 이루게 된 것이다.

　문자선의 4가지 기본 형식인 염고, 송고, 평창, 대별에 대해 자세히 살펴보면, 첫째, 염고拈古는 산문체의 형식으로 공안을 해석한 것이다. 둘째, 송고頌古는 공안에 대한 평송評頌을 말하는데, 운문으로 공안을 해석하는 것이다. 이른바 에둘러서 선을 설하고 있다. 송고頌古는 운문인 선시禪詩로 표현되지만 선시는 결코 송고와 같을 수 없다. 선시는 송고를 포함하는 선학작품인 것이다.

　셋째, 평창評唱은 경교經教와 결합하여 공안과 상관되는 송문頌文에 대해 고증考證과 주해註解를 가하여 선리禪理를 설명하는 것을 가리킨다. 염고와 송고는 함축된 언어로써 선을 설명하기 때문에 사람들로 하여금 공안을 쉽게 이해하지 못하게 한다. 그러나 평창은 공안과 송문에 대한 문자적 고증과 새로운 해석으로 구체적 형식을 띠게 된다. 선종 고칙古則은 이러한 반복된 해설을 통해 언어문자를 세우지 않는(不立文字) 가풍에서 대량의 언어문자를 빌려 표현하는(不離文字) 시대로 변화하게 되었다.

　넷째, 대별代別은 대어代語와 별어別語를 가리킨다. 이는 고칙 공안에 대해 수정이나 보충을 가하여 새로운 해석이나 평론을 한 것을 말한다. 다시 말하면 대어는 공안 가운데 물음만 있고 답어答語가 없거나 대답이 선지禪旨에 맞지 않는 경우를 대신하여 답을 하는 것을 말한다. 그리고 별어別語는 공안 가운데 이미 답이 있는 경우 작자가 따로 다른 의미로 한 답어答語를 가리킨다. 게송과 비교해 보면 대별代別은 고대 조사선법을 해설하고 발휘한 문학적 가치가 돋보인다고 할 수 있다.

3) 문자선의 개창

문자선이라는 용어는 송대 선사인 혜홍각범(慧洪覺範 : 1071~1128)의 문집인『석문문자선石門文字禪』에서 처음 그 용례가 보인다.[71] 각범이 주장하고 있는 문자선은 막연히 언어문자로써 선지禪旨를 표현하는데 그치는 것이 아니라, 선사가 언어문자로써 선을 제시提示하여 제자들이 언어문자를 통해 깨달음을 얻게 함이니, 이때의 언어문자는 단순한 공안의 해설이 아니라 선의 수시(示)와 깨달음(悟)을 매개하는 문자반야文字般若가 되는 것이다. "언어문자를 떠나지도 않고(非離文字語言), 언어문자에 집착하지도 않아야(非卽文字語言), 도를 구할 수 있다(可以求道也)."[72]고 주장하는 혜홍의 중도中道적 문자관文字觀에서 그것을 잘 알 수 있다.

혜홍이 문자선을 제창함에 있어서 다음과 같은 몇 가지의 기본 원칙이 있음을 알 수 있다. 첫째, 문자선의 합리성. 그가 말하기를

---

71) 周裕鍇의 고증에 의하면 文字禪이 가장 먼저 사용된 예는 慧洪과 동시대 학자이며 혜홍의 詩文에 크게 영향을 미친 바 있는 黃庭堅의 "題伯時畵松下淵明"이라는 책에 나오는 "遠公香火社, 遺民文字禪"이라고도 한다.
72)『石門文字禪』권26,「題圓上人〈僧寶傳〉」,『四部叢刊初編』本.

"마음의 미묘함(心之妙 : 선의 깨달음)은 언어로써 전할 수 없으나(不可以語言傳) 언어로써 나타내 보일 수 있다(而可以語言見)."[73]고 하였다. 명말 4대가 중의 한 사람인 달관達觀은 일찍이 "춘화春花"의 비유로 혜홍의 문자선 이론을 해석하고 있다. "무릇 선禪은 봄春과 같고 문자는 꽃과 같다. 봄은 꽃에 있고 꽃은 봄에 있다. 꽃은 봄에 있고 봄은 꽃에 있다. 그러므로 선과 문자는 둘일 수 없다."[74] 이와 같은 달관의 문자와 선의 완전일치의 사상이 혜홍의 본의는 아니라 하더라도 최소한 표현상에서는 정확하다고 할 수 있을 것이다.

둘째, 문자선의 필요성. "부처님이 말한 심종心宗과 법문의 취지는 큰 지혜로 정진하여 얻은 영묘한 깨달음의 힘으로 도달할 수 있다. 이곳은 언어로써 접근할 수 없지만(此中雖無地可以栖語言) 결국에는 언어를 사용해 가지 않을 수 없다(然要不可以終去語言也)"고 말하여 문자선의 필요성을 역설하고 있다.

셋째, 문자선의 원칙. 혜홍도 여느 선사와 마찬가지로 "진여본성과의 계합은 지식으로 도달할 수 없고(智識不到處) 언어의 길이 끊어 질 때(言詮路絶時)만이 이룰 수 있다."고 말하고, 그러나 "마음을 닦는 법을 세우기 위해서는 어찌 다시 언어를 따르지 않을 수 있겠는가."라고 주장하고 있다. 이러한 맥락에서 "언어문자를 떠나지도 않고, 언어문자에 집착하지도 않는(不卽不離)" 문자선의 언어

---

73) 『石門文字禪』권25. 「題讓和尙傳」, 위의 책.
74) 『石門文字禪序』, 『石門文字禪』卷首, 위의 책.

문자에 대한 중도적 원칙을 세우고 있는 것이다.

중국 선종사에서 일반적으로 임제종의 분양선소(汾陽善昭 : 947~1024)선사를 문자선의 개창자로 본다. 사실 그 또한 역대 여느 선사와 마찬가지로 "천번 만번 설함이 자기 자신이 분명한 것만 못하다(千說萬說, 不如自己分明)."고 강조하고 있어 당대唐代 이래의 자수자증自修自證의 돈오수증을 강조하고 있다. 그리고 또한 "한 구절의 말에 만상을 밝힌다(一句明明該萬象)."라고 하여 언어의 현묘함을 강조하고 있다. 이와 같이 현묘한 언어를 통해 만상을 밝히고 선지를 이해하는 문자선을 제창하게 된 것이다.

선소가 지은 『송고백칙頌古百則』과 『공안대별公案代別』은 고대로부터 내려오는 중요한 공안을 모아서 게송과 대별을 분별하여 해설을 보태고 있다. 공안이란 본래 관공서(公府)의 공문서(案牘)를 가리킨다. 이것은 역대 선사의 언행기록이어서 그 가운데에는 제자를 개도開導하여 깨우치게 하는 기연機緣을 함유하고 있어서 선수행자의 모범답안이 될 수 있으며, 수행하는데 준칙準則으로 삼을만하여 예로부터 선문禪門의 "고칙古則"이라 부르게 되었다. 게송을 사용하여 공안을 해설하므로 "송고頌古"라고도 부른다.

선소는 고대선사의 언행은 "근기에 따라 이익을 준다(隨機利物)." 그래서 배우는 자들은 이로 인해 "각자 깨닫는다(各人解悟)."라고 말하고 있다. 물론 여기서의 깨달음은 해오解悟를 의미한다. 그래서 문자선에서는 간화선과 달리 공안의 "참구參究"란 말을 쓰지 않고 "참현參玄"이란 말을 사용한다. 선소는 일반적으로 삼장三藏의 경론을 공부하는 의학(義學 : 교학)과 문자선에서 말하는 참현의 차이에 대해 다음과 같이 주장하고 있다.

> 모름지기 어록공안을 참현參玄하는 대사大士는 의학義學을 공부하는 것과는 크게 달라서, 한 성품의 문을 단박에 열어서(頓開), 만 가지 근기의 길을 바로 드러낸다(直出). 마음을 깨달은 즉 말로 수시垂示하고, 지혜를 통달한 즉 말은 반드시 투합投合된다. 한마디 말(一言)에 만법을 요달하고(了萬法), 사해四海로써 백천 강물을 싣는다.[75]

선소는 문자선이 경론을 연구하는 의학義學보다는 우위에 있음을 "돈개(頓開 : 단박에 열어 보임)", "직출(直出 : 바로 드러냄)" 등의 돈오적 해오解悟에 있다고 말하고, "일언一言"으로 "만법萬法"을 깨우쳐서 경론처럼 번쇄한 주석이 필요 없음을 말하고 있다. 그리고 언어문자가 여전히 깨달음을 수시垂示하고, 만법을 요달하고, 선지를 참현하는데 열쇠가 되는 것임을 역설하고 있다. 혜홍의 『임간록林間錄』에 "분주무덕汾州無德선사는 제자들에게 동산오위洞山五位와 임제삼현臨濟三玄을 많이 논하였다."라고 기록하고 있듯이 선소는 임제의 삼현삼요의 참헌을 통해 대중들을 계도啓導하고 있다.

---

75) 『汾陽無德禪師語錄』卷下, 『大正藏』47권, 619中. "夫參玄大士, 與義學不同, 頓開一性之門, 直出萬機之路. ……心明則言垂展示, 智達則語必投機. 了萬法於一言, 載眾流於四海."

상당하여, 먼저 성인이 말하기를, '한 마디 말에는 반드시 삼현문三玄門을 갖추어야 하고, 일현문一玄門은 반드시 삼요三要를 갖추어야 한다.'고 하였다. 아! 그것은 삼현삼요의 무슨 구절인가? 빨리 깨달아 얻고 각자 생각하여 또한 온당함을 얻었는가 말았는가? 고덕古德이 이전에 행각할 때 하나의 인연을 밝히지 못했음을 듣고 그 가운데 바로 음식이 맛이 없고 누워 잠을 잘 때도 편안하지 못하니 화급하게 결택하여 작은 일로 삼지 말라.[76]

이와 같이 선소는 임제의 삼현삼요를 참현하여 선의禪意를 파악할 것을 제시하고, 이것의 의미가 언외言外의 종지를 나타냄을 게송으로 읊고 있다. "삼현삼요의 선지는 나누기 어려우니, 뜻을 얻고 말을 잊으면 도와 쉽게 친해지고, 한 구절의 말에 만상을 밝히니, 구월 구일 중양절에 국화가 새로 핀다."[77] 선소는 "뜻을 얻으면 말을 잊는다(得意忘言)."라는 위진 현학가玄學家 왕필王弼의 말을 빌려와 임제의 삼현삼요를 설명하고 있다. 이것은 삼현삼요의 참현을 통하여 선지를 파악하게 하는 문자선의 전형이라 할 수 있다.

문자선의 선사들이 선을 해설할 때 모두 선지를 단도직입單刀直入적으로 설명하지 않고 비유와 은유를 사용해서 설명한다. 이렇

---

76) 『五燈會元』11권, 「汾陽無德」.
77) 『古尊宿語錄』10권, "三玄三要事難分, 得意忘言道易親, 一句明明該萬象, 重陽九日菊花新."

게 선법禪法을 설명하는 것을 선사상에서는 "요로설선(繞路說禪 : 돌러서 설하는 선)"이라 부른다. 선소 역시『송고백칙』을 편찬함에 있어서 공안의 본의本意나 원의原義를 직접 해석한 것이 아니라 돌려서 설명하고 있음을 볼 수 있다. 비록 돌려서 설명한다 하더라도 원래의 공안보다는 이해하기 쉬웠으므로 사람들이 공안을 이해하는데 크게 도움이 되었다. 그래서 원오극근은 "대개 송고는 다만 길을 돌아서 선을 설한다."[78]라고 말하고 있다. 송고는 이와 같이 요로설선繞路說禪의 방식으로 선종의 "지적하되 파하지 않는 원칙"을 체현하고 있으니 이것이 송대 문자선의 선풍이라 할 수 있다.

(2) 문자선의 발전

1) 설두중현(雪竇重顯) — 송고백칙(頌古百則)

분양선소선사가『송고백칙』을 편찬하여 문자선을 제창한 연후에 송대 선림에는 너나 할 것 없이 많은 선사들이 이를 모방하여『송고』를 짓는 풍조가 만연하였다.『선종송고연주집禪宗頌古聯珠集』에는 고칙 공안 325칙, 송문頌文 2100수, 송고를 지은 선사 122인을 수록하고 있다.『선종송고연주통집禪宗頌古聯珠通集』에 또한 공안 493칙을 더하여 818칙에 이르렀으며, 송문 3050수를 더하여 5150

---

78)『碧巖錄』1권, "頌古只是繞路說禪."

수에 이르렀으며, 선사 426인을 더하여 548인에 도달하였다. 이로 미루어 보아 송대에는 송고의 선풍이 만개한 시기라고 말할 수 있다.

이 가운데 가장 두드러진 영향력을 끼친 선사가 바로 설두중현(雪竇重顯 : 981~1053)이다. 다시 말하면 선소를 뒤이어 문자선을 크게 발전시킨 이가 설두중현이라 할 수 있다. 중현 역시 선소와 마찬가지 방법으로『송고백칙頌古百則』을 편집했다. 이로부터 문화적 소양이 있는 선승들이 잇따라 송고를 깊이 연구하게 되는데, 고칙古則과 송문頌文으로부터 선의禪意를 깨닫고 설명했다. 훗날 임제종의 무문혜개(無門慧開 : 1183~1260)가 쓴『무문관無門關』과 조동종의 투자의청投子義淸과 단하자순丹霞子淳 및 굉지정각宏智正覺등이 또한 송고를 지었는데 문자가 아름답고 사상이 참신하여 선사상에 지대한 영향을 미쳤다.

그러면 여기서 설두중현의『송고백칙』에 나타난 몇 가지 특징을 살펴보도록 하자.[79]

첫째, 자료선택에 있어서 운문종雲門宗을 위주로 하였다. 분양선소의『도송都頌』에서 말하기를, "선현先賢의 일백칙이 천하에 기록되어 전해져 온다."라고 하였다. 이러한 태도는 그의 고대 공안에 대한 선택이 결코 종파의 계통을 고려하지 않고 그 당시 가장 널리 유행하여 천하의 납자가 공인한 공안을 선택의 대상으로 삼았

---

79) 참조, 王志躍 著『分燈禪』(圓明出版社, 民國 88년), P 277.

으며, 이 공안이 어느 일가에서 나왔는지를 염두에 두지 않았음을 보여준다. 그러나 중현이 공안을 선택할 때는 보다 운문종 계열에 경도되어 있음을 볼 수 있는데, 이것이 이해하기 어려운 부분이지만 이는 본인이 운문종의 사법嗣法인이기 때문일 것이다. 그가 선택한 일백칙의 공안은 운문종을 위주로 하였는데, 그 가운데에는 운문문언雲門文偃의 공안이 13칙, 운문계 선사의 공안이 6칙, 운문종을 언급한 것이 3칙이나 된다.

둘째, 문자의 화려함과 언어의 현묘함을 추구하고 있다. 선소는 말하기를, "말이 현묘하여도 말은 종지의 묘함에 미칠 수 없다(言之玄也. 言不可及旨之妙也)."라고 하였지만, 정작 선소 본인의 공안에 대한 송문은 일반적으로 언어가 비교적 평범하여, 결코 그렇게 현묘함을 나타내지는 않는다. 그러나 중현은 "시단詩壇의 이백과 두보"라는 별명에 걸맞는 높은 문학적 소양으로 인해서 그의 송고는 예술적인 표현이 농후하며, 그 의미는 함축적이며 모호하여 보통 사람이 이해하기는 매우 어렵다. 그러므로 사람들에게 상상의 공간을 활짝 열어 놓고 있다고 하겠다.

셋째, 많은 불전佛典과 유경儒經을 인용하여 그것에 근거하여 공안을 해석하고 있는 것이 큰 특징이다. 중현의 이러한 특징에 대해 『벽암록』은 "설두의 송고백칙은 총림에서 도를 배우는 법요이며, 그 중간에 경론을 취하고 비유하였으며, 혹은 유가 문사文史로써 이 일을 밝혔다."[80]고 하였다.

그러면 여기서 간략히 "구지일지俱胝一指"라는 일칙의 공안에 대한 선소와 중현의 송고를 통해 문자선의 맛을 음미해 보도록 하자. 구지俱胝는 당대唐代의 선사로서 일지선一指禪의 선법을 계발한 분이다. 그는 항상 한 개의 손가락을 세우는 동작으로 제자를 깨달음으로 인도하였으므로 선문에는 "구지수지俱胝豎指" 혹은 "구지일지俱胝一指"라는 공안이 있게 되었다.

분양선소의 송문에는 "천룡일지오구지天龍一指悟俱胝, 당하무사물비제當下無私物匪齊, 만호천차영별설萬互千差寧別說, 직교금고물침추直敎今古勿針錐 — 천룡의 일지에 구지가 깨달았네. 당장에 사사로움 없어 만물은 가지런하다. 만물의 차이를 어찌 분별하겠는가. 고금에 바늘과 송곳을 가리지 말 것을 바로 말하노라.[81]" — 라고 읊고 있다.

그리고 설두중현의 송문에는 "대양심애노구지對揚深愛老俱胝, 우주공래갱유수宇宙空來更有誰? 증향창명하부목曾向滄溟下浮木, 야도상공접맹구夜濤相共接盲龜 — 깊이 존경하는 구지의 선법을 높이 받든다. 우주는 공한데 다시 누가 있겠는가? 일찍이 대해의 파도 위에 떠있는 나무여! 깊은 밤 출렁이는 파도 위에서 눈먼 거북이를 맞이한다.[82]" — 라고 읊고 있다.

앞 송문頌文의 뜻을 풀어서 말하면, "구지선사는 천룡선사로부터

---

80) 『碧巖錄』, 「關友無黨後序」. "雪竇頌古百則, 叢林學道詮要也. 其間取譬經論, 或儒家文史以發明.
81) 『汾陽無德禪師語錄』卷中, 『大正藏』47권, 609上.
82) 『碧巖錄』卷十九, 『大正藏』48권, 159下.

일지선(一指禪)으로 깨달음을 얻었으니, 손가락 하나를 세우는 모습에 만물의 참모습을 깨달았다. 중생의 지금 일념에 무사무아無私無我하니 만물이 가지런하지 않음이 없다. 무사無私한 즉 만물이 가지런하구나無私則齊物. 무사제물無私齊物의 선지禪旨를 체득하면 사물의 차이를 분별하지 않아서 바늘과 송곳의 차별을 짓지 않게 된다."는 것이다.

구지선사는 "내가 천룡화상의 일지선을 얻어 일생토록 써도 다 쓰지 못했다."[83]라고 하였다. 『조당집』에 의거하면 구지는 "산을 나가 선지식을 참알하고자 하였다. 그 때 홀연히 신선이 나타나 말하기를 '삼오일 사이에 대보살이 와서 화상을 위해 설법할 것이다.'라고 하였다. 열흘이 넘지 않아 천룡화상이 이르니 발 아래서 영접하고 서서 기다려 앞의 일을 아뢰면서 어떻게 그를 대할 것인가를 모르겠다고 하였다. 그 때에 천룡이 한 손가락을 세우니(竪起一指) 선사는 바로 깨달았다."라고 하였다.

뒷 송문의 "맹구부목盲龜浮木"은 『잡아함경』가운데 설한 비유이다. 대강의 뜻을 새겨보면 "수행자가 선종의 종지를 거양하는 방면에서 보면 구지선사는 매우 존경스러운 인물이다. 그는 일지선 법을 통해 중생을 개도開導함이 어두운 밤에 풍랑이 거센 바다에 부목浮木을 던져 눈먼 거북이를 구제하는 것과 같다."고 하겠다.

위에서 보는 것처럼 선소에 비해 중현은 깊은 문학적 소양과 기

---

83) 『祖堂集』19권, "某甲得天龍和尙一指頭禪, 一生用不盡."

질을 보이며, 또한 경전의 비유를 들어 요로설선繞路說禪의 의미를 더욱 짙게 나타내고 있다고 할 수 있다. 이것은 구지선사의 일지선一指禪을 찬양하고, 그것이 고해중생을 구제하는 심지법문心地法門이라고 말하고 있다. 여기서 우리는 송문이 공안에 대한 이해를 도와 줄 뿐 아니라 또한 화려한 문체에 의한 새로운 공안문화公案文化를 창출하고 있음을 알 수 있다.

아래에 "양무제문달마대사梁武帝問達摩大師"라는 공안에 대한 중현의 송문을 하나 더 감상해 보도록 하자.

양무제가 달마대사에게 묻기를, "어떤 것이 성스러운 진리(聖諦)의 제일의(第一義 : 근본 진리)입니까?"라고 하자, 달마는 "텅 비어 성스러운 것이 없습니다(廓然無聖)."라고 답하였다. 무제가 다시 묻기를, "짐을 대하고 있는 그대는 누구인가?"라고 하였다. 달마는 "모른다(不識)."고 하였다. 무제는 깨닫지 못했다. 달마는 마침내 강을 건너 위나라에 이르렀다.

무제가 후에 지공志公에게 이 일을 들어 물었다. 지공은 "폐하는 아직도 이 사람을 모르시겠습니까?"라고 하자, 무제는 "모른다(不識)."라고 하였다. 지공이 말하기를, "그분은 관음대사이시며 부처님의 심인(佛心印)을 전하는 분입니다."라고 하였다. 무제가 뉘우치고 마침내 사자를 보내 청하고자 하였다. 이 때에 지공이 이르기를, "폐하는 사자를 보내 청하려고 하지 마십시오. 온 나라 사람을 다 보내도 그는 다시 돌아오지 않을 것입니다."라고

하였다.[84]

이 공안에 대한 중현의 송문은 이러하다. "성스러운 진리 텅 비어 어찌 말로 하겠는가(聖諦廓然 何當辯的)? 짐을 대하는 자가 누구인데 아직도 모른다고 말하는가(對朕者誰 還云不識). 남몰래 강을 건너도 가시밭을 면치 못할 것이다(因玆暗渡江 未免生荊棘). 온 나라 사람이 쫓아가도 다시 돌아오지 않음이여(闔國人追不再來)! 천고 만고에 부질없이 아쉬워하네(千古萬古空相憶). 아쉬워하지 말아라. 맑은 바람 온누리에 가득하니 어찌 다함이 있으랴(休相憶 淸風匝地有何及). (설두)선사가 좌우를 돌아보고 이르기를 '여기 또한 조사가 있는가(師顧視左右云 : 這裏還有祖師麼)?' 스스로 이르기를, '있다'. (달마조사를) 불러와 노승의 발을 씻게 하라(自云 : 有 喚來與老僧洗脚)."[85]

참된 진리는 성스러움과 속됨을 동시에 초월해 있기에 성스러운 진리는 그 어디에도 없다. 마음 밖에 따로 부처가 없다(心外無佛). 그러므로 밖을 향해 찾지 말고 스스로 깨달아야 한다. 따라서 마조는 자가보장(自家寶藏 : 자기 자신에게 감추어진 보물, 즉 불성)이라 하지 않았던가? 무명에 가린 무제를 향해 그렇게 고구정녕 일렀건만 아직도 모른다(不識)고 외치니 소를 타고 소를 찾는 격이다. 온 천

---

84) 『碧巖錄』卷第1, 『大正藏』제48권, p 140上.
85) 『碧巖錄』上, (藏經閣), p 34. "聖諦廓然 何當辯的? 對朕者誰 還云不識. 因玆暗渡江, 未免生荊棘. 闔國人追不再來! 千古萬古空相憶. 休相憶, 淸風匝地有何及? 師顧視左右云, 這裏還有祖師麼. 自云, 有. 喚來與老僧洗脚."

지에 맑은 바람 불어오니 사람과 조사가 따로 없고 부처와 중생이 둘이 아니다. 중현은 송고를 통해 부처와 진리와 조사를 구하는 마음을 돌이켜 한 생각 일어나기 이전의 소식을 알면 청풍이 가득한 해탈의 경지라고 설하고 있다. 자신을 떠나 조사가 서쪽에서 온 뜻을 물으려 하지 말 것이며, 밖으로 추구하는 바가 없고 안으로 헐떡임이 없다면 내가 서 있는 이 자리가 그대로 조사의 땅이라고 갈파하고 있다.

2) 원오극근(圓悟克勤) ― 『벽암록』

중현이 원적하고 얼마 안 되어서 임제종 양기파楊岐派의 선사인 원오극근(圓悟克勤 : 1089~1163)이 『벽암록碧巖錄』을 편찬하게 된다. 이 책은 중현의 『송고백칙』을 보충하여 이루어졌다. 『벽암록』「서序」에는 다음과 같은 보조普照의 말을 기록하고 있다. "지극한 성인의 명맥, 역대 조사들의 대기大機, 환골탈대의 신령한 방편, 정신을 키우는 신묘한 기술이여! 저 설두선사께서 종지(宗)와 격식(格)을 초월하는 바른 안목(正眼)을 갖추시어, 바른 법령(正令)을 서로 이끌어내면서도 모습을 겉으로(風規) 드러내지 않았다. 부처를 단련시키고 조사를 담금질하는 집게와 망치를 손에 들고 납승의 향상일로 向上一路의 본래면목本來面目을 노래(頌)하였다. 은산철벽銀山鐵壁이니 뉘라서 감히 이를 뚫을 수 있으며, 쇠로 된 소를 무는 모기와 같아 물려고 하나 물 수가 없다. 대종장大宗匠을 만나지 못하면 어찌 깊고 미묘한 도를 다할 수 있겠는가?"[86]

이것은 중현의 송고가 납승의 향상일로向上一路의 본래면목을 송하였기 때문에 모기가 쇠로 된 소가죽을 물래야 물기 어려운 것과 같음을 설명하고 있다. 송고는 본래 선사들이 공안의 참뜻을 이해하는데 도움을 주어 공안 가운데의 선지를 탐색하기 위해 지은 것이다. 그러나 어떤 송문은 그 자체가 공안 본칙과 같이 언어가 간명직절簡明直切하고 의미가 함축적이어서 이해하는데 많은 어려움이 따른다.

당시 문화적 소양이 결핍된 선승들은 이러한 송문에 대해 오리무중일 수밖에 없어 더욱 쉽게 이해할 수 있도록 할 필요가 있었다. 이러한 요구에 부응하여 공안과 송문에 대해 재해석의 작업이 진행되었다. 이것이 바로 소위 평창評唱과 격절擊節인데, 원오의 『벽암록』이 이에 가장 잘 부응하고 있다. 선문학의 백미요, 종문宗門의 제일서第一書로 불리는 『벽암록』의 전체내용은 5항으로 나뉘어졌는데 순서에 따라 수시垂示, 본칙本則, 송문頌文, 착어着語, 평창評唱 등으로 이루어졌다. 특히 평창은 고인古人의 깨달음의 기연에 관한 선학사상을 상세히 설명하고 있어 책의 주요부분을 차지하고 있다.

이 책의 출판으로 송고문학頌古文學이 최고조로 발전하게 되어 문자선풍이 진일보하는 중대 기로에 서게 되었다. 『벽암록』에 대

---

86) 『碧巖錄』上, 「普照序」(藏經閣), p 13. "至聖命脈, 列祖大機, 換骨靈方, 頤神妙術. 其惟雪竇禪師, 具超宗越格正眼, 提掇正令, 不露風規. 秉烹佛煅祖鉗鎚, 頌出衲僧向上巴鼻. 銀山鐵壁, 孰敢鑽研, 蚊咬鐵牛, 難爲下口. 不逢大匠, 焉悉玄微."

해 "어두운 세상에 길을 밝혀주는 빛나는 해가 높이 뜨고, 지혜의 바다에 나침판이 북쪽을 가리키게 되었다. 척 한번 보면 저 여러 어리석음이 사라지며, 모두 함께 분명하게 깨친다면 결코 이익이 적지 않을 것이다. 그렇게 된다면 크나큰 다행이다."[87]라고 찬탄하고 있다.

그러면 『벽암록』에 대해 몇 가지 측면에서 자세히 살펴보도록 하자.

우선 자료선택의 문제에 대해 살펴보자. 위에서 말했듯이 원오의 『벽암록』은 중현의 『송고백칙』을 평창評唱한 것이다. 『벽암록』 소疎에서 부연설명하고 있는 것처럼 "설두가 백칙을 송고하고, 원오가 다시 주각注脚하였기" 때문에 중현의 『송고백칙』이 선택한 일백 칙의 공안을 근간으로 하여 조직되었다. 그러나 원오는 결코 『송고백칙』의 주석에 머물지 않고 다시 창조적인 해석을 더하여 종문의 제일서로 거듭나게 하고 있다. 이른바 "원오는 또한 자기의 뜻을 내어 『송고백칙』을 떠나 『벽암록』을 지었다."라고 한 말이 이를 증명하고 있다.

다음은 형식의 문제이다. 『벽암록』은 중현의 일백 칙 공안을 10권으로 나누고, 매 권마다 각각 10개의 공안과 송문을 해석하고 있다. 매 칙의 해석은 원래의 공안과 송문을 포함하는데, 모두 5

---

87) 『碧巖錄』, 「重刊圓悟禪師碧巖集疎」, (藏經閣), p 242. "日於迷途, 指南於慧海, 快然一覩開彼群愚, 相與圓成, 不無利益, 幸甚."

항으로 되었다. 제 1항은 각 한 칙의 공안 앞에 먼저 "수시垂示"를 배열함으로써 종의 강령(宗綱)을 제시하였다. 이것은 원오극근이 공안과 송문을 해석한 길라잡이 성격의 사상이며, 아울러 참선자가 마땅히 나아가야 하는 목표를 제시하고 있다. 만약에 수시垂示의 요점을 주의 깊게 살필 수 있다면 이 공안과 송문의 요점을 파악할 수 있다.

제 2항은 공안의 본칙本則을 수록하고 있다. 제 3항은 설두중현의 송문頌文을 기록하고 있다. 제 4항은 착어着語인데, 하어下語라고도 칭한다. 이것은 『벽암록』 작자가 공안본칙과 중현의 송문의 매 구절 아래에 붙인 해석과 평론 등으로써 말하자면 사이에 끼워 넣은 주석에 해당된다.

이러한 착어着語는 따로 격식을 갖추어 형식이 다양하고 생동감이 있으며, 당시의 구어口語, 속어俗語, 언어諺語로써 그것을 표현하고 있으며, 또한 정규적인 문장어도 있으며, 심지어 자주 반어反語, 역어逆語, 욕설(惡語), 차가운 조소와 호된 풍자(冷嘲熱諷)를 사용하고 있다. 이러한 착어는 매우 간단하여 많으면 열 몇 자가 있을 뿐이며 적게는 서너 자이고 어떤 때는 심지어 단 한 글자도 있다. 원오의 『벽암록』의 착어는 선지禪旨를 체험하는 기봉어(機語)이고 글자 자체로서는 매우 이해하기 어렵다. 제 5항은 평창評唱이다. 이것은 『벽암록』의 주요한 내용이며, 공안본칙과 송문에 대해 개괄적인 총평을 하고, 고대 공안과 설두 송문의 현지玄旨의 소재所在를 드러내 보이어, 원오 자신의 선에 대한 이해를 발휘하고 있는데, 이것은 공안본칙과 송문 뒤에 분산되어 있다.

셋째는 사상 경향에 대한 문제이다. 원오는 『벽암록』에서 이렇게 설하였다. "달마가 멀리서 이 땅을 살펴보니, 대승의 근기가 있어, 즉시 바다를 건너와, 홀로 심인心印을 전하여, 미혹한 길을 열어 보이어, 문자를 세우지 않고(不立文字), 사람의 마음을 바로 가리켜(直指人心), 성품을 보아 부처를 이루게 하였다(見性成佛)."[88] 이른바 "불립문자, 직지인심, 견성성불"은 선종의 강령이다. 이러한 선종의 종지를 나타내고자 원오는 『벽암록』을 편찬하게 된 것이다. 또한 원오가 선종에 대해 "이 종은 문자와 언구를 세우지 않고, 오직 최상승을 말하며, 근기가 회오리바람과 천둥 같아, 벼락치고 별똥이 날아다니는 듯하여, 몸을 벗어나 계합하여 증득하며, 생사의 뿌리를 끊고, 무명의 껍질을 벗어나, 깨달아 의혹이 없어서, 단박에 바로 밝힌다."고 하였다. 이는 오직 최상승의 근기를 말하며, 천둥번개, 회오리바람 같은 임제의 종풍을 잇고 있음을 보여 주고 있다.

이와 같이 원오의 선사상 역시 역대 남종의 선사들과 마찬가지로 자성을 돈오頓悟하여 무사자재無事自在함을 종지로 하고 있다. 그래서 말하기를 "하루 종일 다른 마음을 내지 않고 다른 견해를 일으키지 않아, 때 되면 먹고 마시고 옷 입으면서 모든 경계와 인연에서 텅 비어 응결하지 않음이 없다. 비록 천만 년이 지난다 해

---

88) 『碧巖錄』上, (藏經閣), p 29. "達摩遙觀此土, 有大乘根器, 遂泛海得而來, 單傳心印, 開示迷途, 不立文字, 直指人心, 見性成佛."

도 한 털끝만큼도 변하지 않고 이 큰 선정에 처하니, 어찌 불가사의한 큰 해탈이 아니랴."[89]고 하였다.

『벽암록』은 문자선의 백미이다. 아울러 종문의 제일서第一書로서 수선납자들의 나침판이 되어 왔다. 당시에 이 책이 편찬되자 선림에서 "신진의 후학들이 그 말을 소중히 여겨 아침저녁으로 암송하고 익히니 이를 일러 지극한 학문(至學)이라 하였다."[90] 언어문자로 전할 수 없는 것을 언어문자로 표현하고, 언어문자로 표현하면서도 말 없음의 도리를 드러낸 책 아닌 책이 바로 『벽암록』이다. 아울러 『벽암록』은 문학적으로도 매우 우수한 작품이어서 불교문학사적 위치 또한 매우 높이 평가되고 있다. 당송시기를 풍미한 돈오무심頓悟無心의 선지를 우아하고 화려한 문체로 유감없이 발휘하고 있다고 하겠다.

그러면 여기서 『벽암록』의 수시垂示, 착어着語, 평창評唱 등을 살펴보아 문자선에 대한 이해를 높여 보기로 하자. 설두의 "무제가 달마에게 묻다(武帝問達摩)."라는 송에 대해 원오가 "성제제일의聖諦第一義"로 명명한 제일칙은 아래와 같이 구성되어 있다.

제 1절은 수시垂示이다. 이것은 모든 칙의 총강總綱이라 할 수 있다.

---

89) 『圓悟心要』上, (藏經閣), p 134. "二六時中, 不生別心, 不起異見, 隨時飮啄衣着, 萬境萬緣, 無不風凝. 雖千萬年不移易一毫髮許, 處此大定. 豈非不可思議大解脫耶".
90) 『禪林僧寶傳』.

수시(垂示)

산 너머에 연기가 피어오르면 불이 났음을 알고, 담장 밖에 뿔이 보이면 바로 소가 있음을 알 수 있다. 하나를 가르쳐 주면 나머지 셋을 알고, 상대의 수행이 깊은지 얕은지를 한 눈에 척 아는 것은 납승에게 흔히 있는 일이지만, 알음알이(衆流)를 끊어버리고 동쪽에서 솟았다가 서쪽으로 사라지기도 하고, 종횡무진하게 상대의 감정에 순종하기도 하고 거슬리기도 하며, 주고 뺏음이 자재하다. 바로 이러한 때에 말해보라, 이는 어떤 사람의 행리처行履處인가?

설두의 이야기(葛藤)를 보라.

제 2절은 본칙本則이다. 중현의 본칙에 착어着語를 더한 것이다. 괄호 안이 바로 원오의 착어이다.

본칙(本則)

양무제가 달마에게 물었다.(이런 멍청한 놈) "무엇이 근본이 되는 가장 성스러운 진리입니까?"(이 무슨 얽어매는 말뚝인가?) "텅 비어 성스럽다 할 것도 없습니다."(꽤 기특한 줄 알았더니만, 화살이 저 멀리 신라 땅으로 날아가 버렸구나. 매우 명백하다.) "짐을 마주한 그대는 누구입니까?"(얼굴에 가득한 부끄러움을 가누며 애써 정신을 차렸구나. 과연 찾질 못하는구나.) "모르겠습니다(不識)."(쯧쯧! 거듭해 봤자 반 푼 값어치도 되질 않는구나.) 무제가 이를 깨닫지 못했다.(애석하다. 아직 멀었군.) 달마는 마침내 장강을 건너 위魏나라에 이르렀다.(이 불여우야. 한바탕 부끄러움을 면치 못했구나. 이리 갔다 저리 갔다 하는구나.) 무제는 이후 이것을 지공誌公에게 물었다.(가난한 사람이 해묵은 빚을 근심하는구나. 제삼자가 보면 빤히 보이지.) 지공이 말하였다. "폐하! 이 사람을 아십니까?"(지공까지도 함께 나라 밖으로 내쫓아야 옳았을 걸. 좋게 30방망이는 쳐야겠다. 달마가 왔구나.) "모르겠습니다(不識)."(도리어 무제가 달마의 공안을 들었구나.) "그는 관음대사이시며 부처님의 심인心印을 전하는 분이십니다."(멋대로 설명하네. 팔이란 바깥으로 굽지 않는 법.)

무제는 후회하고 마침내 사신을 보내어 모셔오려 하자.(결코 붙잡지 못할 걸. 조금 전에도 '멍청한 놈'이라 말했건만.) 지공이 말하였다. "폐하께서 사신을 보내어 모셔오려 하지 마십시오.(동쪽 집 사람이 죽으니 서쪽 이웃 사람이 조문하는 꼴이군. 한꺼번에 나라 밖으로 쫓아냈어야 좋았으리라.) "온 나라 사람이 부르러 가더라도 그는 돌아오지 않을 것입니다."(지공 또한 30방망이를 쳐야 한다. 발아래에서 큰 광명이 쏟아져 나올지 안 나올지?)

제 3절은 평창評唱이다. 평창은 공안 본칙에 대한 원오의 해석이다. 긴 문장이기 때문에 일부만 발췌해서 그 대의를 살펴보도록 하겠다.

평창(評唱)

무제가 일찍이 가사를 입고 『방광반야경放光般若經』을 몸소 강설하자 감응하여 하늘에 꽃비가 내리고 땅이 황금으로 변하였다. 천하에 칙령을 내려 사찰을 일으키고 승려에게 도첩을 내려, 불법을 몸소 실천 하였으므로 사람들은 그를 불심천자佛心天子라고 불렀다. 달마가 처음 무제를 만나자 무제가 물었다. "짐은 사찰을 일으키고 스님들에게 도첩을 내렸는데 무슨 공덕이 있습니까?" "공덕이 없습니다(無功德)."

바로 이는 더러운 물을 느닷없이 머리 위에 끼얹는 꼴이다. 여러분들이 만일 "공덕이 없다."는 말을 깨쳤다면 그대에게 달마를 친견했노라고 인정해 주겠다.

"무엇이 가장 성스럽고 으뜸가는 진리입니까?"라는 물음에 "텅 비어 성스럽다 할 것도 없다(廓然無聖)."라고 말했다. 천하의 납승들은 이 질문에 걸려들어 벗어나지 못하지만 달마는 그를 위해서 단칼에 베어주었는데도, 요즘 사람들은 이를 전혀 잘못 이해하고 도리어 분별망상으로 눈알을 부라리면서 "텅 비어서 성스럽다 할 것도 없다."고 말하지만 좋아하시네, 이와는 아무런 관계가 없다.

나의 은사이신 오조(五祖法演)께서 일찍이 말씀하시기를 "텅 비어서 성스럽다 할 것도 없다는 말씀을 꿰뚫어 아는 사람이 있다면 (본래의) 자기 집으로 돌아가 편히 쉬리라. 똑같이 언어문자를 사용하면서도 무제를 위해 무명의 칠통을 깨뜨려 주었으니, 그 중 달마스님은 그래도 훌륭하시구나."라고 했다. 그리하여 말하기를 "한 구절을 깨달으면 일천 구절, 일만 구절을 단박에 깨달으리라."고 하였다. 이와 같이 하면 자연히 꼼짝달싹 못하게 하여 꽉 잡을 수 있을 것이다. 옛 사람이 말하기를 "뼈가 가루가 되고 몸이 부서져도 은혜를 다 갚을 수 없나니, 한 구절 분명히 깨달으면 백억 법문을 뛰어 넘는다(一句了然超百億)."고 하였다.

제 4절은 송頌이다. 설두중현의 송문頌文을 인용하여 그 중간에 착어를 더하고 있다.

성스러운 진리란 (본성이 없어) 공하니(화살이 신라로 날아가 버렸군. 어험!), 언제라야 핵심을 알아차릴까.(지나갔구나. 알아차리기가 뭐 그리 어렵겠는가?) 나를 마주한 그대는 누구시오?(거듭 질문한들 반푼어치도 안 되는구나. 또 그 짓거리냐!) 모른다고 하는군.(서너 명이 모두 독화살에 맞았다.) (원오가) 꾸짖었다. 그래서 남몰래 강을 건너시니(남의 콧구멍을 꿰지 못하더니 도리어 남에게 코를 뚫렸구나. 아이고, 아이고! 참으로 형편없는 놈.) 가시덤불이 돋아나는 것을 어찌 면하랴.(발아래 벌써 깊숙하게 몇 발이나 우거졌다.)

온 나라 사람들이 뒤쫓아 가도 다시 오지 않음이여!(두 번 거듭된 공안이구나. 뒤쫓아 가서 무엇 하겠는가? 어느 곳에 있는가? 대장부의 기상은 어디 갔는가?) 천고만고에 부질없이 아쉬워하네.(손을 바꾸어 가면서 가슴을 치고 허공을 바라보며 하소연하는구나!) 아쉬워하지 말라.(무슨 짓인가, 귀신의 소굴 속에서 살려 하다니.)

맑은 바람 온 누리에 가득하니 어찌 다함이 있으랴.(과연 예상했던 대로다. 설두 같은 대단하신 스님도 풀 속에서 헤매는군.)

설두스님이 좌우를 돌아보며 말했다. "여기에 조사가 있느냐?"(그대는 자백을 번복하려고 하는가? 아직도 이 짓거리냐!) 스스로 대답하기를 "있다." 하고서(헛수고하는군.) (달마조사를) "데려다가 노승의 발이나 씻도록 해야겠다." 하였다.(다시 삼십 방망이를 내리쳐 쫓아낸다 해도 잘못될 것 없다. 이런 짓하는 것을 보니 아직 멀었군.)

제 5절은 원오가 설두의 송문에 평창을 더한 것이다. 그 대강은 다음과 같다. 설두의 송문은 태아검太阿劍과 같아서 허공을 향하여 이리저리 휘둘러도 조금도 칼날에 닿지 않는다. 그가 말하기를 "성스러운 진리 공하구나, 언제라야 핵심을 알아차릴까?" 하였으니, 설두가 그 첫 구절에 이 한 구절을 붙인 것은 참으로 잘한 일이다. 말해보라, 결국 어떻게 핵심을 간파하겠는가. 설령 무쇠 눈과 구리 눈동자를 갖춘 사람이라도 찾지 못할진대, 어찌 알음알이로 헤아릴 수 있겠는가? 운문이 말하기를 "마치 부딪칠 때 튀기는 돌의 불꽃, 번뜩이는 번갯불과도 같다."고 하였다. 이러한 것은 헤아림(心機)과 의식意識과 생각(情想)에 의해 알 수 있는 것이 아니다. 말해보라, 설두의 참뜻이 어디에 있는가?

이와 같이 『벽암록』의 수시垂示와 평창評唱과 착어着語는 아름다운 문체로써 공안 본칙과 송문을 해석한 것으로, 문자선의 극치를 보여주고 있다. 지극한 도는 실로 말로 설명할 수 없지만 원오선사께서 자비를 베풀어 언어문자로써 종문의 방양榜樣을 제시해 주었다. 다시 말하면 원오가 『벽암록』을 지은 진정한 바램은 납자들로 하여금 공안을 참구하게 하여 불조사의 뜻에 바로 계합해 들어가게 함에 있었다.

위에서 살펴보았듯이 문자선의 언어문자에 대한 관점은 달마선의 자교오종藉教悟宗의 토대 위에 언어문자를 떠나지도 않고, 집착하지도 않는 "부즉불리不卽不離"에 있다. 선을 깨달음에 있어서 언어문자 그 자체가 방해되는 것은 아니다. 다만 어리석은 선자가 언어문자에 집착하여 지해로 선을 이해하고 수행과 깨달음에 나아가지 않음으로 해서 문자선의 병폐가 생기게 되었던 것이다. 즉 언어문자를 통하지 않고서는 선의 수행으로 나아갈 수 없고, 수행을 전제하지 않고서는 깨달음을 담보할 수 없다. 그러므로 깨달은 선지식도 언어문자의 효용을 십분 활용해서 중생을 인도하고 있는 것이다. 선종의 진정한 선교관은 선교겸수로 이해해야 할 것이다.

(3) 문자선의 폐해

송대에 문자선이 최고조로 발전하면서 그 폐단 또한 점점 드러나기 시작했다. 위에서도 언급하였듯이 원오선사가 『벽암록』을 편찬하자 당시의 학인들이 "지극한 학문(至學)"이라 받들고 아침저녁으로 암송하고 익혔다고 전한다. 이러한 풍조는 선에 대한 외연을 넓히고 선학을 쉽게 접근하는 데는 많은 도움을 주었지만 한편으로 너무 문자에 집착하는 병폐를 낳게 되었다. 사실 이러한 풍조는 당대唐代의 선종으로부터 내려오는 폐단이었는데 송대 문자선의 시대에 현저하게 나타났던 것이다. 예를 들어 임제가 기회 있을 때 마다 "여러분은 나의 말을 받아들이지 말라."고 당부하고 있으며, 『전등록』에 덕성德誠이 "한 마디의 말이 만겁토록 나귀를 묶는 말뚝"[91]이라고 말하고 있는 것을 보더라도 그전 시대로부터 어구語句나 문의文意에 집착하여 선의 본뜻을 잃어버린 선자들이 많았던 것 같다.

이러한 문자선의 폐단에 반대하며 새로운 선사상을 전개한 사람이 바로 대혜종고大慧宗杲이다. 대혜선사는 『벽암록』을 지은 원오극근의 제자이다. 그가 살다간 시대는 바로 『벽암록』으로 대표되는 문자선이 선림을 풍미하던 시기였으며, 그 폐단 역시 심각하게 드러나고 있던 때이기도 하다. 참선은 실참실수實參實修를 통해 참구參究함이 관건임에도 불구하고, 단지 어구語句를 외우고 게송을 지어 문자를 희롱하는 것으로 선을 삼는다면 이는 선의 본질을 벗어난 행태일 수밖에 없다. 선림의 기강을 바로 세우고 선풍을 진작하며 선학의 발전을 정도로 인도하기 위하여 대혜는 결연한 마음으로 스승이 찬한 『벽암집』각판을 불태우고 그 유포를 금지시키게 된다.

---

91) 『傳燈錄』제14권, 『大正藏』제51권, p 315中. "一句合頭語, 萬劫繫驢橛."

뒷날 대혜선사가 학인들이 입실하여 하는 말들이 자못 괴이하다고 의심하였다. 그래서 잠깐 검사를 해보니 삿된 기봉이 저절로 꺾어지고, 다시 한번 다그치니 항복하여 말하기를 "저는 『벽암록』에 있는 말을 외운 것이지 실은 제가 깨달은 것은 아닙니다." 라고 대답했다. 후학들이 그 근본을 밝히지 못하고, 다만 언어를 숭상하고 거저 말 잘하는 것을 도모함에 있었다. 이것으로 인해서 그것을 불태워 그 폐단을 구하려 했다.[92]

　대혜가 『벽암록』을 불사른 이유가 바로 그 안에 기록된 문자만을 익히고 외워서 오로지 언어만을 숭상하고 말 잘하는 앵무새가 되어 실제적으로 수행하여 깨달음을 얻는 데에는 나태하였기 때문이다. 이것은 당시에 문자선의 병폐가 얼마나 심각한지를 보여주는 일단이라 할 수 있다. 대혜가 『벽암록』을 태운 사건을 선종의 발전사적 측면에서 고증해보면 아래의 두 가지 정도의 의의가 있다.

　첫째, 문자선의 선풍이 최고조로 발전된 상황에서 오는 필연적 결과로써, 일이 극에 다다르면 반드시 처음으로 돌아온다(物極必反)는 도리를 반증한 것이다. 『벽암록』은 문자선의 최고봉으로서 더 이상 문자선이 발전할 여지가 없었다. 따라서 그 반대 방향으로 발전을 모색하는 것은 역사의 필연이라 할 수 있다. 즉 새로운 참

---

92) 齋陵, 『碧巖錄』重刊後序, (藏經閣). "後大慧禪師, 因學人入室, 下語頗異, 疑之幾勘而邪鋒自挫. 再鞫而納款, 自降曰, 我碧巖集中記來, 實非悟. 因慮其後不明根本, 專尙語言以圖口捷, 由是火之以救斯弊也.

선의 방법론이 대안으로 제출되기를 요구하게 된 것이다. 묵조선과 간화선의 수선방법론이 바로 이러한 배경 아래 형성된 것이다. 이것은 대혜 개인의 윤리적 측면을 벗어난 선종 발전의 필연성에 의한 현상이라 할 수 있다.

둘째, 선의 본질에 대한 인식의 전환이다. 대혜는 문자선에서 주장하고 있는 것처럼 문자를 해석하는 알음알이로는 선을 깨칠 수 없다고 보고, "선은 문자를 없애고 깨달음으로써 비로소 얻게 된다."[93]라고 주장하고 있다. 즉 선은 분별심으로 "헤아려 사량하면 이미 어긋난 것"이라고 생각한데서 오는 본질적인 인식의 차이라 할 수 있다.

사실 대혜가 『벽암록』을 불사른 것은 『벽암록』 그 자체가 잘못되어서 그런 것이 아니라, 『벽암록』등 전등사서에 의한 문자선의 폐단을 막고 선의 본질인 수행과 깨달음의 가풍을 진작하기 위한 방편의 일환으로 보아야 한다. 그래서 『중간원오선사벽암집소』에 말하기를 "설두스님의 『송고백칙』에 원오스님이 여러 번 주석을 붙여 총림에 내보여주시니 종지를 길이 전하는 말씀(經)이 되었다. 그러나 도를 배우는 사람들이 (그저 이 책의 말만을 외워) 기봉이 민첩하게 되었다. 대혜스님이 이를 밀실에서 시험해 보고 실제의 참된 지혜가 없는 것을 알았다. 그리하여 판목(梓)을 없애 후세에 전하지 못하게 했으니 이는 방편(權)으로 그렇게 한 것이다."[94]라고 하

---

93) 『大慧語錄』16권, 『大正藏』47권, p 878下. "禪無文字, 須是悟始得."

였다. 또한 『벽암록』제릉의 「후서後序」에도 "이 책을 만든 것이나 이 책을 불지른 것이나 그 마음은 한 가지이니 어찌 서로 다르겠는가."[95]라고 하였다.

이와 같이 선문에서는 원오와 대혜의 행을 중도적 관점에서 보아 사제지간의 서로 다른 방편에 대해 화해를 여러 차례 시도하고 있음을 볼 수 있다. 실로 도라고 하는 것은 문자와 관계가 없으나 그렇다고 문자를 떠나 설할 수도 없다는 관점이 선문자에 대한 중도적 관점이다. 이러한 관점의 바탕 위에서 『벽암록』 삼교노인의 서序에는 "어떤 이가 묻기를, '『벽암집』을 만든 원오스님과 그것을 태운 대혜스님 중에 누가 옳은가?' 라고 한다면, 나는 '둘 다 옳다'고 대답할 것이다."[96]라고 적고 있다. 앞에서 말했듯이 문자를 여의지도 않고 집착하지도 않는 "부즉불리不卽不離"의 중도적 인식이 선종의 진정한 문자관이라 할 수 있다.

> 원오스님은 뒷날의 자손들을 걱정하는 마음이 많아서 설두스님의 송고頌古를 거량해 주셨고, 대혜스님은 (자손들이) 불에 탈까 물에 빠질까 염려하는 마음이 지극하여 『벽암집』을 그대로 불 속에 집어넣으신 것이다. 부처님께서 일대장교一代藏敎를 말씀하시고 나서 맨 나중에 "나는 전혀 한 마디도 말하지 않았다."고 하셨다.

---

94) 『碧巖錄』下, (藏經閣), p 242. "雪竇頌古百則, 圓悟重下注脚, 單示叢林, 永垂宗旨經也. 學人機鋒捷出. 大慧密室勘辨, 知無實詣. 毁梓不傳權也."
95) 위의 책, p 234. "然成此書, 火此書, 其用心則一, 豈有二哉."
96) 『碧巖錄』「三敎老人序」, (藏經閣), p 15. "或問, 碧巖集之成毁孰是乎? 曰皆是也."

이것이 어찌 우리를 속이려고 하신 말씀이겠는가? 원오스님의 심정은 부처님께서 경전을 설하시던 마음과 똑같고, 대혜스님의 심정은 부처님이 "한마디도 설하지 않았다."고 한 것과 똑같다.[97]

  뒷날의 학자들은 스승과 제자가 만들고 태움을 중도적 문자관에서 이해하고 있지만, 당시에 『벽암록』 각판을 불태운 사건은 초유의 일로서 종문에 적잖은 충격을 주었던 것만은 사실이다. 이것은 당시의 문자선류들이 선의 근본을 이해하지 못하고 오로지 언어적 유희만을 추구하는 폐단을 겨냥하여 그것을 시정하고자 하였던 것이다. 이러한 일련의 폐풍으로 인해 문자선 또한 내부의 도전과 위기에 직면하게 되었던 것이다.

  중국 선종사와 문화사의 순기능적인 면에서 보면, 문자선의 공안이 수선납자에게 공부의 명제가 되는 화두로 간택되어 본격적으로 긴화선이 출현되는 중간매개 역할을 담당하게 되었으며, 또한 문자선은 언어문자의 효용을 중요시하여 선지를 밝히는 새로운 형식을 낳게 하여 선종과 문인학사들의 사상교류를 강화하여 선의 발전을 추동하고 선의 영향을 확대하게 되었다. 이러한 의미에서 문자선을 또한 공안선公案禪이라고 부르기도 한다. 그러므로 『벽암록』 서문에 삼교노인이 찬하기를 "기록들을 모아 공안집을

---

[97] 『碧巖錄』, 「三敎老人序」, (藏經閣), p 18. "圓悟顧子念孫之心多, 故重拈雪竇頌. 大慧救焚拯溺之心多, 故立毀碧巖集. 釋氏說一大藏敎, 末後乃謂, 不曾說一字, 豈欺我哉. 圓悟之心, 釋氏說經之心也. 大慧之心, 釋氏諱說之心也."

만들어 깨닫게 된 기연과 경지를 늘어놓아 모범이 되는 말씀을 한 것은, 마치 세간의 금과옥조(金科玉條 : 훌륭한 법조문), 청명대월(淸明大越 : 훌륭한 판례집)과 조금도 다를 바 없다. 그러므로 조사스님께서 공안을 세우고 총림에 간직하게 한 것은 그 의도가 바로 여기에 있는 것이다."[98]라고 하였다.

역기능적인 면에서 보면, 선종으로 하여금 언구와 알음알이에 빠진 구두선口頭禪, 의리선義理禪, 갈등선葛藤禪의 길로 나아가게 하여 선지에 대한 깨달음의 영역을 감소시켰으며, 아울러 선과 하층 서민들과의 유대를 축소하게 되었다. 역시 『벽암록』 서문에 다음과 같이 비평하고 있다. "이것이야 말로 말법이 횡행하는 때에 나타나는 징조로, 오묘한 마음의 법을 '고름 묻은 창호지(경론)'에서 구하고, 정법을 언어로 전하고, 이미 돌아가신 조사스님들의 말씀을 낱낱이 기록하여 장부에 오려두는 것이 아니고 뭣이냐! 이는 남의 가문에 의존하여 멋대로 양반 행세하는 꼴이다. 이는 또 '각주구검刻舟求劍'[99]이며 '수주대토守株待兎'[100]와 같아 뱃속 가득히 언어문자를 채우고 이리저리 질문을 퍼내지만 생사문제를 해결하는

---

98) 『大正藏』제48권, p 139下. "具方冊, 作案底, 陳機境, 爲格令, 與世間所謂金科玉條淸明大越諸書, 初何以異, 祖師所以立爲公案, 留示叢林者, 意或取此."
99) 칼 잃은 자리를 뱃전에 새겨놓고 나중에 칼을 찾는다는 말. 미련해서 사태의 변화를 무시하는 어리석은 행동을 비유함.
100) 본래의 의미는 '나무 그루터기를 지키면서 토끼를 기다린다.'는 고사에서 유래하였으나, 선가에서는 '나무 밑에 토끼가 나타남에 매가 벌써 채어가 버렸는데 뒤늦게 사냥개가 나타나 나무 주위를 빙빙 돌며 토끼를 기다린다.'는 의미로 바뀜. 융통성이 없음을 비유함.

것과는 아무런 관계가 없다. 시간을 알리는 종소리는 벌써 울리고 물시계의 물도 이미 다 떨어졌는데 장차 무엇을 하려는고? 아아! 영양羚羊이 뿔을 나뭇가지에 감추어두니 그를 뒤쫓던 사냥개는 자취를 찾을 길 없구나."¹⁰¹⁾ 이와 같은 부정적인 각도에서 당시 문자선의 폐해를 원오의 말을 빌려 자세히 살펴보자.

부처님과 조사의 말씀은 그저 통발과 그물에 불과할 뿐이니, 이를 의지하여 진리에 들어가는 문을 삼는다. 그리하여 마침내 확연하고 분명히 깨달아 알게 되면 그 정체正體 위에 모든 것이 원만하게 구비된다. 그러나 불조의 말씀을 모두 그림자나 메아리 정도의 일로 보아서, 결코 받들어서는 안 된다. 요즘 들어 참선하는 많은 납자들이 종지宗旨가 되는 법에 근본하지 않고 그저 언구만을 지니고 간택할 뿐이다.
그리하여 친소를 논하고 득실을 분별하며, 뜬 물거품 위에서 참다운 견해라고 생각하여 이를 과시한다. 꽤 많은 공안을 잘도 가려내어 제방에 있는 오가종파五家宗派의 말을 묻고 해석하나, 한결같이 알음알이(情識)에 빠져 그 본체를 미혹하였으니 진실로 가련하다.[102]

---

101) 위의 책. "奈何末法以來, 求妙心於瘡紙, 付正法於口談, 點盡鬼神, 猶不離薄, 傍人門戶, 任喚作郞. 劍去矣而舟猶刻, 兎逸矣而株下移, 滿肚葛藤, 能問千轉, 其於生死大事, 初無干涉. 鐘鳴漏盡, 將焉用之. 嗚呼! 羚羊掛角, 未可以形迹求."
102) 『圓悟心要』上, (藏經閣), p 115. "佛祖言敎, 筌網耳, 藉之以爲入理之門. 旣廓然明悟承當得, 則正體上一切圓. 具觀佛祖言敎, 皆影響邊事, 不向頂額上戴卻. 近世參學, 多不本宗猷, 唯持擇言句. 論親疎, 辨得失, 浮漚上作實解是誇. 善海汰得多少公案, 解問諸方五家宗派語, 一向沒溺情識, 迷卻正體, 良可憐愍."

원오가 비판한 이러한 현상은 당시 선문禪門에 만연된 병폐가 심각했음을 알 수 있다. 문자선을 제창한 정안종사正眼宗師의 입장에서 보면 이미 깨달음을 성취하였기 때문에 설사 미사여구美辭麗句를 사용해 고칙공안古則公案을 희롱하고 지해의 방편으로 대중을 접화接化한들 무슨 허물이 되겠는가, 그러나 문제는 수행에 철두철미하지 못하고 깨달음을 성취하지 못한 일반 수행자들이 선과 교의 혼동으로 인해 선이 한낱 문자를 궁구하고 희롱하는 것으로 전락하게 된다면 선의 본래 취지와는 반대 방향으로 나아가게 되는 것이다. 모든 선의 수행이 문자를 통한 문자선의 풍조로 흐르게 되고, 점차 지식을 겸비한 선사들과 사대부 문인들의 문자적 유희로 전락하는 폐단을 낳게 된 것이다.

그래서 중봉中峰은 "말로하면 말이 옳지만 깨달음이란 깨달아야만 분명해진다. 그러니 견성이란, 다만 생각 생각에 상응할 뿐 언어나 문자를 매개로 하여 헤아리면 깨달음에서는 멀어진다."[103]고 말하여 사량분별에 의한 의리선義理禪을 경계하고 있다. 그리고 황룡사심黃龍死心은 "부디 책자(문자) 위에서 글귀를 더듬어 선을 찾고 도를 구하는 것을 삼가라. 선은 결코 책자 위에 있는 것이 아니니, 설사 일대장교一大藏教와 제자백가諸子百家를 다 외운다 하더라도 이것은 다만 한가로운 말 뿐이라 죽음에 이르러서는 아무런 용처

---

103) 『山房夜話』, (藏經閣), p 33. "說也說得是, 證也證得分曉. 只要與之念念相應, 不勝其遠矣."

도 없는 것이다."라고 경책하고 있다. 앞에서도 언급했듯이 문자선이 선사상사에서 여러 가지 순기능적인 면이 있음에도 불구하고 비판의 대상이 되는 가장 큰 요인이 바로 선의 본래성이라고 할 수 있는 수행과 깨달음의 기능을 약화시켰다는데 있다.

이상 위에서 고찰한 바와 같이 송대 문자선풍이 그 시대를 풍미하고 있을 때 한편에서는 그 폐해 또한 여러 가지로 표출되었다. 그것을 종합하여 대략 두 가지 정도로 정리해 보면, 첫째, 선종의 불립문자不立文字의 종지를 벗어나 문자기교로써 희롱하여 선 고유의 목적을 잃어버렸다. 즉 수단을 목적 자체로 보게 된 것이다. 앞에서 언급하였듯이 염고, 송고, 평창 등의 문자선의 형식은 고칙 공안古則公案에 대한 해석이나 송문頌文에 대한 주석을 통해 사람들이 선을 이해하는데 많은 도움을 준 것은 사실이다.

그러나 언어문자 자체는 선의 깨달음에 이르기 위한 하나의 수난방법에 지나지 않는다. 즉 문자선의 각종 형식이 언어문자를 빌어 선지禪旨를 이해하고, 학인을 제접하는 하나의 도구로 삼아서 깨달음을 얻어 해탈하는데 그 목적이 있다. 하지만 일부 문자선의 선사들은 오히려 번쇄한 문자선의 언어문자의 재갈에 물려 그 목적을 잃어버리게 된 것이다.

둘째, 지해知解의 알음알이로 선을 해오解悟하는데 그치게 하여, 진정한 증오證悟를 얻지 못하게 되었다. 선을 의리로 해석하면 선이 아니다. 문자선은 언어문자를 빌어 선의禪意를 해석한다. 문자의 효용을 맹신하는 선사들은 각종 문자선의 형식을 통하여 선을 깨달으려고 하지만 이는 생사를 해탈하는 구경의 증오가 아니라, 의리義理로 이해하는 해오에 머물 수밖에 없다.

즉 문자선의 폐풍은 알음알이에 의해 선리禪理를 깨닫는 것을 방편으로 삼아서 사람의 지각적 사유를 지나치게 강조한 나머지, 선 본래의 내성의 반조返照나 직관直觀의 체험에 의해 깨달음을 추구하는 것을 소홀히 하였다. 그래서 선종 고유의 치열한 실천수행과 구경의 깨달음(證悟)을 궁구하는 정신이 사라지게 하는 폐단을 야기시켰다. 이러한 문자선풍에 반대하여 제출된 것이 바로 묵조선과 간화선이라고 할 수 있다.

여기서 우리가 한 가지 유의할 점은 문자선 본래의 문자관과 간화선이 주창하는 문자관의 상이점이다. 이미 앞에서 논술하였듯이 문자선의 문자관은 언어문자에 대한 중도의 입장에서 집착하지도 여의지도 않는 "부즉불리不卽不離"에 있다. 그래서 그 뜻은 "문자에 있지 않으나, 문자를 여의지도 않음"[104]에 있다고 하여, "문자가 아니면 전달할 수 없기에, 역시 이 문자를 없앨 수 없는 노릇이다."[105]라고 주장했다. 다만 문자선류들이 문자를 사용해 선리禪理를 깨닫고자 했기 때문에 좀더 문자의 효용을 강조한 것은 사실이다. 그러한 나머지 문자에 집착하여 본말이 전도된 선풍을 낳게 한 오류를 범하였던 것이다. 이러한 문자선의 오류를 지적하고 그것을

---

104) 『碧巖錄』, 「三敎老人의 序」, "不在文字, 不離文字."
105) 위의 책, "非文字無以傳, 是又不可廢."

바로 잡아서 선 본래의 중도적 문자관을 정립하고자 했던 것이 간화선의 입장이라 할 수 있다.

그러므로 간화선의 문자관 역시 언어문자를 배척하고 폄하하는 것이 아니라 경론과 선어록의 가르침의 바탕 위에서 철저한 공안 타파의 수행을 통해 깨달음으로 나아가고자 했던 것이다. 혹 어떤 선자가 간화선이 경교經敎의 가르침을 무시하고 언어문자를 완전히 배격한다고 이해한다면 이 또한 하나의 오류를 범하게 되는 것이다. 경교의 언어문자를 통한 불교적 인간관과 세계관에서 출발하여 간화의 종지를 선양하고 있는 것이다. 즉 교학의 바탕이 없는 간화행자는 자못 무지선無知禪과 암증선暗證禪의 구렁텅이로 빠질 우려가 농후하다고 하겠다.

2. 무사선(無事禪)과 그 폐해

(1) 무사선의 연원과 성립

1) 우두선의 본래무사(本來無事)

　선종의 가르침에서 보면 선의 본래 종지가 "무사무위無事無爲"의 가르침이라 할 수 있다. 즉 선을 수행해서 얻는 안심입명安心立命의 경지가 바로 "일 없음과 함이 없는" 무사무위의 삶으로 전개되는 것이다. 무사선無事禪의 연원은 선종 초기 우두법융牛頭法融선사가 주창한 "본래무사本來無事"사상으로 거슬러 올라간다. 법융은 『절관론絶觀論』에서 "무심無心"에 대한 설명에 "무심無心이란 무물無物이다. 무물無物은 천진天眞이며, 천진天眞은 대도大道이다."라고 설하고 있다. 즉 무심이란 일체 경계(物)에 반연함이 없는 천진한 마음이며, 이 천진한 마음이야 말로 바로 대도의 가르침이 된다는 것이다. 이러한 무심은 일부러 조작하여 수행할 것이 없다고 하여, "마음으로 고요함을 지키려 하면 오히려 번뇌를 떠날 수 없다."[106]는 무공용無功用의 무심을 말하는 것이다. 또한 공관空觀의

---
106) 『心銘』, 『大正藏』제51권, p 457下. "將心守靜, 猶未離病."

입장에서 무심을 논하기를 "경계는 마음을 따라 멸하고, 마음은 경계를 따라 없어진다. 이 마음과 경계가 생하지 않으면 적정寂靜하여 허명虛明해 진다."107)라고 하였다. 아울러 "마음의 성품이 생하지 않는데, 어찌 지견이 있으랴. 본래 한 법(一法)도 없는데 누가 수행을 논하겠는가. 가고 옴에 끝이 없고 찾아도 볼 수 없으니 일체의 조작을 하지 말라. 그러면 밝고 고요하게 스스로 드러난다."108)고 하여 일체의 일을 짓지 않는 것을 무심으로 보고 있다. 따라서 이러한 무심은 본래무사本來無事를 깨닫는 것으로 얻을 수 있다는 것이다.

규봉종밀은 『원각경대소초圓覺經大疏抄』에서 우두종의 선법을 설명함에 있어서 "본래무사로서 깨달음을 삼고, 번뇌를 잊는 것으로써 수행을 삼는다."109) 따라서 "모든 조작하는 바는 다 미망이다. 이와 같이 본래무사를 요달해야만 마음에 얽매임이 없어 바야흐로 전도顚倒를 면한다. 이것을 비로소 해탈이라 이름한다."110)고 하였다. 이것은 본래무사를 요달하는 것이 무심의 관건이라 강조하고 있는 것이다. 여기서 본래무사란 마음과 경계가 생하지 않는 불생불멸不生不滅의 중도경계를 말하고 있다. 이러한 법융의 본래

---

107) 上同, "境隨心滅, 心隨境無, 兩所不生, 寂靜虛明."
108) 上同, "心性不生, 何須知見, 本無一法, 誰論熏鍊, 往返無端, 追尋不見, 一切莫作, 明寂自現."
109) 『續藏經』14권, p 558上. "此以本無事爲悟, 忘情爲修."
110) 『都序』卷上之二, 『大正藏』48권, p 402下. "凡有所作, 皆是迷妄. 如此了達, 本來無事, 心無所寄, 方免顚倒, 始名解脫."

무사本來無事는 우두종의 혜충慧忠에게 그대로 전승되고 있다.

    우두산 혜충화상에게 어떤 학인이 물었다. "도에 들어가려면 어떻게 용심해야 합니까?" 혜충은 답하기를, "일체제법은 본래 스스로 생한 것도 아니어서 지금 멸할 것도 없다. 너희는 단지 마음대로 자재하여 억지로 제지하려 하지 말라. 바로 보고 바로 들으며, 바로 오고 바로 가며, 가야 할 곳에 가고 머물러야 할 곳에 머물러라. 이것이 바로 참된 도이다."[111]

본래무심本來無心이기 때문에 본래무사本來無事일 수밖에 없다. 여기에는 관해야 할 마음도 멸해야 할 경계도 없다. 다만 무심무사無心無事하면 이것이 참된 도를 실현하는 것이다. 그런데 여기서 하나 거론해야 할 것이 『전등록』 권30에 기록된 「등등화상요원가騰騰和尙了元歌」이다. 「요원가」는 북종에 속하는 혜안(慧安 : 혹은 老安)의 제자로 등등화상騰騰和尙이라 불리는 인검仁儉의 저술로서, 그 가사의 내용을 보면 훗날 조사선의 무사종지無事宗旨에 부합되는 사상이 극명하게 표현되고 있다.

    修道道無可修   도를 닦으나 도는 닦을 것이 없고

---

111) 『宗鏡錄』권98, 『大正藏』48권, p 945中. "牛頭山忠和尙, 學人問, 夫入道者, 如何用心. 答曰, 一切諸法, 本自不生, 今卽無滅, 汝但任心自在, 不須制止, 直見直聞, 直來直去, 須行卽行, 須住卽住, 此卽是眞道."

問法法無可問	법을 물으나 법은 물을 것이 없다.
迷人不了色空	미혹한 사람은 색과 공을 깨닫지 못했지만
悟者本無逆順	깨달은 이는 본래 역순逆順이 없다.
八萬四千法門	팔만 사천 가지 법문의
至理不離方寸	지극한 이치는 마음을 여의지 않는다.
識取自家城郭	자기 집안일을 알려할지언정
莫謾尋他鄕郡	부질없이 딴 고을 쏘다니지 말라.
不用廣學多聞	널리 배우고 많이 들을 필요도 없고
不要辯才聰俊	변재와 총명도 필요 없다.
不知月之大小	달의 크고 작음도 모르고
不管歲之餘閏	해에 윤달이 있고 없음도 상관 않네.
煩惱卽是菩提	번뇌 그대로가 보리이니
淨華生於泥糞	연꽃이 진흙에서 피어난다.
人來問我若爲	누가 와서 내가 하는 일 물으면
不能共伊談論	그와는 이야기 할 수 없다.
寅朝用粥充飢	새벽에는 죽으로 주림을 달래고
齋時更餐一頓	낮에는 다시 한 끼 먹는다.
今日任運騰騰	오늘도 내맡기어 등등하게 지내고
明日騰騰任運	내일도 등등하게 내맡기어 지낸다.
心中了總知	마음속으로 분명하게 다 알지만
且作伴癡縛鈍	겉으로 거짓 어리석은 체 하네.

일명 『낙도가樂道歌』라고도 불리는 이 노래는 이른바 "도는 닦을 것이 없고, 법은 물을 것이 없다."라고 말하고 있어 조사선 사상을 나타내고 있다. "오늘은 임운등등任運騰騰, 내일은 등등임운騰騰任運"으로 살아가는 탈속의 생활자세는 이후 마조, 황벽, 임제로 이어지는 조사선의 평상무사平常無事의 사상에 그대로 전승이 되고 있다고 하겠다.

2) 남종선의 무념위종(無念爲宗)

우두종과 초기 선종의 이러한 무심무사無心無事의 사상은 남종선의 심지법문으로 계승되어 지고 있다. 혜능이 주장한 남종선의 핵심사상은 "돈오자성청정頓悟自性淸淨"이라 할 수 있다. "자성이 청정(空)함을 단박에 깨닫는다."는 이 말은 "중생본래성불衆生本來成佛"이라는 본각本覺사상이 그 토대를 이루고 있다. 본각에 기반을 둔 혜능의 본래성불本來成佛사상은 필연적으로 "닦음이 없는 닦음(無修之修)"의 수증론으로 나타나게 된다. 천태의 지관법문止觀法門이 수행의 차제次第를 주장하고, 북종의 선법이 점차로 닦아서(漸修) 깨달음에 이르는 관심간정觀心看淨을 내용으로 하는 유수지수有修之修의 수증修證을 강조하는 반면, 혜능은 "한 생각에 수행하면(一念修行) 자신이 부처와 같다(自身等佛)."는 『단경』의 가르침과 같이 찰나의 시간에 단박 닦아 마치는 돈오돈수頓悟頓修를 주장함과 동시에 마음에 따라 행동하고, 생각마다 걸림이 없는 것이 바로 수행이라는 임운자재任運自在의 무수지수無修之修를 강조하고 있다.

앞에서 언급하였듯이 혜능대사의 무수론無修論의 범주는 무념無念, 무상無相, 무주無住의 삼무三無사상을 포함하고 있다. 첫째, 무념無念이란 무엇인가? 이른바 "무념위종(無念爲宗 : 무념을 종으로 삼음)"으로 대변되는 남종의 무념이란 "생각하되 생각하지 않는다(念而不念)."는 개념이다. 이것은 생각을 일으키되 생각에 물듦이 없어(不起心) 집착함이 없음을 말한다. 그래서 혜능은 무념에 대해 거듭 정의하기를 "일체 경계에 물들지 않는 것을 무념이라 한다. 스스로의 생각에 경계를 떠나고 법에 대해 생각을 일으키지 않는 것이다."112)라고 하였다. 뒷날 대주혜해大珠慧海는 『돈오입도요문론』 상권에서 혜능의 "무념위종"에 대해 다음과 같은 부연설명을 붙이고 있다.

> 무념으로 종을 삼는다(無念爲宗)고 말했는데, 생각이 없다(無念)는 것은 어떤 생각이 없다는 것인지 잘 모르겠습니다. 생각이 없다(無念)는 것은 삿된 생각(邪念)이 없다는 것이지 바른 생각(正念)이 없다는 것은 아니다. 무엇을 삿된 생각이라 하고 무엇을 바른 생각이라 합니까?
> 유有와 무無를 생각함을 삿된 생각(邪念)이라 하고, 유무有無를 생각하지 않음을 바른 생각(正念)이라 한다. 선악善惡을 생각함을 삿된 생각이라 하고, 선과 악을 생각하지 않음이 바른 생각이라 한다. 또한 고락苦樂, 생멸生滅, 취사取捨, 원친怨親, 증애憎愛를 생각함

---

112) 돈황본 『壇經』, "於一切境界上不染, 名爲無念. 於自念上離境, 不於法上生念."

은 삿된 생각이고, 이를 생각하지 않으면 바른 생각이다.

　무엇을 정념(正念 : 바른 생각)이라 합니까? 정념은 오직 보리菩提만을 생각하는 것이다. 보리를 얻을 수 있습니까? 보리는 얻을 수 없다. 이미 얻을 수 없는데 어째서 오직 보리만을 생각하라 하십니까? 다만 보리라는 이름을 빌렸을 뿐 실로 얻을 수 없고, 또한 전후前後도 얻을 수 없다. 얻을 수 없으므로 곧 무념無念이다.

　다만 무념을 일러 진념(眞念 : 참된 생각)이라 한다. 보리는 생각하는 바가 없다. 생각하는 바가 없다는 것은 일체처一切處에 무심無心하다. ……단지 일체처에 무심함을 알면 즉시 무념이다. 무념을 얻으면 저절로 해탈한다.

　위에서 혜해는 무념無念이라고 하는 것은 아무 생각 없는 명한 상태가 아니라, 생각하되 삿된 생각을 하지 않고 바른 생각을 하는 것이라고 정의하고 있다. 삿된 생각이란 유무有無, 선악善惡, 생사生死, 증애憎愛 등 바깥 경계(兩邊)에 물든 생각(分別心)을 말하고, 바른 생각이란 이러한 이원화二元化의 변견邊見에 오염된 생각을 여읜 중도정심中道正心을 가리키는데, 중도정심이 바로 참 마음(眞心)이라고 말한다. 중도정심은 생각할 수 없고, 얻을 수 없는 보리의 마음이다. 보리심이란 얻을 수 없는 공한 마음(空心)을 일러 짐짓 붙인 이름에 불과하다. 그러므로 일체처에 무심(無心 : 空心)하면 저절로 해탈할 수 있다는 것이다.

　둘째, 무상無相이란 무엇인가?『단경』에 설하기를 "무상이란 상에 있되 상을 떠나는 것이다(相而離相)."라고 하였다. 상相이란 일체 사물의 모양, 즉 일체 존재의 현상을 말한다. "상에 있되 상을 떠난다."는 말은 일체상一切相에 집착하지 않고, 오염되지 않는다는 것이다. 그래서 "일체상을 떠남이 무상이며 다만 상을 떠나야 성품의 체體가 청정(空)하다. 이것을 무상을 체로 삼는 것이다(無相爲體)."113)라고 말한다. 이것은 곧 세간의 일체 오염된 상에 처해 있되 그 상에 집착하지 않는 것을 의미한다. 상相이면서 무상無相인 논리적 근거는 "제법성공諸法性空"에 있다.

일체의 모든 법은 그 성품이 공空한 것이기에 『금강경』에서는 "만약 모든 상을 상 아님으로 보면(若見諸相非相), 즉시 여래를 본다(卽見如來)."라고 설하고 있는 것이다. 이것은 상相이 곧 공空함으로 상相 그대로가 무상無相인 것이다. 그래서 상을 떠나서 얻는 해탈이 아니라 상에 즉한 그대로의 해탈을 말한다. 즉 세간을 떠나서 출세간을 구히고, 생사를 떠나서 열반을 구하는 것이 아니라, 세간과 출세간, 생사와 열반의 성품이 본래 공하므로 세간 그대로가 출세간이요, 생사 그대로가 열반인 것이다. 그러므로 억지로 밖을 향해 수행을 가자할 필요가 없이 일체법이 공함을 돈오하여 적연무위寂然無爲의 경지를 체득하면 된다. 이것이 불이중도不二中道를 체득하여 무사자재無事自在한 경계를 수용하는 조사선의 가르침이다.

---

113) 돈황본 『壇經』, "但離一切相, 是無相. 但能離相, 性體淸淨. 此是以無相爲體."

셋째, 무주無住란 무엇인가? "무주는 사람의 본성이라 생각 생각에 머뭄이 없음이다."[114] 이른바 "생각마다 머무름이 없다(念念不住)."는 것은 생각 생각이 견문각지見聞覺知의 일체 경계에 속박되지(繫縛) 않음을 뜻한다. 한 생각이 하나의 법(境界)에 집착하여 하나의 법에 머무르면, 생각 생각이 머물러 생각마다 묶이게 된다. 생각을 이루는 인식활동(六識 : 眼識 내지 意識)은 인식주체(六根 : 眼耳鼻舌身意)와 객관대상(육경 : 色聲香味觸法)이 어우러져 생긴 허위의식(假合相)이다. 다시 말하면 인식주체인 육근이 공하고 객관대상인 육경이 공하므로, 그 거짓 모임인 인식활동, 즉 일체 생각 또한 모두 공할 수밖에 없다.

그러므로 『심경』은 "안이비설신의가 없고(無眼耳鼻舌身意), 색성향미촉법도 없다(無色聲香味觸法). 따라서 안계(眼界 : 눈으로 인식하는 세계) 내지 의식계(意識界 : 의식의 세계, 즉 18계)마저도 없다(無眼界乃至無意識界)."고 외치고 있는 것이다. 여기서 "없다(無)."고 하는 것은 공空하여 실체가 없다는 말이다. 오온五蘊, 십이처十二處, 십팔계十八界가 모두 공해서 실다움이 없고, 또한 얻을 바가 없음으로 거기에 집착하고 안주하면 고통이요 번뇌요 생사윤회이다. 일체가 공함을 요달해서 일체 경계에 머뭄 없음이 열반이요, 해탈이다.

그래서 한 생각에 머무름이 없으면 한 생각이 해탈이요(一念解脫), 생각 생각에 머무름이 없으면 생각 생각이 해탈(念念解脫)인 것이

---

114) 위의 책. "無住者, 爲人本性, 念念不住."

다. 소위 일념해탈一念解脫, 염념해탈念念解脫이 바로 남종선이 추구하는 돈오법문의 핵심이라 할 수 있다.

대주혜해 또한 말하기를 "마음은 머무름이 없음에 머문다. 일체처에 머무르지 않는 것이 곧 머무름이 없음에 머무는 것이다. 일체처에 머물지 않는다는 것은 선악善惡, 유무有無, 내외內外, 중간中間에 머물지 않으며, 공空에도 머물지 않고, 또한 불공不空에도 머물지 않으며, 선정(定)에도 머물지 않고 선정 아님(不定)에도 머물지 않는 것이다. 다만 일체처에 머물지 않음이 곧 머무름이다. 이와 같이 얻음을 일러서 곧 머무름이 없는 마음(無住心)이라 한다. 머무름이 없는 마음이 바로 부처의 마음이다."115)라고 하였다.

이와 같은 혜능, 혜해의 무념, 무상, 무주를 내용으로 하는 "무념위종"의 법문이 무수무증無修無證, 무위자재無爲自在를 설하는 무사선無事禪의 근본종지가 되는 것이다. 그런데 여기서 "닦음이 없다(無修)"는 것은 법(진리)의 본래성(體 : 本覺)의 입장에서 한 말이기 때문에 중생의 현실(用 : 不覺)에서 보면 일체의 수행을 부정한 것이라고 할 수 없다. 즉 이는 밖을 향해서 구하는 일체의 번쇄한 점수적 수행에 대한 부정이라고 보아야 한다. 중생이 본래 부처이고, 내 마음이 부처라고 한다면 밖을 향해 구하는 수행은 올바른

---

115) 『頓悟入道要門論』上卷, "問, 心住何處卽住. 答, 住無住處卽住. 問, 云何是無住處. 答, 不住一切處, 卽是住無住處. 云何是不住一切處. 答, 不住一切處者, 不住善惡有無, 內外中間, 不住空, 亦不住不空, 不住定, 不住不定, 卽是不住一切處. 只箇不住一切處, 卽是住處也. 得如是者, 卽名無住心也. 無住心者是佛心."

수행이 될 수 없다. 오직 마음이 공하고 만법이 공함을 바로 보아 생각 생각에 해탈을 실현하면 되는 것이다.

그래서 황벽선사는 "비록 많은 지식을 배워 얻고, 힘들여 수행하며, 풀옷을 입고 나무껍질을 벗겨 먹더라도, 자기 마음을 알지 못하면, 모두가 삿된 수행이어서 반드시 천마天魔의 권속이 될 것이다. 이와 같이 수행해서야 당장에 무슨 이익이 있겠는가?"116)라고 말하고 있다. 그리고 "지금 행주좌와의 일체시간 가운데 다만 무심을 배워 또한 분별하지 않고, 의지하지 않고, 머물지 않아서 종일 내맡기어 등등하게(任運騰騰) 지내니 마치 어리석은 사람과 같다."117)라고 하였다.

거듭 강조하여 말하기를, "설사 삼아승지겁 동안 정진수행하고 모든 지위를 거치더라도 한 생각 깨달을 때에 이르러서는 다만 원래의 자기 부처를 깨달았을 뿐, 그 위에 한 물건도 더함이 없다. 지나온 무수겁의 노력을 돌이켜보면 모두가 꿈속의 허망한 짓일 뿐이다."118)라고 하였다. 마음을 저버리고 밖을 향해 억겁의 고행을 닦더라도 이는 사도를 행함이다. 일념의 수행으로 마음을 깨닫는 것이 진정한 수행이다. 마음은 본래 허공과 같아서 닦아서 이루어

---

116) 『傳心法要』, "縱爾學得多知, 勤苦修行, 草衣木食, 不識自心, 盡名邪行, 定作天魔眷屬. 如此修行, 當復何益.
117) 『宛陵錄』, "如今但一切時中, 行住坐臥, 但學無心, 亦無分別, 亦無依倚, 亦無住着, 終日任運騰騰, 如癡人相似.
118) 『傳心法要』, "縱使三祇精進修行, 歷諸地位, 及一念證時, 只證元來自佛, 向上更不添得一物. 卻觀歷劫用功, 總是夢中妄爲.

지는 것이 아니다.

  이러한 "닦음(修)"은 번뇌 망념이 실체가 있다고 보아 번뇌 망념을 다 끊고 그 너머에 실재하는 청정, 보리, 해탈의 경지를 구하는 "닦음이 있는 닦음(有修之修)"이 아니라, 본래성불(本覺)의 입장에서 일념에 번뇌가 본래 실체 없음(空)을 요달하여 일시에 수연자재隨緣自在하는 "닦음이 없는 닦음(無修之修)"을 말하는 것이다.

  그렇다면 무수지수의 사상이 일상생활에서는 어떻게 구현이 될 수 있는가? 이미 앞장에서 자세히 살펴보았듯이, 혜능은 "일행삼매一行三昧를 닦는 생활선生活禪으로 이것을 실천하고 있다. 그는 『단경』에서 "행주좌와行住坐臥의 모든 때(一切時)에 직심直心을 행함이 일행삼매"라고 정의하고, "직심이 도량이요, 직심이 정토"[119]라는 유마힐의 법문을 인용하여 언제 어디서나 일상 가운데서 직심의 행함이 일행삼매의 주체적 실행이라고 주장하고 있다.

  승조는 일찍이 "직심은 안으로 마음이 진실되고 정지하며, 밖으로 허망하고 거짓됨이 없음"[120]이라고 말했다. 혜능은 승조의 직심을 계승하여 생활 가운데서 직심을 행함이 바로 무념의 해탈이라고 설하고 있는 것이다.

---

119) 돈황본 『壇經』, "直心是道場, 直心是淨土."
120) 『注維摩詰經』, 『大正藏』第38卷, p 363下. "直心者, 謂內心眞直, 外無虛假."

3) 홍주선의 평상심과 무심

혜능의 무념의 종지와 직심의 일행삼매는 홍주선洪州禪에 이르러 평상무사平常無事를 종지로 하는 평상심平常心의 조사선으로 발전하게 된다. 남종선이 하택종荷澤宗을 제치고 마조를 중심으로 하는 홍주종洪州宗으로 그 주도권이 넘어온 이후 이른바 "즉심시불卽心是佛", "평상심시도平常心是道", "응기접물(應機接物 : 근기에 따라 제도함)"이라는 조사선사상이 전개되면서 무념無念, 무위無爲, 무사無事를 주장하는 무사선풍無事禪風이 선림을 풍미하게 된다. 여기서 다시 한번 평상심에 대한 마조의 법문을 들어 보자.

도는 닦을 필요가 없다(道不用修). 다만 오염시키지 말라. 무엇을 오염이라 하는가? 생사심生死心으로 조작하여 취향하는(造作趣向) 분별심이 있으면 모두 오염이다. 만약 그 도를 바로 깨달으려면 평상심이 도다(平常心是道). 평상심은 일부러 꾸미는 마음(造作)이 없고, 옳다 그르다는 시비是非심이 없으며, 마음에 좋고 싫음을 내어 취사선택(取捨)함이 없으며, 단견斷見과 상견常見에 빠지지 않고, 범부와 성인(凡聖)의 차별이 없음이다.

경에 설하기를, "범부행凡夫行도 행하지 않고 성현행聖賢行도 행하지 않음이 보살행이다."라고 하였다. 다만 지금 행주좌와行住坐臥의 일상 가운데 근기에 따라 제도함(應機接物)이 모두 도道이다. 도라는 것은 바로 법계法界이니, 또한 항하恒河의 모래 같은 묘용妙用이 법계를 벗어나지 않았다. 만약 그렇지 않다면, 어떻게 심지

법문心地法門이라 할 수 있으며, 어떻게 무진등無盡燈이라 할 수 있 겠는가?[121]

마조스님은 평상시에 "어떤 견해를 가져야 도를 이룰 수 있습니 까?"라는 물음에 대해 "자성은 본래 구족되어 있다. 다만 선악의 경계에 구애받지 않는다면 수도인이라 할 수 있다."고 대답하고 있다. 여기서의 평상심이란 사람마다 누구나 본래 갖추고 있는 자 성청정심으로, 즉 선악의 분별 이전의 본래심을 말한다. 사실 마 조가 "도불용수道不用修"를 주장하기 전에 사공본정司空本淨에 의해 이미 "도본무수道本無修"의 사상이 제기되고 있었다. 그는 혜능을 이어 "무심이 도(無心是道)"라고 말하고, 무심한 도는 본래 닦을 수 없다고 주장하고 있다.

도는 본래 닦을 것이 없거늘(道本無修) 스님은 억지로 닦으려 하 고, 도는 본래 지을 것이 없거늘(道本無作) 스님은 억지로 지으려 하고, 도는 본래 일이 없거늘(道本無事) 억지로 많은 일을 만들고, 도는 본래 함이 없거늘(道本無爲) 억지로 하려(有爲)하고, 도는 본래 앎이 없거늘(道本無知) 거기에서 억지로 앎을 내려한다. 이와 같은 견해는 도와 위배된다. 예전의 존숙尊宿들은 이와 같이 가르치지

---

121) 『大正藏』제51권, 218. "道不用修, 但莫污染. 何爲污染, 但有生死心, 造作趣向, 皆 是污染. 若欲直會其道, 平常心是道. 何謂平常心? 無造作, 無是非, 無取捨, 無斷 常, 無凡無聖. 經云∶ 非凡夫行, 非聖賢行, 是菩薩行. 只如今行住坐臥, 應機接物, 盡是道. 道即是法界. 乃至恒沙妙用, 不出法界. 若不然者, 云何言心地法門, 云何言 無盡燈."

않았다.[122]

여기서 알 수 있듯이 본정이 말하고 있는 도는 본래 닦을 것이 없다는 의미의 "도본무수道本無修"의 관점은 그대로 마조의 "도불용수(道不用修 : 도는 닦을 필요가 없음)"로 이어진 것이다. 마조를 이어 홍주종의 여러 선사, 즉 백장은 "무수무증(無修無證 : 닦음도 없고 깨달음도 없음)", 혜해는 "일체법무수(一切法無修 : 일체법이 닦음이 없음)", 황벽은 "불가수성(不假修成 : 달리 닦아 이룰게 없음)"의 사상을 전개한다. 이른바 홍주선의 "닦음도 없고 깨달음도 없다(無修無證)."는 일단의 사상은 『보림전』에서 극명하게 나타나고 있다.

> 출가사문은 욕심을 끊고 자기 마음의 근본을 깨달아, 부처의 이치를 통달하여 무위법을 체득하며, 안으로 얻을 바가 없고 밖으로도 구하는 바가 없어야 한다. 마음이 도道에 얽매임이 없고, 업業에도 얽매이지 않고, 망념도 없고 조작도 없으며(無念無作), 닦음도 없고 증득함도 없어서(非修非證) 모든 지위점차를 거치지 않고 스스로 숭경崇敬하는 것이 참된 도이다.[123]

이른바 "마음이 도나 업에도 얽매이지 않고, 망념도 없고 조작

---

122) 『傳燈錄』제5권, 『大正藏』제51권 p 243上. "道本無修, 大德强修. 道本無作, 大德强作. 道本無事, 强生多事. (道本無爲, 於中强爲.) 道本無知, 於中强知. 如此見解, 與道相違. 從前尊宿, 不應如是."
123) 『寶林傳』本 『四十二章經』

도 없고(無念無作), 닦음도 없고 증득함도 없다(非修非證)."는 것은 "평상심이 바로 도"라는 주장의 생활상에서의 전개이다. 즉 여기서 말하는 무념무작無念無作, 무수무증無修無證의 실천이 바로 홍주선의 평사무사平常無事의 수행이다.

『전등록』 제5권 「회양장」에 남악회양이 처음으로 육조혜능을 참문할 때, "어떤 물건이 이렇게 왔는가?" "설사 한 물건(一物)이라고 해도 맞지 않습니다." "닦아서 증득할 수 있겠는가?" 하니, 회양이 "닦아서 증득함이 없지 않으나 다만 오염시켜서는 안 됩니다."라고 하자, 육조가 말하기를 "다만 오염시키지 않는 것이 모든 부처님의 호념護念하는 바이다. 그대가 이미 이와 같고 나 역시 이와 같다."[124]라고 하였다. 이것은 회양이 혜능의 법을 이어 정통조사의 지위를 획득하는 근거의 법문인데, 여기서 말하는 "닦아서 증득함이 없지 않으나, 다만 오염시켜서는 안 된다."는 수증의 원칙이 홍주선의 수증론修證論으로 선승되고 있음을 알 수 있다.

그런데 앞장에서 살펴보았듯이, 이러한 홍주선 사상을 일상의 좌선 등의 수행을 완전히 배척한다고 이해하면 큰 잘못이다. 마조는 "도는 닦을 필요가 없다."고 주장하면서 바로 뒤에 "다만 오염시키지 말라"고 말하고, "생사심으로 조작하여 집착(造作趣向)하는 것이 오염이다."라고 하여 "도불용수(道不用修 : 도는 닦을 필요가 없

---

124) 『傳燈錄』제5권, 위의 책, p 240下. "祖曰, 什麼物恁麼來? 曰, 說似一物卽不中. 祖曰, 還可修證否? 曰, 修證卽不無, 汚染卽不得. 祖曰, 只此不汚染諸佛之所護念, 汝旣如是吾亦如是."

음)"와 "도수용수(道須用修 : 도는 반드시 닦아야 함)"를 동시에 설하고 있다. 그리고 "평상심이 도"라고 설하고는 평상심의 정의를 "조작, 시비, 취사, 단상, 범성 등이 없음"이라고 말하고 있으니, 마조가 말하는 평상심은 범부중생이 일상에 쓰고 있는 견문각지見聞覺知에 오염된 평상심이 아니라, 자성청정自性淸淨을 돈오頓悟한 중도정심中道正心을 말하는 것이다. 그래서 회양도 한편으로 "닦아서 증득함이 없지 않다."라고 말하고, 다른 한편으로는 "다만 오염시켜서는 안 된다."고 거듭 설하고 있는 것이다.

마조선사의 설법에 의거하면 "닦아서 이루는 것(修成)은 성문법聲聞法이요, 닦지 않는 것(不修)은 우인법愚人法이다." 그러므로 수도인은 마땅히 닦되 닦지 않고(修而不修), 닦지 않되 닦는(不修而修) 무념의 닦음(無念之修)을 수행해야 한다고 설하고 있는데 이러한 수행이 바로 "하되 함이 없고(爲而無爲), 함이 없되 다 하는 것(無爲而爲)"을 내용으로 하는 무사선無事禪의 선수행이다.

그러면 무사선의 수행인 "무념의 닦음"이 일상생활 가운데서의 구체적 공용(功用 : 노력)으로는 과연 어떻게 나타나는 것일까? 여기에 대해서 혜해의 법문을 들어보자.

> 원율사가 와서 묻기를, "화상은 수도하는데 또한 노력(用功)하십니까?" 대답하기를, "열심히 노력한다." "어떻게 열심히 노력하십니까?" 선사는 "배고프면 밥 먹고, 졸리면 잔다."고 하였다. "모든 사람이 그렇게 하는데 선사의 노력과 같습니까, 다릅니까?" 선사

가 "같지 않다(不同)."고 하자, "무슨 까닭으로 같지 않습니까?"라고 묻는다. 선사는 "그들은 밥 먹을 때 밥만 먹지 않고 백 가지 생각을 굴리며, 잠잘 때 잠만 자지 않고 천 가지를 계교한다. 그러므로 같지 않다.[125]

밥을 먹고 잠을 자는 행위는 동일한데 다만 무심無心으로 하느냐 유심有心으로 하느냐의 차별이 있다. 일반 사람들은 밥을 먹을 때 밥만 먹지 않고 맛이 있느니 없느니 하면서 온갖 망상을 다 부린다. 잠을 잘 때 역시 마찬가지로 잠만 자지 않고 천 가지 만 가지 생각으로 기와집을 짓는다.

그러나 무심도인無心道人은 밥 먹을 때 밥만 먹고, 잠을 잘 때 잠만 자서 일체의 분별심을 여의고 있다. 즉 "배고프면 밥 먹고, 목마르면 물 마시고, 졸리면 자고, 고단하면 쉴 뿐" 다른 것이 없다. 물론 공부할 때는 공부하고, 일할 땐 일한다. 이것 뿐이다. 이것이 일체에 집착함이 없는 평상무사의 일행삼매—行三昧이다. 터럭만큼의 차이(毫釐之差)가 천지로 갈라진다(天地里懸隔)는 말이 이를 두고 하는 말이다. 일체 경계를 대하여 직하에 무심(直下無心)하여 무사자재無事自在함이 바로 도인의 노력할 바라고 지적하는 황벽의 말도 혜해의 그것과 같은 맥락이다.

---

125) 『諸方門人參問』, "有遠律師來問, 和尙修道, 還功用否? 師曰, 功用. 曰, 如何功用? 師曰, 饑來喫飯, 困來卽眠. 曰, 一切人總如是, 同師功用否? 師曰, 不同. 曰, 何故不同? 師曰, 他喫飯時, 不肯喫飯, 百種須索. 睡時不肯睡, 千般計巧. 所以不同也.

종일토록 밥을 먹되 일찍이 한 톨의 쌀알도 씹은 바가 없으며, 종일 걸어다니지만 일찍이 한 조각의 땅도 밟은 바가 없다. 이러한 때에 나와 남의 구별이 사라져, 종일토록 갖가지 일을 하면서도 그 경계에 현혹되지 않아야만 비로소 자유자재한 사람이라 할 수 있다. 생각생각 모든 모양을 보지 않아서 앞뒤의 삼제三際를 헤아리지 말라. 과거는 감이 없으며 현재는 머무름이 없고 미래는 옴이 없으니, 편안하고 단엄하게 앉아 움직이는 대로 내맡겨 얽매이지 않아야만 비로소 해탈했다고 할 수 있다. 노력하고 노력하여라.[126)]

아무 일도 하지 않음이 아니라 어떤 일을 하더라도 그 경계에 현혹됨이 없이 수연자재隨緣自在함이 홍주종 무사선의 종지이다. 세상 사람들은 부처님께서 마음 법을 전한다는 말을 듣고 마음 밖에 따로 깨닫고 취할 만한 법이 있다고 착각한다. 그리하여 마음을 가지고 법을 찾으면서, 마음이 곧 법이고 법이 곧 마음인 줄 알지 못한다. 마음으로써 다시 마음을 찾지 말고, 법을 가지고 다시 법을 구하지 말고, 부처를 가지고 부처를 보려고 하지 말아야 한다.

그래서는 백천 겁이 지나도 결국 깨달을 날이 없다. 그러므로 도를 배우는 자는 당장에 무심하여 묵연히 계합할 뿐, 마음으로

---

126) 『宛陵錄』, "終日喫飯, 未曾咬着一粒米, 終日行, 未曾踏着一片地, 與麽時, 無人我等相, 終日不離一切事, 不被諸境惑, 方名自在人. 念念不見一切相, 莫認前後三際, 前際無去, 今際無住, 後際無來, 安然端坐, 任運不拘, 方名解脫. 努力努力."

헤아리면 곧 어긋나고 만다. 본래 번뇌가 공한 줄 알면 깨달음인들 어디 있을 수 있는가. 일체 법이 있다 할 것도 없고 얻었다 할 것도 없다. 망념을 일으키지 않는 그 자리가 바로 깨닫는 자리이다. 이때의 깨달음은 다만 본래 마음인 부처를 깨닫는 것이기 때문에 그 깨달음의 분상에서 보면 많은 세월을 거친 노력은 모두 헛된 수행이 되는 것이다. 그래서 황벽은 평상에 무심하고 무사하라고 가르치고 있는 것이다.

4) 임제선의 평상무사(平常無事)

홍주종의 무사선사상이 조사선의 핵심사상으로 자리매김한다. 이러한 조사선의 평상무사平常無事의 선지禪旨가 그대로 임제선에 전승되고 있다.

> 납자들이여! 불법은 애써 공용功用할 필요가 없다. 다만 평소에 무사平常無事하게 똥 싸고 오줌 누고 옷 입고 밥 먹으며 피곤하면 잠자면 그만이다. 어리석은 사람은 나를 비웃는다. 그러나 지혜로운 사람은 안다. 고인이 말했다. '밖을 향해 공부하지 말라. 그것은 어리석은 자의 짓일 뿐이다.' 라고. 그대들은 이미 수처작주隨處作主하여 입처개진立處皆眞이다. 그러니 경계를 맞이하여 회피하지 말라.[127]

---

127) 『臨濟錄』, (藏經閣), p 49~50. "道流, 佛法無功用處. 只是平常無事, 阿屎送尿着衣喫飯, 困來卽臥. 愚人笑我, 智乃知焉. 古人云, 向外作工夫, 總是癡頑漢. 爾隨處作主, 立處皆眞. 境來回喚不得."

임제선사가 말하고 있는 "무공용(無功用 : 노력하지 않음)"의 무사선無事禪은 아무 것도 하지 않는 무사안일無事安逸, 무위도식無爲徒食을 말하는 것이 아님을 알 수 있다. 다만 심외무불(心外無佛 : 마음 밖에 부처가 없음)의 견지에서 밖을 향해 수행하지 말고, 마음 경계를 향해 정면으로 맞서 "수처작주隨處作主, 입처개진立處皆眞"[128]의 중도정관中道正觀에 의한 진정견해眞正見解를 발휘할 것을 요구하고 있다. 현실생활을 살아가는 그 자리 그대로가 진실의 세계(隨處卽眞)요, 부딪히는 모든 것이 진실(觸事而眞)이기 때문에 억지로 조작하여 수증을 가자할 필요가 없다. 이것이 임제臨濟의 닦지 않되 닦는(不修之修) 무사선사상이다.

    용담숭신龍潭崇信이 천황도오天皇道悟에게 출가하여 여러 해 동안 시봉하였다. 그러나 불법에 대해 아무런 가르침이 없자 어느 날 다음과 같이 질문했다.
    "제가 여기에 온 그날부터 지금까지 스님께서는 아직까지 (불법의) 심요를 지시해 준 적이 없습니다." 도오가 대답하기를, "네가 여기에 온 날로부터 나는 너에게 심요를 지시해 주지 않은 적이 없다." 숭신이 거듭 묻기를, "어디가 지시해 주신 곳입니까?"
    도오가 대답하기를, "네가 차를 가져오면 나는 차를 받아 마셨고, 네가 밥을 가져오면 나는 밥을 받아 먹었고, 네가 인사를 올

---

128) "언제 어디서나 주체적(주인)으로 살면, 서있는 그 자리가 진실의 세계이다."

리면 나는 고개를 끄떡였다. 어디가 내가 그대에게 심요를 보이지 않은 곳인가?" 숭신이 고개를 숙이고 한참동안 침묵하였다. 이 때 도오가 그에게 말했다. "보려면 바로 볼 것이지, 헤아리면 어긋난다." 숭신이 이 말에 바로 깨달았다.[129]

이와 같이 조사선에서는 인간의 평소 일상생활 가운데서 밥 먹고 차 마시고 잠자는 모든 행위를 근원적인 자성청정심의 주체적 작용으로 전개하여 언제(一切時) 어디서나(一切處) 지금 여기에서 주인으로 살고 매사에 부딪히는 모두를 진실된 삶(觸事而眞)으로 승화시키고 있다. 그런데 중생은 날마다 쓰면서 이것을 알지 못하고 있을 뿐이다(日用而不知). 누구나 이러한 근원적인 평상심을 가지고 살아가면서도 그것이 도의 주체임을 알지 못하여, 자심을 반조(返照自心)할 줄 모르고 바깥 경계에 탐착하여 취생몽사(醉生夢死)하고 있는 것이다.

이러한 무사선의 가르침은 선종의 전 역사를 통해 강조되고 있는 핵심법문이며, 특히 홍주종을 위주로 한 조사선의 종지이다. 소위 "배울 것이 끊어진 하릴없는 한가로운 도인(絶學無爲閑道人)"이 바로 무사선이 지향하는 수행자상인 것이다. 무사선 수행자는 행주좌와(行住坐臥) 견문각지(見聞覺知)의 일상생활 가운데서 직하에 무심하여(直下無心) 일 없고 함이 없는(無事無爲) 경지에서 노니는 한가한

---

129) 『五燈會元』제7권, 「龍潭崇信禪師」.

사람인 것이다.

그러므로 수선자는 마땅히 "본래 마음이 보고 듣고 느끼고 아는 데(見聞覺知)에도 속하지 않고, 그것을 떠나서 있지도 않는 줄" 알아서 "보고 듣고 느끼고 아는 가운데 다만 견해를 일으키거나 생각을 움직이지 말아야 하며, 그렇다고 해서 보고 듣고 느끼고 아는 것을 떠나서 마음을 찾아서도 안 되며, 보고 듣고 느끼고 아는 것을 버리고 법을 취해서도 안 된다. 그리하면 즉卽 하지도 않고 여의지도(離) 않으며, 머물지도 집착하지도 않으며, 종횡으로 자재하여 어느 곳이든지 도량道場 아님이 없게 된다."130) 황벽은 이렇게 닦는 자를 무심도인無心道人 혹은 무사도인無事道人이라 불렀다. 즉 일상의 생활 가운데서 일체 경계에 집착하지도 여의지도 않는(不卽不離) 중도정행中道正行이 바로 무사선행자의 실천행이다.

(2) 무사선의 폐해

앞 절에서 우리는 무사선의 가르침이 조사선이 지향하는 최상승의 선법임을 살펴보았다. 이러한 무사선의 전통이 송대宋代에 이르러서는 무사안일, 즉 어떠한 수행의 노력도 없이 아무 일도 하지

---

130) 『傳心法要』, "本心不屬見聞覺知, 亦不離見聞覺知, 但莫於見聞覺知上起見解, 亦莫於見聞覺知上動念, 亦莫見聞覺知覓心, 亦莫捨見聞覺知取法. 不卽不離, 不住不着, 縱橫自在, 無非道場."

앉거나 단지 앉아 있는 것만으로 선수행이라 주장하는 선류禪流들이 생겨났다. 이들은 일상생활에서 아무 것도 하지 않는 것을 평상무사平常無事라 여기고 수행도 깨달음도 구하지 않는 무사무수無事無修를 업으로 삼았다.

대혜선사는 『종문무고宗門武庫』에서 활발발한 조사선의 가풍을 살리지 못하고 무위도식에 빠져있는 당시 승려들에 대한 소식을 이렇게 전하고 있다. "눈이 내릴 때면 세 부류의 승려가 있다. 가장 우수한 승려는 승당 안에서 좌선하고, 중간쯤 되는 승려는 먹을 갈아 붓을 들고 시詩를 지으며, 가장 못난 승려는 화롯가에 둘러앉아 먹고 떠든다."[131] 여기서 좌선하는 승려는 묵조선 계통의 좌선주의자들이요, 시를 짓는 승려는 지해로 깨달음을 삼는 문자선의 추종자요, 먹고 떠드는 승려들은 무사안일에 빠져있는 무사선류들을 가리킨다. 이러한 무사선류들의 잘못된 행태를 바로 잡기 위해 대혜는 소각(照覺 : 東林常總)선사 등이 주장하고 있는 평상무사平常無事의 선법을 아래와 같이 비판하고 있다.

> 조각선사는 평상무사平常無事함으로 지견과 이해를 세우지 않는 것을 도라 생각하여 더 이상 묘한 깨달음(妙悟)을 구하지 않는다. 그는 제불과 제조諸祖, 즉 덕산, 임제, 조동, 운문 등 여러 조사의 진실한 돈오견성법문頓悟見性法門을 건립(建立 : 방편)이라 생각하고,

---

131) 『宗門武庫』下, (藏經閣), p 140. "雪下有三種僧, 上等底僧堂裏坐禪, 中等磨墨點筆作雪詩, 三等僧不覺失笑, 乃知前輩語不虛耳."

『능엄경』에서 '산하대지山河大地는 모두 밝고 묘한 참마음(妙明眞心)이 드러난 것'이라는 구절을 헛된 말로써 역시 방편이라 하였다.
……

그러므로 진정극문眞靜克文스님은 소참법문에서 말하였다. '요즘 어떤 사람들은 평상심이 도라는 것을 최고의 법칙이라 고집하면서 하늘은 하늘, 땅은 땅, 산은 산, 물은 물, 스님은 스님, 속인은 속인이라 한다. 그들은 달이 크면 30일, 작으면 29일을 줄곧 풀잎과 나무에 기생하듯 지내다가 부지불식간에 완전히 미혹해진다. ……착각하지 말아라. 모든 일에 다만 평상平常이라는 한 길만을 온당하다 생각한다면 반드시 나아가야 하고 마땅히 나아가야 할 길에 다시는 한 발자국도 옮겨놓지 못한다.[132]

사실 평상무사란 깨달음 이후의 경계이지 깨닫기 이전에 일방적으로 평상무사를 강조하게 되면 자칫 무기에 떨어지기 쉽다. 무사선류의 오류는 불조사의 돈오견성법문頓悟見性法門을 다만 방편의 말로 여기고, 평상무사를 무사안일로 착각하여 수행정진을 과외의 일이라고 치부하고 깨달음을 구하지 않는데 있다. 이들은 고인의 입도인연을 방편으로 건립한 것이라 말하고 철저히 아무 일도 하

---

[132] 『續藏經』124권, p 465上. "照覺以平常無事, 不立知見解會爲道, 更不求妙悟. 却將諸佛諸祖, 德山臨濟曹洞雲門, 眞實頓悟見性法門爲建立. 楞嚴經中所說, 山下大地, 皆是妙明眞心中, 所現爲瞞上語, 亦是建立. ……眞淨和尙小參云, 今時有一般漢, 執固平常心是道, 以爲極則, 天是天, 地是地, 山是山, 水是水, 僧是僧, 俗是俗, 大盡三十日小盡二十九, 竝是依草附木, 不知不覺, 一向迷. ……莫錯, 會凡百施爲, 只要平常一路子, 以爲穩當, 將去合將去, 更不敢別移一步."

지 않는 것으로 불법을 삼으려 하고 있다. 또한 누가 불법을 말하고 깨달음을 말하면 바로 미친 짓이라고 하였다. 그래서 그들은 주장하기를 "무릇 문답을 할 때 하나하나 평상무사를 들어 대답한다. 하늘은 하늘이요, 땅은 땅이며, 기둥(路柱)은 나무이며, 금강은 흙인형이며, 배고프면 밥 먹고, 졸리면 자면 그만이지 다시 무슨 다른 일이 있는가?"[133]라고 한다.

무사선 본래의 종지를 잃어버리고 수행과 깨달음에 나아감이 없이 미혹된 삶을 살아가는 무리들에게 경종을 울리고 진참실오眞參實悟하는 선풍을 진작시키는 것이 대혜의 참뜻이라 할 수 있다. 당시에 지해의 알음알이로 선을 이해하고 아무 일 없음에 안주하며 투철히 깨닫지 못한 무리들을 향해 원오 또한 신랄한 비판을 가하고 있다.

어떤 사람은 "본래 일 삼을 것이 조금도 없으니 차가 있으면 차를 마시고 밥이 있으면 밥을 먹는다."고 말한다. 이는 매우 허망한 말이다. 마치 "아직 얻지 못했으면서도 얻었다 하고, 깨닫지 못했으면서도 깨달았다."고 한 것과 같다. 원래 투철하게 참구하지 못하고서는 다른 사람이 마음, 성품을 말하고 현묘를 말하는 것을 보고서는 '이는 미치광이 말이다. 본래 일 없거늘 이것이야말로 한 장님이 여러 장님을 이끌고 가는 격이라 하겠다.' 라고

---

133) 『大慧語錄』 권제14, 「黃德用請普說」, "凡有問答, 一一據實底對, 平常無事. 天是天, 地是地, 路柱是木頭, 金剛是泥塑, 飢來喫飯, 困來打眠, 更有何事?"

한다.[134]

이러한 잘못된 무사선의 전통은 대혜 당시 묵조선 가운데에도 나타나고 있었다. 대혜는 묵조사선의 무리들이 "아무 일도 하지 않고 쉬고 쉬어라"고 가르치는 것을 고목선枯木禪이라고 강력히 비판하고 있다. 대혜의 분기한 웅변을 들어보자.

오늘날 한 무리의 머리 깎은 외도들이 있어 자신의 안목을 밝히지도 못하고, 다만 사람들에게 죽은 고슴도치처럼 꼼짝하지 말고 '쉬고 또 쉬어라'고만 가르치고 있다. 만약 이처럼 쉬는 것으로 공부를 삼으면 천불이 출세해도 참으로 마음을 쉴 수가 없다. 마음만 더욱 답답해 질 것이다. 또한 사람들에게 인연을 따라서 공부를 챙기되 생각을 잊고 묵묵히 비춰보라고 가르친다. 하지만 비춰오고 비춰가며 챙겨보아야 마음만 더욱 답답하여 공부를 마칠 기약이 없다.

조사의 방편을 모조리 잃고서 사람을 잘못 가르쳐서 그저 그들로 하여금 헛되게 살다 죽게 하는 것이다. 더더욱 사람들에게 '아무 일도 관여하지 말고 다만 이렇게 쉬어라. 마음을 쉬면 중생의 망념이 일어나지 않으니, 이러한 때에 다다르면 흐리멍텅하여 조금도 아는 것이 없는 것이 아니라 바로 밝고 또렷하다'고 한다.

---

134) 『碧巖錄』 제9칙, (藏經閣), p 100. "本來無一星事, 但只遇茶喫茶, 遇飯喫飯. 此是大妄語, 謂之未得謂得, 未證謂證. 元來不曾參得透, 見人說心說性說玄說妙, 便道只是狂言. 本來無事, 可謂一盲人引衆盲."

그러나 이것은 도리어 심한 해독을 끼치는 것으로써 사람의 눈을 멀게 하니 결코 작은 일이 아니다."[135]

아무 일도 관여하지 않고 "쉬고 쉬어라"고 하는 것을 만약에 수행의 잠시 방편으로 삼는다면 다 잘못된 것은 아닐 것이다. 그러나 만약 뜻에 집착하여 온통 어둡게 쉬어서 내용에 충실하지 못한다면 이는 몸만 있는 등신이 되어 한 물건도 없게 되니 인생에 무슨 의의가 있겠는가.

다시 말하면 이미 텅 비어 아무 내용이 없다면 묵묵히 비춘다고 할 때에 비춰오고 비춰가는 것이 무엇을 비춘단 말인가? 아무 것도 없는데 무엇을 비출 수 있는가? 수행인은 선정을 닦는 이외도 항상 뭇 중생을 위해 보살행을 실천하여 육도만행六度萬行을 닦아 무량복덕을 쌓고 무상보리심無上菩提心을 발하여 원만공덕을 성취해야 한다.

이 가운데 가지가지의 자리이타自利利他의 난행고행難行苦行을 어찌 하나의 쉬고 쉬는 것으로 대신할 수 있겠는가? 조용히 앉아서 적묵寂默 가운데서 십년 이십년을 쉰다고 해서 보살도를 성취하고 불도를 이룰 수 있겠는가? 세간의 착한 사람이 되기도 어려운데

---

135) 『大慧語錄』권25, 『大正藏』 p 918上~中. "今時有一種剃頭外道, 自眼不明, 只管教人死獦狙地休去歇去, 若如此休歇, 到千佛出世, 也休歇不得, 轉使心頭迷悶耳. 又教人隨緣管帶忘情黙照, 照來照去帶來帶去, 轉加迷悶無有了期. 殊失祖師方便, 錯指示人, 教人一向虛生浪死, 更教人是事莫管, 但只恁麽歇去, 歇得來情念不生, 到恁麽時, 不是冥然無知, 直是惺惺歷歷, 這般底更是毒害, 瞎却人眼, 不是小事."

출세간의 성인은 말할 것도 없다. 그러므로 대혜는 대장부의 활발발한 해탈경계를 아래와 같이 설하고 있다.

진정한 적멸을 현전現前하려고 한다면 반드시 맹렬히 타올라 일어났다 사리지는 번뇌 속에서 문득 이 경계를 한 번 뛰어 넘어야만 한다. 그 자리에서 한 터럭만큼도 움직이지를 않고 바로 긴 강을 휘저어 우유를 만들고, 대지를 황금으로 만들어야 한다. 근기에 따라 주고 뺏으며, 죽이고 살리는 것이 자유로워, 나와 남도 이로워서 베풀지 못할 것이 없어야 한다. 옛 성인들은 이것을 무진장다라니문이라 부르고, 무진장신통유희문이라 부르고, 무진장여의해탈문이라 부른다.
이것이 어찌 진정한 대장부가 능히 해야 할 일이 아니겠는가. 그러나 또한 이것도 무엇을 그렇게 되게 한 것은 아니다. 모두가 우리 마음속에서 늘 그러한 일이다. ……확철대오하면 가슴속이 명백하기가 마치 백천개의 해와 달과 같다. 시방 세계가 한 생각으로 분명히 알되 티끌만치라도 다른 망념이 없어야 비로소 구경의 도(究竟覺)와 상응하는 것이다."[136]

번뇌 망념을 뛰어넘는 각고의 수행을 통해 무념무상無念無相의

---

136) 『大慧語錄』 권26, 『大正藏』 p 922上. "要得眞正寂滅現前, 必須於熾然生滅之中驀地一跳跳出. 不動一絲毫, 便攪長河爲酥酪, 變大地作黃金, 臨機縱奪殺活自由, 利他自利無施不可. 先聖喚作無盡藏陀羅尼門, 無盡藏神通遊戲門, 無盡藏如意解脫門. 皆非眞大丈夫之能事也. 然亦非使然, 皆吾心之常分耳. ……廓徹大悟, 胸中皎然, 如百千日月. 十方世界一念明了, 無一絲毫頭異想, 始得與究竟相應."

본래면목을 철견해야만 참다운 공부인이라 할 수 있다. 출격장부는 깨달음을 얻어 수연임운隨緣任運하며 살활자재殺活自在한 삶을 살아가는 대자유인인 것이지, 무사안일과 적멸 속에 갇혀 안주하는 것으로 안심입명安心立命이라 오해해서는 안 된다. 깨달은 후의 하늘은 넓기가 비교할 수 없어서 허다한 신통묘용이 나타나고 마음먹은 대로 해탈하여 무진장공덕無盡藏功德이 그 가운데 작용하고 있다. 이렇게 풍부한 내용을 어찌 평상무사平常無事에 빠져 '쉬고 또 쉬어라.'고 한 것에 대신할 수 있겠는가. 이런 사람은 수행하여 적정이 나타날 때 적정의 경지를 탐하여 그 가운데 깊이 미혹된다. 반대로 문득 한번 뛰어넘어 몸을 뒤집어 향상하여 이 적정의 테두리에서 뛰쳐나오게 되면 이것이 일종의 곤경을 타파하는 관건이다.

예전에 대혜도 일찍이 이러한 적멸의 청정한 경계에 묶여서 엄청난 힘을 들이고서야 비로소 벗어날 수 있었나. 깨딜은 후에는 늘 많은 일을 한다. 물론 자리와 이타행 모두가 눈을 감고 앉아만 있는 고목선枯木禪을 능히 대신할 수 있다. 적정을 지키는 것은 단지 "죽어서 다시 살아나지 못한 경계(死了不能活)"이다. 그러나 다시 살아난 대기대용大機大用은 근기에 따라 주고 뺏으며 죽이고 살리는 것이 자재한 접인수단接人手段을 갖추게 된다. 이것 또한 자심 가운데서 저절로 흘러나오는 것이지, 결코 고의로 조작한 가풍이 아니다. 대혜 자신이 일찍이 정묵靜默의 경계에 빠졌다가 혼신을 다해 벗어난 향상일로向上一路의 경험이 없었다면 어찌 이런 역경의 위기에서 지적할 수 있었겠는가.

이와 같이 본래 의미의 무사선이란 아무 일도 하지 않고 그저 앉아있는 것으로 수행을 삼는 것이 아니라 행주좌와行住坐臥, 견문각지見聞覺知에서 한 법(一法)도 세우지 않되 만법萬法을 거두어들이는 최상승最上乘의 경계를 수행하는 것이다. 즉 한 발짝 움직이지 않고 육도만행六度萬行을 구족하는 것이다.

3. 묵조선과 묵조사선(默照邪禪)

(1) 묵조선의 연원과 성립

송대宋代의 조동종의 선사인 굉지정각(宏智正覺 : 1091~1157)은 묵조선을 집대성하였다. 정각의 스승인 단하자순丹霞子淳과 법형인 진헐청료眞歇淸了, 이 세 사람에 의해 묵조선이 성립되고 있다. 실로 묵조선은 문자선류들의 수행 없음의 병폐를 지적하며 조용히 앉아 묵묵히 좌선함(默然靜坐)을 기본 전제로 삼는다. 정각正覺은 그의 어록에서 "묵조默照는 밝고 밝아 (달마의) 면벽面壁과 같다."[137]라고 설한 바 있다. 또한 정각이 "양무제가 달마대사에게 물음(梁武帝問達摩大師)"이라는 공안을 송頌할 때 "적막하게 소림에 조용히 앉아, 묵묵히 정령을 온전히 제시한다."[138]라고 하여 묵연정좌默然靜坐의 입장에서 해석을 하고 있다. 이것은 정각이 묵조선의 연원을 달마가 소림사에서 9년 동안 면벽한 벽관壁觀에 두고 있음을 밝히는 것이다. 주지하는 바와 같이 달마의 안심법문安心法門은 벽관을

---

137) 『宏智正覺禪師廣錄』8권, 『大正藏』제48권, p 92中. "默照明明似面壁."
138) 『宏智正覺禪師廣錄』2권, 『大正藏』제48권, p 18下. "寥寥冷坐少林, 默默全提正令."

통해 얻어지는 선경禪境이다.

그리고 대혜가 묵조선을 비판할 때 "소림에서 9년 동안 조용히 앉아 있었으나 신광(혜가)에 의해 간파되었다. 마치 옥과 돌같이 나누기 어려우니 단지 삼밧줄로 묶고 종이로 쌌다. 이것 저것 또 다른 것, 만약 눈 밝은 사람이라면 또 무슨 다른 말이 필요하겠는가. ……달마노인이 면벽 9년 했다는 말에 떨어져 애석하게 당시 사람들이 놓쳐 버렸다. 이로 인해 묵조의 무리들로 하여금 귀신굴 안에서 오랜 세월 앉아(좌선) 있게 하였다."[139]라고 하였는데, 이것은 묵조선이 달마의 "냉좌면벽冷坐面壁"을 계승한 것으로 간주하였기 때문이다.

그리고 대혜는 달마의 이른바 "밖으로 일체 반연을 쉬고(外息諸緣), 안으로 헐떡거림이 없어서(內心無喘), 마음이 마치 장벽과 같아야(心如牆壁), 도에 들어갈 수 있다(可以入道)."라고 하는 벽관의 내용을 들어 묵조선을 비판하고 있다.

언충彦冲이 편지에서 "밤낮으로 십년 동안을 공부해도 중생의 경계를 온전히 극복할 수 없었다. 그러다 고요히 말없이 앉아 오로지 그 마음을 비우고 생각으로 하여금 반연하는 바가 없게 하고, 어떤 일도 기댈 곳이 없게 하고서야 편안하고 상쾌한 기운을 느꼈다."라고 말하고 있으니, 여기까지 읽고는 나도 모르게 실소

---

139) 『五燈會元』19권, "少林九年冷坐, 剛被神光覷破. 如今玉石難分, 只得麻纏紙裹. 這一箇, 那一箇, 更一箇, 若是明眼人, 何須重說破? ……老胡九年話墮, 可惜當時放過. 致令默照之徒, 鬼窟長年打坐."

하였다. 무슨 까닭인가? 이미 생각에 반연함이 없다는 것이 어찌 달마가 "안으로 마음에 헐떡거림이 없다."라고 한 말의 내용이 아니겠는가. 일이 기댈 곳이 없게 한다는 것이 어찌 달마가 "밖으로 모든 반연을 쉬어라"고 한 말의 내용이 아닌가.[140]

여기서 대혜는 달마의 "밖으로 모든 반연을 쉼(外息諸緣)"과 묵조선의 "생각이 반연하는 바가 없음(慮無所緣)", 그리고 달마의 "안으로 헐떡거림이 없음(內心無端)"과 묵조선의 "일에 기댈 곳을 없게 함(事無所托)"을 동일한 선법으로 보고 있다. 이런 관점에서 보면 묵조선의 묵연정좌(默然靜坐)의 좌선과 달마의 냉좌면벽(冷坐面壁)의 벽관은 서로 상통하는 좌선법이라 말할 수 있다. 달마, 혜가 등 능가선의 수행자는 이러한 면벽좌선에 의한 수선(修禪)을 매우 중요하게 생각하고 있었다. 『능가사자기』 「혜가장(慧可章)」에서 또한 달마의 벽관좌선을 계승하여 다음과 같이 말하고 있다.

『능가경』에서 말하기를, "석가모니 부처님은 고요한(寂靜) 마음으로 관찰하여 생사를 멀리 벗어났다. 이것을 이름하여 집착하지 않는 것이니 현세나 내세에도 항상 청정하다."고 한다. 시방의 모든 부처님 가운데 좌선(坐禪)에 의하지 않고 성불했다고 하는 것은 도저히 있을 수 없는 일이다.[141]

---

140) 『大慧普覺禪師語錄』27권, "彦冲云, 夜夢晝思, 十年之間, 未能全克, 或端坐靜默, 一空其心, 使慮無所緣, 事無所托, 頗覺輕安, 讀至此不覺失笑, 何故? 旣慮無所緣, 豈非達摩所謂內心無端呼? 事無所托, 豈非達摩所謂外息諸緣呼?"

이와 같이 중국 선종의 발전사에서 보면, 선정의 강조라는 측면에서 묵조선은 달마 능가선에로의 복귀라고 말할 수 있다. 이른바 "면벽面壁하고 앉아서 종일토록 묵연默然하니, 사람들이 헤아릴 수 없어 벽관바라문이라고 부른다."[142)]라고 말한 묵연면벽默然面壁이 바로 묵조선의 연원이라고 볼 수 있다. 응주벽관凝住壁觀을 통해 안심을 얻는 능가선의 좌선법은 동산법문東山法門에도 그대로 이어지고 있다.

앞에서 이미 상세히 언급하였듯이 도신은 "수일불이守一不移"의 좌선법을 설하고, 그 내용으로 오로지 움직이지 않고 마음을 고요히 안으로 거두어들이는 섭심攝心을 통한 좌선간심坐禪看心을 강조하고 있다. 도신의 좌선간심의 선법은 달마의 벽관좌선의 구체적인 내용이라 할 수 있다. 이와 같이 섭심攝心과 관심觀心을 중심으로 하는 동산법문의 좌선 기조는 북종선에 그대로 전승되어지고 있다.

북종 신수의 선법 역시 대승불교의 전통인 "자성청정自性淸淨"의 입장에서 식망수진息妄修眞 : 번뇌 망념을 여의고 진여본성을 닦음)의 관심법문觀心法門을 강조하고 있다. 신수가 주장한 관심법문의 주요 내용은 "식심息心", "섭심攝心" 위주의 "유정발혜由定發慧 : 선정으로부터 지혜를 발휘함)"의 선사상이다. 『신수비명』에 그의 선사상에 대

---

141) 『楞伽師資記』, 『大正藏』제85권, p 1285下. "楞伽經云, 牟尼寂靜觀, 是則遠離生死, 是名爲不取. 今世後世淨. 十方諸佛, 若有一人, 不因坐禪而成佛者, 無有是處."
142) 『五燈會元』1권, "面壁而坐, 終日默然, 人之莫測, 謂之壁觀婆羅門."

해 아래와 같이 적고 있다.

> 그 개설한 선법의 대략을 살펴보면, 전념專念으로써 번뇌를 여의고, 힘을 다해 마음을 모은다(攝心). (수행에) 들어감에는 범부와 성인의 성품에 차별이 없고, (깨달음에) 도달함에는 수행이 전후가 없다. 선정에 들기 전에는 모든 인연을 놓아버리고, 지혜를 발휘한 뒤에는 일체가 모두 진여이다.[143]

이른바 "전념으로써 번뇌를 여의고(專念以息想), 힘을 다해 마음을 모은다(極力以攝心)."는 것, 즉 식심息心, 섭심攝心의 관심법문은 신수 선사상의 핵심인 동시에 또한 달마계 능가선의 수행전통이다. 이러한 관심법문의 구체적 수행 내용이 바로 "마음을 관하여 깨끗함을 본다."는 의미의 관심간정觀心看淨인 것이다.

이러한 관점에서 보면, 하택신회荷澤神會가 북종선을 비판할 때 북종선법을 개괄하여 "마음을 모아 선정에 들고(凝心入定), 마음을 머물러 깨끗함을 보며(住心看淨), 마음을 일으켜 밖을 비추고(起心外照), 마음을 거두어 안으로 깨닫는다(攝心內證)."고 한 것은 비교적 타당한 견해라고 할 수 있다. 북종은 깨끗함을 보는 좌선방편을 통해 망념을 여의고 본심을 깨달아서(離念了心) 본각本覺에 돌아갈

---

143) 『唐玉泉寺大通神秀禪師碑銘幷序』, 『全唐文』권231. "爾其開法大略, 則專念以息想, 極力以攝心. 其入也, 品均凡聖, 其到也, 行無前後. 趣定之前, 萬緣盡閉, 發慧之後, 一切皆眞."

수 있다고 주장한다. 실제로 북종선의 좌선은 깨달음의 성품(覺性)인 정심의 체(淨心體)로써 간看하는 것이기 때문에 간할 바가 없음을 간한다고 주장한다. 즉 좌선의 방편으로 마음이 일어나지 않는(心不起) 무생無生을 간하는 것이다.

앞에서 고찰해 본 바에 의하면 북종선법의 기본 특징은 관심간정의 좌선방편을 통해 정심의 체(淨心體 : 覺性)를 깨닫게 하는데 있었다. 이러한 북종선의 좌선방편에 의한 수선修禪 형식이 바로 묵조선에 전승되었다고 말할 수 있다. 『능가사자기』의 기록에 의하면, 신수가 홍인의 문하에서 선법을 전수 받을 때에 "선등禪燈이 묵조默照하여, 언어의 길이 끊어지고, 마음의 길마저 멸하여, 문자로 나타내지 못한다."[144]라고 하였다. 여기서 설하고 있는 신수의 "선등묵조禪燈默照"의 선법이 묵조선의 종지와 일맥상통하고 있는 것이다.

남종의 혜능은 북종선의 간심간정看心看淨을 "정망(淨妄 : 깨끗함에 집착한 망상)"이라 비판하면서 "불착심不着心"의 새로운 좌선법을 제창하였다. 『단경』에서 설하기를, "이 법문 중의 좌선은 원래 마음에 집착하지 않고 또한 깨끗함에도 집착하지 않느니라. 또한 움직이지 않음도 말하지 않나니, 만약 마음을 본다고 말한다면, 마음은 원래 허망한 것이며 허망함이 허깨비와 같은 까닭에 보는 바가 없느니라. 만약 깨끗함을 본다고 말한다면 사람의 성품은 본래 깨

---

144) 위의 책, p 1290上. "禪燈默照, 言語道斷, 心行處滅, 不出文記."

끗하지만 망념으로 진여가 덮인 것이므로 망념을 여의면 본래 성품은 깨끗한 것이니라. 자기의 성품이 본래 깨끗함을 보지 못하고 마음을 일으켜 깨끗함을 보면 도리어 깨끗함의 망상淨妄이 생기느니라. 망념은 처소가 없다. 그러므로 본다고 하는 것이 도리어 허망된 것임을 알아라."145)고 하였다.

혜능이 설한 좌선은 밖으로 들어난 몸으로 앉고 앉지 않고의 문제가 아니라, 마음에 집착함이 없는 것이 진정한 좌선이라는 뜻이다. 이것은 "도는 마음으로부터 깨닫는 것인데(道由心悟) 어찌 앉음에 있겠는가(豈在坐也)?"라는 그의 수증관에서 유래된 좌선관인 것이다. 혜능은 이러한 좌선의 기조 위에서 정혜등지定慧等持를 주장하고 있는 것이다.

> 나의 이 법문은 정定과 혜慧로써 근본을 삼나니, 첫째로 미혹하여 정과 혜가 다르다고 말하지 말라. 정과 혜는 하나의 본체여서 둘이 아니니라. 곧 정은 이 혜의 본체요, 혜는 곧 정의 작용이니, 곧 혜일 때 정이 혜에 있고, 곧 정일 때 혜가 정에 있느니라. …… 정과 혜는 무엇과 같은가? 등불과 그 빛과 같느니라. 등불이 있으면 곧 빛이 있고 등불이 없으면 곧 빛이 없으므로, 등불은 빛의 본체요 빛은 등불의 작용이다.146)

---

145) 돈황본 『壇經』, "此法門中, 坐禪元不着心, 亦不着淨, 亦不言不動. 若言看心, 心元是妄, 妄如幻故, 無所看也. 若言看淨, 人性本淨, 爲妄念故, 蓋覆眞如, 離妄念, 本性淨, 不見自性本淨, 起心看淨, 却生淨妄, 妄無處所, 故知看者, 却是妄也."

묵조선에서 묵默과 조照는 정定과 혜慧에 배대할 수 있다. 『묵조명默照銘』에서 "묵묵히 말을 잊고, 밝고 밝게 비춘다. 조(照 : 지혜) 가운데 묵(默 : 선정)을 잃어버리면, 바로 미혹에 침범을 당한다. 묵 가운데 조를 잃어버리면, 어두움이 넘치게 된다. 묵(좌선)과 조(깨달음)의 이치가 원만하게 되면, 연꽃이 피고 꿈을 깨는 도리이다."[147] 라고 설하고 있다. 여기서의 "묵조이원默照理圓"은 다름 아닌 정혜등지의 다른 표현에 지나지 않는 것이다.

이른바 "묵조이원默照理圓"이라는 것은 선정과 지혜가 하나라는 입장이어서 묵묵히 앉아있는 선정 그대로가 바로 지혜(깨달음)로 나타나는 것을 말한다. 즉 수행과 깨달음을 둘로 나누지 않는 "수증일여修證一如"를 주장하고 있는 것이다.

이와 같이 수증론에서 볼 때 묵조선은 남종선의 수증방법을 그대로 계승하고 있다고 할 수 있다. 정각이 주장한 "수행과 증득이 없지 않으나 다만 오염되지 않을 뿐이다."라고 한 내용은 혜능과 회양의 대화에서 나타나고 있는 수증의 전통 그대로의 답습이기 때문이다.

지금까지 살펴본 바에 의하면 묵조선은 달마 이래 북종선의 관심간정의 좌선수행의 전통을 이어서 수묵좌선守默坐禪의 선법을 세

---

146) 위의 책, "我此法門, 以定慧爲本. 第一勿迷言定慧別. 定慧體一不二. 卽定是慧體, 卽慧是定用. 卽慧之時定在慧, 卽定之時慧在定. ……定慧猶如何等? 如燈光. 有燈卽有光, 無燈卽無光. 燈是光之體, 光是燈之用."
147) 『宏智錄』위의 책, p 100中. "默默忘言, 昭昭現前. 照中失默, 便見侵凌, 默中失照, 渾成剩法. 默照理圓, 蓮開夢覺."

우고, 남종선의 정혜불이(定慧不二)의 돈오법문을 이어서 묵조이원(默照理圓)의 수증론을 정립하고 있다고 할 수 있다. 어쨌든 묵조선은 북종선의 좌선위주의 수선방법과 남종선의 돈오해탈의 수증내용을 동시에 수용하여 묵조선 특유의 선풍을 수립하고 있는 것이다.

남종을 계승한 홍주종과 석두종의 선사상이 비록 "평상심이 도(平常心是道)"라고 하고, "도불용수(道不用修)"를 주장하여 좌선중심의 선을 배척하고 있기는 하지만, 하여튼 좌선수행은 선종의 일상사 가운데 중요한 부분을 차지하는 것만은 사실이다. 앞장에서 살펴보았듯이 『조당집(祖堂集)』에는 수많은 조사들의 좌선수행의 기록이 전해지고 있다.

특히 석두종 계열인 석상경제(石霜慶諸)는 "석상산(石霜山)에 이십년 동안 머물러, 배우는 무리가 오래도록 앉아 눕지 않고, 나무 그루터기와 같이 우뚝 솟으니, 천하가 '고목의 무리(枯木衆)'라고 부른다."[148]고 하였다. 굉시정각의 스승으로 묵조선 형성에 크게 영향을 준 단하자순(丹霞子淳)도 "고목당(枯木堂)에서 냉좌(冷坐)"하였다고 전한다. 이와 같이 좌선은 선승들의 핵심수행으로 간과할 수 없는 일과인 것이다.

이러한 좌선의 실천이 면면히 이어져 묵조선 형성에 지대한 영향을 미치고 있는 것이다. 일상으로써의 좌선수행에 철두철미한 선사가 또한 정각이다. 그가 "집을 지어 선으로 안거하니, 배우기

---

148) 『五燈會元』5권, "師止石霜山二十年間, 學衆有長坐不臥, 屹如株杌, 天下謂之枯木衆也."

위해 모인 대중이 오고 가는 자가 항상 천명이나 되었다. 선사는 모름지기 대중을 가르침에 적정寂靜으로 하여 움직임이 없음이 마치 고목과 같았다."[149] 여기서 정각이 행화行化함에 있어서 얼마나 좌선수행에 충실했는지를 미루어 짐작할 수 있다.

결론적으로 말하면, 굉지정각의 묵조선은 그 연원을 거슬러 올라가보면 달마의 벽관좌선壁觀坐禪에 있으며, 아울러 동산법문의 좌선간심坐禪看心과 북종의 관심간정觀心看淨을 수용하고 있음을 알 수 있다. 선사상에서 말하면 남종의 돈오법문을 내용으로 삼고, 그 종에 있어서는 조동종 계통의 고목선枯木禪을 계승하였다. 또한 묵조선은 의리로 선을 이해하려는 문자선에 대응하여 수선修禪을 매우 중시하여 좌선의 실천을 기본강령으로 삼았다. 그리고 간화선과 함께 송대 선종의 양대 축으로서의 묵조선사상이 형성되었다.

(2) 묵조선(默照禪)의 사상

1) 묵조선의 수증관(修證觀)

주지하는 바와 같이 굉지정각은 문자선과 무사선에 대응하여 간화선과 대립되는 묵조선의 관행방법을 주창하였다. 앞에서 살펴보

---

149) 『宏智錄』권제5, 위의 책, p 57中. "結屋安蟬, 會學去來常以千數, 師方導眾以寂, 兀如枯株."

앉듯이 묵조선默照禪에서 "묵默"이란 묵연默然히 좌선함을 말하고 "조照"란 지혜로써 본래 청정한 영지심성靈知心性을 관조觀照한다는 의미이다. 그래서 묵조默照란 "수묵좌선守默坐禪"과 "관조심성觀照心性"의 합성어로써 기본적으로 좌선坐禪 위주의 수행방식을 고수한다. 정각선사 본인이 "밤낮으로 잠을 자지 않고, 대중과 더불어 단정히 앉아"150) 좌선하여 입도入道하는 수행방법을 견지한 바 있다.

사실상 선종 전통의 수행방법인 "회광반조廻光返照"하는 좌선의 입장에서 볼 때 묵조선이 오히려 조사선 전통을 충실히 계승하고 있다고 말할 수 있을 것이다. 회광반조하는 묵조선의 공부방법은 일체의 생각을 집중하여 자기의 의식을 관觀하는 것이다. 이때 의식을 돌이켜(廻光) 의식이 본래 공한 자리, 즉 의식이전을 관조하는(返照) 관법觀法으로 좌선을 삼는다. 이러한 관법의 입장에서 일체의 망념을 비워 묵묵히(默) 비추게(照) 한다.

정각은 묵과 조는 선수행에 있어서 빠질 수 없는 두 가지 조건으로써 양자는 마땅히 결합되어 통일되어야 한다(默照一如)고 주장하였다. 그가 말하기를 "침묵의 묘함 가운데 본래 광명이 스스로 비춘다."151)고 하였다. 또한 "고요하고 냉랭하게 소림에 앉아 있어도, 묵묵히 올바른 법령을 온전히 제시한다."152)는 말에서 보듯이 묵默이란 바로 좌선수행으로 이해할 수 있다.

---

150) 『正覺宏智禪師塔銘』, 『續藏經』제5冊, p 455. "晝夜不眠, 與衆危坐."
151) 『宏智錄』권9, 『大正藏』48권, 109中. "緘默之妙, 本光自照."
152) 위의 책, p 18下. "寥寥冷坐少林, 默默全提正令."

그리고 조照는 일찍이 『신심명信心銘』에서 "텅 비고 밝아 저절로 비추니 애써 마음 쓸 일이 없다. 비사량非思量의 경계는 알음알이로 알 수 있는 바가 아니다."[153]라고 말하고 있듯이 텅 빈 본체로부터 저절로 이루어지는 경지이므로 스스로 비추어 나타나는 것을 말한다.[154] 소위 "스스로 비추어 나타나는 것"은 본래 깨달음을 말하는데, 여기서의 깨달음을 정각은 본증本證이라고 말하고 있다. 본증, 즉 본각本覺의 본래성불本來成佛의 입장에서 수증修證을 설하고 있는 것이다. 묵조선은 본각의 입장에서 그것을 자각하는 것으로 선을 삼고 있기 때문에 대혜로부터 깨달음(悟)이 없는 좌선이라고 비판을 받고 있다고 하겠다.

묵조선에서 보면 묵은 조의 체(體 : 본체)이며, 조는 묵의 용(用 : 작용)으로써 체용합일體用合一을 이루게 된다. 정각은 『묵조명默照銘』에서 "묵묵히 말을 잊고(默默忘言), 밝고 밝게 비춘다(昭昭現前). ······ 묵(좌선)하는 곳에 묘妙가 있어(妙存默處), 수행을 잊고 중도中道를 깨닫는다(功忘照中). ······ 묵은 오직 지극한 말이고(默唯至言), 조(깨달음) 즉 두루 응한다(照爲普應)."[155]라고 설하고 있다. 또한 말하기를 "조(깨달음) 가운데 묵(좌선)을 잃어버리면(照中失默), 바로 미혹에 침범을 당한다(便見侵凌). ······ 묵(좌선) 가운데 조(깨달음)를 잃어버리면(默中失照), 어두움이 넘치게 된다(渾成剩法). 묵(좌선)과 조(깨달음)의 이치가

---

153) 위의 책, p 376下. "虛明自照, 不勞心力, 非思量處, 識情難測."
154) 참조, 김호귀『묵조선연구』, (민족사) p 173.
155)『宏智錄』, 위의 책, p 100上~中.

원만하게 되면(默照理圓), 연꽃이 피고 꿈을 깨는 도리이다(蓮開夢覺).[156]라고 설파하고 있다.

이것은 묵(좌선) 가운데 조(깨달음)가 있으며, 조의 용에서 묵이 나타나서 묵과 조가 상즉한다는 말이다(默照相卽). 조 가운데 묵을 잃어버릴 수가 없으며, 묵 가운데 조를 잃어버릴 수가 없으므로 오직 묵과 조가 완전히 회호(回互 : 회통)되어서(默照一如), 서로 도와 이루어져야만이 묵과 조의 이치가 원융무애(圓融無碍)하게 된다는 것이다. 여기서 "묵조이원(默照理圓)"이라는 말은 선정과 지혜, 즉 수행과 깨달음이 하나라는 입장이어서 묵묵히 앉아있음 그 자체가 바로 깨달음의 나타남(顯現)이라는 것이다. 왜냐하면 수선자 각자에게는 이미 깨달음이 갖추어져 있기 때문에 그것을 좌선을 통해 자각하면 된다.

좌선하는 사람은 수행과 깨날음이 따로 없다. 본래 구족하고 있어 오염되지 않고 철저하게 청정하다. 바로 그렇게 청정하게 구족하고 있는 곳에서 눈을 감고 좌선을 하고 있으면 분명하게 비추고 완전히 해탈하며 밝음을 체득하여 안온함을 얻는다. 따라서 그 경지에서는 생사가 본래 뿌리가 없고, 출몰도 원래 흔적이 없어서 본지풍광(本地風光)이 정수리를 비춘다. 그것은 텅 비었으되 신령스럽고 본래 깨달음의 지혜가 연(緣)에 응하게 된다.

---

156) 『宏智錄』 위의 책, p 100中. "默默忘言, 昭昭現前. ……妙存默處, 功忘照中. ……默唯至言, 照爲普應." "照中失默, 便見侵凌. ……默中失照, 渾成剩法. 默照理圓, 蓮開夢覺."

비록 고요하나 비추어서 진리에 이르러서 중中과 변邊이 따로 없고, 전前과 후後가 없다. 이런 경지에 이르면 비로소 타성일편(打成一片 : 한 덩어리)이 되어 언제 어디에서도 장광설을 설하여 무진등無盡燈을 전하고, 대광명을 발하여 대불사를 짓는다. 이것은 본래 구족되어 털끝만치도 밖에서 빌려온 것이 아니다. 밝고 밝은 깨달음은 애초부터 자기 자신 속에 갖추어져 있기 때문이다.[157]

묵조선의 수증관修證觀[158]은 간화선의 그것과 사뭇 다르다. 수修의 의미는 이미 깨달음이 완성되어 있다는 의미로 사용되고 있기 때문에 이것을 본수本修 내지 묘수妙修라고 한다. 깨달음이 본래 갖추어져 있다(本覺)는 입장에서는 간화선과 동일하지만 간화선의 증證은 미완성 즉 가능태로써의 깨달음이지만 묵조선의 증證은 깨달음이 지금 여기에 이렇게 현성現成되어 있는 증證이다. 곧 활용태로써의 깨달음이 이미 현성되어 있는 깨달음이라는 의미에서 본증本證 혹은 현증現證이라 한다.

그래서 묵조선의 좌선은 앉아있는 그 자체가 바로 현성공안現成公案으로 간주되기 때문에 묵좌하여 본증을 자각하는 것이 요구된다. 그래서 말하기를 "수행과 증득이 없지는 않으나 다만 오염되

---

157) 『宏智錄』권6, 위의 책, p 74上. "渠非修證, 本來具足, 他不汚染, 徹底清淨. 正當具足清淨處, 着得箇眼, 照得徹脫得盡, 體得明踐得穩. 生死元無根蔕, 出沒元無朕迹, 本光照頂, 其虛而靈, 本智應緣. 雖寂而耀, 眞到無中邊絶前後. 始得成一片, 根根塵塵, 在在處處, 出長廣舌, 傳無盡燈, 放大光明, 作大佛事. 元不借他一毫外法, 的的是自家屋裏事."
158) 참조, 김호귀, 『묵조선연구』, (민족사), p 141.

지 않을 뿐이다."¹⁵⁹⁾라고 한다. 그러므로 "본래부터 깨달음에 닿아 있는 것이지 오늘 새롭게 있는 것은 아니다. 깨달음은 광대겁廣大劫 이전부터 있어서 역력하여 어둡지 않고 신령스레 홀로 드러나 있는 것이다. 비록 그렇다고는 하나 부득불 (수행을) 하지 않으면 안 된다."¹⁶⁰⁾고 설하고 있다.

묵조선법에서 본다면 묵묵히 앉아서 좌선할 때에 그것이 바로 투철한 깨달음의 드러남(顯現)이기 때문에 수행(修)과 깨달음(證)이 둘로 나뉘어 질 수 없다. 즉 좌선의 수행 속에 이미 깨달음의 지혜가 구족되어 있다(修證一如). 본래 갖추어져 있는 깨달음(本證)을 좌선을 통해 드러내기만 하면 되는 것이다.

그러므로 "깨달음의 경지는 새롭게 만들어지는 것이 아니라 본래 그러한 경지에 도달하는 것"이라고 말하고 있다. 즉 묵조선에서의 좌선은 좌선 그대로가 부처의 드러남이 되는 것이다. 좌선 그대로가 깨달음의 작용이므로 일시좌선一時坐禪은 일시불一時佛이고 일일좌선一日坐禪은 일일불一日佛이 되는 것이다. 즉 좌선즉불坐禪卽佛이요, 불즉좌선佛卽坐禪이다.¹⁶¹⁾ 그래서 묵조선에서는 간화선과 달리 "현성공안現成公案"이라는 말은 이미 이루어져 있는 진리 혹은 부처를 의미하는 것이다. 곧 이미 완전히 성취되어 있는 깨달

---

159) 『宏智錄』권9, 위의 책, p 119上. "修證不無, 汚染不得."
160) 『宏智錄』, 위의 책, p 74中. 元來到箇處, 不是今日新有底. 從舊家曠大劫前, 歷歷不昏, 靈靈獨耀. 雖然恁麽, 不得不爲."
161) 참조, 김호귀 『묵조선 연구』, (민족사), p 188.

음의 현성現成이 좌선이 되는 것이다. 좌선하여 부처가 되는 것이 아니라, 좌선하는 그대로가 부처인 것이다.

이러한 깨달음을 현전하고 있는 묵조행자의 경지를 정각은 "지유至游"라고 표현하고 있다.

"대저 도를 닦는 사람들의 지유至游란 텅 빈 공空의 세계에 거닐고, 미묘한 밝음(지혜)을 간직하며, 진실의 순수함을 마시며, 청정하고 결백한 곳에 머물며, 절벽에 한 발을 내밀고, 공겁이전空劫以前에 몸을 굴린다. 깨달음을 체득하여 잘 보존하며, 차별의 경계를 끊고, 자연히 출입함에 한계가 없고, 산울림과 같고 물에 비친 달과 같아서 일체 경계에 걸림이 없다. 주관과 경계가 하나 되어 나와 남의 대립이 없고, 옳고 그름(是非)이 없으며, 모나고 둥근 것이나 크고 작음의 차별이 없고, 역력하여 어긋남이 없다. 이와 같은 경지에 이른 사람은 비록 세간의 차별경계에 처하더라도 진실로 유희삼매遊戱三昧에 계합될 수 있다. 이것을 지유至游라고 한다."[162]

정각은 좌선을 통해 깨달음을 현전한 묵조선의 경지를 고요히 정적인 차원에만 머무는 것이 아니라, "깨달음의 경지에서 법계를 자유롭게 거니는 유희삼매遊戱三昧의 경지"라고 표현하고, 이러한 경지를 지유至游의 경지라고 말하고 있다. 이러한 지유의 경지가

---

162) 『宏智碌』권9, 「至游庵銘」, 위의 책, p 98下. "夫道人之至游矣, 履虛極守妙明, 飲眞醇住淸白, 斷崖放足, 空劫轉身. 一得妙存, 亡絶對待, 自然出應無方, 谷響水月, 塵塵無礙, 心心一如, 彼我相忘, 是非斯泯, 方圓大小, 歷歷不爽. 能如是也, 入諸世間, 眞契遊戱三昧, 斯可謂至游矣."

바로 묵조선이 설하고 있는 최고의 깨달음의 세계이다.

2) 묵조선의 핵심사상

위에서도 잠시 언급한 것처럼 정각은 묵조선의 수행과 체용體用학설을 결합하여 "사차四借"[163]로써 개도하여 학인들을 지도하였다. 이른 바 "사차四借"법은 첫째는 "차공명위借功明位"인데, 공功은 용用을 가리키고, 위位는 체体를 가리킨다. 이것은 현상계 만물의 작용을 투과함으로써 그 본체를 밝히는 것이다. 둘째는 "차위명공借位明功"인데, 만물의 본체로써 그 작용을 밝히는 것이다. 셋째는 "차차불차차借借不借借"로써, 만물의 본체와 작용을 함께 잊어 공적하여 한 물건도 없게 한다. 넷째는 "전초불차차全超不借借"로써 구경의 공마저 초월超越하여 일념도 일어나지 않는 지유至遊의 경지에 들어가게 한다. 이 사차법 또한 묵조선수행의 과정이라 할 수 있다.

그리고 또한 정각은 유심론唯心論과 반야공般若空의 사상적 기초 위에서 "심공心空"으로써 묵조선이 추구하는 목표로 삼았다. 그는 말하기를 "일체 제법은 모두 마음에서 일어난 망상연妄想緣의 그림자이다."[164]라고 하여, 일체 현상과 형상은 모두 마음의 산물이라고 주장하였다. 그에게 있어서 마음은 만법의 본체이며 해탈의 관건이다. 또한 말하기를 "그대는 오로지 놓아버려라. 마음의 본성에

---

163) 『宏智錄』권8, 위의 책, p 99中~下.
164) 『宏智錄』권5, 위의 책, p 60下. "一切諸法, 皆是心地上妄想緣影."

서 보면 일체가 다 공空하다. 일체가 모두 다하면(一切盡) 이것이 본래시절本來時節이다."[165]라고 하였다. 즉 "심공心空"이란 곧 마음의 본성이 공함으로 일체가 공한 것이요, 일체가 다한 것이며, 또한 본래시절이며, 중생과 우주의 본래면목인 것이다.

심공의 경계에 도달하기 위해서 정각은 아래의 몇 가지 점에 특별히 주목하였다.

(一) 공겁 이전의 일(空劫前事)을 참구한다.

『정각굉지선사탑명正覺宏智禪師塔銘』에 다음과 같은 기록이 있다. "선사는 연좌(宴坐 : 좌선)로써 도에 들었으며, 스승 자순子淳선사가 공겁이전空劫以前의 자기를 제시함에 확연히 깨달았다. 그 이후 사람을 가르칠 때 항상 공겁이전의 일을 물었다." 이른바 "공겁 이전의 일(空劫前事)"이란 조용히 앉아서 "어떤 것이 공겁 이전의 자기인가(如何是空劫以前自己)?"를 관조하는 것이다. 경전에서 설하기를 세계는 성주괴공成住壞空의 4단계의 과정으로 순환한다고 하였는데, 매 한 차례의 순환을 일대겁一大劫이라 부른다. 공겁空劫이란 오직 허공만이 존재하는 단계이며, 세계가 출현하기 이전 태초의 공적한 시기를 말한다. 이때에는 천지가 아직 분리되기 이전 혼돈의 시대여서 일체 차별이 없으니, "부모미생전父母未生前" 혹은 "본래면목本來面目"이라 한다. 정각은 공겁 이전의 소식을 관조할 것을 제창하여, 마음이 공함(心空)으로 해서 공겁 이전의 본래면목과

---

165) 위의 책, p 60中. "但只管放, 教心地下一切皆空, 一切皆盡, 箇是本來時節."

하나 되도록 했다.

(二) 이미離微를 철견徹見하게 한다.

정각은 "묵조의 도는 이미離微의 근본이다. 그러니 이미를 철견하게 되면 뛰어난 법기가 된다."[166]고 하였다. 이미에 대해서는 승조의 『보장론寶藏論·이미체정품離微体淨品』에서 다음과 같이 상세히 설명하고 있다.

> 눈과 귀가 공함(無眼無耳)이 이離이며, 보고 들음(有見有聞)이 미微이다. 아我가 없고 조작이 없음(無我無造)이 이이며, 지혜와 작용이 있음(有智有用)이 미이다. 마음과 의식이 없음(無心無意)이 이이며, 두루 통달함(有通有達)이 미이다. 또한 이라는 것은 열반이며, 미라는 것은 반야이다. 반야이므로 대용大用이 번성하고, 열반이므로 적멸무여寂滅無餘하다. 무여無餘인 까닭에 번뇌가 영원히 다하고, 대용大用인 까닭에 성인의 교화가 무궁하다.[167]

위에서 알 수 있듯이 이미離微는 법성의 체용体用을 가리킨다. 이離는 모든 상相을 떠나(離) 적멸무여한 것이며, 법성의 본체이다. 미微는 미묘하여 불가사의한 것이며, 법성현상에 존재하는 작용이다. 다시 말하면 묵조란 법성의 체용을 철저히 깨닫는 근본수단이므

---

166) 『宏智錄』권8, 위의 책, p 100中. "默照之道 離微之根; 徹見離微 金梭玉機."
167) 『大正藏』45권, p 147上. "又無眼無耳謂之離, 有見有聞謂之微. 無我無造謂之離, 有智有用謂之微. 無心無意謂之離, 有通有達謂之微. 又離者涅槃, 微者般若. 般若故繁興大用, 涅槃故寂滅無餘. 無餘故煩惱永盡, 大用故聖化無窮."

로 법성의 체용을 철견하게 되면 기용機用을 자재하게 된다. 정각은 묵조의 도를 따르므로 해서 우주와 인생의 일체현상과 존재의 본원을 깨달을 수 있으며, 또한 반야지혜의 미묘한 작용을 나타낼 수 있으며, 번뇌를 소멸하여 해탈을 얻을 수 있다고 생각했다.

(三) 대상에 집착하지 않고 비춘다(不對緣而照).

정각은 『좌선잠坐禪箴』에서 설하기를 "제불의 깨달음의 작용과 모든 조사의 궁극의 깨달음은 현상에 끄달리지 않고 진상眞相을 알며, 대상에 집착하지 않고 비춘다. 현상에 끄달리지 않고 진상을 아는 그 앎은 스스로 미묘하다. 대상에 집착하지 않고 비추는 그 비춤은 스스로 미묘하다."168)라고 하였다.

제불과 제조사가 말하는 선수행의 요체는 "현상에 끄달리지 않고 진상을 알며, 대상에 집착하지 않고 비추는 것"이니, 이는 반드시 미微를 알고 묘妙를 비추는 것이다. "대상에 집착하지 않고 비춘다."는 것에 대해 정각은 다음과 같이 해설하고 있다. "진실한 수행은 오직 조용히 앉아 묵묵히 참구하여 불행佛行을 깊이 다지는 것이다. 밖으로는 갖가지 인연에 초연하여 그 마음이 텅 빈 허공과 같게 되면 모든 것을 수용할 수 있고, 그 비춤(깨달음)이 묘하게 되면 어디에나 통할 수 있다. 안으로는 반연에 흔들림 없는 마음이 확연하게 드러나 어둠이 없고, 신령스레 대립을 떠나 있어

---

168) 『宏智錄』권8, 위의 책, p 98上~中. "佛佛要機 祖祖機要 不觸事而知 不對緣而照 不觸事而知 其知自微 不對緣而照 其照自妙.

스스로 얻게 된다."[169]

앞에서 이미 살펴본 바에 의하면, 굉지정각의 묵조선의 연원이 보리달마의 "벽관안심법문壁觀安心法門"과 신수神秀의 "관심간정觀心看淨"의 사상에 닿아 있었다. 이는 어떤 의미에서 달마선과 북종선법의 충실한 전승관계에 있다고 말할 수 있다. 그러나 정각의 입장에서 보면 관조의 대상과 그 내용면에 있어서 묵조선과 신수의 선법 사이에는 매우 큰 강이 놓여있는 것 또한 사실이다. 정각은 일찍이 신수의 선법에 대해 비판하기를 "보리는 나무가 아니고 명경은 대臺가 아니다, 텅 비어 깨끗한 광명에는 때가 묻을 수 없다. 비추는 곳에(깨달음이 성성함)는 눈雪 가운데 쌀가루(粉)가 쉽게 구분되고, 전도되었을 때(진리에 昧함)에 그을음(墨) 속에서 그을음(煤)을 구분하기 어렵다."[170]고 하였다. 이것은 『단경』에 나오는 신수의 "몸은 보리수요(身是菩提樹) 마음은 명경대와 같다(心如明鏡臺)."는 게송을 두고 평한 말인데, 마치 먹물과 석탄처럼 구분하기 어려우니 깨달음에 철저하지 못하다는 말이다.

굉지정각이 생각할 때 중생의 본심은 텅 비어 깨끗해서 그 광명이 객진번뇌에 오염될 수 없으며, 신수가 주장하는 관심간정觀心看淨은 티끌을 털고 닦아서 스스로 번뇌를 찾는 격이 되는 것이다.

---

169) 『宏智錄』권6, 위의 책, p 73下. "眞實住處, 唯靜坐默究, 深有所詣. 外不被因緣流轉, 其心虛則容, 其照妙則準, 內無攀緣之思, 廓然獨存而不昏, 靈然絶待而自得."
170) 『宏智錄』권4, 위의 책, p 37中. "菩提本無樹鏡非臺, 虛淨光明不受埃. 照處易分雪裏粉, 轉時難辨墨中煤."

그의 입장에서 보면 결코 몸이니 마음이니 하는 특정하게 비추어 관(照觀)할 대상이 없다. 관조할 때 응당히 "비추는 것과 비추는 자(照與照者)가 동시에 소멸되어 적멸 가운데서 능히 적멸자가 자기 자신임을 깨닫는다. 만약 이렇게 되면 철저하게 벗어나서 지수화풍地水火風과 오온십팔계五蘊十八界가 자취도 없이 사라진다."[171] 일체의 관조대상을 소제할 뿐만 아니라 관조자 자신마저도 적멸하게 된다. 이러한 방면에서 이해하게 되면 묵조선 또한 석두희천石頭希遷 이래의 조동선曹洞禪의 종지를 계승하고 있으며, 아울러 신심身心이 철저히 공적空寂의 극치에 이른 법문이라고 할 수 있다.

(3) 묵조사선(默照邪禪)에 대한 비판

1) 묵조사선

지금까지 살펴 본 바에 의하면 묵조선의 선법은 철저히 조사선의 가풍을 계승하고 있으며, 어떤 의미에서는 남종선南宗禪의 정통이라 할 수도 있다. 그러나 아무리 훌륭한 선법이라 하더라도 항상 그 가장자리에서는 모순이 생기기 마련이다. 묵조선도 이러한 선수행의 내용을 철저히 견지하지 못하고 형식적, 교조적으로 흐

---

171) 『宏智錄』권5, 위의 책, p 70下. "照與照者, 二俱寂滅, 於寂滅中, 能證寂滅者, 是爾自己. 若恁麼桶底子脫去, 地水火風, 五蘊十八界, 掃盡無餘."

르는 경향이 나타나게 되었다. 즉 교조적으로 전통과 방편에만 얽매이고, 형식적으로 오래 앉아있음만을 답습하고 깨달음을 구하지 않으면서 묵조선을 표방하고 있었다.

대혜선사는 이러한 무리들을 향해 "묵조사선默照邪禪"이라는 비판을 가하게 된다. 이러한 비판은 비판을 위한 비판이 아니라, "공안참구"를 통해 깨달음을 추구하게 하는 간화선이라는 대안을 제시하고 있는 것이다. 즉 묵조사선이 깨달음의 추구 없이 그냥 묵묵히 좌선하는 것으로 선을 삼고 있는데 대한 반항으로써 "깨달음으로 법칙을 삼는(以悟爲則)" 간화정종看話正宗을 제시한 것이다.

그가 묵조선을 비판함에 있어서 그 대상은 굉지정각의 선법이 아니라, 그의 사형 진헐청료眞歇淸了를 중심으로 한 묵조사선의 선법이라고 할 수 있다. 이것은 『주자어류朱子語類』에 "옛날 진헐청료는 오로지 사람들에게 좌선수행만 하도록 주장했다. 대혜종고는 이것이 잘못된 것이라고 수장하면서 『징사론正邪論』을 지어 배처했다."라고 기록하고 있기 때문이다.

사실 대혜와 정각은 비록 주장하는 선사상이 상이하고 그들을 둘러싼 사대부 거사들의 정치적 성향에 의해 당시 금나라와의 전쟁에서 주전파와 주화파로 대립하고 있긴 하였지만 둘 사이는 매우 우호적이고 선사상적으로도 서로를 인정하고 있음을 볼 수 있다. 대혜가 귀양에서 풀려나 정각의 천거로 아육왕사阿育王寺에 주지하고 또한 서로 맹서하기를 둘 중에 먼저 원적에 들면 남은 사람이 후사를 맡아주기로 했다. 정각이 먼저 세상을 떠나자 대혜가 다비를 주관하고 천도법어를 자신이 직접 설했으며, 비문을 쓰고 있는 데서도 이를 증명할 수 있다.

대혜는 천도법어에서 "법의 당간(法幢)이 부러지고, 법의 감화(法染)가 끊어지고, 법의 강(法河)이 마르니, 법의 안목(法眼)이 가라앉는다."고 애도하고 있다. 대혜의 여러 전적에서도 정각에 대한 비판적 언사는 찾아볼 수 없고 대부분이 진헐에 대한 비판이 주를 이루고 있다고 하겠다. 이는 아마도 대혜가 이전에 설봉산雪峰山에서 진헐의 청을 받아 보설普說을 할 정도로 그의 선법을 잘 이해하고 있었기에 가능했을 것이다. 『대혜서』「답증시랑答曾侍郎」에도 『주자어류』와 비슷한 비판이 전개되고 있다.

> 요즈음 제방에서 공부를 잘 모르는 무리들이 다만 방편에 끄달려서 이를 버리지 못하고 실다운 법인 양 다른 사람에게 제시한다. 이로 인해 다른 사람들의 안목을 어둡게 하는 일이 적지 않다. 그러므로 내가 『변정사설辨正邪說』을 지어서 구제하고자 한다.[172]

대혜는 진헐에게 지도를 받은 많은 승속제자들이 선양하고 있는 묵조선풍을 향해 신랄한 공격을 가하고 있다. 당시 진헐의 문하에서 공부한 제자들의 묵조선풍이 다름 아닌 앉아 있음과 무사안일

---

172) 『大慧語錄』25권, 『大正藏』47권, p 919上. "今諸方漆桶輩, 只爲守方便而不捨, 以實法指示人. 以故瞎人眼不少, 所以山野作辯邪正說以救之."

을 선으로 착각하여 '쉬고(休去) 쉬어라(歇去).'고 가르치는 것이었다. 그래서 대혜선사가 말하기를 "요즘 이런 외도가 있다. 즉 자기 안목도 밝지 않으면서 사람들을 죽은 갈단(獨狙 : 이리 같이 생긴 힘센 괴물)처럼 쉬고 쉬어라고 가르친다. 그러나 이런 식으로 쉰다(休歇)면 천불이 세상에 다시 나오더라도 제대로 쉬지 못하고 도리어 마음은 더욱 번민에 쌓일 뿐이다."[173]라고 하였다. 이것은 다름 아닌 진헐이 지도하는 선법을 향해 비판한 말이다.

> 혹자는 말하지 않고(無言) 설하지 않고(無說) 양구良久하고 묵연默然함을 가지고 공겁이전의 일(空劫以前事)이라고 하여 사람들로 하여금 쉬고(休) 쉬어라(歇)고 가르치고 있다. 이와 같은 진헐의 가르침은 토목와석土木瓦石과 다를 바가 없다.[174]

이러한 진헐의 선법을 수행하는 선자들을 향해 대혜는 "흑산의 귀신굴 속에서 조사들의 언구를 멋대로 인용하여 증거하기를 항상 분명하게 알아(了了常知) 언어가 미치지 못하는 경지라고 말한다. 또 쉬기를 마치 토목와석과 같이 할 때 어둡고(冥然) 무지無知하지 않아서 바로 행주좌와에 또렷하고 역력하여(惺惺歷歷) 항상 그대

---

173) 『參禪警語』, (藏經閣), p 84. "今時有一種外道, 自眼不明, 只管教人死獼狙地休去歇去. 若如此休歇, 到千佛出世, 也休歇不得, 轉使心頭迷悶耳."
174) 『大慧語錄』권14, 『大正藏』47권, p 867. '或者以無言無說良久默然, 爲空劫已前事, 教人休去歇去, 歇教如土木瓦石相似."

로 놓아버리니 다만 이렇게 수행하여 오래가면 스스로 본심에 계합한다."고 하니 두려운 일이라고 비판하고 있다. 그리고 또 "오늘날 제방에는 한 무리의 묵조사 선배들이 있어서 사대부들이 진로塵勞에 장애障碍가 되어 잠시도 마음에 안녕을 얻지 못함을 보고서 조용히 가르치기를 마음을 식은 재와 마른 나무처럼 하라고 말한다."고 비판하였다.

이 모두가 진헐을 중심으로 한 납자와 사대부들이 행하고 있는 다만 쉬는 것이 공겁 이전의 일(空劫已前事)이라고 가르치는 진헐계의 묵조선풍을 향한 비판이다. 그러면 과연 진헐이 주장하는 묵조선법이 대혜가 비판하는 것과 같이 삿된 선풍이라고 말할 수 있는가. 그것은 꼭 그렇지만은 않은 것 같다. 왜냐하면 굉지가 찬한 진헐의 「탑명塔銘」과 그의 어록인 『겁외록劫外錄』에 실린 선풍을 살펴보면 조사선과 조동선의 진면목이 확연히 드러나 있다고 할 수 있다.

중교거사中橋居士 오민吳敏이 쓴 『겁외록』, 「서문」에 다음과 같이 찬양하고 있다. "진헐은 무소득無所得으로써 법을 얻어 설한 바 없이 법을 설했으며, 마치 구름이 흘러가고 물은 고여 있듯이 자연스러웠다. 그 문하에는 항상 법을 묻는 자가 천 칠백이나 되었는데 그들은 모두 듣는 바 없이 법을 들었다. 그의 감로법문을 들은 이는 마치 병상에 누워 있던 사람이 벌떡 일어나는 것과 같았으며, 천둥과 비가 산천초목을 길러내는 것과 같았으나 흔적을 남기지 않았다. 그 소식은 나무닭이 서리를 맞아 홰를 치고, 돌호랑이가 구름을 보고 울부짖으며, 새가 노래하나 산은 조용하고, 매미가 노래하나 숲이 고요한 것과 같다. 그러니 담장 너머에 뿔을 보고 소를 알고, 말 울음소리를 듣고 말인 줄 알아차리는 격이다."
물론 「서문」이라는 글의 성격을 감안하더라도 그 내용은 매우 진솔하고 파격적이라 할 수 있다.

「탑명」에도 또한 "깨달음을 법칙으로 삼기에(以悟爲則), 오직 증득으로만 상응할 수 있다(惟證相應)."고 찬탄하고, "용과 코끼리를 짓밟고(蹴踏龍象), 곤이와 대붕을 조화시키니(變化鯤鵬), 눈 속의 혜가요(雪庭之可), 방아 찧는 혜능이다(舂屋之能)."라고 찬탄하고 있다.

설사 진헐이 진작한 선풍이 이와 같이 고명하고 심오하다 하더라도 그를 둘러싼 문하제자들 가운데 이를 올바로 선양하지 못하고 삿된 수행으로 나아가는 무리들이 있기 마련이다. 대혜의 묵조선 비판은 바로 이러한 묵조사선의 무리(默照邪師輩)들을 향해 질타하고 있다고 보아야 할 것이다.

2) 묵조사선 비판

그러면 다음에 대혜가 묵조선을 향해 "근래에 총림에는 삿된 법이 횡행하여 중생들의 눈을 멀게 하는 자들이 부지기수이다. 만약 고인의 공안을 들어 깨달음을 제시하지 않는다면 이는 바로 맹인이 손에 잡은 지팡이를 놓아버림과 같아서 한 걸음도 앞으로 나아가지 못할 것이다. ……흑산의 귀신굴 속에 앉아 있으면서 고요하게 항상 비춘다고 하고, 또한 대열반大涅槃을 성취한 것이라 하고, 또한 부모로부터 태어나기 이전의 일이라 하고, 또한 공겁 이전의 일이라 하고, 또한 위음나반의 소식이라 한다. 앉고 앉아서 엉덩이에 못이 박히도록 앉게 해서 아무도 감히 움직이지 못하게 한다."[175]라고 총체적으로 신랄하게 비판하고 있는 이유와 내용을 몇 가지 살펴보기로 하자.

첫째, 수행방법과 내용의 문제이다.

대혜스님은 비판하여 말하기를, "이 마음은 실체實體가 없거늘 어떻게 억지로 거두어서 머물 것이고, 이 마음을 거두어서 어느 곳에 두려고 하는가?"[176]라고 하였다. 묵조선의 공부방법은 사람들에게 단정히 앉아 마음을 맑게 하고(淸心), 정신을 고요하게 하며(潛神), 안으로 살피게 하고(內觀), 묵묵히 노닐게 하며(默游), 점차로 비워 상相을 잊게 하여(廓漸忘相), 밝고 명확하게 하라고 가르친다. 그러나 대혜의 관점에서 볼 때 이것은 큰 모순이다.

이렇게 수행하는 것은 마음으로써 마음을 거두는 것이고, 마음으로써 마음을 응시하게 하는 것이다. 본래는 적묵寂默하라고 가르치면서 지금 또한 마음을 일으키고 생각을 움직여 마음을 거둬들이게 하니 그렇게 하면 할수록 복잡해지니, 어찌 스스로 어지럽지 않겠는가. 다시 말하면 마음은 본래 형상이 없어서 하나의 실체를

---

175) 『大慧語錄』권19, 『大正藏』47권, p 892上. "近世叢林, 邪法橫生, 瞎衆生眼者, 不可勝數. 若不以古人公案擧覺提撕, 便如盲人放却手中杖子, 一步也行不得. ……坐在黑山下鬼窟裏, 喚作默而常照, 又喚作如大死底人, 喚作父母未生前時事, 又喚作空劫已前事, 又喚作威音那畔消息. 坐來坐去, 坐得骨臀生胝, 都不敢轉動."
176) 『大慧語錄』권26, 『大正藏』47권, p 924. "此心無有實體, 如何硬收攝得住, 擬收攝向什麼處安着?"

거두고 모을 수 없는 것이기에, 능히 거둬들일 수 있는 것이 아니다. 설사 거둬들인다고 하더라도 그 마음 또한 어디에 편안히 놓을 수 있겠는가. 진실로 거듭 이와 같이 한다면 무無 가운데 유有를 만드는 황당한 일이 되는 것이다. 사실 이것은 일찍이 혜능과 신회가 북종선의 "주심간정住心看淨"의 선법을 향해 비판을 가했던 것과 유사한 것이다.

남종선이 북종선을 비판하는 가장 핵심이 바로 마음으로써 마음을 보려고 하고, 깨끗함으로써 깨끗함을 구하는 선법이었다. 이러한 관점에서 또한 신회는 북종의 선법을 "마음을 모아 정定에 들고(凝心入定), 마음을 머물러 깨끗함을 보고(住心看淨), 마음을 일으켜 밖으로 비추고(起心外照), 마음을 거두어 안으로 깨닫는 것(攝心內證)"이라고 규정했다. 이는 모두 실다운 수행법이 아니라고 비판하고 있다.

둘째, 앉음(坐)의 형태에 관한 비판이다. 즉 앉아 있을 때에 앉아 있는 상相에 집착하여 그것을 궁극으로 간주하는 것에 대한 비판이다.

> 옛날에 바수반두는 항상 한 끼만 먹고 자리에 눕지 않았으며, 하루 여섯 때 부처님께 예배하고 욕심 없이 청정하여 대중들의 귀의처가 되었다. 이십조 사야다께서 그를 제도하고자 그의 문도에게 물었다.
> "두루 고행하며 범행을 닦는 것으로 불도를 얻을 수 있겠는

가?"

그 문도가 말하기를,

"우리 스승의 정진이 이와 같은데 어찌 이루지 못하겠습니까?"

그러자 사야다께서

"너의 스승은 도와 거리가 멀다. 설사 고행을 오래 했더라도 그것은 모두 허망의 근본이다."라고 말씀하시니, 그 문도는 분을 이기지 못하여 모두 얼굴을 붉히면서 큰소리로 사야다에게 말했다.

"존자는 무슨 덕행을 쌓았기에 우리 스승을 나무라느냐."고 따졌다. 사야다께서

"나는 도를 구하지는 않지만 전도顚倒되지도 않았다. 부처님께 예배하지는 않지만 가볍게 낮추어 보지도 않는다. 나는 장좌長坐하지도 않지만 게으르지도 않다. 나는 일종식一種食을 하지는 않지만 때 아닌 때 먹지도 않는다. 나는 만족을 알지는 못하나 또한 탐욕스럽지도 않다. 마음에 바라는 바가 없는 이것을 이름하여 도라고 한다."고 말했다.

바수반두가 이 소리를 듣고 바로 번뇌가 없는 무루無漏의 지혜가 생겼다. 이른 바 먼저 선정으로 번뇌를 움직이고 뒤에 지혜로써 망념을 뽑았던 것이다. 생각이 꽉 막힌 엉터리 장로들은 고요히 앉아 부처가 되기를 기다리라고 가르치니, 이것이 어찌 허망의 본보기가 아니겠는가? 또 '고요한 곳은 잃을 것이 없고 시끄러운 곳은 잃을 것이 있다.' 고 하니, 이것이 어찌 세간의 모습을 무너뜨려서 실상實相을 구하는 꼴이 아니란 말인가?[177]

위의 예문은 선종의 20대 조사 사야다존자가 바수반두존자의 근기가 뛰어남을 보고 그를 교화하고자 몇 가지 수행상의 오류를 지적하고 있는 것이다. 수행이란 노력하고 정진하는 것이지만, 만약 정진 또한 너무 형식적인 좌선의 모양(坐禪相)에 집착하게 되면 일종의 변견(邊見 : 양변에 치우친 견해)에 떨어지게 된다. 수행의 방법은 마음을 조화하는 것을 귀하게 여기는 것이지, 그 겉모양을 중히 여기는 것이 아니다.

그런데 밖을 향해 무슨 육시예불(六時禮佛)을 한다든가, 참회정진을 한다든가, 공덕을 쌓는다든가, 매일 일종식을 한다든가, 장좌불와(長坐不臥)를 하는 등의 형식적인 틀에 매여 버린다면 몸에 피로만 누적되어 체력이 고갈되고 만다. 기실 깨닫고 못 깨닫고의 관건은 마음에 있는 것이지 외형적으로 기계화된 노동에 있는 것은 아니기 때문에 철저한 두타고행(頭陀苦行)으로 극기하며, 소극적으로 악업을 짓지 않는 것으로는 지혜가 발현되지 않는다.

예전에 남악에서 마조가 회양대사를 만나 공부할 적에 전법원(傳法院)에서 매일 좌선을 하고 있었다. "대덕은 좌선을 해서 무엇을 하려 하는가?" "부처가 되려고 합니다." 대사는 바로 나가서 벽돌 하나를 가지고 와서 절 앞의 바위 위에다 놓고 갈고 있었다. 마조가 이를 보고 물었다. "스님, 지금 무얼 하시는 겁니까?" "거울을 만들려 한다. 벽돌을 간다고 어찌 거울이 되겠습니까?" "좌선을

---

177) 『大慧語錄』권27, 『大正藏』47권, p 926.

한들 어찌 부처를 이루겠는가. 그러면 어찌하여야 하겠습니까?"
"사람이 수레를 몰고 가는데 수레가 가지 않으면 수레를 쳐야 하겠는가. 수레를 끄는 소를 때려야 하겠는가?"

마조가 대답이 없으니 대사가 거듭 말했다. "그대는 좌선을 배우는가, 앉은 부처(坐佛)를 배우는가. 만일 좌선을 배운다면 좌선은 앉는데 있는 것이 아니고, 만일 앉은 부처를 배운다면 부처는 일정한 모양이 아니다. 머무를 곳이 없는 법에 대하여 취하고 버리려는 생각을 내지 말라. 그대가 만일 앉은 부처가 된다면 부처를 죽이는 일이요, 앉는 모습(좌선)에 집착한다면 그 이치를 통달하지 못한다."[178]고 말했다.

이것은 관념상에 빠진 부처를 구하고 좌선의 겉모양(坐禪相)에 치우친 그릇된 수행을 경계하는 것이다. 이러한 수행은 심지어 아집의 견해를 더욱 증장시키는 것으로 자신의 업을 삼는 것이기에 유위법有爲法 가운데 전전하게 되어 오묘한 무위無爲의 경계를 체득하지 못한다. 당시 조동종의 일부 삿된 무리들이 이러한 잘못을 범하였기에 변견에 떨어지고 편견에 빠져서, 오직 정묵(靜默 : 고요함) 가운데서 하나의 과실도 없다하고, 시끄러운 가운데 반드시 과

---

178) 『傳燈錄』권제5, 「南岳懷讓禪師」, "開元中有沙門道一(卽馬祖大師也), 住傳法院常日坐禪, 師知是法器, 往問曰, 大德坐禪圖什麽? 一曰, 圖作佛. 師乃取一磚, 於彼庵前石上磨. 一曰, 師作什麽? 師曰, 磨作鏡. 一曰, 磨磚豈得成鏡耶? 坐禪豈得成佛耶? 一曰, 如何卽是? 師曰, 汝牛駕車不行, 打車卽是, 打牛卽是? 一無對. 師又曰, 汝學坐禪, 爲學坐佛. 若學坐禪, 禪非坐臥. 若學坐佛, 佛非定相, 於無住法不應取捨. 汝若坐佛, 卽是殺佛. 若執坐相, 非達其理."

실이 있다고 한다면 어디 한번 물어보자. 고요함을 구하는 이 한 생각一念은 과실이 없다 하겠는가? 무릇 구하는 바가 있으면 취하고 버림이 있게 되니 이는 결코 절대의 정묵이 아니니, 크게 모순되는 것이다.

그래서 혜능은 『단경』에서 "만약에 고요함을 수행한다면 이는 무정無情의 고요함과 같은 것이다. 진정한 고요함이란 움직임 가운데 고요함을 보아야 한다."[179]고 설하고 있는 것이다. 오늘날 선자가 시끄러움을 피해 고요함만을 구하는 수행을 하고 있다면 이는 분명 묵조사선의 무리들과 조금도 다를 바가 없다고 하겠다.

그리고 사람은 이미 세간에 생존하고 있기 때문에 세속을 버리고 세간을 여의고 따로 실상을 취할 수 없다. 실상은 어디에 있는가? 실상이란 본래 하나의 실체實體가 아니어서 세간의 연기적 진실상태(究竟空)를 말하는 것인데 어찌 세간을 떠나서 따로 출세간의 실상이 있을 수 있겠는가? 이러한 세간상世間相을 허물고 실상을 구하는 방법은 근본적으로 본말이 전도된 것이며 또한 잘못된 관념이다. 좌상坐相과 선상禪相에 집착하지 않는 좌선을 혜능은 "밖으로 일체 경계에서 생각(망념)을 일으키지 않음이(念不起) 좌坐요, 본성이 어지럽지 않음을 보는 것이 선禪"이라고 규정한 바 있다. 그리고 또한 "도는 마음을 깨닫는데 있는 것이지(道由心悟) 어찌

---

179) 돈황본 『壇經』, "若修不動行, 同無情不動. 若見眞不動, 動上有不動, 不動是不動, 無情無佛種."

앉음에 있겠는가(豈在坐也)?"라고 훈계하고 있는 것이다.

조사선이 주창하고 있는 불이중도행不二中道行의 관점에서 보더라도 번뇌를 떠나서 보리를 구하고, 생사를 떠나서 열반을 구하고, 세간을 여의고 출세간을 구하는 것은 분명 잘못된 수행인 것이다. 즉 번뇌, 생사, 세간의 영역을 떠나서 보리, 열반, 출세간의 영역이 존재하는 것이 아니라, 번뇌가 본래 공空함으로 번뇌가 그대로 보리요(煩惱卽菩提), 생사가 본래 공함으로 생사가 그대로 열반인 것이며(生死卽涅槃), 세간상이 본래 공함으로 세간 그대로가 출세간(世間卽出世間)인 것이다.

그러므로 진공眞空의 본체를 깨우쳐서 진공의 철저히 빈 그 자리에다가 묘유妙有의 작용을 건립하는 것이 아니라, 일체 현상(作用)이 공한 모습(相)이 그대로 진공의 본래 모습(本體)인 것이다. 즉 진공이 곧 묘유요(眞空卽妙有), 묘유가 그대로 진공이다(妙有卽眞空). 색이 곧 공이요(色卽是空), 공이 그대로 색이다(空卽是色). 그러므로 보살은 한 법도 움직임 없이 육도만행을 구족하는 것이요, 부처님은 도솔궁에서 한 발짝도 움직이지 않고 이미 일체중생을 다 제도한 것이라고 말하는 것이다.

셋째, 깨달음에 대한 착각과 무시에 대한 비판이다. 묵조선은 깨달음을 목표로 하지 않고 오히려 묵조로써 극칙을 삼는다. 이것은 다만 선관禪觀, 선정禪定에 힘쓸 뿐 결코 깨달음을 얻을 수 없기 때문에 올바른 참선이라 할 수 없다.

근세 총림에 일종의 사선邪禪이 유행하고 있는데 그들은 병을 집착하여 약으로 삼고 있다. 그들은 스스로 깨달은 적이 없으면서도 깨달아 얻은 바 있다 하고 깨달음을 납자를 접인하는 말로 사용하고, 또한 깨달음을 이차적인 것으로 전락시키고, 깨달음을 지엽말단의 일로 삼고 있다. 그들은 깨달음의 견처가 없으면서도 다른 사람의 깨달음을 믿지도 않는다. 그들은 오직 일미一昧의 공적과 무지에 빠져 위음나반 이전의 소식이니 혹은 공겁이전의 일이라 말하고 있다.

매일 두 끼 밥을 배불리 먹고 만사를 제쳐두고 오직 낮이나 밤이나 좌선에 빠져 있는 것을 이름하여 '쉬고 쉬는 것'이라 한다. 언어문자를 언급하면 그것을 '현재의 시간에 떨어졌다.' 하고 혹은 '어린 아이들의 일'이라 칭한다. 이것은 자신들의 묵좌默坐와는 아무 상관없는 일이라 하고, 검은 산 밑의 귀신굴 속에 앉아있는 것을 최고의 경계라 여기고 있다. 이것을 비유하자면 할아버지가 한 번도 문밖에 나가보지 않고 오직 집안에민 미물러 개를 막은 바보처럼 자신의 우매로써 남을 우매하다 비평하고 있는 것과 같다.[180]

---

180) 『大慧語錄』권21. 『大正藏』47권, p 901下. "近世叢林有一種邪禪, 執病爲藥. 自不曾有證悟處, 而以悟爲建立, 以悟爲接引之詞, 以悟爲落第二頭, 以悟爲枝葉邊事. 自己旣不曾有證悟之處, 亦不信他人有證悟者. 一味以空寂頑然無知, 喚作威音那畔空劫已前事. 逐日瞠却兩頓飯事, 事不理會, 一向嘴盧都地打坐, 謂之休去歇去. 纔涉語言便喚作落今時, 亦謂之兒孫邊事. 將這黑山下鬼窟裏底爲極則. 亦謂之祖父從來不出門, 以己之愚返愚他人."

지금 묵조의 삿된 무리들이 다만 말이 없는 것(無言無說)으로써 궁극의 법칙을 삼아 위음나반의 일(本覺의 경지)이라 하고, 또한 공겁 이전의 일(세계가 이룩되기 이전의 모습)이라 한다. 깨달음의 법문을 전혀 믿지 않기에 수행해서 깨닫는다는 것을 거짓이라고 본다. 깨달음을 제일로 여기지 않고 깨달음을 방편의 말로 여기며, 깨달음을 사람들을 맞이하여 가르치는 말로 이해한다. 이러한 무리들은 다른 사람을 속이고 자신도 속여서, 다른 사람들을 그르치고 자신도 그르치는 것인 줄 알지 않으면 안 된다.[181]

묵조사선의 오류는 이른바 깨달음을 단지 하나의 방편의 말로 인식하여 중요하게 여기지 않는 것이다. 오직 고요히 앉아있는 것이 근본이고 깨달음은 지엽이며 적정진공寂靜眞空이 최고의 경지라고 말한다. 다만 묵묵히 좌선하는 것만이 공겁 이전의 일(세계가 생기기 이전의 태초의 소식 : 본각)이라 주장하고, 위음왕불의 경지라고 선전한다.

이와 같이 깨달음을 추구하지 않고 지혜를 발현하지 않는 방법은 비단 자신을 어리석게 할 뿐만 아니라 다른 사람도 우매하게 만든다. 선이 지혜로써 깨달음을 지향하지 않는다면 더 이상 선이 아니다. 오로지 고요히 앉아있는 것으로 선을 삼는다면 고요히 앉

---

[181] 『大慧語錄』 권28. 『大正藏』 47권, p 933. "今默照邪師輩, 只以無言無說爲極則, 喚作威音那畔事, 亦喚作空劫已前事. 不信有悟門, 以悟爲誑, 以悟爲第二頭, 以悟爲方便語, 以悟爲接人之辭. 如此之徒, 謾人自謾, 誤人自誤."

아 있음과 심성은 아무런 상관이 없다. 앉아있음으로 선을 삼는다면 의자와 바위 등이 먼저 성불하는 꼴이 되니 사람과 목석이 무슨 다름이 있겠는가. 육조혜능 이래의 조사선은 지혜의 계발에 중점을 두고 명심견성明心見性을 내용으로 하여 깨달음으로 목표를 삼고 있는데 지혜의 깨달음을 방기한다면 어찌 조사선이라 할 수 있겠는가.

넷째, 정망(淨妄 : 깨끗함의 허망)에 집착하여 중도정행中道正行을 닦지 않음에 대해 비판한다. 하나의 관념을 고집하면 이것이 바로 법집法執이다. 수행의 요지는 아집과 법집을 제거하는 것이다. 현재 아집과 법집을 제거하지 못했을 뿐만 아니라 오히려 다시 묵조에 대한 집착을 하나 더 보탠다면 이것은 참으로 병病 위에 병病을 하나 더 보태는 격이다.

대혜선사가 말하기를 "절대로 무언무설처無言無說處에 떨어지면 안 된다. 이 병을 제거하지 못하면 마음과 의식이 편안치 못한 때와 다름이 없다. 그래서 부처님이 말씀하기를 '중생이 말한바 일체 위의威儀의 허망한 일을 취하지 않는다. 비록 언어의 가르침에 의지하지 않고, 또한 무언의 설법에도 집착하지 않는다.' 만약에 무언의 설법에 머무르게 되면 묵조사선의 미혹에 갇히게 된다."[182]

물론 언어문자는 유위법이기 때문에 거짓되어 실다움이 없다.

---

182) 『大慧語錄』권21, 『大正藏』47권, p 898上. "切忌墮在無言無說處. 此病不除, 與心意識未寧時無異. 所以黃面老子云, 不取衆生所言說, 一切有爲虛妄事, 雖復不依言語道, 亦復不着無言說, 纔住在無言說處, 則被默照邪禪幻惑矣."

그러나 언어문자에 집착하지 않으려고 지나치게 언어의 공능을 부정하는 태도 역시 또 하나의 집착을 긍정하는 것이 된다. 오직 하나에 집착하면 유위법에 떨어지게 된다. 육조혜능도 이러한 문제에 봉착하게 되었다. 혜능이 말하기를 "이 법문 가운데 좌선은 원래 마음을 보지도 않고 깨끗함을 보지도 않으며, 또한 움직이지 않는 것도 아니다. 만약 마음을 본다고 말한다면, 마음이란 원래 허망한 것이니 마음이 허깨비 같은 줄 알므로 볼 것이 없는 것이다.

만약 깨끗함을 본다고 말한다면 사람의 성품이 본래 깨끗한 것인데, 망념으로 말미암아 참되고 한결같음(眞如)을 덮은 것이니, 다만 망상만 없으면 참성품이 스스로 깨끗하다. 그러므로 생각을 일으켜 깨끗함을 보면 도리어 깨끗하다는 망상(淨妄)을 내게 된다. 망념은 있는 곳이 없고 보는 자가 이 망념이며, 깨끗함이란 모습이 없는 것인데 도리어 깨끗한 모습을 세워 이것을 공부라 하니, 이러한 견해를 짓는 자는 스스로의 본성품을 막아 깨끗함에 얽매이게 된다."[183]고 하였다. 신회 역시 혜능과 마찬가지로 당시 북종선의 주심간정住心看淨의 선법에 대해 아래와 같이 비판을 하고 있다.

---

183) 『六祖法寶壇經』, 「坐禪品」, "此門坐禪, 元不看心, 亦不看淨, 亦不是不動. 若言看心, 心原是妄, 知心如幻, 故無所看也. 若言看淨, 人性本淨, 由妄念故, 蓋覆眞如, 但無妄想, 性自淸淨, 起心看淨, 却生淨妄. 妄無處所, 看者是妄, 淨無形相, 却立淨相, 言是工夫, 作此見者, 障自本性, 却被淨縛."

어찌 마음을 보지 않습니까? 보는 것은 망념이다. 망념이 없으면 곧 봄이 없다. 어찌 깨끗함을 보지 않습니까? 더러움이 없으면 곧 깨끗함도 없으며 깨끗함 또한 상相이므로 보지 않는다. 어찌 마음을 머무르지 않습니까? 마음을 머무르는 것은 곧 거짓 시설이므로 머무르지 않는다.[184]

이른바 깨끗함의 허망(淨妄)에 갇혀 중도정행中道正行의 보현행원이 없이 고요히 앉아 깨끗함을 보는 것으로 좌선을 삼은 예는 송대宋代에 처음 있는 일이 아니라, 일찍이 당대唐代에 이미 이러한 현상이 보편화 되어 있었다. 이 마음은 본래 깨끗함과 깨끗하지 않음에 상관 없어서 한 생각이 생각을 일으켜 깨끗함에 집착할 때 이미 오염(不淨)된 것이다. 마음을 일으켜 깨끗함을 구하는 생각이 바로 모순이다. 조동종의 묵조사선이 바로 북종선과 마찬가지로 "깨끗함의 허망(淨妄)"을 구하는 잘못을 범하고 있는 것이다.

이상 대혜선사는 네 가지의 묵조사선의 병폐를 지적하면서 학인들에게 냉정한 이성의 태도를 가지고 묵조선 내의 오류를 올바로 이해할 것을 희망하고 있다. 그리고 아울러 이러한 묵조사선배默照邪禪輩들이 자신들이 지해의 사법邪法에 빠져 있으면서 오히려 다른 사람들을 가르쳐서 오염되게 하는 것을 구체적으로 다섯 가지로 지적하고 있다.

---

184) 『神會語錄』, "問, 何不看心? 答, 看卽是妄, 無妄卽無看. 問, 何不看淨? 答, 無垢卽無淨, 淨亦是相, 是以不看. 問, 云何不住心? 答, 住心卽假施設, 是以不住."

"눈먼 자가 사람을 잘못 가르친다."라고 말한 것은 썩은 물고기의 눈을 밝은 구슬이라고 하며 이름(名字)에 매달려서 지해知解를 내는 것을 말하는 것이니,

첫째, "사람들에게 망상(管帶)을 그대로 받아들이게 하는 것"은 눈앞의 감각을 지켜서 지해를 내는 것을 말한다.

둘째, "사람들에게 억지로 쉬고 쉬어라고 가르치는 것은" 모든 생각을 잊고 공적空寂한 경계에 매달려 지해를 내는 것을 말한다.

셋째, "사람들에게 마음을 쉬어서 무지무각無知無覺에 이르러 마치 토목와석土木瓦石과 같이 되라고 하나, 이때의 경계는 흐리멍텅하여 아는 것이 없는 것이 아니다."라고 하는 것은 또한 방편을 잘못 알아서 내는 지해를 말한다.

넷째, "사람들로 하여금 인연에 따라 마음을 비추어 보고 나쁜 지견(惡覺)이 나타나지 않도록 가르치는 것"은 미세한 망상(觸髏情識)이 남아 있는 지해에 집착하여 알음알이를 내는 것을 말한다.

다섯째, "사람들에게 임운자재(任運自在 : 마음대로 함)하여 생각이 일어나는 것을 상관하지 말라고 한다. 생각이 일어나고 사라지는 것이 본래 실체가 없는데, 관여하면 실체가 되어 분별하는 마음(生死心)이 생긴다고 가르치는 것"은 이 또한 자연의 실체를 가지고 구경법을 삼아 지해를 내는 것 등이다.[185]

대혜가 보기에 이러한 지해의 병은 도를 배우는 사람의 잘못이 아니라, 모두가 눈 먼 종사의 잘못된 가르침에서 비롯된 것이다. 사실 이것은 이미 앞에서 지적한 묵조사선의 오류에 대한 대혜의

종합적 비판이라고 할 수 있다.

  이와 같이 대혜는 북조사선의 선풍에 대해 여러 방면에서 강력히 비판하고 그 바탕 위에 간화의 선법을 수립하고 있는 것이다.

---

185) 『大慧語錄』권25, 『大正藏』47권, p 918中. "瞎眼漢, 錯指示人, 皆是認魚目作明珠, 守名而生解者. 敎人管帶, 此是守目前鑑覺, 而生解者. 敎人硬休去歇去, 此是守忘懷空寂, 而生解者. 敎人歇到無覺無知, 如土木瓦石相似, 當恁麼時, 不是冥然無知, 又是錯認方便解縛語, 而生解者. 敎人隨緣照顧, 莫敎惡覺現前, 這箇又是認着髑髏情識, 而生解者. 敎人但放曠任其自在莫管生心動念, 念起念滅本無實體, 若執爲實, 則生死心生矣. 這箇又是守自然體爲究竟法."

제 3장 간화선의 성립

1. 공안참구의 연원

간화선의 사상체계를 수립하기 위하여 대혜종고는 혜능대사 이래의 선종이 표방한 "직지인심直指人心, 견성성불見性成佛" 혹은 "돈오성불頓悟成佛"의 사상을 계승하여 간화선을 제창하였다. 그는 이러한 돈오頓悟, 즉 "오(悟 : 깨달음)"를 특별히 강조하여 깨달음을 중시하는 간화선풍을 진작시키고 있다. 깨달음을 원칙(以悟爲則)으로 하는 간화선법은 비록 대혜가 집대성하였지만 이는 선학先學들의 각고의 노력에 의한 결실이라 할 수 있다. 즉 간화선은 대혜 당대當代에 갑자기 제창된 것이 아니라, 그 이전에 많은 선사들이 비록 정형화된 간화선은 아니라 하더라도 그 기초가 되는 공안참구의 전형을 제시하여 점차 보편화되어 가는 과정을 겪었다.

그런데 공안公案이란 말은 『오가정종찬』, 『오등회원』 등의 기록에 의하면 황벽스님에 의해 최초로 "작일공안昨日公案"[186]이라는 말로 사용되고 있음을 볼 수 있다. 그리고 단하천연과 방온거사의 문답에도 공안이라는 말이 등장하고 있음을 볼 수 있다. 또한 덕산선

---

186) 『五燈會元』 권4, 『續藏經』 138권, p 189.

감, 진존숙, 운문문언, 법안문익 등의 전적에도 그 용처가 보인다. 『고존숙어록古尊宿語錄』 4권과 운서주굉의 『선관책진禪關策進』에 의거하면 황벽선사의 『완릉록宛陵錄』에서 말한 조주스님의 "구자무불성狗子無佛性"의 공안이 무자화두를 가지고 참구한 최초의 일이라고 전한다.

> 만약 장부라면 공안을 참구하라. 어떤 스님이 조주에게 묻기를, '개에게도 불성이 있습니까, 없습니까?'라고 묻자, 대답하기를 '없다(無).'고 하였다. 오직 스물 네 시간 가운데 '무자無字'만 보아 밤낮으로 행주좌와 가운데 옷 입고 밥 먹고, 똥 싸고 오줌 누고 하는 데서 생각 생각에 정성을 다하여 '무자'를 고수하면, 날이 가고 달이 지나 타성일편打成一片이 된다. 어느 날 문득 마음 꽃이 활짝 피어 불조의 심인을 깨달아 천하 노화상들의 말끝에 속지 않고 큰소리치게 되리라.[187]

조주와 황벽은 동시대 사람으로 둘 다 마조스님의 법손이다. 그런데 황벽이 조주보다 50년 가까이 빨리 입적하였기 때문에 그가 조주 "무자화두無字話頭"를 제시하여 총림에서 사용하였는지는 의문시 된다. 『완릉록』의 기록도 여러 유통분마다 이 부분에 대한

---

[187] 『宛陵錄』, 『大正藏』48권, p 387中. "若是箇丈夫漢, 看箇公案. 僧問趙州, 狗子還有佛性也無? 州云無. 但擧二六時中看箇無字, 晝參夜參行住坐臥, 着衣喫飯處, 阿屎放尿處, 心心相顧, 猛着精彩, 守箇無字, 日久月心打成一片, 忽然心花頓發, 悟佛祖之機, 便不被天下老和尙舌頭瞞, 便會開大口."

내용유무의 출입이 있고, 『신수대장경』에도 맨 끝 부분에 증보된 것 같아 진위 여부는 알 수 없다. 그러나 사실여부는 차치하고 어쨌든 당대唐代 조사선의 선수행 방법에도 이미 간화看話적 의미의 공안이 제시되고 있었음을 엿볼 수 있다.

그리고 『전등록』 권제12 「목주용흥사진존숙睦州龍興寺陳尊宿」장에 보면 "대사가 스님이 오는 것을 보고 말했다. 현전에 공안을 이루면(見成公案) 그대에게 삼십 방을 때리리라."[188]라는 구절이 있다. 여기서 "현성공안見成公案"이라는 말을 사용하고 있음을 볼 수 있다.

또한 운문문언(雲門文偃 : 864~949)의 어록에도 다음과 같이 "현성공안現成公案"이라는 말이 등장하고 있음을 볼 수 있다.

> 그대들 보지 못했는가. 저 덕산화상이 문에 들어온 납자를 보기만 하면 주장자를 들어 당장 내쫓았으며, 목주화상은 문에 들어오려는 납자를 보기만 하면 문득 지금 '그대로가 공안이니(現成公案) 그대에게 삼십 방을 때려야겠구나.'라고 했다. 여러분은 여기에 계합하는가.[189]

운문이 말한 현성공안은 덕산과 목주의 방棒이 그냥 몽둥이질이 아니라, 몽둥이질 하는 그 자체가 그대로 방현성棒現成을 이루고

---

188) 『傳燈錄』 권제12, 『大正藏』 제51권, p 291中. "師見僧來云, 見成公案放汝三十棒."
189) 『雲門錄』 卷上, 『大正藏』 47권, p 547上. "汝不看他德山和尙纔見僧入門, 揮拄杖便趁. 睦州和尙見僧入門來便云, 現成公案, 放爾三十棒. 自餘之輩合作麽生?"

있는 것을 말한다. 덕산의 방은 이미 종문에 알려진 기봉방할機鋒
棒喝로써의 방棒이며, 이는 덕산 특유의 선기禪機를 나타내고 있다
고 하겠다. 여기서의 현성공안이란 지금 눈앞에 나타나고 있는 현
실 그대로가 하나의 공안으로 이루어지고 있다는 말이다.[190]

다음은 법안문익(法眼文益 : 885~958)이 말한 공안공부에 대해 살
펴보도록 하자.

> 고인은 산을 오르고 바다를 건너면서 생사와 대적했다. 수행상
> 에 한번의 전환을 이루는 옛 조사의 기연機緣에 조금이라도 의심
> 이 있으면, 일로 삼아 반드시 결택決擇하여 분명하게 하는 것을
> 귀하게 여겼다. 그래서 진실과 거짓의 기준이 되고 인천의 안목
> 을 이루었다. 그런 뒤에야 비로소 종지를 높이 제창하고 진실한
> 가풍을 널리 진작시켰다. 선대의 논의를 인용하여 따져 묻고 깨
> 닫지 못한 공안公案으로 공부를 채찍질했다. 만일 수행을 거치지
> 않고 고금古今을 억측으로 단정한다면, 그것은 마치 검술을 배우
> 지 않고 함부로 태아검으로 춤추는 것과 같다.[191]

여기서 알 수 있듯이 법안선사가 선종 오가종五家宗 가운데 마지

---

190) 참조, 김호귀 『묵조선 연구』, (민족사), p 245.
191) 『宗門十規論』, 『法眼錄』, (藏經閣), p 238. "看他先德, 梯航山海, 不避死生. 爲一
兩轉之因緣, 有纖瑕之疑, 事須憑決擇, 貴要分明. 作親僞之箴規, 爲人天之眼目. 然
後高提示宗印, 大播眞風. 徵引先代是非, 鞭撻未了公案. 如不經淘汰, 臆斷古今, 則
何異未學劍, 而强舞太阿."

막으로 법안종을 성립시킬 그 당시만 해도 이미 종문에 조사들의 깨달음의 기연인 공안으로써 공부의 척도로 삼는 선풍이 진작되고 있었음을 짐작할 수 있다. 그들은 옛 조사들의 입도인연入道因緣인 공안에 조금이라도 의심이 있으면, 그것을 일로 삼아 반드시 결택하여 분명하게 하는 것을 귀중하게 여겼고, 공안으로써 공부의 길을 채찍질했다는 것이다. 그러나 그 당시 수행자들 가운데에도 불조의 공안에서 의심을 하지 않고 억측으로 단정하는 지해로써 공부를 삼는 이도 있었던 것 같다.

여기서 법안이 지적한 내용은 간화선 성립에 중요한 요소를 지적하고 있다. 첫째는 고인의 공안을 공부의 표준으로 삼은 점이고, 둘째는 공안에 대해 의심을 해야 한다는 것과, 셋째는 억측으로 단정하는 지해의 알음알이를 경계한다는 것이다.[192] 그러나 법안 당시의 공안공부는 아직 본격적으로 공안참구의 방법이 완성된 것이 아니라, 간화선 성립의 맹아적 역할을 하고 있는 것이라고 보아야 할 것이다.

간화선이란 불조사의 깨달음의 기연을 공안으로 결택하여 공안을 참구하는 것으로 수행을 삼아 번뇌를 탕진하고 바로 깨달음에 들어가는 적극적 선수행 방법인 것이다. 그런데 태허太虛스님의 논증에 의하면 "화두를 참구하는 의미에서 보면 선종은 철두철미하게 하나의 큰 화두"라고 말할 수 있다고 한다. 예를 들어 "양 무제

---

192) 참조, 印鏡 著 『蒙山德異와 高麗後期禪思想研究』 (불일출판사), p 201.

가 달마에게 말한 '짐을 대하고 있는 자는 누구인가(誰)?'라는 말에서 "수(誰 : 누구)"자 한 글자가 바로 "참구參究"의 시초가 된다. 당시 달마스님은 '모른다(不識)'고 대답하고 소림사로 들어가서 9년 동안 면벽했다.

또한 달마가 혜가를 대하여 '마음을 가져오너라. 그러면 너를 편안하게 해 주겠다.'라든가, 혜능이 혜명을 대하여 '선도 생각하지 않고(不思善) 악도 생각하지 않을 때(不思惡), 어느 것이 명상좌明上座의 본래면목本來面目인가?'라든가, 황벽스님이 말한 '대당국大唐國 안에 선사禪師가 없다. 선禪이 없는 것이 아니라 스승(師)이 없다.'고 하는 것 등이 모두 하나의 큰 화두가 아니고 무엇인가?"[193]

선종사에 의거하면 육조 혜능이 숭산에서 오는 회양을 향해 "무슨 물건이 이렇게 왔는가?"라는 물음에 8년을 참구한 끝에 깨달음을 얻어 "설사 한 물건이라 해도 맞지 않습니다."라고 했다.

그리고 위산영우가 제자인 향엄지한香嚴智閑에게 묻기를 "지금까지 배워서 안 견해와 경전이나 책에서 얻은 것은 일체 말하지 않겠다. 그대가 아직 태에서 나오기 전과 동서를 분간하기 전의 본분사本分事를 말해보라."[194]고 했다. 즉 어떤 것이 부모미생전父母未生前의 본래면목本來面目인가?'라고 물은 것이다. 지한선사는 향엄사로 가서 혼자 수년을 참구하여 큰 의심으로부터 큰 깨달음을 얻

---

193) 太虛 『中國佛學特質在禪』.
194) 『傳燈錄』 제11권 「香嚴智閑禪師」, 『大正藏』51권, p 283下~284上. "吾不問汝平生學解, 及經卷冊子上記得者, 汝未出胞胎未辨東西時, 本分事試道一句來."

었다.

  이와 같은 사실은 당대唐代와 오대五代의 선사들에 의해 선문답의 형식으로 이미 화두참구의 기원이 형성되고 있었음을 알 수 있다. 그러나 아마 이 때에는 선문답을 통한 깨달음의 기연機緣이 이루어지고 있는 것이지 아직 화두참구가 보편화 된 것은 아니어서 전문적으로 화두를 참구하는 것으로 선을 삼은 것 같지는 않다. 직접적으로 간화의 방법에 의해 수행이 이루어지는 것은 송대에 와서의 일이다.

2. 간화의 성립

(1) 오조법연(五祖法演)

위에서 살펴보았듯이 간화선은 대개 10세기 초부터 시작되고 있으나, 정식으로 공안참구를 통한 간화선의 시작은 임제종 양기파의 조사인 오조법연(五祖法演 : ?~1104)에 의해 이루어지고 있다고 할 수 있다. 즉 법연선사로부터 시작되어 그의 제자인 불안청원佛眼淸遠선사와 원오극근圓悟克勤선사를 거쳐서 대혜종고에 이르러 체계적이고 논리적인 간화선의 성립이 이루어지고 있다. 일반적으로 법연에 의해『조주록趙州錄』에 수록된 "구자무불성狗子無佛性"의 선문답이 정식 공안으로 제시되어 참학자들이 전문적으로 참구하게 되었다고 말한다.

상당하여 말했다. 어떤 스님이 조주에게 물었다. '개에게도 불성이 있습니까?' 조주가 답하기를 '없다(無)'. 스님이 말했다. '일체 중생이 모두 불성을 가지고 있는데 어째서 개에게는 없다고 하십니까?' ......선사는 이르기를, 대중 여러분! (조주의 狗子無佛性話에 대해) 평소에 어떻게 알고 있는가?

노승은 평소에 다만 무자無字를 들어 바로 쉰다. 그대들이 만약 이 무자를 투철히 깨달으면(透得) 천하의 사람들이 그대를 어떻게 할 수 없을 것이다. 여러분은 어떻게 투철히 깨닫겠는가? 투철히 깨달아 철저해야 한다. 깨달은 자가 있으면 나와서 말해 보아라. 나는 있다고 말하는 것도 원하지 않고 없다고 말하는 것도 원하지 않는다. 또한 있지도 않고 없지도 않다고 말하는 것도 원치 않는다. 그렇다면 여러분은 어떻게 말하겠는가? 신중하게 생각해 보아라.[195]

위에서 법연이 강조하고 있는 점은 무자공안을 참구하여 투철히 깨달아야 한다는 것이다. 여기서의 "무無"는 있다 없다의 무(有無之無)가 아니라고 말하고, 법연은 단지 이 무자無字로써 참학자의 사량분별을 절단하고 있다. 이러한 참구의 방법은 이미 대혜가 훗날 강력히 제창한 "조주무자화두"의 참구법에 대단히 근접하고 있다고 볼 수 있다. 황벽스님의 『완릉록』에 기록된 무자공안이 훗날 첨가한 것이라고 가정하면 선종사에서 오조법연이 최초로 간화看話적 의미에서 무자공안을 제시하고 참구케 한 선사가 되는 것이다. 법연스님의 어록에 보면 구자무불성을 제시한 것 외에 또한

---

195) 『法演禪師語錄』卷下. 『大正藏』제47권, p 665中~下. "上堂擧, 僧問趙州狗子無佛性也無? 州云, 無. 僧云, 一切衆生皆有佛性, 狗子爲什麼却無? ……師云, 大衆爾諸人, 尋常作麼生會. 老僧尋常只擧無字便休. 爾若透得這一箇字, 天下人不柰爾何. 爾諸人作麼生透, 還有透得徹底麼. 有則出來道看. 我也不要爾道有, 也不要爾道無, 也不要爾道不有不無. 爾作麼生道. 珍重."

간화의 사상과 유사한 방법으로 개시開示하고 있음을 볼 수 있다.

상당하여 주먹을 쥐고 말하기를 만약 이것을 주먹이라 한다면 한 번도 행각하지 않은 사람과 같고, 만약 주먹이 아니라고 한다면 바로 앞에서 속이는 것이다. 이렇게 말하는 것 외에 더 이상 이 한 주먹을 뭐라고 해야 하는가.[196]

법연은 주먹으로 화두를 삼아 참학자의 대립과 분별을 일시에 초월시켜 무분별의 경계에 이르도록 개시하고 있다. 그의 "주먹화두(一拳話頭)"와 대혜의 "죽비자화竹篦子話"는 모양은 다르나 의미는 똑같은 것이다. 그리고 이 외에 또한 법연선사의 어록에 보면 다음과 같이 제시하고 있는 부분이 있다.

소참에 설하였다. 약산이 처음 석두를 참문 했을 때 묻기를, 삼승십이분교三乘十二分敎는 제가 처음부터 알았습니다만, 여기서 들은 남방의 직지인심直指人心 견성성불見性成佛에 대해서는 실로 모르겠습니다. 석두가 말하기를, 이렇게 해도 얻을 수 없고(恁麽也不得), 이렇게 하지 않아도 얻을 수 없고(不恁麽也不得), 이렇게 하고 이렇게 하지 않아도 모두 얻을 수 없다(恁麽不恁麽總不得). ……선사가 이르기를, 대중 여러분! 반드시 조사관祖師關을 뚫어서 새가 날

---

196) 『法演禪師語錄』卷上. "上堂, 擧起拳頭云, 若喚作拳頭, 一似不曾行脚. 若不喚作拳頭, 對面相瞞, 除此之外, 也少一拳不得."

아가는 현묘한 길(鳥道玄路)을 알아야 비로소 이 말을 깨달을 것이다. 석두가 이렇게 수시함이 바로 조주의 "뜰 앞의 잣나무", 동산의 "마 세근", 운문의 "호떡"과 같은 것이다.[197]

법연이 생각하기에 석두가 수시한 "이렇게 해도 얻을 수 없고, 이렇게 하지 않아도 얻을 수 없고, 이렇게 하고 이렇게 하지 않아도 모두 얻을 수 없다."는 공안과 조주의 "정전백수자"[198], 동산의 "마 삼근"[199], 운문의 "호떡"[200] 등의 무의미無意味한 공안화두는 조주의 무자화두와 똑같이 모두 "조사관祖師關"인 것이다. 여기서 법연은 공안이 수행하는 납자가 반드시 통과해서 생사를 해탈하여 조사가 되는 문이기 때문에 이를 조사관이라고 부른 것이다.

법연선사에 있어서 공안참구는 조사관을 투과해야 하는 참구법인 셈이다. 그래서 그는 상당하여 설하기를 "다행히 한 가지 일도 없나. 행긱은 참선을 헤아 한다. 도리어 선의 겉모양(禪相)에 얽매이면 조사관을 뚫지 못한다. 무엇이 조사관이냐? 불을 들고 소 외

---

197) 『法演禪師語錄』卷下. "小參, 擧 : 藥山初參石頭, 問云, 三乘十二分敎某甲初知, 訪聞南方直指人心, 見性成佛, 實未明了. 石頭云, 恁麼也不得, 不恁麼也不得, 恁麼不恁麼總不得. ……大衆! 須是過得祖師關, 會鳥道玄路, 始會此般說話. 石頭恁麼垂示, 便類趙州庭前栢樹子, 洞山麻三斤, 雲門超佛超祖之談."
198) 어떤 스님이 조주선사에게 물었다. 어떤 것이 조사가 서쪽에서 온 뜻입니까? 조주 답하기를, 뜰 앞에 잣나무이니라(庭前栢樹子).
199) 어떤 스님이 동산에게 물었다. 어떤 것이 부처입니까(如何是佛)? 동산 대답하기를, 마 세근이다(麻三斤). (『碧巖錄』卷第2)
200) 어떤 스님이 운문에게 물었다. 어떤 것이 부처와 조사를 초월하는 말입니까(如何是超佛超祖之談)? 대답하기를, 호떡이다(糊餠). (『五燈會元』권제15)

양간에 들어감이다."²⁰¹⁾라고 주장하여 화두선에 반드시 조사공안을 참구하여 조사관을 뛰어넘을 것을 지시하고 있다. 그는 또 이러한 조사관인 공안은 반드시 안으로 마음을 향해 들어야 반드시 성취할 수 있다고 강조하고 있다. "공안을 들어 참구하면 일마다 반드시 이룰 것이며, 밖을 향해 치달아 구하면 어리석은 놈이다."²⁰²⁾라고 한 것이 이를 가리킨다.

여기서 주목해야 할 것은 "조사관祖師關"이라는 말이다. 법연은 선종의 여러 공안을 납자가 반드시 투과해야 하는 조사의 관문이라는 의미로 조사관이라고 부르고 있다. 이러한 사상은 뒷날 대혜를 거쳐 무문혜개無門慧開에게로 계승되어지고 있다.

참선은 반드시 조사관을 뚫어야 한다. 묘한 깨달음은 철저하게 마음의 길이 끊어져야 하니, 조사의 관문을 뚫지 못하고 마음 길이 끊어지지 못하면, 그것은 모두 풀이나 나무에 달라붙은 정령에 불과하다. 무엇이 조사관인지 말해 보아라. 그것은 다만 "무無" 한 글자이다. 이것이야 말로 종문의 하나의 관문(一關)이다. 이를 선종의 무문관無門關이라고 부른다.²⁰³⁾

---

201) 『法演禪師語錄』卷中. "幸然無一事, 行脚要參禪, 却被禪相惱, 不透祖師關. 如何是祖師關? 把火入牛欄."
202) 『法演禪師語錄』卷下. "擧則公案, 事事成辦, 向外馳求, 癡漢癡漢."
203) 『無門關』, 『大正藏』第48卷, p 292下. "參禪須透祖師關, 妙悟要窮心路絶, 祖關不透, 心路不絶, 盡是依草附木精靈. 且道, 如何是祖師關? 只者一箇無字, 乃宗門一關也. 遂目之曰禪宗無門關."

무문선사는 『무문관無門關』에서 여러 공안 가운데 특히 "무자화두無字話頭"를 강조하여 "선종의 무문관無門關"이라 부르고, 수선납자는 반드시 조사관을 통과해야 한다고 주장하고 있다. 조사관에 대한 관점에 있어서 법연은 여러 공안을 함께 들어 조사관이라고 하는 반면, 무문은 여러 공안을 들고 있기는 하지만 무자공안을 특별히 강조하여 선종의 일관一關이라고 주장하고 있다. 어쨌든 조사관을 투과하기 위해서는 반드시 공안을 참구해야 한다는 것에는 철저히 동감하고 있다. 이러한 법연의 일련의 공안참구에 대한 선사상은 대혜의 간화선사상의 직접적인 연원이 된다고 말할 수 있다. 그러나 법연은 아직 대혜가 완성한 간화선과 똑같은 주장은 하지 못하고 있는 것도 또한 사실이다. 이것은 아마 그가 살다간 시대적인 상황이 문자선과 묵조선이 아직은 대혜의 시대처럼 그렇게 완벽하고 엄중한 상태로 발전되지 못했기 때문이다.

(2) 불안청원(佛眼淸遠)

오조법연선사 문하에 삼대제자가 있는데 그들의 호를 칭해서 "삼불三佛"이라고 한다. 즉 불감혜근佛鑑慧勤과 불안청원佛眼淸遠 및 불과극근佛果克勤인데 그중에서 불안과 불과 이 두 선사가 비교적 계통적으로 완정完整한 사상자료를 남기고 있다. 불안청원은 당시 선종계의 병폐에 대해 계통적, 집중적으로 드러내 비판을 하고 있다.

요즘 많은 사람들이 문답으로 선의 가풍을 삼고 있으나, 고인의 일을 알지 못하고 말엽末葉을 따르고 반조返照하지 않으니 괴이한 일이다! 옛사람은 미迷한 곳을 향해 묻고, 묻는 그곳에서 깨달음을 구해 일언반구一言半句를 얻어 생사를 구명究明하여 밝혔다. 그러나 요즘 사람들은 어지럽게 묻고 입에서 나오는 대로 지껄여 답하는 것이 근처에 가지도 못했으니 아는 자는 웃지 않을 수 없다."204)

여기서 알 수 있듯이 불안청원 이전 시대에 이미 선종의 많은 기봉문답機鋒問答이 형식화되어 있었다. 따라서 청원은 "오늘날 학자들은 다만 고인의 방편을 선으로 삼을 뿐 고인과 같은 참구는 하지 않는다."205)고 비판하고 있다. 그의 입장에서 볼 때 공안은 의심하여 참구하라고 존재하는 것이지 그냥 보고 이해하라고 시설해 놓은 것은 결코 아니다. 이와 같은 입장에서 그는 당시 선종 총림 가운데에서 다만 고인공안을 문자로 보려고(看)만 하고 진실로 참구하고 실다운 깨달음(眞參實悟)을 구하지 않는 선풍에 대해 비판을 가하고 있다.

요즘 행각하는 형제들이 도에는 단박 깨닫는(頓悟) 일이 있다고

---

204) 『古尊宿語錄』卷34. "近世多以問答爲禪家家風, 不明古人事, 一向逐末不返, 可怪! 可怪! 昔人因迷而問, 故問處求證, 入得一言半句, 將爲事究明令徹去, 不似如今人胡亂問趁口答, 取笑達者."
205) 위의 책, "今時學者, 但以古人方便爲禪道, 不能與古人同參也."

믿고 있다. 제방 또한 단박 깨닫는 일이 있다고 말하니, 만약 단박 깨닫는 일이 없다면 어떻게 총림이라 할 수 있겠는가? 모름지기 예로부터 서로 전해 내려온 고인의 공안을 봄에 일칙一則 혹은 양칙兩則의 공안을 보아 약간의 지해가 있어, 만약 이해하지 못하는 곳이 있다면 또한 틈을 찾아 깊이 탐구하여 이해하려고 한다.

이미 지해로 이해했으니 이 일은 단지 이와 같다고 말하고, 문득 총림에 나아가 유포함에 있어서는 단박 깨닫는 일을 말하지 않는다. 만약 단박 깨닫는 일이 없다면 삼계 이십오유중생들은 어떻게 윤회를 면할 수 있겠는가? 또한 의정疑情은 어떻게 타파할 수 있겠는가?

오늘 일찍 어떤 스님이 찾아와 말하기를, 보고 들음(見聞)이 어둡지 않아 보고 들어 아는 것이 바로 도라고 했는데, 이것은 보고 들음이 어둡지 않는 그 당처를 보지 못했다. 타방세계의 일을 물어도 모르고 마음(六根)과 경계(六塵)의 일을 물어도 간파하지 못하니, 어떻게 범부의 망념을 제거하여 바로 난박 깨달이 미치겠는가? ......

교 가운데 설하지 않았던가. 범부의 망념은 마치 굽지 않는 흙벽돌과 같아서 아직 가마의 불 가운데 단련되지 않았기 때문에 모두 사용할 수 없다. 반드시 큰 불에 단련을 거쳐야 비로소 사용할 수 있는 것은 마치 한 번의 단박 깨달음(頓悟)의 일과 같다. ......대중의 형제들은 마땅히 단박 깨달아야 얻을 수 있다. 요즘 총림의 관례는 모두 (돈오를) 말하지 않는 것으로 되어 버렸다."[206]

본래 고인의 공안은 오로지 납자로 하여금 신심을 일으켜 스스로 깨닫게 하는 방편, 수단으로 계발된 것인데, 다만 당시의 참학자들은 여전히 고인공안을 연구하는 것으로 목적을 삼아 깨달음을 추구하지 않았으니 이것은 수단이 목적이 되어 본말이 전도되어 버린 것이다.

당시 이런 참학자들의 병은 크게 두 가지로 나눌 수 있는데, "첫째, 오온굴택五蘊窟宅에서 아무 말 없이(無言無說) 어떤 모양도 짓지 않고(無形無段) 담연하게 움직이지 않음이 불조가 출세하는 것이라고 여기는 것이요. 둘째는 행주좌와 가운데 말하고 듣고 베풀어 운용하는 것을 깨달음으로 삼는 것이다."207)

이 두 종류의 병은 다름 아닌 동動과 정靜에 치우친 병이니, 적정으로 선을 삼는 자는 묵조사선으로 빠질 것이며, 알음알이(動)로 선을 삼는 자는 구두선을 면치 못할 것이다. 여기서 우리는 대혜 이전 당시 선문에서 청원과 같은 선사들이 나와서 선학 가운데 보

---

206) 『佛眼和尙普說語錄』, 『古尊宿語錄』권33. "如今行脚兄弟, 可信道有頓悟底事也. 諸方亦可說有頓悟底事, 若無頓悟底事, 如何却名叢林? 蓋爲從來相傳, 只是看古人公案, 或一則或兩則, 略有一知一解, 若有理會不得處, 亦尋鑿碎鑽研求會, 旣會得了, 道此事只如此也, 便在叢林中流布蔣去, 皆不說着頓悟底事. 若無頓悟底事, 則三界二十五有如何消遣? 疑情如何消落去? 今早有箇師僧來說道, 見聞不昧. 一向去認見聞, 便道是也, 則是不見那不昧處. 問他方世界事又不破, 問根塵下事又不破, 如何却以凡夫情量, 便同頓悟底事? ……敎中說你那凡夫情量如似土坯. 未曾經大火中鍛過, 都用不得, 須是經大火中鍛過始得, 却似得一回頓悟相似. ……衆中兄弟須是見頓悟底事始得. 今時叢林中例皆不說者也."
207) 『佛眼和尙普說語錄』, 『古尊宿語錄』권33. "今時人參學錯學, 不出二種病, 一是五蘊窟宅無言無說無形無段, 湛然不動處, 便道任他佛祖出來, 我也只恁麼, 此是一病. 次認能言能語能聞, 運用施爲, 行住坐臥者, 此亦是病."

편적으로 유행하고 있는 이런 두 가지의 병에 대해 비교적 심각하고 세밀하게 분석하여 비판하고 있음을 알 수 있다. 이것이 바로 대혜선사가 훗날 크게 간화선의 사상을 제창하게 되는 발판과 방향이 되고 있는 것이다.

청원은 이 두 가지 병을 치유하기 위해서 수행 가운데 "진실방편眞實方便"과 선교방편善巧方便의 두 가지 입도법문을 제시하고 있다. 진실방편은 "간단없음을 설하는 것(說無有間)"이며, 선교방편은 "중생의 근기에 따라 대응하는 것(妙應群機)"을 가리킨다. 청원은 이 가운데 진실방편을 더욱 중요시 하고 있는데, 이는 중생의 다함없는 번뇌망념을 대치하기 위해 공안을 참구하게 하여 잠시도 틈이 없게(無有間) 하여 사량분별을 돌이켜 무분별로 나아가게 하는 것이다.

그러므로 진실방편법문은 "반드시 분별심을 떠나지 않고 무분별심을 알게 한다. 견문각지를 떠나시 않고 견문긱지가 공(空 : 無)함을 깨닫게 한다. 오랫동안 선상에 앉아 눈을 감고 있는 것을 무견無見이라 하지 않고, 반드시 견처(見處 : 보는 그곳)에서 바로 무견을 깨닫게 한다."[208]라고 하였다. 이렇게 하는 것이 직접적으로 진실에 계합하게 하는 것이니, 이것은 혜능 계통의 남종선이 주창한 반야성공般若性空의 사상적 기초에 근거한 불이법문不二法門의 수행실천방법을 계승하고 있는 것이다.

---

208) 『佛眼和尙普說語錄』, 『古尊宿語錄』권32. "須是不離分別心, 識取無分別心. 不離見聞, 識取無見聞底. 不是長連床上閉目合眼喚作無見, 須是卽見處便有無見."

청원선사는 또한 이러한 진실방편법문은 실천의 입장에서 "진참실오(眞參實悟 : 진실된 참구와 실다운 깨달음)"해야 하므로, 우선 반드시 의정을 일으켜야 한다고 주장하고 있다. 앞에서 말한 이른바 "깨달음은 의정의 타파(疑情消落)"라고 한 것이 이것을 두고 한 말이니, 의심이 있어야 능히 깨달을 수 있다고 주장한다.

오늘날 참학자들은 불조의 말씀에 의지하여 스승을 찾아 공안을 결택(決擇)하여야 얻을 수 있다. 만약 그렇게 하지 않는다면 어찌 학자라 할 수 있겠는가? 이 일을 밝히려고 한다면 반드시 의정(疑情)을 일으켜 참구하여야 한다.[209]

청원은 공안에 대한 의심(疑)을 강조했을 뿐만 아니라 한편으로 신심(信)의 중요성을 매우 강조하고 있다. "지금 여기서 바로 도를 믿어야 이미 어긋나지 않는 자라 이름 할 것인데, 더욱 바로 믿지 못한다면 또한 무엇을 할 수 있겠는가?"[210]라고 설법하고 있다. 사실상 도道에 대한 신심信心이 없이는 공안화두에 대한 의심이 일어날 수가 없다. 의심과 신심은 상호 대응하는 것이며 불가분의 관계이다.

그러므로 청원은 항상 이 신심과 의심을 하나로 통일시키고 이

---

209) 『佛眼和尚普說語錄』, 『古尊宿語錄』권32. "今時學者須是依佛祖之言, 尋師決擇始得, 若不恁麼, 何名學者? 若要明此事, 須是起疑參究."
210) 『佛眼和尚普說語錄』, 『古尊宿語錄』권31. "如今直下信道是也, 已名不啣溜者, 況更不能直下信得, 又堪作什麼也?"

것을 가지고 진참실오에 임할 것을 요청하고 그에 대한 중요성을 매우 강조하고 있는 것이다. 대혜의 간화정종看話正宗에서 신심과 분심과 의심을 화두참구의 대전제로 삼고 있는 일련의 사상이 이미 그 바로 전대의 청원에게서 이미 확고하게 공식화 되고 있음은 간화사상 완성에 지대한 영향을 미친 것이라 할 수 있다.

(3) 원오극근(圜悟克勤)

이러한 공안참구에 의한 수선의 방법은 그의 법형제인 불과佛果, 즉 원오극근에 의해 한층 더 구체화되고 있다. 원오극근은 바로 대혜종고의 스승이자 오조법연의 상수제자이며 후세에 미친 영향 또한 매우 크다. 원오도 비록 『벽암록』의 저술로 본의 아니게 문자선의 발전에 영향을 미치고 있긴 하지만, 동문인 청원과 마찬가지로 스승 법연선사가 중시한 공안선학을 계승하여 참선은 반드시 진참실오眞參實悟해야만 한다고 강조하고 있다. 원오의 설법을 들어보자.

    요컨대 근본에 분명히 사무치려면 이치 자리가 지극히 정밀하여 순일무잡純一無雜해야 한다. 시비가 생겼다 하면 어지러이 마음을 잃는다. 조사의 정맥을 밟는 이라면 하늘사람들이 꽃을 바치려 해도 길이 없고, 마군과 외도가 가만히 엿보려 해도 보이지 않는다. 깊고 깊은 바다 밑을 가고, 높고 높은 봉우리의 정상에 서야만 한다. 뭇 사람들을 놀라게 하지 않으니, 이를 평상심이라 하며, 본원천진本源天眞의 자성이라 하는 것이다. 천만 사람 가운데 섞여 있다 해도 한 사람도 없는 것과 같으니, 이를 어찌 거칠게 들뜬 식상(識想 : 알음알이)이나 날카롭고 총명한 지혜로 헤아릴 수 있겠는가? 빈틈없이 면밀하여 고요하고 비침이 동시이다. 세월이 오래가면 의심이 한 덩어리를 이루는데(打成一片), 그럴수록 근본은 더욱 견고하여 면밀하게 작용하니 진실로 이를 벗어나지 않는다.[211]

선종은 어떤 방법을 의지하고 차용해서 "근본에 분명히 사무치고(根本明徹), 이치 자리가 극히 정밀하고(理地精至), 순일무잡純一無雜"한 경계에 도달할 수 있는가? 원오는 말한다. "종문에서는 날카로운 지혜를 가진 최상근기로서 생사를 벗어나고 지견을 끊으며 언설을 여의고 성인과 범부를 초월하는 오묘한 도를 가진 자를 제접한다. 그러니 어찌 천박하고 좁은 식견을 가지고 도리를 따지거나 기연, 경계 등의 알음알이 위에서 살 궁리를 하는 자가 헤아릴 수 있으랴. 반드시 용과 호랑이처럼 사람을 죽이고도 눈 하나

---

211) 『圓悟心要』(藏經閣), p 150. "要須根本明徹, 理地精至, 純一無雜. 才有是非, 紛然失心. 若踏王脈, 諸天捧花無路, 魔外潛覬不見, 深深海底行, 高高峰頂立, 始得不驚群動衆, 謂之平常心, 本源天眞自性也. 雖居千萬人中, 如無一人相似, 此豈粗浮識想利智聰慧所能測哉? 示諭, 綿密無間, 寂照同時, 歲月悠久, 打成一片, 而根本愈牢. 密密作用, 誠無出此."

깜짝하지 않을 자를 필요로 한다. 그들은 재빠르고 날카로운 역량을 써서 거량하는 소리를 듣기만 하면 바로 떨치고 일어나 떠나버린다.

밖으로는 세간의 속박과 집착을 버리고 안으로는 성인이니 범부니 하는 미혹한 생각을 버리고, 곧바로 홀로 아득하며 높고 초준한 곳에 도달한다. 실낱만큼도 의지하지 않고 그 자리에서 분명히 알아차리고 온몸으로 짊어져, 부처님이 와도 현혹되어 동요하지 않는데 하물며 조사나 종장의 말과 기봉이야 말해서 무엇하랴. 한칼에 끊어 다시는 돌아보지 말고 그 밖의 잡다한 것들에는 무심해야 조금이라도 뛰어난 무리(上流)와 상응할 수 있다."[212]

여기서 원오가 말하고 있는 "순일무잡純一無雜"이 네 글자야 말로 상근보살의 깨달음의 경지이자 하근중생이 수행해야 하는 화두참구에 있어서 최고의 방법인 것이다. 일체 모든 망념을 탈각하고 오로지 화두일념으로써 순일무삽하게 밀고 나아가게 하는 것이 원오의 공안참구의 요체라고 할 수 있다.

원오스님의 주장에 의하면 선종은 상근이지上根利智를 접인하는 것이기 때문에 참선자는 "직하승당(直下承當 : 그 자리에서 바로 깨달음)"할 것을 강조하고 있다. "만약 대근기를 갖추었다면 옛사람의

---

212) 『圓悟心要』上, (藏經閣), p 77. "宗門接利根上智, 提持出生死, 絶知見, 離言說, 越凡聖妙道, 豈淺識小見, 理道機境, 解路上作活計者所能擬議? 要須如龍似虎, 殺人不眨眼漢, 用瞥脫快利力量, 聊聞舉着, 剔起便行. 外棄世間縛著, 內捨聖凡情量, 直得孤迥迥峭巍巍, 不依倚絲毫, 當陽薦透, 全身擔荷. 佛來也眩惑不動, 況祖師宗匠語句機鋒, 一刀兩斷, 更不顧籍, 自餘諸雜, 甚譬如閑, 方可攀上流, 少分相應也."

말이나 공안을 들 필요가 없다. 단지 아침에 일어나서 생각을 바르게 하고 마음을 고요히 하여 가리키고 부르는 등 모든 행위를 할 때 한 번의 행위마다 다시 한 번 집어내어서 자세히 살펴야 한다. 이것이 어디서 일어났으며, 어떤 물건이기에 이런 저런 행위를 해내는지를 보아라. 티끌 인연 속에서 한 번 꿰뚫으면 일체 모든 인연이 옳지 않음이 없으니, 무엇 때문에 떨쳐버리기를 기다리겠는가? 이에 계합하면 삼계화택 가운데서 그대로 종지와 격식을 초월하여 청정하여 함이 없는 청량한 대도량이 될 것이다."[213]

그러나 중생의 근기에는 날카롭고 둔함(群機有利鈍)이 있어 그 깨달음에도 깊고 얕음이(所悟有深淺) 있게 마련이다. 이지상근(利智上根: 상근기)은 말 이전 혹은 말 아래 바로 깨달을 수 있겠지만, 하근둔지(下根鈍智: 하근기)를 위해 고인이 가지가지 종파와 언구공안言句公案을 시설하였다. 그러나 이 또한 선교방편에 불과할 뿐이다. 그래서 원오는 그 방편을 구체적으로 "말로써 말을 없애고(以言遣言), 기봉으로써 기봉을 뺏고(以機奪機), 독으로써 독을 치고(以毒攻毒), 작용으로써 작용을 깨뜨린다(以用破用)."[214]라고 표현하고 있다. 이러한 방편으로 참학자로 하여금 무사선이나 묵조선의 함정에 빠지지 않고 활발발한 화두참구를 독려하고 있다고 하겠다.

---

213) 『圓悟心要』下, (藏經閣), p 61. "若具大根器, 不必看古人言句公案. 但只從朝起, 正却念, 靜却心, 凡所指呼作爲, 一番作爲, 一番再更提起審詳. 看從何處起是箇甚物, 作爲得如許多. 當塵緣中一透. 一切諸緣, 靡不皆是, 何待撥剔. 卽此便可超宗越格於三界火宅之中, 便化成淸淨無爲淸凉大道場也."
214) 『圓悟佛果禪師語錄』卷第14, 「示隆知藏」

그런데 여기서 특히 "독으로써 독을 친다(以毒攻毒)."는 원리가 바로 불조사의 공안언구로써 참구하게 하는 간화선 특유의 방법론에 속한다고 할 수 있다. 중생의 번뇌망념은 분명히 독이다. 독을 제거하기 위하여 간화선에서는 역시 독으로써 독을 치게 하는 극약처방을 하고 있다. 극약처방은 언제나 혹은 아무나 하는 것은 아니다. 생사를 벗어나 영원히 중생을 요익되게 할 최상승의 본분납자가 아니면 어렵고 어려운 것 또한 사실이다. 간화선의 접근이 용이하지 않는 점도 바로 이러한 독으로써 독을 공격하는 것에 있다. 독을 공격하는 화두 역시 망념이다. 말세 중생의 근기가 너무나 하열하므로 조사가 자비를 드리워 부득불 조사들의 입도기연인 공안언구(화두)를 빌어, 즉 독을 빌어 독을 치게 하는 방편을 시설한 것이다.

그래서 근세 중국의 선의 중흥조라 불리는 허운虛雲 역시 『참선요지參禪要旨』에서 원오의 말을 빌려와서 화두를 "독으로써 독을 치는 것(以毒攻毒)"이라고 정의하고 있다. 그 서문에 다음과 같은 일절이 보인다.

> 송대宋代에 와서 사람들의 근기가 점점 하열해지자 조사스님들이 그 증세에 맞는 약을 베풀게 되어 화두를 참구하는 방편법문을 열게 되었지만, 실은 화두도 망상의 하나일 뿐이다. 이것은 독毒으로써 독을 공격하는 것(以毒攻毒)이니, 자기가 참구하는 화두로써 잡념을 대적하여 꾸준히 밀고 나가면 점점 주관(能)과 객관(所)

이 함께 없어지고, 나타나는 업과 흐르는 식(現業流識)은 끊어지며, 헛된 마음(偸心)이 다 소멸되는 때에 도달하여, 어떤 경계나 인연을 만나게 되면, 기관을 움직이는 손잡이를 건드리듯(觸著關捩), 홀연히 허공이 부서지고 대지가 가라앉으면서 자기의 본래 성품을 볼 것이다."215)

원오의 입장에서 보면 달마의 면벽도 결코 무위묵조無爲默照의 궁극이 아니다. 같은 맥락에서 조사의 언구기봉 역시 사람들로 하여금 묶인 결박을 풀어주기 위한 것이니, 다만 당사자의 활발하고 당당함을 귀하게 여기며(只貴當人活卓卓地), 향상의 종승이 있는 줄 알게 함(知有向上宗乘)인 것이지 결코 사람과 더불어 하는 실다운 법은 없는 것이다.

그런데 여기서 주목되는 것은 원오가 설하고 있는 "활발하고 당당함"으로 해석한 "활탁탁지活卓卓地"라는 말과 "향상종승向上宗乘"이란 말이다. 이 말은 뒷날 간화선이 정립되고 난후에 "활발발(活潑潑地)"과 "향상일로向上一路"란 말로 정형화되어 간화선의 역동적인 생명력을 표현하는 말로 사용되어지고 있다. 이와 같이 원오가 방편시설로 깨달음을 추동하고 있지만 또한 당시 상황은 그렇지 못하였다.

---

215) 『參禪要旨』「序」. p 12. "宋代人根漸劣, 祖師對症施藥, 始開參話頭法門, 其實話頭亦妄想之一耳. 爲以毒攻毒, 敎將所參話頭, 抵敵雜念, 刻刻提撕, 漸至能所雙亡, 截斷現業流識, 到偸心, 死盡時節, 遇境逢緣觸著關捩, 忽然虛空粉碎, 大地平沈, 親見本來之性."

요즈음 도를 배우는 납자들은 노력을 하지 않는다고는 말할 수 없으나, 대개 그저 공안이나 기억하고 예와 지금을 비교하여 따지고 말을 외어 복잡한 이론을 풀고 표방하는 것으로써 선이라 주장한다. 그러니 어느 때에 쉴 수 있겠는가?[216]

사유하고 분별하는 지해로써 공부를 삼고, 고인의 공안언구를 모방하여 불법을 흉내 내고 있으니 이는 구두선에 빠짐이라 불조의 본분사와는 십만 팔천리나 떨어져 있다고 하겠다. 선종은 깨달음을 귀하게 여긴다. 알음알이로 헤매어 "은산철벽의 길 깎아지른 벼랑에서 전광석화 가운데서 망설인다면, 바로 구덩이 속으로 떨어진다."[217]

이와 같이 원오는 비록 한편으로 참학자의 공안언구에 대한 일체의 지성적 이해(알음알이)를 부정하고 있으며, 다른 한 편으로 또한 공안언구로써 하나의 바른 길을 열게 하는 작용을 긍정하고 있다. 그것은 "고인이 한두 마디(一言半句)한 것은 그 의도가 사람들로 하여금 곧바로 본래의 일대사인연을 깨닫게 하려는데 있을 뿐이다."라고 말하고, 그러므로 경전의 가르침은 달을 가리키는 손가락(指月)에 불과하고 조사의 말씀은 대문을 두드리는 기왓조각(敲門瓦子)인 것이기에 이를 통해 문득 수행에 나아가게 하고 있다. 선

---

216) 『圓悟心要』上, (藏經閣), p 78. "近時學道之士, 不道他不用工夫, 多只是記憶公案, 論量古今, 持擇言句, 打葛藤, 學露布. 幾時得休歇."
217) 위의 책, p 79. "銀山鐵壁萬仞孤峭, 擊石火, 閃電光, 擬不擬, 便墮坑落塹."

의 깨달음은 철저한 공안참구를 통해 이루어짐을 강조하고 있다.

그가 실참실오를 강조하기 위하여 엮은 책이 바로 『벽암록』이다. 이 책은 종문의 제일서第一書라는 칭송을 들으며 당시에 많은 승속의 학자들에게 지대한 영향을 끼쳤다. 원오선사는 『벽암록』에서 공안에 대해 망정妄情으로 이해하지 말고, 지해로 이해하지 말 것을 반복적으로 강조하고 있다. 대혜의 간화선이 바로 이러한 원오스님의 사상을 계승하고 있는 것이다.

이 밖에 원오는 『벽암록』에서 공안의 참구에 있어서 "일구를 참구하여 깨달으면(參得一句透) 천구만구를 일시에 깨닫는다(千句萬句一時透)."고 하였다. 이러한 관점은 그가 강조한 바 있는 "천만 마디 말(千言萬言)은 단지 일언을 깨우치는데 있으며, 천만 구절(千句萬句)은 단지 일구를 깨우치는데 있으며, 천만 가지 법(千法萬法)은 단지 하나의 법(一法)을 깨닫는데 있다. 하나를 깨달으면 만사萬事를 마치고, 하나를 투철히 깨달으면 일체에 막힘이 없다."[218]고 하는 사상의 연장선상에서 한 말이다.

(4) 대혜종고(大慧宗杲)

원오가 강조하고 있는 "천만 마디 말은 단지 일언을 깨우치는데

---

[218] 『圓悟語錄』卷第9,「小參一」. "千言萬言, 但只識取一言, 千句萬句, 但只識取一句, 千法萬法, 但只識取一法. 識得一, 萬事畢, 透得一, 無阻隔."

있으며, 천만 구절은 단지 일구를 깨우치는데 있으며, 천만 가지 법은 단지 하나의 법을 깨닫는데 있다."라고 하는 사상이 바로 대혜의 간화선에서 주장하고 있는 "화두로부터 의정을 일으킬 때 일체의 의정은 모두 화두에 집중되며, 화두상에서 의심이 타파되면 천 가지 만 가지 의심이 일시에 타파된다."고 하는 사상으로 전개되고 있는 것이다. 그리고 앞에서 살펴본 청원의 공안에 대해 의정을 가지고 참구하게 하는 간화사상 역시 그대로 대혜에게 계승되고 있음을 알 수 있다.

다시 말하면 대혜는 원오가 중시한 고인공안古人公案으로 권교방편權巧方便을 삼은 사상을 이어받고 있다. 그리고 그는 화두를 참구하는 형식으로 원오의 공안위주의 권교방편이 쉽게 야기될 수 있는 지해의 병폐를 극복하고 완정한 간화선 사상체계를 수립하고 있다. 대혜는 원오와 청원의 서로 다른 선풍을 각각 계승하면서 그에 대한 평론을 다음과 같이 하고 있다.

요즘 참학형제들 중에는 불과선사 회중에서 참학한 납자는 불안선사를 뵈려하지 않고, 불안선사 회중에서 공부한 납자는 불과선사를 뵈려하지 않는다. 이는 마치 많은 봉사들이 코끼리를 만지는 격이니 어찌 두 노스님의 뜻을 알겠는가? 그들은 불안선사가 곧 규범을 갖춘 불과선사이며, 불과선사가 바로 규범을 갖추지 않은 불안선사라는 점을 전혀 모르고 있다. 사람을 지도할 때 눈멀게 하지 않으려면 불과선사를 찾아보아야 한다. 만일 불안선

사만 본다면 열반당의 선이니, 스스로는 구제할 수 있어도 남을 지도하지는 못한다.[219]

대혜가 볼 때 청원의 선법은 규범이 있으나 단지 권교방편이 결핍되어 있으므로 "스스로는 구제할 수 있어도 남을 지도하지는 못한다."고 한 것이다. 반면 원오는 규범은 없으나 공안으로 권교방편을 사용해 학인을 접인하고 있으니, 다른 사람들을 "눈멀게 하지는 않는다." 비록 어떤 때에는 약간의 폐단이 생길 수도 있으나 이를 염려하여 원오스님 자신이 한편으로 "깨달음으로 약속을 삼고 있다(以契證爲期)."고 미리 쐐기를 박고 있다. 그러므로 대혜스님의 간화선사상은 오조법연의 선사상의 기초위에 불안청원이 강조한 진참실오眞參實悟의 진실방편眞實方便과 원오선사가 중시하는 공안을 활용한 권교방편權巧方便의 장점을 종합하여 성립되었다고 말할 수 있다.

이와 같이 혜능의 남종 돈오선사상이 발전되어 송대 대혜의 시기에 이르러 결국 일상생활을 떠나지 않고 참선을 실천하는 간화선이 제창된 것이다. 즉 간화선은 공안어록을 중심으로 하는 이론과 화두참구를 중심으로 하는 실천을 강조하여 그 두 가지 측면을 모두 포괄하고 있는 것이다.

---

219) 『宗門武庫』下, (藏經閣), p 133. "今時兄弟, 參佛果底, 不肯見佛眼, 見佛眼底, 不肯參佛果, 譬如衆盲摸象, 豈知二老之意耶？ 殊不知佛眼便是有規矩底佛果, 佛果便是無規矩底佛眼. 若要爲人不瞎人眼, 却來見佛果, 若只見佛眼涅槃堂禪, 自救卽得, 爲人卽不得."

여기서 우리가 주목해야 할 중요한 논제가 바로 간화선의 역동성力動性의 문제이다. 간화선이 단지 자신만을 구제하여 죽음에 이르러 열반당涅槃堂에서 한번 크게 써먹는 정체된 선이 아니라, 언제 어디서나 활발발한 생명력으로 깨닫기 전이나 깨달은 후나 삶의 전 영역을 통하여 항상 스스로 깨어있고(自覺) 모든 중생(생명)에게 열려있으며(覺他), 또한 무주묘행無住妙行의 실천으로 중생을 요익되게 하는 것(覺滿)이다. 이와 같이 대혜는 문자선과 무사선 및 묵조선의 병폐를 극복한 토대 위에서 전통의 간화종지를 계승하여 간화선을 집대성하고 있다. 대혜가 선종에서 최후로 종합적이고 회통적인 사상으로 제창한 간화선의 수증방법은 선종사에서 매우 획기적인 일이며, 또한 중요한 위치를 점하고 있다.

제 4장 간화선의 이론과 수행

1. 간화선 수행의 전제(前提)

일부 참학자들 중에는 간화선이 깨달음에 목적이 있기 때문에 그것을 수행함에는 별 전제가 필요 없이 화두참구만 잘 하면 된다고 말한다. 그래서 간화선은 오로지 깨닫기만 하면 되는 것이지 다른 것이 필요 없다는 주장을 하게 된다. 그러나 어찌 간화선이 다만 깨달음만 추구하여 깨닫기 전이나 깨달은 후의 일을 도외시할 수가 있겠는가. 세간에서 학문을 해도 평생의 노력이 필요하고, 집을 한 채 지어도 갖추어야 할 조건이 수없이 많으며, 집을 완성하고 난 뒤의 관리 또한 많은 정성을 기울여야 한다. 일반적으로 올림픽 경기에 나가서 메달을 하나 획득하는 데도 몇 년 이상의 각고의 노력이 필요한 것이 인지상정이다.

그런데 항차 인생과 우주의 근원적인 진리인 일대사一大事를 요달了達하여 생사를 영단하고 인천人天의 사표師表가 되어 중생을 제도하고자 하는 간화선 수행자가 아무 전제 없이 바로 선수행에 착수할 수는 없다. 중생을 바꾸어 조사가 되고 부처를 이루고자 하는 일이 결코 작은 일이 아니기 때문이다. 무량한 세월 동안 중생으로 사생육도四生六道에 윤회하다가 금생에 다행히 수행의 기연을 만나 중생의 업식業識을 벗고자 하려면, 이 일대사를 위해 전인격을 투영하고 평생의 기량을 다투어 신명을 바칠 각오와 준비가 필요하다. 그래서 간화행자는 수행에 임하기 전에 꼭 갖추어야 할 전제가 필요한 것이다.

간화선 수행자가 화두참구를 하기 전에 갖추어야 할 몇 가지 전제조건에 대해 천착해 보기로 하자. 그 전제에는 대략 일반적인 전제와 특별한 전제가 있을 수 있다. 즉 대전제 하나와 소전제 몇 가지를 세워 보도록 하겠다.

(1) 일반전제

1) 중도정관(中道正觀)의 확립

간화선에 입문하고자 하는 수행자는 우선 연기적 중도정관中道正觀을 확립해야 한다. 즉 먼저 부처님께서 설하신 연기緣起, 무아無我의 도리에 대한 올바른 이해가 필요하다. 대승불교에서 말하는 공空, 중도中道, 반야般若, 불성佛性사상에 기초한 연기적 인생관과 세계관의 정립 없이 화두를 참구하게 되면 수행에 전인격이 투영될 수 없다. 뿐만 아니라, 주인공主人公 혹은 본래면목本來面目 등의 선적 언어표현에 오해를 불러 일으켜서, 번뇌망념 넘어 소소영령昭昭靈靈한 실체적 자아(아트만)를 찾는 것을 참선이라 착각하거나, 무사적정의 무기공無記空의 경계에 안주하는 것을 선정삼매禪定三昧

로 오인할 수 있다. 아울러 선을 신비적 영적체험으로 잘못 이해할 수도 있다. 즉 철저한 중도정관의 정립이 없이 참선을 하게 되면 삿된 길(邪道)로 빠져들어 자신도 망치고 주위 사람들에게도 피해를 줄 위험이 있다.

부처님께서 깨달으신 내용이 곧 연기緣起요, 무아無我이다. 이러한 연기와 무아의 사상이 대승불교에 오게 되면 공空, 중도中道, 반야般若, 불성佛性 등 다양한 언어표현으로 불리게 된다. 중국 선종사상은 반야와 불성사상의 융합에 기초를 두고 있다. 반야와 불성은 중도에 의해 통합되어진다. 즉 반야와 불성의 합성어인 "자성청정自性淸淨"의 중도를 깨닫는 것이 선의 요체라고 할 수 있다. 이른바 자성청정이라는 말로 대변되는 반야불성般若佛性 사상은 선종의 심지법문心地法門이다. 그러면 대승불교의 핵심인 반야사상과 불성사상에 철저한 『대지도론』과 『대반열반경』을 통해 반야중도와 불성중도의 융합에 대해 살펴보고 중도의 세계관을 정립해 보도록 하자.

항상함(常)이 치우친 한 쪽이고 아주 사라짐(斷滅)이 또 한 쪽이니, 이 두 가지 치우침을 떠나면 중도를 행함이며 이것이 반야바라밀이다.

항상함(常)과 덧없음(無常), 괴로움(苦)과 즐거움(樂), 공함(空)과 실다움(實), 아我와 무아無我 등도 또한 이와 같다.

색법色法이 한 쪽이고 색 없음(無色法)이 한 쪽이며, 볼 수 있는 법과 볼 수 없는 법, 상대 있음과 상대 없음, 함이 있음과 함이 없음, 샘이 있음(有漏)과 샘이 없음(無漏), 세간과 출세간 등 여러 가지 두 법도 또한 이와 같다.

거듭 다시 무명이 한 쪽이고 무명의 다함이 한 쪽이며, 나아가서 늙고 죽음이 한 쪽이고 늙고 죽음이 다함이 한 쪽이며, 여러 법 있음이 한 쪽이며 여러 법 없음이 한 쪽이니, 이 두 가지 치우침을 떠나면 중도를 행함이며 바로 반야바라밀이다.

보살이 한 쪽이고 육바라밀이 한 쪽이며, 부처가 한 쪽이고 보리가 한 쪽이니, 이 두 가지 치우침을 떠나면 중도를 행함이며 바로 반야바라밀이다.

간략히 말해 안의 육식이 한 쪽이고 밖의 육진이 한 쪽이니, 이 두 가지 치우침을 떠나면 중도를 행함이며 이를 반야바라밀이라 한다.

다시 이것은 반야바라밀이라 함이 한 쪽이고, 이것은 반야바라밀이 아니라 함이 한 쪽이니 이 두 가지 치우침을 떠나면 중도를 행함이며 이를 반야바라밀이라 한다.[220]

---

220) 『大智度論』권43, "常是一邊, 斷滅是一邊, 離是二邊行中道, 是爲般若波羅蜜. 又復常無常, 苦樂空實, 我無我等, 亦如是. 色法是一邊, 無色法是一邊, 可見法不可見法, 有對無對, 有爲無爲, 有漏無漏, 世間出世間等諸二法, 亦如是. 復次, 無明是一邊, 無明盡是一邊, 乃至老死是一邊, 老死盡是一邊, 諸法有是一邊, 諸法無是一邊, 離此二邊行中道, 是爲般若波羅蜜. 菩薩是一邊, 六波羅蜜是一邊, 佛是一邊, 菩提是一邊, 離是二邊行中道, 是爲般若波羅蜜. 略說內肉情是一邊, 外六塵是一邊, 離是二邊行中道, 是名般若波羅蜜. 此般若波羅蜜是一邊, 此非般若波羅蜜是一邊, 離是二邊行中道, 是名般若波羅蜜."

불성이란 제일의공第一義空이라 한다. 제일의공이란 지혜라 한다. 말한바 제일의공이란 공空과 공아님(不空)을 보지 않는 것이다. 지혜라고 하는 것은 공空과 공아님(不空), 항상함(常)과 항상하지 않음(不常), 고통(苦)과 즐거움(樂), 아我와 무아無我를 보는 것이다. 공이란 일체생사이고 공아님이란 대열반이며, 내지 무아란 곧 생사이며, 아我란 대열반이며, 일체 공을 보며 공아님을 보지 못하는 것 등은 중도라고 할 수 없다. 또한 일체무아一切無我를 보고 아我를 보지 못하면 중도라고 할 수 없다. 중도中道를 이름하여 불성佛性이라 한다.[221]

이와 같이 중도란 반야와 불성을 회통하는 말이며, 또한 자성청정으로 표현되어 진다. 그래서 혜능도 『단경』에서 "자성이 청정함을 단박에 깨닫는 것(頓悟自性淸淨)"이 돈오선의 심지법문이라고 설하고 있다. 즉 자성이 청정함을 깨닫는 것이 바로 견성見性이니, 자성청정이란 곧 중도에 다름 아니다. 중도를 깨닫는 것이 곧 견성성불이다. 그러므로 혜능 또한 제자들에게 최후설법으로 중도를 설하고 있는 것이다. 그는 이 중도법문이 선종의 근본종지라고 말하고 있다.

---

221) 『大般涅槃經』卷27, "佛性者名爲第一義空, 第一義空名爲智慧. 所言空者, 不見空與不空. 智慧者見空與不空, 常與不常, 苦之與樂, 我與無我. 空者一切生死, 不空者謂大涅槃, 乃至無我者卽生死, 我者謂大涅槃, 見一切空不見不空, 不名中道. 乃至見一切無我不見我者, 不名中道. 中道者名爲佛性."

너희들은 다른 사람들과 같지 않다. 내가 멸도한 후에 각각 한 지방의 스승이 될 것이므로 내 이제 너희들에게 법 설함을 가르쳐서 근본종지를 잃지 않도록 하겠다. 먼저 삼과법문과 움직여 쓰는 데 서른여섯 가지 상대하는 법(對法)을 들어 말하리니, 나오고 들어감에 양 변兩邊에 치우침을 여의고 온갖 법을 설할 때 자기 성품을 여의지 말라.

갑자기 어떤 사람이 너희에게 법을 묻거든, 말을 내되 다 두 법으로 하여 서로 상대하는 법을 모두 취해서 오고 감이 서로 원인이 되게 하고, 마침내는 두 가지 법을 모두 없애되 다시 갈 곳마저 없게 하라. ……

설사 어떤 사람이 있어 '무엇이 어두움이냐?'고 묻는다면 '밝음은 바로 인因이요, 어두움은 바로 연緣이니, 밝음이 없어지면 곧 어두움이다.'라고 답하라. 밝음으로써 어두움을 나타내며 어두움으로써 밝음을 나타내면, 오고 감이 서로 원인이 되어 중도의 뜻을 이룰 것이니, 다른 물음에 대하여도 모두 이와 같이 하라. 너희들이 뒤에 법을 전할 때에도 이를 의지해 서로 가르쳐 주어 종지를 잃지 말라.[222]

---

222) 『六祖法寶壇經』, 『大正藏』제48권, p360. "汝等不同餘人. 吾滅度後, 各爲一方師, 吾今敎汝說法, 不失本宗. 先須擧三果法門, 動用三十六對, 出沒卽離兩邊, 說一切法, 莫離自性. 忽有人問汝法, 出語盡雙, 皆取對法, 來去相因, 究竟二法盡除, 更無去處. ……設有人問何名爲暗, 答云, 明是因, 暗是緣, 明沒則暗. 以明顯暗, 以暗顯明, 來去相因, 成中道義, 餘問悉皆如此. 汝等於後傳法, 依此轉相敎授, 勿失宗旨."

불교의 제 종파인 삼론종, 천태종, 화엄종, 법상종, 밀종 등 모두가 다 중도에 입각하여 법을 설하고 중도를 깨달을 것을 설하고 있다. 그 중에서 대표로 천태종에서는 "한 개의 색, 한 개의 향이 중도 아님이 없다(一色一香無非中道)."고 하였으니, 이러한 중도를 깨달아야 진정한 본색납자本色衲子라 할 수 있을 것이다. 중도를 내놓고는 불교는 성립되지 않는다. 선종도 예외가 아니라 중도를 깨달음이 견성이요 성불이다. 성철선사도 『백일법문』을 통해 모든 종파의 중도법문을 소개하고 마지막으로 선종의 중도법문에 대해 선문조사의 어록을 예로 들어 설명하고 있음을 볼 수 있다. 마조선사의 중도법문을 설하고 있는 일단을 소개하면 다음과 같다.

    자성이 공했기 때문에 삼계가 유심입니다. 삼계유심이란 자성청정심을 말하는 것인데 일체만법이 다 공하여 쌍차쌍조雙遮雙照하며 진공眞空이 묘유妙有한 것인데 이것을 마음이라 하고 중도라 합니다. 앞에서 선도 취하지 않고 깨끗하고 더러움의 양변을 버린 것을 마음이라 했습니다. 이것은 삼라만상이 모두 쌍차쌍조雙遮雙照해서 차조가 동시(遮照同時)라는 말입니다. 그래서 삼라만상이 일법지소인一法之所印으로 중도와 자성청정을 내 놓고는 하나도 성립될 수 없습니다.[223]

---

223) 『百日法門』下, (藏經閣), p 210.

그 외에 선종의 중도법문은 수없이 많은데, 모두가 중도의 이론 체계 속에서 진행되고 있다. 현사사비玄沙師備가 말하기를 "바깥의 티끌 경계를 마주해서는 죽은 나무나 꺼진 재처럼 되었다가, 마음을 써야 할 때에 가서는 중도中道를 잃지 말아야 한다. 거울이 모든 물체를 비추지만 스스로 빛을 잃지 않고, 새가 공중을 날면서도 하늘 바탕을 더럽히지 않는 것과 같이"[224] 하라고 하였다. 간화종장인 대혜도 『서장書狀』에서 사구백비四句百非를 떠난 중도적 사고의 토대위에서 화두를 참구할 것을 강조하고 있다.

> 유有에 집착하지 않으면 무無에 집착하고, 양쪽 모두에 집착하지 않으면 유·무 사이에서 헤아려 분별한다. 비록 이 병폐를 알았다 하더라도 이내 유도 아니고 무도 아닌 곳에 집착하고 만다. ……사구四句를 벗어나고 백비百非를 끊어라. 바로 한 칼에 두 동강을 내서 다시는 앞뒤를 생각지 말고 그대로 일천 성인의 정수리를 끊어버리라 한 것이다.[225]

대혜는 이렇게 사구백비를 벗어나야 "모든 법이 실로 있다(實有)."거나, "모든 법이 실로 없다(實無)."거나, "모든 법이 있기도 하

---

224) 『參禪警語』, (藏經閣), p 78. "必須對塵對境, 如枯木寒灰, 臨時應用, 不失其宜. 鏡照諸像, 不亂光輝, 鳥飛空中, 不雜空色."
225) 『大慧語錄』卷27, 『大正藏』47권, p 928上. "若不着有便着無, 若不着此二種, 便於有無之間思量卜度. 縱識得此病, 定在非有非無處着到. 故先聖苦口叮嚀, 令離四句絶百非. 直下一刀兩斷, 更不念後思前, 坐斷千聖頂頸."

고 없기도 하다(亦有亦無)."거나, "모든 법이 있는 것도 아니요, 없는 것도 아니다(非有非無)."라고 하는데 빠진 외도의 장애를 받지 않고 중도정관中道正觀을 바로 수행할 수 있다고 설하고 있다. 즉 선이란 모든 개념적인 틀을 부수고 반야직관에 의한 중도정관으로 자아와 세계에 대한 진정견해眞正見解를 획득하는 것이다. 그러므로 중도정관은 참선수행의 제일 전제라 할 수 있다.

박산무이博山無異는 『참선경어參禪警語』에서 만약에 중도정관에 의한 바른 생각(正念)을 잃어버리고 참선을 하게 되면 삿된 길(邪道)로 빠져서 돌아오지 못한다고 경책하고 있다.

예컨대 어떤 납자가 오직 깨끗한 곳에 앉아 맑고 고요하여 티끌 한 점 없는 것을 좋아하며 이것만을 공부라고 생각한다면, 이런 사람은 '바른 생각(正念)을 잃어버리고 맑고 고요한데 빠진 사람'이라고 부른다. 혹 어떤 사람은 말로 도리를 설명해내며 동정動靜의 방편을 짓는 것을 공부라고 인정하는데, 이런 사람을 '바른 생각(正念)을 잃어버리고 알음알이를 인정하는 사람'이라고 부른다.

또 어떤 사람은 망심을 가지고 망심이 일어나지 못하도록 억지로 내리누르는 일을 공부라고 생각하는데, 이런 이를 가리켜 '망심으로 망심을 누르는 납자'라고 한다. 이런 경우는 마치 풀 위에 돌을 올려놓은 것과 같으며 또한 파초芭蕉 껍질을 벗겨내는 일과 같으니 한 겹을 벗겨내면 또 한 겹이 생겨나서 끝날 날이 없을 것이다.

혹 어떤 납자는 자기 몸과 마음이 허공과 같을 것이라고 상상으로 관觀하여 담벼락처럼 아무 생각도 일으키지 않는데, 이런 사람도 '바른 생각(正念)을 잃은 납자'라고 부른다. 현사玄沙도 이렇게 말하였다.

"혹 마음을 단단히 굳혀 단속하고 모든 현상(事)을 공空으로 귀착시키려 하면 이런 사람은 '공망空亡에 떨어진 외도로서, 혼魂만 흩어지지 않았지 사실은 죽은 사람'이 되고 만다. 이상은 모두 바른 생각(正念)을 잃은 까닭이다."[226]

중도정관에 의한 정념正念의 바탕 위에서 참선을 해야 이단외도의 길로 빠지지 않게 된다. 이와 같이 중도정념을 갖추는 일은 매우 중요한 일이다. 이러한 중도적 사고와 중도적 인생관 그리고 중도적 세계관의 정립을 확고히 하고 난 뒤에 이해의 차원에서 머물 것이 아니라, 화두참구를 통해 이 중도의 법칙을 깨닫는 것이 간화선의 가르침인 것이다.

2) 계정혜 삼학등지(三學等持)

---

226) 『參禪警語』, (藏經閣), p 58~59. "做工夫, 不可須臾失正念. 若失了參究一念, 必流入異端忘忘不返. 如人淨坐, 只喜澄澄潛潛純淸絶點, 爲佛事, 此喚作失正念墮在澄澄中. 或認定一箇能講能譚, 能動能靜, 爲佛事, 此喚作失正念認識神. 或將妄心退捺, 令妄心不起爲佛事, 此喚作失正念將妄心捺妄心, 如石壓草, 又如剝芭蕉葉, 剝一重又一重, 終無了底日子. 或觀想身心如虛空, 不起念如牆壁, 此喚作失正念, 玄沙云, 便擬凝必斂念, 攝事歸空, 卽是落空亡外道, 魂不散底死人, 總而言之, 皆失正故."

간화행자는 먼저 계정혜 삼학을 고르게 닦을 것을 다짐해야 한다. 어떤 선자들은 선은 선정을 통해 지혜를 얻는 것이기 때문에 지계와는 아무 상관이 없다고 말한다. 아울러 혜능이 설한 무상계無相戒를 잘못 이해해서 아예 유상의 계율(有相戒律 : 오계, 십계 등의 齋戒)은 지킬 필요가 없다는 식으로 이해하며, 심지어는 막행막식莫行莫食의 무애행無碍行이 본분납자本分衲子의 가풍이라고 천명하고 있다.

근본불교의 교의에서는 계정혜 삼학의 근수로 수증문을 삼고 있음을 볼 수 있는데, 즉 지계청정持戒淸淨의 바탕 위에 선정삼매에 들 수 있고, 선정삼매를 얻음으로써 반야지혜가 발현될 수 있다고 설하고 있다.

선종의 계율에 대해 중봉中峰선사는 이렇게 설하고 있다.

> 달마스님이 계율을 말씀하지 않은 것은 두 가지 이유가 있기 때문이다. 첫째는 근본 종지만을 투철하게 관찰하게 하려고 그런 것이고, 둘째는 제자들을 믿었기 때문이다. 근본 종지만을 투철하게 관찰하게 했다는 뜻은 오로지 부처님의 심인心印을 전하는 것으로써 종을 삼았다는 말이다. 제자들을 믿었다는 것은 달마문하에는 모두 상근기의 인재들만 모여서 숙세에 반야의 종지를 익히고 최상승의 근성을 갖추지 않은 사람은 하나도 없었다. 이런 사람들은 이미 계정혜 삼학을 닦았기 때문에 또다시 계율의 수지를 말할 필요가 없다.

달마스님 당시에는 계율을 지키라고 말하지 않아도 잘 지켰던 것이다. 굳이 계율을 지키라고 강조하지 않았지만, 어느 제자도 고의적으로 계율을 어기는 자가 없었다. 달마스님 이후로 대승의 근기와 성품을 갖춘 선사들이 천지 사방에서 구름처럼 일어나고 바닷물이 용솟음치듯 하였다. 달마스님 때부터 계속해서 계율을 말하지 않았던 것은, 종지로 볼 때에 너무나 당연한 것이다. 애초에 계율을 지키지 않고 부처님의 심종心宗을 전수했다는 소리는 내 아직 들어 본 적이 없다.[227]

사실 선종사에서 볼 때 백장선사가 선원청규를 제정하여 독립적인 선종의 살림을 꾸리기 전에는 전부 율종 사원에 함께 더부살이하며 수행했던 것이다. 그러니 계율을 수지하는 것은 너무나 당연한 일이었다. 그러니 계율에 대해 특별히 강조하지 않았을 뿐이지 부처님의 심종心宗을 전수하는 본분납자로서 계정혜 삼학을 닦지 않은 종사는 단 한 사람도 없었던 것이다.

그래서 남종선에서는 정혜등지定慧等持를 주장하고, 더 나아가서 계정혜의 일체一體인 삼학등지三學等持를 해탈의 수증문으로 삼고 있다. 즉 계정혜 삼학 중 어느 한 문이라도 결핍되면 완전한 해탈을 얻을 수 없다고 주장하고 있다. 홍주종의 흥선유관興善惟寬은 백거이白居易의 물음에 다음과 같이 대답하고 있다.

---

227)『山房夜話』, (藏經閣), p 93~94.

선사께서는 무엇 때문에 법을 설합니까? 답하기를, 무상보리란 것은 몸에 걸치면 계율이 되는 것이요, 입으로 말하면 법이 되는 것이요, 마음으로 행하면 선이 되는 것이다. 응용하면 셋이 되지만 사실은 하나이다. ……계율이 바로 법이요, 법은 선정을 떠나지 않는다. 어찌 이 가운데 망령되이 분별을 일으키는가?[228]

선원청규에 나타나고 있는 계율관 역시 선종이라고 해서 특별히 다른 계율이 적용되는 것이 아니라, 부처님이 제정한 율장에 의거해 계율을 그대로 지키되 선종의 특성상 선농겸수禪農兼修를 통한 자급자족의 생활에 필요한 부분만 따로 "선문규식禪門規式"으로 제정해 놓은 것에 불과한 것이다. 백장청규에서의 계율에 대한 면모는 자세히 알 수는 없으나 자각종색慈覺宗賾의 『선원청규禪苑淸規』에는 분명하게 계율를 엄정히 지킬 것을 제시하고 있다. 지계는 수행자의 도업을 성취시킬 뿐만 아니라 불법이 이로 인해 현전한다고 설하고 있다. 또한 계를 가볍게 여기는 요즘 수선납자에게 경종이나 울리듯, 계를 지키며 죽을지언정 계율 없이 구차하게 살지 말 것을 당부하고 있다.

삼세제불은 모두 출가하여 도를 이루었다고 한다. 인도의 28대

---

228) 「傳法堂碑」, 『全唐文』권678. "既曰禪師, 何故說法? 師曰, 無上菩提者, 被於身爲律, 說於口爲法, 行於心爲禪, 應用有三, 其實一也. ……律卽是法, 法不離禪. 云何於中妄起分別?"

조사와 중국의 6대 조사들도 부처님의 마음(佛心印)을 전한 출가사문이었다. 모두 계율을 엄정히 지켜 모름지기 삼계에 큰 모범이 되었다. 그러므로 참선하여 도를 묻는 자는 계율을 첫째로 삼는다. 허물을 떠나고 그름을 막지 않았다면 어떻게 부처를 이루고 조사가 될 수 있었겠는가. ……계를 받은 후에는 항상 마땅히 지켜야 한다. 계와 함께 죽을지언정 계 없이 살지 말아라. ……재물과 색色의 허물(禍)은 독사 보다 심하다. ……계율이 청정하면 불법이 현전하리라. 가죽이 있지 아니하면 털이 어찌 붙어 있겠는가. 그러므로 경에 말하되 '정진하여 청정한 계율을 지님을 마치 맑은 구슬(明珠)을 보호하듯 하라.' 고 하였다.[229]

천태지자天台智者도 『지관좌선법止觀坐禪法』에서 수행자는 지관을 수행하려고 하면 반드시 다섯 가지의 연緣을 갖추어야 하는데, 그 가운데 가장 첫 번째가 "계戒를 지킴이 맑고 깨끗해야 할 것"을 주장하고 다음과 같이 설하고 있다.

첫째, 대저 지관을 수행하려고 한다면 반드시 계를 지켜 나아감이 맑고 깨끗해야 하는데 경전 속에 설하여진 것과 같다. '이 계가 인因이 됨으로써 모든 선정과 괴로움을 멸하는 지혜를 낳을

---

229) 『禪苑淸規』第一, "三世諸佛皆日出家成道. 西天二十八祖, 唐土六祖, 傳佛心印, 盡是沙門. 蓋以嚴淨毘尼, 方能洪範. 然則參禪問道戒律爲先. 旣非離過防非, 何以成佛作祖. ……受戒之後, 常應守護, 寧有法死, 不無法生. ……財色之禍, 甚於毒蛇. ……尸羅淸淨佛法現前. 皮之不存, 毛將安傳. 故經云, 精進持淨戒, 猶如護明珠."

수 있다. 이러한 까닭으로 출가승은 반드시 깨끗하게 계를 지켜야 한다.' 어떠한 것을 계를 지킴이 맑고 깨끗한 모습이라 이름하는가.

세 가지의 수행인이 있는데 그 첫째는 만일 사람이 아직 불제자가 되기 전에 다섯 가지의 무거운 죄를 지은 바가 없고 나중에 좋은 스승을 만나서 삼귀오계三歸五戒의 가르침을 받아 불제자가 되거나, 또는 출가할 수가 있어서 사미십계를 받은 다음 이어서 구족계를 받아 큰 출가승 또는 출가여승이 되어 계를 받은 후, 지금까지 깨끗하고 맑게 지켜, 파계를 범한 바가 없다면, 이것을 이름하여 품위가 제일 위인 지계인持戒人이라고 한다. 이런 사람은 지관을 수행하면 반드시 불법을 증득할 것인 바, 마치 깨끗한 옷이 염색을 받기가 쉬운 것과 같음을 마땅히 알아야 한다.

둘째는 만일 어떤 사람이 계를 받고나서 무거운 죄는 범하지 않았다고 하더라도 여러 가지 가벼운 계에 있어서 파계를 범한 것이 많이 있다고 한다면, 선정을 수행하여야 하기 때문에 곧 훌륭히 법대로 참회하면 이것도 역시 계 지킴이 맑고 깨끗한 것이라고 이름한다. 능히 선정과 지혜가 생기는 것이 마치 옷에 더러운 때가 있더라도 만일 잘 깨끗이 빨면 역시 염색이 되어질 수 있는 것과 같다.

셋째는 만일 어떤 사람이 계를 받고 나서도 마음을 굳게 지킬 수가 없어서 가볍거나 무거운 여러 가지 계를 범하는 일이 많은데, 만약 소승불교의 종문에 의하면 네 가지 무거운 죄를 참회하는 방법이 없다. 하지만 대승불교의 종문에 의하면 오히려 멸제滅除할 수 있다. 따라서 경에 말씀하시기를, 불법 가운데는 두 가지

건아가 있는데, 하나는 성품이 본래 여러 가지 악을 짓지 않는 것이고, 둘은 짓고 나서도 훌륭히 참회하는 것이다. ……

    이런 사람은 마땅히 조용한 빈 곳에 있으면서 마음을 가다듬고 항상 좌선하며, 그리고 대승경전을 독송하면 모든 중죄는 다 남김없이 소멸되고, 모든 선정삼매의 경지가 자연히 앞에 나타난다.

    이와 같이 지계를 청정히 가지는 것은 선정과 지혜를 얻는 바탕이 된다. 지자선사는 모든 선정을 이루고 고통을 멸하는 지혜를 얻기 위해서는 반드시 지계가 인因이 됨을 강조하고 있다. 지계를 강조하는 것과 마찬가지로 파계한 자에 대한 참회법을 소상히 밝히고 있다. 즉 이미 계를 파한 자는 불전에 나아가 간절하게 참회를 하라고 지시하고 있다. 참회를 통해 죄를 소멸하여야만 선정을 성취할 수 있음을 고취시키고 있다. 이것은 지계의 터를 닦지 않고는 선정의 기둥을 세울 수 없고 지혜의 대들보를 얹을 수 없는 것과 마찬가지다.

    단운지철斷雲智徹의 『선종결의집禪宗決疑集』에서 수행납자는 반드시 오계로 바탕을 삼고, 십선으로 작용을 삼으라고 말하고, 작용과 바탕이 동시에 행해져야만 비로소 불사를 성취할 수 있다고 강조하고 있다.

    이 계는 부처님과 부처님이 주고 받았고, 조사와 조사가 서로 전하여 오늘에까지 이르렀다. 학인들이 기왕에 염불, 참선하여 이 일을 규명하려 한다면 반드시 계를 준수하여, 어떤 삿된 스승이나 사견을 가진 자가 '술 마시고 고기 먹는 것이 보리에 장애되지 않고, 도적질하고 음행하는 것이 반야에 해로울 것이 없다.' 하고 함부로 지껄이는 소리를 절대로 믿어서는 안 된다. 이들은 지옥의 무리요 악마의 권속으로 부처님의 제자가 아니다. 법문에서 밥을 훔쳐 먹고 함부로 반야를 말하여 사람들의 바른 믿음(善信)을 파괴하고 부처님의 혜명慧命을 끊으려는 자들이다.[230]

오래토록 선문에 수면 밑으로 답습되고 있던 '술 마시고 고기 먹는 것이 보리에 장애되지 않고, 도적질하고 음행하는 것이 반야에 해로울 것이 없다.'는 이단사설에 경종을 울리고 있다. 중국 근대 선을 다시 일으킨 허운虛雲선사도 법문을 통해 도를 깨닫는 선결조건으로 계율을 엄격히 지킬 것을 수시하고 있다.

수행하여 도를 이루는 데는 첫째가 계율을 지키는 것이다. 계율은 무상보리無上菩提의 근본이다. 계로 인하여 비로소 선정이 생기고, 선정으로 인하여 비로소 지혜가 나타난다. 계를 지키지 않고 수행을 한다는 것은 있을 수 없다.
『능엄경』에서 네 가지 청정한 가르침(四種淸淨明誨)[231]을 우리에게 주고 있으니, 계를 지키지 않으면 삼매를 닦는다 하더라도 속세

---

230) 『禪宗決疑集』, 회산계현 지음, 연관 역주, 『禪門鍛鍊說』, (불광출판사, 1998年), p 193~194.

를 벗어날 수 없으며, 비록 많은 지혜와 선정이 앞에 나타나더라도 역시 사마邪魔와 외도外道에 떨어질 것이라 하였다. 계를 지키는 것이 얼마나 중요한지 가히 알 수 있다. 계를 지키는 사람은 천룡이 옹호하고 사마와 외도들이 공경하며 두려워 하지만, 계를 깨뜨린 사람은 귀신들이 큰 도적이라고 하면서 그의 발자취를 쓸어버린다. ……

어떤 사람은 "육조스님 말씀에, '마음이 평안하면 어찌 애써 계를 지킬 것이 있으며, 행동이 곧으면 어찌 굳이 참선할 필요가 있겠는가.' 하였다" 한다. 그러나 내가 감히 묻거니와, 그대의 마음은 평안하고 곧은가? 만약 달밤에 아름다운 여인이 알몸으로 그대를 껴안는다면 그대는 마음이 움직이지 않겠는가? 또 어떤 사람이 이유 없이 그대를 욕하고 때린다면 그대는 성내는 마음을 일으키지 않겠는가? 그대는 원수와 친한 이, 미움과 사랑, 나와 남, 옳고 그름을 능히 분별하지 않을 수 있겠는가? 확실히 그럴 수 있다면 그런 말을 해도 되겠지만 그렇지 못하다면 허튼소리를 할 필요가 없다.[232]

근세의 중국을 살다간 허운은 당시 소멸해가던 선종의 현사의 맥(懸絲之脈)을 다시 이어 선을 중흥시키고 120세를 일기로 입적에

---

231) 네 가지 청정한 가르침이란, 살생(殺生), 투도(偸盜), 음행(淫行), 대망어(大妄語 : 자기가 깨달은 도인이라고 거짓말 하는 것) 등의 죄를 범하지 않고 수행하라는 가르침을 말한다.
232) 『參禪要旨』, (허운(虛雲)화상 법어, 대성(大晟)스님 옮김, 여시아문, 2004年), p 40~42.

들면서 제자에게 한 마지막 유훈에서도 계율의 중요성을 남기고 떠난다. "그 동안 나를 시봉하느라고 고생이 많았다. 나는 근 10년 간 온갖 신고辛苦와 비방을 겪으면서도 다 감수했는데, 그것은 오직 이 나라가 불조佛祖의 도량道場을 보존하고, 사원이 청규를 지키며, 출가자들이 이 가사(大衣)를 잘 보존하도록 하기 위함이었다. 그러나 어떻게 해야 이 가사를 영구히 지켜갈 수 있는가? 오직 한 글자 뿐이니, 바로 '계戒'이다."233)

어떤 선자는 말한다. 화두를 타파하여 깨달으면 되는 것이지 굳이 계에 얽매일 필요가 무엇 있나 하고, 그러나 옛 조사는 고구정녕하게 말하기를, 계는 성불하는데 필요한 사다리와 같다고 하였다. 사다리가 없이는 부처의 보전에 오를 수 없으며, 또한 그 기봉이 험난한 조사의 관문을 뚫고 나갈 수가 없다. 계를 지키는 것과 선정을 닦는 것과 지혜를 얻는 것은 하나이자 셋이요 셋이자 하나인 것이다.

그래서 조선의 청허도 『선가귀감』에서 설하기를 "계정혜는 하나를 들어 셋을 갖추는 것이므로 하나하나 따로 이해해서는 안 된다."라고 말하고, 나아가 "계의 그릇이 온전하고 견고해야 선정의 물이 맑게 고이고 거기에 지혜의 달이 나타난다."234)라고 했다. 아울러 이 땅에 살아가는 수선대중을 위해 계율에 대한 만고방양萬

---

233) 위의 책, p 248.
234) "戒器完固, 定水澄淸, 慧月方現."

古榜樣을 고구정녕苦口叮嚀히 설파하고 있다.

음란하면서 참선하는 것은 마치 모래를 쪄서 밥을 지으려는 것과 같고, 살생하면서 참선하는 것은 마치 제 귀를 막고 소리를 지르는 것과 같고, 도둑질하면서 참선하는 것은 마치 새는 그릇이 가득 차기를 바라는 것과 같고, 거짓말 하면서 참선하는 것은 마치 똥으로 향을 만들려는 것과 같다. 이런 무리들은 비록 많은 지혜가 있다 하더라도 다 마구니의 도를 이룰 뿐이다.[235]

계정혜를 평등하게 닦음(三學等持)이 종문의 바른 눈이며, 간화행자의 입문조건이다. 중생과 더불어 함께하는 것이 대승계율이라는 경허의 말에 의하면, 눈 푸른 본분납자의 계는 중생과 더불어 잘 지키고(持), 범하고(犯), 열고(開), 닫는(遮) 것이 되어야 할 것이다.

3) 인과와 자비관의 정립

선을 수행해서 도를 깨치려는 수행자는 먼저 인과법因果法을 깊이 믿어야 한다. 비단 선 수행자뿐만이 아니라 모름지기 공문空門에 귀의한 자는 모두 인과를 신하는 것이 그 삶의 바탕이 되어야 한다. 만약 인과를 믿지 않고 신구의身口意 삼업을 청정하게 하지 않고는 도를 얻지 못하는 것은 말할 것도 없고 삼악도의 고통이

---

235) 『禪家龜鑑』, "帶婬修禪, 如烝沙作飯. 帶殺修禪, 如塞耳叫聲. 帶偸修禪, 如漏巵求滿, 帶妄修禪, 如刻糞爲香. 縱有多智, 皆成魔道."

그를 기다릴 것이다. 그러므로 경허는 말하기를 "형상이 곧으면 그림자가 단정하고, 소리가 크면 메아리가 웅장하다."[236]라고 하였다.

허운은 『참선요지』에서 도를 깨닫는 선결 조건 가운데 그 첫 번째로 "인과를 깊이 믿으라."고 가르치고 다음과 같이 설법하고 있다. "부처님이 말씀하시기를 '전생의 일을 알고 싶은가. 금생에 받고 있는 것이 그것이다. 내생의 일을 알고 싶은가. 금생에 짓는 것이 그것이다.' 라고 하였으며, 또 말씀하시기를 '설사 백 천겁이 지난다 해도 지은 업은 없어지지 않으며, 인因과 연緣이 만날 때 과보를 받게 된다.' 고 하였다. 『능엄경』에 이르기를 '원인이 참되지 못하면(因地不眞) 그 결과도 비뚤어진다(果招紆曲).' 고 하였다."[237] 그리고 "백장야호白丈野狐"의 인과 법문을 들려주고 있다.

옛날 백장회상에 상당설법 후 노인 한 분이 나타나 자신은 사람이 아니고 여우의 성령이며 본시 전불前佛인 가섭불 시절에 이곳의 당두(堂頭 : 방장)로 있었다고 했다. 하루는 어떤 스님이 "큰 수행인(道人)도 인과에 떨어집니까?" 하고 묻기에 "인과에 떨어지지 않는다(不落因果)."라고 대답해 준 과보로 오백 년 동안 여우의 정령이 되어 벗어날 길이 없으니, 부디 자비심으로 제도해 달라고 간청했다. 백장선사가 그대가 나에게 다시 물어보라고 하니, 노인이 묻

---

236) 『鏡虛法語』, p 118. "夫形直影端, 聲大響雄."
237) 『參禪要旨』, p 36.

기를 "큰 수행인도 인과에 떨어집니까?" 백장스님이 대답하기를 "인과에 어둡지 않다(不昧因果)." 이 한 마디의 말에 크게 깨닫고 여우의 몸을 벗었다. 후백장이 선백장을 제도시킨 일화이다.

 사실 인과를 깊이 믿으면 원인과 결과가 분명해진다. 그리고 항상 모든 중생을 대함에 선인善因을 심고자 노력하게 된다. 이와 같이 인과를 소중히 여기는 노력이 바로 생명에 대한 외경으로 나타나게 되니, 이것이 바로 자비심이다. 견성하여 성불하겠다는 신심납자는 모든 중생을 이롭게 하겠다는 대자대비의 원력이 저절로 일어나게 된다. 따라서 선자는 마땅히 요익중생饒益衆生의 자비관慈悲觀을 정립해야 한다.

 옛날 부처님은 도를 깨달아 이룬 그곳에서 생멸심을 소멸시켰다. 또한 적멸한 경지에 머무르지 않으셨으니, 이를 일러 적멸을 드러내 보이셨다고 말한다. 이러한 적멸의 경지에는 두 가지 수승함이 있다. 그 첫 번째가 위로 시방제불의 원력에 계합하여 제불여래와 동일한 대자의 힘을 내는 것(慈力)이요, 그 둘째가 아래로 육도중생에게 계합하여 일체중생과 동일한 대비를 우러르는 것(悲仰)이다. 앞에서 말한바 "대자대비를 갖추어(興慈運悲)"악도 중생을 구제하는 것이 이것을 말한다. 중생은 깨닫지 못한(不覺) 까닭에 생사를 윤회한다. 먼저 깨달은 사람이 만약 자비가 없다면 어떻게 중생세계를 건질 수 있겠는가.[238]

대혜는 제불여래의 "지혜로 생사에 머물지 않고(不住生死), 또한 자비로 열반마저도 버리고(不住涅槃)" 육도중생을 위한 보현행원의 실천을 예로 들면서, 먼저 깨달은 자는 마땅히 자비원력으로 중생세계를 구원해야 함을 역설하고 있다. 그러면 아직 완전한 깨달음에 이르지 못한 수행자는 어떻게 해야 하는가? 남종선은 먼저 『유마경』을 인용하여 "유위를 다함이 없고(不盡有爲), 무위에도 머물지 않음(無住無爲)"을 원칙으로 하여, 또한 『열반경』의 말씀을 들어 "비록 내가 깨닫지 못했다 하더라도 먼저 다른 이를 깨닫게 하라."고 말하고 있다.

> 발심과 깨달음은 둘이 아니다. 이 둘 중 발심하기가 더욱 어렵네. 내가 아직 도를 이루지 못했더라도, 먼저 다른 이를 제도하라. 그러므로 초발심에 경례하는 것이다. 초발심은 이미 인천人天의 스승이라 성문과 연각을 뛰어 넘는다.[239]

대승 『반야경』에서 보살의 두 가지 공능에 대해 설할 때에 반드시 "불착不著"과 "수순隨順"을 들고 있다. 그런데 대승보살은 마땅

---

238) 『大慧語錄』16권, 위의 책, p 878下. "古聖得了, 便於得處滅却生滅心. 亦不住在寂滅地, 謂之寂滅現前. 於寂滅地獲二殊勝. 一者上合十方諸佛, 與佛如來同一慈力, 二者下合六道衆生, 與諸衆生同一悲仰. 前所云興慈運悲救拔惡道是也. 衆生爲不覺故輪轉生死. 先覺之士若無慈悲, 如何得衆生界."
239) 『壇語』. "發心畢竟二不別, 如是二心先心難. 自未得度先得他, 是故敬禮初發心. 初發已爲人天師, 勝出聲聞及緣覺."

히 불착보다 수순을 더욱 소중히 여겨야 한다고 가르치고 있다. 이른바 불착이라는 것은 "번뇌에 집착함이 없어서 생사를 해탈하는 것"이니 견성성불見性成佛을 말함이요, 이른바 수순이라는 것은 "열반에도 안주하지 않고 다시 중생의 뜻에 따르는 것"이니 요익중생饒益衆生을 가리키는 말이다. 조사선은 대승불교의 정신을 일상생활 가운데서 구현하는 것으로 종지를 삼고 있다. 그러므로 본색납자는 마땅히 불착의 견성성불과 수순의 요익중생을 실천의 양 날개로 삼아야 하되, 여기서 한 발짝 더 나아가 요익중생의 생활실천인 보현행원을 위해 이 한 몸 기꺼이 바쳐야 한다. 이것이 대혜가 주장하는 간화선 수행자의 수행지침이다.

그러므로 종색의 『좌선의坐禪儀』의 서두에 "반야의 지혜를 수행하는 보살은 먼저 반드시 중생을 구제하려는 대비심을 일으키고, 큰 서원을 세우고 열심히 선정삼매를 닦아 맹세코 중생을 제도할 것을 서원해야 하며, 자기 자신만을 위하여 해탈을 하려고 해서는 안 된다."[240]라고 설하고 있다.

그리고 『선원청규』에도 "중생을 자비롭게 생각함을 마치 갓난아기와 같이 하라."[241]고 하였다. 천하에 좌선입도坐禪入道하고자 하는 이는 마땅히 먼저 중생과 하나 되는 대자비심을 갖추어야 함은

---

240) 宗賾, 『坐禪儀』서두. 최법혜 역주. 『고려판선원청규역주』 (伽山佛敎文化研究院), p 423. "夫學般若菩薩, 先當起大悲心, 發弘誓願, 精修三昧, 誓度衆生, 不爲一身獨求解脫爾."
241) 위의 책, p 72. "慈念衆生, 猶如赤子."

당연지사이다. 자비심이 없이 지혜를 구하겠다는 것은 연목구어緣木求魚에 지나지 않는다. 지혜와 자비를 함께 닦는 "비지쌍운悲智雙運"과 "복혜겸수福慧兼修"가 대승정신의 기초요, 조사선의 실천이다. 그래서 대혜도 간화행자는 마땅히 먼저 "자리이타自利利他의 마음으로 베풀지 않으면 안 된다."[242]고 역설하고 있는 것이다.

인과를 깊이 믿어 모든 행을 가벼이 하지 않고, 자비를 실천하여 모든 생명을 이롭게 하고자 하는 보살행이 수선자의 인격적 완성으로 나타나서 참선수행이 더욱 견고하고 풍부하게 된다. 인격과 수행을 일치시키는 작업이야말로 화두수행의 근간이 되어야 한다.

4) 선교겸수(禪敎兼修)

불교수행자가 교敎를 폄하하고 선禪을 맹목적으로 숭상한다면 이것은 분명 잘못된 선교관이다. 선자는 마땅히 의교오신依敎悟禪의 선교관을 수립해야 한다. 앞에서도 누차 언급하였지만 달마선의 전통은 "자교오종藉敎悟宗", 즉 "교에 의거해서 선을 깨닫는 것"이다. 이러한 선교겸수禪敎兼修의 가풍은 혜능, 마조, 연수, 대혜로 이어지는 조사선의 전통이다. 즉 교에 의해서 선이 이해되고, 선행禪行을 통해 교의敎義가 실천되어질 때 진정한 의미의 "선교일치禪敎一致"의 가풍이 정립될 수 있다.

---

242) 『大慧語錄』卷26, 『大正藏』47권, p 922上. "自利利他無施不可."

선종의 종지로 표방된 불립문자不立文字는 한편으로 언어문자를 신비화하고 교조화하는 교가敎家에 대한 집착을 깨기 위한 방편으로 이해할 수도 있다. 그래서 선가禪家에서도 문자를 사용하지 않는 것(不用文字)이 아니라, 문자에 집착하지 않는다(不執文字)라고 말한다. 아울러 문자에 집착하지도 않고 문자를 여의지도 않는(不卽不離) 중도의 문자관을 주장하게 된 것이다.

그리고 역대 조사들 가운데 많은 종장들이 교를 버리고 선으로 나아갔다고 하여 사교입선捨敎入禪을 주장하고 있는데, 사실 중국이나 한국의 역대 조사들 가운데 사교입선이란 용어를 입에 담은 사람은 아무도 없다. 다만 교에 정통한 연후에 선으로 나아간 경우, 설사 그때에 책을 불태운다든가 좌주(座主 : 강주)직을 그만 두는 행위가 있었다 하더라도 결국은 교의 바탕위에 선을 닦고 있는 것이다. 어쨌든 사교입선이라는 표면적인 뜻만을 취하여 교학을 홀시하거나 혹은 경전을 배척하고, 선을 조사선 가운데 격외도리格外道里나 파격적 기행奇行으로만 이해한다면 이는 결코 조사선의 종지를 옳게 파악한 선자禪者라 할 수 없다.

주지하는 바와 같이 사교입선捨敎入禪의 "사교捨敎"란 결코 경교經敎의 가르침을 버려서 폐기처분하라는 의미가 아니라, 교를 배우고 교를 의지하여 선을 깨닫되(依敎悟禪), 언어문자의 공능을 과신하거나 집착하여 교조화하지 말라는 경구로 이해되어야 할 것이다. 설사 "사捨"를 버린다는 의미로 해석한다 하더라도, 만약에 경전을 배우지 않고 조사어록을 열람하여 그 가운데 얻은 것이 없다면 아무 것도 버릴 것이 없는데 또한 무엇을 버린단 말인가? 공안의 도리로 "버릴 것 없는 그것"을 버린단 말은 아닐 것이다.

적어도 경론과 전등어록에 정통한 연후에 그 가운데서 깨달아 얻은 지해知解마저 버리고 본분사本分事를 결단(公案參究)하는 향상일구向上一句를 투과하라는 뜻으로 받아들여야 할 것이다. 조사선의 종지를 잘못 이해하여 경론을 익히지 않고 교학을 요해하지 않으려는 태도가 있다면 이는 자칫 선으로 하여금 무지선無知禪으로 빠지게 할 위험이 농후하다.

> 대도는 언어에 있지 않으나 언어가 아니면 도를 밝힐 수 없고, 불법은 배우는데 있지 않으나 배우지 않으면 법을 밝히지 못한다.[243]

마조도일선사가 제자인 서당지장을 향해 선에만 몰두하지 말고 교를 익혀 훗날 교화에 차질이 없도록 할 것을 주문하고 있는 것을 볼 수 있다. 그리고 송대 본숭本崇의 "두순의 화엄종지를 깊이 깨달으면, 조주 선차禪茶의 일미를 터득함이다(深明杜順旨, 好喫趙州茶)."라는 일구는 선교겸수의 정신이 후대 조사선의 가풍으로 전승되고 있음을 증명하고 있다.

만약 선수행자가 교학을 폄하하고 깨달은 바도 없으면서 맹목적

---

243) 『禪門鍛鍊說』, p 110.

으로 선의 우월성에 빠져 스스로 오만에 갇혀있다면 청허선사의 경책이 그를 기다리고 있다.

참선하는 이가 교문에 마음을 닦고 번뇌를 끊어가는 수행의 바른 길이 있음을 믿지 않는다. 비록 물든 마음과 오래된 버릇이 일어나도 부끄러워할 줄 모른다. 깨달은 바는 없으면서 참선법에 기대어 아만만 높아 말하는 품이 오만하기 짝이 없다. 그러므로 제대로 마음을 닦는 수행자는 스스로 비굴하지도 높이지도 않는다.[244]

그래서 청허는 『선교결禪敎訣』에서 선과 교에 대해 "선은 부처님의 마음이고, 교는 부처님의 말씀이다. 교는 말로 말 없는 데에 이르는 것이요, 선은 말 없이 말 없는 곳에 이르는 것이다. 말 없이 말 없는 곳에 이르기 때문에 사람들은 그것을 무엇이라 이름할 수 없으니 억지로 이름하여 마음이라고 한다."[245]고 정의 하였다.

그리고 『선가귀감』에서는 선교원융의 태도를 "말에서 잃어버리면 염화미소拈花微笑도 모두 교적敎迹이 되고, 마음에서 얻으면 세간의 시중잡담도 모두 교외별전敎外別傳의 선지禪旨가 된다."[246]라고 주장하고 있다. 또한 설하기를 "교문은 오직 일심법一心法을 전하

---

244) 『禪家龜鑑』, p 638. "參禪者, 不信敎門, 有修斷之正路. 染習雖起, 不生慙愧. 果級雖初, 多有法慢高, 發言過高也. 是故得意修心者, 不自屈不自高也."
245) 『韓國佛敎全書』제7권, p 657. "禪是佛心, 敎是佛語也. 敎也者, 自有言至於無言者也. 禪也者, 自無言至於無言者也. 自無言至於無言, 則人莫得而名焉, 强名曰心."

고, 선문은 오직 견성법見性法을 전한다. 심(心 : 마음)은 거울의 체(體 : 본체)와 같고, 성(性 : 성품)은 거울의 빛(光 : 작용)과 같다. 성품(性)은 스스로 청정하여 즉시에 활연히 깨달으면 다시 본심을 얻는다."[247] 라고 하였다. 이것은 교와 선을 본체와 작용으로 파악하여 체용일여體用一如로 설명하고 있는 것이다.

조선 말 대선장 경허도 청허의 관점을 계승하여 말하기를 "그 뜻을 얻었다면 거리의 한담도 법의 수레를 굴림이요, 말에서 잃어버리면 용궁보장(龍宮寶藏 : 화엄경)도 한 마디 잠꼬대 일 뿐이다."[248] 라고 하여 선교를 원융하게 섭수하되, 선교 어디에도 얽매임이 없는 모습을 보여주고 있다.

사실 선에서 언어문자를 세움도 방편이요, 언어문자를 파함도 역시 방편이다. 세우고 파하는 방편의 낙처落處를 잘 파악해야 한다. 우리 시대를 살다간 성철선사는 언어문자를 어느 누구보다 많이 섭렵했음에도 불구하고 평상시 납자들을 가르침에 있어서는 일체 언어문자를 배격하는 모습을 보여 주었다. 소참법문집인 『화두하는 법』에서 제시한 "수좌오계首座五戒"에 보면 "문맹文盲같이 일체 문자를 보지 말라."고 경고하고, 그 이유를 아래와 같이 설명

---

246) 『韓國佛教全書』제7권, p 635. "失之於口, 則拈花微笑, 皆是教迹. 得之於心, 則世間麤言細語, 皆是教外別傳禪旨."
247) 위의 책, p 636. "教門惟傳一心法, 禪門惟傳見性法. 心如鏡之體, 性如鏡之光. 性自清淨, 卽時豁然, 還得本心."
248) 『鏡虛法語』, p 634~635. "得其志也, 街中閑談, 常軫法輪. 失於言也, 龍宮寶藏, 一場寐語."

하고 있다.

널리 배워서 지혜가 많으면, 자성은 오히려 어두워지는 것이니, 무엇이든지 읽지도 외우지도 회상하지도 말라. 진정으로 견성하고자 한다면 눈으로 보고 귀로 들었던 일체의 언어문자를 깡그리 쓸어 내버려서 털끝만큼도 없게 하여야 한다. 팔만법보八萬法寶의 금언성구金言聖句도 십지등각十地等覺의 현묘한 지해도 모두 정법을 매몰하는 티끌더미다. 자기의 마음속의 무진장無盡藏 보배창고는 개발하지 않고, 불조의 언설만 익히며, 남의 보배만 헤아리는 꼴을 면치 못한다. 도를 닦는데 있어서 경론을 외우는 것만큼 장애가 되는 것은 없으니, 이를 단연코 버리고 용맹정진해야 한다. 동산왈, 심의식心意識으로 현묘한 종지宗旨를 배우려 한다면, 서쪽으로 가려하면서 오히려 동쪽으로 가는 격이다.[249]

선원에서 모든 인연을 놓고(放捨諸緣) 일대사一大事를 궁구하는 본분납자의 입장에서는 당연히 일체의 언어문자에 의한 알음알이를 배격해야 할 뿐만 아니라, 신명身命까지도 버리는 심정으로 화두에 매진해야 한다. 그러나 이것도 역시 방편의 시설이다. 성철스님은 후학을 위해 언어문자를 사용해 『백일법문』을 들려주었으며, 『선문정로』를 제시하였으며, 문자를 사용해 『본지풍광』을 드러내 보였으며, 그 외에 수많은 법문과 저술을 남기고 있다. 특히 한문이

---

249) 성철스님의 『話頭하는 法』, p 2.

아닌 순 우리글로 번역된 『선림고경총서禪林古鏡叢書』를 발간하여 현대 한국선불교의 이론적 토대를 구축하는데 결정적인 역할을 하게 되었다.

그리고 일타율사의 회고에 의하면, "사람들이 들어오지 못하도록 주위에 철책을 두르고 십 년 동안 독거하며 묵언정진했던 성전암 시절을 (성철)스님은 이렇게 말씀했다. '토굴에 들어앉아 책보고 참선하고 시도 짓고 그랬제.' 그 뒤 해인사로 돌아와 백련암에 주석하면서, 총림방장에 추대되었고 백일법문을 하였다."[250]라고 말하고 있다.

이 회고의 말은 성철스님의 언어문자관을 이해하는데 중요한 정보를 제공해 주고 있다. 여기서 성철스님이 "언어문자를 배격하고 절대로 책을 보아서는 안 된다."고 주장한 진정한 이유는 다름 아닌 "자기의 마음속의 무진장無盡藏 보배창고는 개발하지 않고, 불조의 언설만 익히며, 남의 보배만 헤아리는 꼴을 면치 못함"을 경계하기 위함이다. 즉 무조건 언어문자를 배격하는 치우친 주장만 한 것이 아니라, 거기에는 마땅한 이유가 있음을 알아야 한다. 이와 같이 필요할 때는 엄중히 경계하되, 때에 따라서는 언어문자를 익히고 책을 보고 시를 짓고, 또한 법을 설하고 책을 저술하는 일에 열중하는 중도적인 언어문자관을 보여주고 있음을 알 수 있다.

법을 설하고 책을 저술하여 문자에 의한 선사상을 고취함은 옛

---

250) 『海印』 (1993년 12월 호), p 21.

날 원오선사가 『벽암록』을 저술한 뜻과 같은 것이며, 이른바 "무엇이든 읽지도 외우지도 회상하지도 말라. 진정으로 견성하고자 한다면 눈으로 보고 귀로 들었던 일체의 언어문자를 깡그리 쓸어 내버려서 털끝만큼도 없게 하여야 한다."라고 한 것은 대혜선사가 『벽암록』을 불태운 심정과 같다고 할 수 있다. 그러면 책을 만든 원오가 옳은가, 책을 불태운 대혜가 옳은가. 둘 다 옳다고 한 옛 조사의 평가를 깊이 새겨 보아야 한다.

어느 한 쪽에 치우친 극단의 행위는 중도의 가르침에 크게 장애가 된다. 언어문자를 세우지 않되(不立文字) 언어문자를 잘 사용해야 하며(善用文字), 잘 익히고 사용하되(習用文字) 또한 집착하지 말아야 한다(不着文字). 그러므로 언어문자를 여의지도 않고(不離) 집착하지도 않아서(不卽), 세우고(立) 파함에(破) 수연자재隨緣自在하여, 방편을 당해서는 세울 것이요, 지견知見에 이르러서는 파할 뿐이다.

오늘을 살아가는 후학들은 선종의 가르침인 "부즉불리不卽不離"의 중도적 언어문자관을 가진 납자가 진정한 납자요, 선사임을 분명히 알아야 한다.

5) 삼요(三要)를 갖춤

굉지정각이 말하기를 "참선이라고 하는 이 일은 실제로 생사를 해탈하는 것이다. 만약 생사를 해탈하지 못한다면 어떻게 선이라 할 수 있겠는가?"[251]라고 하였다. 참선은 신심信心, 분심憤心, 의심疑心의 세 마음이 합해져 움직임이 없어야 공부를 성취할 수 있다고 하였다. 대혜가 생각하기에 화두를 참구함에 먼저 의정疑情을 일으켜야 하는데, 이 의정을 일으키기 위해서는 반드시 대결심大決心과 대신심大信心을 갖추어야 된다는 것이다. 참선오도參禪悟道의 중요한 관건이 신심과 결심이라는 그의 말을 들어보자.

> 과거 역대 불조佛祖께서는 진실로 사람들을 위해 먼저 결정지決定志를 가르쳤다. 이른바 결정지라는 것은 금생에 결정코 마음을 깨달아 불조사의 경지에 이르러 안심입명의 해탈경계에 들겠다는 의지를 말한다. 결정지가 없으면 결정신決定信이 생길 수 없다.[252]

> 믿음은 능히 지혜와 공덕을 증장시키고, 믿음은 반드시 여래의 경계에 이르게 한다. 천리를 가고자 하면 한 걸음부터 시작해야 한다. 십지보살이 장애를 끊고 법문을 증득하기 위해서 처음 십신十信으로부터 출발하여 마지막 법운지法雲地에 올라 정각을 이룬다. 처음 환희지歡喜地는 믿음(信)으로 인해서 환희심을 내기 때문이다. ……만약 반은 밝고 반은 어두우며, 반은 믿고 반은 믿지 않고, 결정하지 못하면 얻지 못한다. 이 일은 인정이 없다.[253]

---

251) 『宏智廣錄』卷第5, 『大正藏』48권, p 60. "參禪一段事, 其實要脫生死. 若脫生死不得, 喚什麼作禪?"
252) 『大慧語錄』卷22, 『大正藏』47권, p 904下. "從上諸佛諸祖, 眞實爲人處, 先教立決定志. 所謂決定志者, 決欲此生心地開通, 直到諸佛諸祖無障碍大休歇大解脫境界. 無決定之志, 則無決定信."
253) 『大慧語錄』卷26, 『大正藏』47권, p 924中. "信能增長智功德, 信能必到如來地. 欲行千里一步爲初. 十地菩薩斷障證法門, 初從十信而入, 然後登法雲地, 而成正覺. 初歡喜地因信而生歡喜故也. ……若半明半暗半信半不信, 決定了不得. 此事無人情."

금생에 반드시 도를 이루고야 말겠다는 결심이 서면, 이로부터 신심이 나온다. 믿음은 도의 근원이요, 공덕의 어머니다(信爲道源功德母). 생사를 해탈하고자 하면 견고한 신심을 가지지 않으면 결코 이룰 수 없다. 부처님께서 정각을 이루신 뒤에 "대지의 일체 중생은 여래의 지혜와 덕상을 가지고 있으면서도, 다만 망상과 집착으로 인해서 능히 깨달음을 얻지 못한다."라고 하셨다. 부처님의 말씀을 굳게 믿고 나도 결정코 성불할 수 있다는 결심이 서야 한다. 결심과 신심에 의해 의심이 일어나는 것이다. 이 세 가지 마음이 참선수행의 기본이다. 고봉의 『선요禪要』에서도 신심, 분심, 의심을 참선하는데 가장 요긴한 세 가지 요건이라 하여 이를 갖춤을 "삼요三要"라고 말하고 있다.

> 만약 착실한 참선을 말한다면 결단코 세 가지 요점을 갖추어야 한다. 첫 번째 요점은 큰 신심(大信根)이 있어야 하니, 신심이 수미산須彌山을 의지하는 것과 같다는 것을 분명히 알아야 한다. 두 번째 요점은 큰 분심(大憤志)이 있어야 하니, 이 분심은 부모를 죽인 원수를 만나 바로 두 동강내버리는 마음과 같아야 한다. 세 번째 요점은 큰 의심(大疑情)이 있어야 하니, 이 의심은 아무도 모르는 곳에서 큰일을 저질러 은폐되었던 일들이 막 폭로되려고 할 때와 같은 것이다.[254]

고봉선사는 주장하기를 "의심은 믿음으로 체體를 삼고 깨달음은 의심으로 용用을 삼는 줄 알아라. 믿음이 십분(十分 : 전부)이면 의심이 십분이고, 의심이 십분이면 깨달음이 십분이다."²⁵⁵⁾라고 하여 신심과 의심과 깨달음이 일체一體임을 강조하고 있다. 곧 화두참선은 나고 죽음(生死)에 대한 무상심無常心으로부터 신심과 분심이 일어나고, 신심과 분심이 충만하면 화두를 의심하지 않을 수 없게 된다. 이렇게 저절로 들어지는 화두라야 하루 24시간에 일념상응一念相應하여 화두일여話頭一如로 무상대도無上大道를 성취할 수 있는 것이다. 억지로 하지 않아도 저절로 들리는 화두를 자연화두自然話頭라고 한다. 자연화두가 되어야만 자연불성自然佛性을 보아 자연성불自然成佛을 할 수 있는 것이다.

생사를 초탈하고자 발심한 간화행자는 위에서 열거한 중도정관을 확립하고, 계정혜 삼학을 등지等持하고, 인과를 깊이 믿어 모든 생명에게 자비를 베풀고, 선교겸수의 수증관을 정립하여, 무상이 신속하고 생사가 화급하다는 간절함으로, 신심과 분심의 바당 위에서 용맹스럽게 간단없이 의심해서 화두를 타파해야 한다.

---

254) 『禪要』, p 108. "若謂着實參禪, 決須具足三要. 第一要, 有大信根, 明知此事, 如靠一座須彌山. 第二要, 有大憤志, 如遇殺父母怨讐, 直欲便與一刀兩斷. 第三要, 有大疑情, 如暗地, 做了一件極事, 正在欲露未露之時."
255) 위의 책, p 88. "疑以信爲體, 悟以疑爲用. 信有十分, 疑有十分. 疑得十分, 悟得十分."

(2) 특별전제

앞에서 여러 가지 전제를 열거하고 또다시 하나의 대전제를 말하는 까닭은 설사 이러한 일반전제가 이루어졌다 하더라도 막상 화두참구의 수행에 들어가면 그것이 그렇게 쉽고 간단한 것이 아니기 때문이다. 무량겁 동안 흘러내려온 업식의 강물을 하루아침에 되돌려 번뇌망상煩惱妄想을 보리정념菩提正念으로 흐르게 하는 것이 결코 쉬운 일이 아니다.

출가하여 사문이 된 것은 생사윤회를 영단하고 일체중생을 제도하고자 함이니, 가장 수승한 참선법을 배워 생사법生死法을 여의고 중생을 구해야 한다. 화두를 간택하여 참선을 하는 목적은 마음을 밝혀 불성을 보고자 함(明心見性)이다. 불성은 망념에 가려서 나타나지 못하니, 마음의 오염만 제거하면 자성은 저절로 드러난다. 오염은 전도된 망상(顚倒妄想)이다. 망상이 본래 공한 줄 알면 망상이 그대로 불성이다. 불성을 바로 봄이 도道이다.

종밀宗密은 달마의 9년 면벽의 벽관을 정의 할 때 "밖으로 모든 인연을 쉬고(外息諸緣), 안으로 헐떡임이 없어서(內心無喘), 마음이 장벽과 같아야(心如牆壁), 도에 들어갈 수 있다(可以入道)."라고 한 바 있다.

일찍이 밀운密雲도 이 말에 대해 해석하기를 "밖에서 들어오는 바가 없으니 곧 '밖으로 모든 인연을 쉰 것'(外息諸緣)이요, 안에서 일어나는 바가 없으니 곧 '안으로 마음이 헐떡이지 않는 것'(內心無

喘'이다. 이미 안으로 마음이 헐떡이지 않고, 밖으로 모든 인연을 쉰 즉 한 생각도 일어나지 않는다(一念不生)."[256]라고 하였다. 밖으로 모든 인연을 쉬고, 안으로 헐떡임이 없다는 것은, "온갖 인연을 다 놓아 버리고 한 생각도 일어나지 않는 것(萬緣放下, 一念不生)"[257]을 말한다. 이른바 "만연방하, 일념불생"이라고 하는 두 구절이 화두참선의 대전제가 되는 것이다.

이것이 대전제가 되지 않으면 화두참구는 그냥 앉아서 흉내만 내고 있는 것이지 한 발짝도 앞으로 나아갈 수가 없다. 온갖 인연에 얽매이고 번뇌가 죽 끓듯 하며, 망념이 폭포처럼 쏟아져 잠시도 쉴 수 없는데 어느 곳에 발을 붙여 화두를 든단 말인가. 이런 경우를 옛 조사들은 "모기가 쇠로된 소가죽을 물래야 물 도리가 없다."라고 표현하고 있는 것이다.

인연에 매달려 망념을 일으키고 생각을 움직여 바깥 경계에 끄달리어 잠시도 쉬시 못하는네 어떻게 화두가 순일무잡純無雜할 수 있겠는가. 종색선사도 『좌선의』에서 좌선으로 입도하려면 우선 "모든 인연을 놓아 버리고, 만 가지 일을 쉬어버리며, 몸과 마음을 한결같게 하고, 움직임과 고요함에 틈이 없게 하라."[258]고 말하고 있다. 안과 밖이 다 쉬어야 된다는 말이다. 그래서 "쉬고(休) 쉬어

---

256) 『密雲語錄』, "外無所入則外息諸緣, 內無所岑則內心無喘. 旣內心無喘, 外息諸緣則一念不生."
257) 참조, 『參禪要旨』, p 16.

라(歇)." 하고, "쉼이 곧 깨달음이다(歇卽菩提)."라고 말하는 것이다. 이러한 때에 석상石霜선사는 이렇게 말하고 있다.

> 쉬어라, 푹 쉬어라. 당장 입술에 곰팡이가 피도록, 한 가닥 흰 명주실처럼, 일념이 만년이 되도록, 냉랭하고 싸늘하도록, 옛 사당 안의 향로처럼 되도록 하여라.[259]

일체 분별망상을 옛 사당 안의 향로와 같이 고요하게 하고, 화두는 또렷하게 하여 밝은 달이 허공에 두렷하게 드러난 것 같이 하여야 한다. 이 때에 망상은 적적寂寂하고 화두는 성성惺惺하여, 적적하고 성성함이 밝은 달과 달 광명이 서로 어김이 없는 것같이 화두를 지어가야 한다. 원오스님은 이 말만 믿고 의지하여 수행하면서 몸과 마음을 흙과 나무와 돌덩어리처럼 놓아 버려야 한다고 가르치고 있다. 이것은 일체 사량분별하는 정식情識의 마음을 놓아 버리라는 말이다. 화두를 제대로 참구하기 위해서는 육근과 육진의 일체 경계에서 죽어야만 살길이 생긴다. 밖으로 모든 반연을 다 놓아버리고 안으로 한 생각도 없이 무심해져야 화두가 일여一如하게 자리를 잡게 된다는 말이다. 이것은 대혜스님이 묵조사선

---

258) 최법혜 역주, 『고려판선원청규역주』, p 423. "放捨諸緣, 休息萬事, 身心一如, 動靜無間."
259) 『圓悟心要』下, (藏經閣), p 38. "休去歇去. 直敎脣皮上醱生去, 一條白練去, 一念萬年去, 冷湫湫地去, 古廟裏香爐去."

을 향해 비판한 바 있는 무기정無記定에 떨어진 것과는 출입出入이 있다. 왜냐하면 화두 위에서 의심을 거량하고 있기 때문이다.

    이 종지를 알아차리는 요점은 의식과 마음을 쉬어서 마치 마른 나무 썩은 기둥처럼 차갑고 쓸쓸한 경지에서 6근, 6진이 짝하지 않고 동動과 정靜이 상대가 끊겨서 서 있는 자리가 텅 비어 안배하여 들어앉을 곳이 없이 벗은 듯 텅 비게 하는데 있다. 이것이 이른바 '사람은 무심하게 도에 합치하고 도는 무심하게 사람에게 합친다.'는 것이다.[260]

    오조법연이 평상시에 학인들에게 "반드시 죽음에 임했을 때의 선禪을 참구하라"고 하고 대혜가 "열반당의 선(涅槃堂禪)"을 이야기한 것도 이와 같은 맥락에서 이해할 수 있다. 이와 같이 육근, 육진의 온갖 경계를 다 놓아버리는 것이 참선의 선결조건이라는 것을 알았는데도 어째서 그것을 이루지 못하는가. 이에 대한 답을 허운의 말을 빌려와 들어보자. "모든 사물은 다 꿈과 같고 환幻과 같으며 물거품 같고 그림자와 같다. 나의 사대색신四大色身과 산하대지山下大地는 자성 가운데 있는 것으로서, 바다 가운데 뜬 거품과 같아 일어났다가 꺼졌다 하지만 본체를 가리지 않는다. 일체의 환幻과 생주이멸生住異滅 현상을 따르면서, 좋아하고 싫어

---

260) 위의 책, p 73. "此宗省要, 唯是休意休心, 直令如枯木朽株冷湫湫地根塵不偶, 動靜絕對, 根脚下空勞勞, 無按排存坐它處, 脫然虛凝. 所謂人無心合道, 道無心合人."

하고 취하고 버리는 마음(欣厭取捨)을 일으키지 말고, 통째로 놓아 버려서(通身放下) 죽은 사람처럼 되면 자연히 육근이 육진에 반연하는 식심(根塵識心)이 떨어져 나갈 것이며, 탐내고 성내고 어리석고 애착하는 마음도 소멸될 것이다. 뿐만 아니라, 이 몸을 통한 아프고 가렵고 괴롭고 즐거운 것과 배고프고 춥고 배부르고 따뜻한 것과 영욕생사榮辱生死, 길흉화복吉凶禍福, 헐뜯고 칭찬하고 얻고 잃는 것(毁譽得失)과, 안전하고 위태롭고 험하고 평탄한 것(安危險夷) 등을 모조리 도외시해 버리고, 이런 식으로 헤아리는 것도 놓아버리고, 하나도 놓고 일체도 놓아서 아주 완전히 놓아 버려야만, '모든 인연을 놓아 버렸다(萬緣放下).'고 말할 수 있다.

이렇게 모든 인연을 놓아 버리면, 망상은 스스로 없어지고 분별은 일어나지 않아 집착을 여의게 된다. 여기에 이르면 한 생각도 일어나지 않게 되어(一念不生), 자성광명이 온통 환히 들어날 것이다. 이렇게 되면 참선의 조건이 구비된 것이며, 다시 노력하여 진실로 참구하면 마음을 밝혀 성품을 볼 수 있는 분(分)이 있게 되는 것이다.[261]

결국 화두참구의 대전제는 죽는 것이다. 죽어야 사는 것이니, "죽은 사람처럼 되어야" 하는 것이다. 그러므로 "오조법연은 '반드시 죽음에 임했을 때의 선(臨終時禪)을 참구하라.'"[262]고 하였고, 불

---

261) 『參禪要旨』, p 17~18.
262) 『圓悟心要』下, p 54. "五祖老師示學徒, 須參臨終時禪."

안청원 역시 "열반당 선(涅槃堂禪)"을 참구할 것을 강조하였다. 그리고 박산무이는 "참선공부 할 때 죽을 사死자를 이마에 붙이고 몸과 마음을 죽은 상태처럼 하여, 오직 이 문제를 밝혀야겠다는 한 생각만이 눈앞에 나타나게 하라."[263]고 하였다. 일체 분별망념이 죽지 않고서는 화두수행이 온전히 간단없이 이어질 수가 없다. 온갖 망념이 시퍼렇게 살아서 그물 속의 물고기처럼 팔딱거리고 있으면 화두가 들어설 자리가 없게 된다. 그래서 온갖 인연을 통째로 놓아버리고(通身放下) 일체 망념이 모두 죽는 것이 대전제가 된다. 한번 죽어 영원히 사는 길이 화두참선의 길이다.

---

263) 『參禪警語』, p 28. "做工夫把死字, 貼在額頭上, 將血肉身心, 如死去一般. 只有要究明底一念子現前."

2. 공안의 의미와 목적

(1) 공안의 의미와 역할

간화선에서는 화두참구가 생명인데, 이 화두는 바로 고칙공안古則公案에서 만들어진 것이다. 고칙공안이란 정안조사正眼祖師들이 불조佛祖의 깨달음의 기연에 대한 이야기를 모아 하나의 공정한 법칙으로 만들어 놓은 것을 말한다. 특히 공안公案이란 옛날 "관공서의 기안문서(公府之案牘)"를 의미한다. 중봉스님의 『산방야화山房夜話』에 공안의 의미에 대해 자세히 설명하고 있다.

즉 공안公案이라고 한 것은 관공서(公府)에 있는 문서(案牘)에다 비유해서 말한 것이다. 국가에는 법령이 있어야만 왕도정치가 제대로 실현되는지를 알 수 있다. 공公이란 훌륭한 도를 깨달아 세상사람들에게 그 길을 모두 함께 가도록 하는 지극한 가르침이며, 안案이란 성현들께서 그 도를 수행하는 바른 방법을 기록한 것이다.

무릇 천하를 다스리는 자는 누구든지 관청을 설치하지 않을 수가 없고, 관청이 설치되면 자연히 그것을 운영하는 법령이 있어야 한다. 이렇게 하는 이유는 바른 이치를 받들어 법령을 만들고, 바르지 못한 것을 막고 끊어버리기 위함이다. 공안이 시행되면 바른 법령이 통용되고, 바른 법령이 통용되면 천하의 기강이 바로 잡히고, 기강이 바로 잡히면 왕도의 정치가 제대로 실현되는 것이다. 부처님과 조사들의 깨달은 기연의 안목(佛祖機緣目)을 공안公案이라 부른 것도 역시 이와 같은 뜻이다.

이와 같이 국가에 법령이 있듯이 종문에도 수증修證의 준칙準則이 있어야 한다. 그것이 선종의 공안이다. 그래서 천하 총림에 수행의 공약을 만들어 불조의 구경각을 성취하도록 하고 있다. 중봉 선사는 이어서 말하기를,

> 공公이란 뜻은 개개인의 주관적인 주장을 개입시키지 않았다는 것이며, 안案이란 뜻은 기필코 불조佛祖의 깨달음과 동일하게 만들겠다는 것이다. 그러므로 공안이 풀리면 번뇌의 알음알이(情識)가 사라지고, 번뇌의 알음알이가 사라지면 생사의 굴레가 공空해지고, 생사의 굴레가 공해지면 불도를 이룰 수 있다.[264]

중봉에 의하면 공안이라는 말 가운데에는 "도를 수행하는 바른 방법"에 의거하여 "기필코 불조佛祖의 깨달음과 동일하게 만들겠

---

264) 『山房夜話』, (藏經閣), p 48. "言公者防其己解, 案者必期與佛祖契同也. 然公案通則 情識盡, 情識盡則生死空, 生死空則佛道治矣."

다."는 강한 의지가 내포되어 있다. 따라서 공안을 시설하는 근본 의의는 번뇌의 알음알이를 제거하고 생사를 끊어 견성성불 하는 데 있다. 즉 생사번뇌가 본래 공함을 체득하여 정법의 안목을 갖추어 안심입명安心立命을 얻게 하는데 그 목적이 있다고 하겠다. 공안은 시방세계의 수많은 불보살과 더불어 똑같이 지니고 있는 아주 지극한 도리이므로 언어나 문자로 따지는 것을 초월하며, 생각이나 이치로 알 수 없으며, 언어로 전할 수도 없으며, 문자로써 설명할 수도 없으며, 알음알이로 헤아릴 수도 없는 것이다. 일체의 사량분별을 일시에 끊어서 단박에 생사를 뛰어넘게 하는 것이 공안이다. 『벽암록』 「삼교노인서三敎老人序」에 공안의 세 가지 역할에 대해 다음과 같이 밝히고 있다.

면벽참선을 오래하고 행각을 끝냈더라도 저울 눈금(참된 깨달음을 판단하는 기준)을 밝히기는 어렵고 오히려 잘못된 선에 떨어지기가 쉽다. 그것을 가릴 만한 눈을 갖춘 어른들이 그것을 판별해주시느라 꾸짖기도 하고 소리 지르기도 하여 참된 의미를 깨닫도록 하였으니, 이것은 마치 노련한 관리가 잘못에 의해 죄를 다스리고 그 실상을 속속들이 알고 사건의 진상을 남김없이 밝혀내는 것과 같다. 바로 이것이 첫 번째 역할이다.
다음은 육조스님께서 영남지방에 오신 이래로 (마조스님은 서강의 물을 다 마셔야만 만법에 짝하지 않는 사람이 누구인지 대답해 주겠다고 하였으나) 서강의 물을 마시지 못했고, 도망간 양을 찾으려고 길을 나섰으나 갈림길이 너무 많아 그만 울고 돌아왔지만, 지남철은 언제나 남쪽을 가리킨다. 자비심으로 이끌어 주시고자 한 대 때리기도 하고 상처를 주기도 하여, 스스로 깨치도록 하셨네. 이것은 마치 재판관이 법에 의거하여 무죄임을 밝혀 죽음에서 구해주는 것과 같으니, 이것이 두 번째의 역할이다.

다음은 다른 길로 빠질까 염려하여 더욱 고삐를 거머쥐시는 것이다. 하잘 것 없는 일일지라도 전력을 다해야 하며, 흰 바탕에는 잡된 물이 들기 쉽기 때문에 늘 그것을 가엾게 여기셨다. 대선지식께서 이를 간절히 일러 주시고 죽자 살자 참선하게 하시니, 하시는 일마다 모두가 마치 관청에서 법령을 공포하여 백성들이 이 법을 잘 알고 지켜서 못된 생각이 조금만치라도 생기자마자 당장에 쏙 들어가게 하는 것과 같다. 이것이 세 번째 역할이다.[265]

다시 말하면 공안의 역할은 첫째, 종문의 정안으로서의 역할이다. 즉 공안으로써 깨달음의 판단 기준을 제시해 준다. 둘째, 깨달음의 방법에 대한 모범적인 방향을 제시해 준다. 공안은 지남철과 같이 깨달음에 대한 수행의 방향을 정해주어 스스로 깨치도록 지시해 준다. 셋째, 선을 깨닫는 공구로써 수행에 대한 지시이다. 선지식이 수선자가 삿된 길로 빠지지 않도록 공안에 의거하여 참구하게 하여 망념을 제거해 준다. 중봉 또한 공안 시설의 의미를 다음과 같이 밝히고 있다.

---

265) 『碧巖錄』「三敎老人序」, (藏經閣), p 16~17.

참선하는 사람이 깨달은 부분은 있으나, 자기 스스로 확신하지 못하겠으면 스승에게 질문한다. 그러면 스승은 공안을 근거로 하여 학인의 의심을 풀어준다. 공안은 번뇌망상의 어두움을 밝혀주는 지혜의 횃불이며, 보고 듣는 것에 가린 장막을 벗겨주는 칼날이다. 생사의 뿌리를 끊어버리는 예리한 도끼이고, 범부와 성인의 면목을 비춰주는 신령스런 거울이다. 조사의 본뜻이 공안으로써 확연히 밝아지고, 부처님의 마음이 공안으로써 드러난다. 번뇌를 말끔히 털어버리고 불조의 혜명을 드러내는 데는 공안을 초월하는 것이 없다. 이른바 공안이라는 것은 오직 법을 아는 자만이 두려워할 뿐이니, 진실로 그렇지 못한 사람은 어찌 그 비슷한 점이라도 엿볼 수 있겠는가.[266]

중봉이 말하고 있는 공안의 의의 가운데 그 첫 번째가 바로 수선납자들이 참구하여 견처見處가 있을 때 공안을 근거로 하여 깨달음을 점검하는 기준을 삼는 것이며, 둘째가 공안이라는 도구의 참구를 통해 번뇌를 멸하고 깨달음을 얻게 하는데 있다. 번뇌를 멸하고 깨달음을 얻게 하는 데는 공안을 참구하게 하는 것보다 더 나은 공부법이 없다는 것이다. 그래서 공안참구가 경절문의 최상승 수행법이라고 말하는 것이다.

---

266) 『山房夜話』, (藏經閣), p 49. "猶學者有所悟解不能自決, 乃質之於師. 則擧公案以決之. 夫公案, 卽燭情識昏暗之慧炬也. 揭見聞瞖膜之金錍也. 斷生死命根之利斧也. 鑑聖凡面目之神鏡也. 祖意以之廓明, 佛心以之開顯. 其全超迥脫, 大達同證之要, 莫越於此. 所謂公案者, 惟識法者懼, 苟非其人, 詎可窺其彷佛也."

일반적으로 종문에서는 공안의 중요한 함의含意를 다섯 가지 정도가 있다고 말한다. 첫째, 선을 깨닫게 하는 도구의 역할을 하며(作悟禪之工具), 둘째, 깨달음에 대한 검증의 방법이 되며(作考驗之方法), 셋째, 깨달음의 권위(정안)에 대한 모범이 되며(作權威之法範), 넷째, 깨달음에 대한 인가의 신표가 되며(作印證之符信), 다섯째, 깨달음에 대한 구경의 가르침을 제시하는 것(作究竟之指點)이다. 이상 다섯 가지는 결국 공안참구로 귀결되어진다고 할 수 있다.

(2) 공안 시설의 목적

그런데 앞에서도 여러 번 언급했지만 선사상사 전체를 놓고 볼 때 공안을 시설하는 것은 일종의 고육지책이라 할 수 있다. 선을 수행하는데 반드시 공안이 필요한 것은 아니다. 당내唐代 조사선의 입장에서 놓고 보면 공안은 하나의 군더더기일 수도 있다. 일언반구一言半句에 바로 불지견佛知見을 깨달아, 한 구절에 요연히 백억 법문을 뛰어넘고(一句了然超百億), 한 번 뛰어넘어 바로 여래의 지위에 들어가(一超直入如來地), 본지풍광本地風光을 드러내고 있는 본분종사들에게는 문자를 세우지 않은들(不立文字) 어떠하며, 문자를 여의지 않은들(不離文字) 무슨 큰 문제 되겠는가. 그러나 번뇌가 비온 뒤 구름 일어나듯이 치성한 중생의 입장에서는 어쩔 수 없이 문자를 세우고 고인공안을 들어 참구해야 한다. 이것이 모두 옛 조사가 말세중생을 위해 자비의 그물을 드리워 섭수하고자 함이다. 그래서 "공안은 꼭 필요하며, 화두는 반드시 간看해야 하는가?"라는 물음에 다음과 같이 대답하고 있는 것이다.

> 내가 볼 때 화두란 반드시 정설定說이 있는 것은 아니라고 생각한다. 만약 한 생각의 번뇌 망념이 일어나지 않는다면 그대로 전체가 부처인데, 그 어느 곳에 화두가 있을 수 있겠는가? 그러나 다겁생多劫生에 걸쳐 많은 습기로 인하여 깨달음을 등지고 번뇌에 빠져 마치 원숭이가 밤알을 주워 모으듯 끊임없이 찰나 사이에도 번뇌 망념이 일어났다 없어졌다 한다. 그래서 불조佛祖께서 부득이 어쩔 수 없이 방편을 세워 하나도 재미(滋味) 없는 화두를 씹게 하여 의식이 산란하지 못하도록 한 것이다.[267]

이와 같이 화두는 번뇌를 대치對治하고자 부득불 시설한 방편이다. 그 방편의 목적은 수선자로 하여금 화두를 씹게 하는데(참구함) 있다. 그러므로 고려의 혜심선사도 "정법의 안목을 열고 현묘한 이치(玄機)를 갖추어, 삼계를 벗어나 사생의 중생을 제도하고자 하는 이라면 이것(공안참구)을 버리고 무슨 방법이 있겠는가?"[268]라고 주장하고 있다. 그래서 공안은 그것을 참구하는데 목적이 있는 것

---

267) 『枯崖漫錄』 中, (藏經閣), p 146. "所謂話頭合看與否? 以某觀之初無定說. 若能一念無生全體是佛, 何處別有話頭, 只緣多生習氣, 背覺合塵, 刹那之間, 念念起滅, 如猴孫拾栗相似. 佛祖輩不得已權設方便, 令咬嚼一箇無滋味話頭, 意識有所不行."

이지 공안 그 자체를 가지고 의리義理로 따지거나 지해知解로 알고 해석하려고 하면 안 되는 것이다. 즉 공안화두를 설명하려고 하면 선은 생명을 잃어버리고 만다. 기실 공안 그 자체는 아무런 재미가 없고 아무런 의미가 없다. 의미가 없는 공안의 일구에 의심이 들어가야 생명이 부여되는 것이다.

현재 종문에서는 공안과 화두라는 말을 동일하게 사용하고 있으며, 사실 그렇게 해도 무방하지만 엄격하게 말하면 공안과 화두는 구별되어 진다. 불조佛祖의 깨달음의 기연을 시설해 놓은 것을 고칙공안古則公案이라고 했다. 그러나 공안 전체가 화두가 되는 것은 아니다. 공안 가운데 핵심이 되는 일구一句 혹은 일자一字의 답어(答語 : 대답)를 선택하여 의심을 하게 되는데, 이때 의심의 대상이 되는 말(話), 혹은 말의 머리(話頭)가 바로 화두인 것이다.

예를 들어 무자공안無字公案에서 "어떤 스님이 조주에게 묻기를, '개에게도 불성이 있습니까, 없습니까? 대답하시를, 없다(無)!"라고 했을 때 이 문답대화 전체는 한 칙則의 공안이 된다. 그 공안 가운데 "없다(無)!"고 대답한 이 무자無字가 바로 화두에 해당된다. 마찬가지로 "묻기를, 어떤 것이 조사가 서쪽에서 온 뜻입니까(如何是祖師西來意)? 답하기를, 뜰 앞의 잣나무다(庭前栢樹子)."라고 했을 때, 이 문답대화 전체를 공안이라 부르고, "뜰 앞에 잣나무"라고 대답한 이 부분이 화두가 되는 것이다. 그러므로 공안전체를 참구하는 것

---

268) 慧諶,『禪門拈頌集』「序文」.

이 아니라, 화두에 해당하는 부분, 즉 "없다(無)", "뜰 앞의 잣나무(庭前栢樹子)"에 대해 집중적으로 의심하여 참구하게 되는 것이다. 다시 말하면, "어째서 무(無: 없다)라고 했는가?" 혹은 "어째서 뜰 앞의 잣나무라고 했는가?"라는 형식으로 참구하게 된다. 엄격하게 말하면 공안참구가 아니라 화두참구가 되는 것이다.

그러므로 이 화두에는 일체 사량분별이 끼어들 틈을 용납하지 않는다. 무엇이 부처냐? 혹은 무엇이 모든 부처님이 나신 곳이냐?라는 물음에 "마른 똥막대기(乾屎橛)", "동쪽 산이 물 위로 간다(東山水上行)."라고 대답하여 일체의 상대적인 분별을 초월하고 있다. 즉 "분별정지"를 명령하여 일체 이성적 사유를 정지시키고 말과 생각(분별) 이전으로 바로 돌아가게(直觀) 하는 것이다.

그래서 허운은 화두의 뜻을 "말의 머리(話之頭) 혹은 생각의 머리(念之頭)"라고 전제하고, 화두란 한 생각 이전의 소식(一念未生以前消息)이기 때문에 화두에 나타난 표면상의 의미를 가지고 사량분별하는 것은 마치 "말의 꼬리(話尾)"를 잡고 시비하는 것과 같다고 주장하였다.

> 말은 마음에서 일어나므로 마음은 말의 머리요, 생각도 마음에서 일어나므로 마음은 생각의 머리이다. 만법이 모두 마음으로부터 생기므로 마음은 만법의 머리인 것이다. 기실 화두는 바로 생각의 머리이며, 생각 이전의 머리는 바로 마음이다. 바로 말하면 한 생각 일어나기 전이 바로 화두(말의 머리)인 것이다.[269]

'한 생각 일어나기 전이 바로 화두'이기 때문에 화두를 참구한다는 것은 일념이전—念以前을 참구한다는 말이 되는 것이다. 한 생각 이전이기 때문에 생각이 미치지 못한다. 그래서 언어의 길이 끊어지고(言語道斷), 마음의 길이 소멸했다(心行處滅)라고 말하는 것이다. 일념으로 사량하고 분별할 수 없는 그 자리를 오로지 일념으로 참구하는데 화두참선의 묘미가 있는 것이다. 그래서 우리가 도를 깨닫기 위해서는 화두를 참구해야 하며, 그 참구의 대상이 바로 생각 이전의 소식이 되는 것이다. 이것을 선문에서는 한 물건(一物), 일착자—著子, 본래면목本來面目, 주인공主人公, 공겁이전 자기 空劫以前自己라고 부르는 것이다.

이 때의 공안이나 화두는 아무 의미를 부여할 수 없고 오직 화두에 대한 의심만이 참구의 대상이 되는 것이다. 화두 그 자체가 중요한 것이 아니라 화두에 대한 참구, 즉 의심이 소중한 것이다. 공안은 본래면목을 깨닫기 위한 도구의 역할을 하고 있다. 그러므로 원오는 공안(화두)을 "대문을 두드리는 기와 조각(敲門瓦子)"이라고 말하였으며, 또한 불감은 공안이 얼굴을 가린 부채(紅羅扇)라고 읊고 있다.

영운스님은 복사꽃을 보고 깨달아 게송을 지었고, 현사스님은

---

269) 『參禪要旨』, "話從心起, 心是話之頭. 念從心起, 心是念之頭. 萬法皆從心生, 心是萬法之頭. 其實話頭, 卽是念頭, 念之前頭, 就是心. 直言之, 一念未生以前, 就是話頭."

"그는 아직 철저히 깨닫지 못했다."고 하였으며, 어떤 노파가 오대산 가는 길을 가르쳐 주자, 조주스님은 되돌아와서 노파를 감파勘破했다고 하였다. 총림에서는 이것을 갖가지로 따지면서 시끄럽게 떠들 뿐이니, 이야말로 옛사람이 말한 '문을 두드리는 기왓조각(敲門瓦子)'과 같다 한 것을 전혀 몰랐다 하리라. 문에 들어가는 것이 무엇보다 중요한 일이므로, 문에 들어갔으면 그만이지 문 두드리는 기왓조각을 대단한 것인 양 집착하겠는가.[270]

옛사람이 한두 마디 한 것은 그 의도가 사람들로 하여금 곧바로 본래의 일대사인연―大事因緣을 깨닫게 하려는 데 있었을 뿐이다. 그렇기 때문에 경전의 가르침은 달을 가리키는 손가락(指月)에 불과하고 조사의 말씀은 문을 두드리는 기와 조각(敲門瓦子)인 것이다. 이러한 사실을 알면 그대로 쉬어서 행리처가 면밀하고 수용처가 관통하리라.[271]

오색비단 구름 위에 신선이 나타나서
손에 든 빨간 부채로 얼굴을 가리었다.
누구나 빨리 신선의 얼굴을 볼 것이요

---

270) 『圓悟心要』卷上, p 117. "靈雲作頌悟桃花, 玄沙渠未徹, 老婆臺山指路, 趙州歸來說勘破. 叢林中作種種論量, 只贏得鬧, 殊不知古人如敲門瓦子相似. 只貴得入門, 旣入得門了, 安可執却瓦子作奇特事."
271) 『圓悟心要』卷上, p 121. "古人半句一言, 其意唯要人直下契證本來大事因緣, 所以修多羅教如標月指, 祖師言句是敲門瓦子. 知是般事便休行履處綿密, 受用處貫通."

신선의 손에 든 부채는 보지 말아라.[272]

    말꼬리(話尾)는 말머리(話頭)를 간파하기 위한 단서에 불과하며, 기와조각(瓦子)은 문을 두드려 대문 안에 들어가기 위한 방편이며, 신선이 들고 있는 붉은 부채(紅羅扇) 역시 얼굴을 가리기 위한 도구에 지나지 않는다. 그래서 공안을 그 본뜻(本懷)을 의심하여 참구하게 하는 방편이라고 하는 것이다. 마음을 닦는 수행인은 먼저 공안화두를 잘 간택하여, 간택한 그 화두에 진력을 다하여 의심을 일으켜 참구하는 것이 고칙공안을 시설한 의의이자 목적이다.

    원오가 일찍이 스승 법연선사 문하에서 "유구有句와 무구無句는 마치 등 넝쿨이 나무를 의지한 것과 같다(有句無句, 如藤倚樹)."라는 화두를 참구해 오던 중에 '소염시小艶詩'의 한 구절인 "소옥아! 하고 자주 부르는 것은 원래 다른 일이 아니라……"라는 말을 듣고 통 밑바닥이 빠진 듯 깨달음을 얻게 되었다.[273] 종문에서는 소염의 시가 공안을 참구하는 것과 같은 역할을 하고 있다고 보고 종종 이것을 거론하는 경우가 있다. 주로 뒤의 두 구절만이 자주 인용되는 소염시의 전문은 다음과 같다.

---

272) 『續藏經』제121冊. "彩雲影裏神仙現, 手把紅羅扇遮面, 急須着眼看仙人, 莫看仙人手中扇."
273) 『圓悟心要』卷上, (藏經閣), p 58. "始於 '頻呼小玉元無事' 處, 桶底子脫."

一段風光畵難成	화려한 궁궐 아름다운 풍광, 한 폭의 그림으로 그릴 수가 없구나!
洞房深處陳愁情	저 높고 깊은 신방에는 사랑으로 괴로워하는 여인이 있다네.
頻呼小玉元無事	소옥아! 소옥아! 시녀의 이름 부르는 것은 원래 소옥에게는 시킬 일이 없다.
只要檀郞認得聲	다만 자기의 목소리를 밖에 있는 낭군이 알아 듣도록 하기 위함일세.

위의 소염시는 당대唐代 현종의 비인 양귀비가 시녀인 소옥小玉의 이름을 자주 부름으로 해서 밖에 있는 자기의 정인情人인 안록산에게 자신의 안부를 전하는 내용이다. 사실 소옥아! 하고 부르는 소리는 소옥과는 하등의 관계가 없다. 다만 지금 남편인 현종이 자리에 없다는 암호에 불과한 것이다. 아무 일없이 부르는 '소옥小玉'이라는 소리와 양귀비 마음속의 '님에게 소식을 전함'이라는 연관구조를 선문에서는 '언어문자'와 '본래 마음(本來心)' 혹은 "화두"와 "화두의 참뜻(本意)"을 은유적으로 표현하고 있다고 보는 것이다.

이것은 공안을 참구함에 있어서 공안 자체가 무슨 의미가 있는 것이 아니라, 말 이전의 진정한 공안의 의미를 참구하라는 것이다. 소옥이를 끊임없이 부르는 것과 같이 또한 공안을 참구함에 있어 의심이 간단없이 이어져야 한다는 의미로 이해할 수도 있다.

그래서 공안을 대문을 두드리는 기왓조각 혹은 얼굴을 가린 신선의 부채에 비유하고 있는 것이다.

이것을 '무자화두無字話頭'에 빗대어 말해보면, 소옥아! 라고 하는 진정한 의미는 양귀비와 안록산만이 그 의미를 알고 있듯이, '없다(無)'라고 한 의미는 조주 자신과 일체 깨달은 명안종사만이 그 낙처落處를 알 수 있는 것이다. 그래서 일반 사람들은 '무엇 때문에 소옥이를 자꾸 부를까?' 라고 하는 의심을 하게 되듯이, 수선납자는 '부처님께서 일체 중생이 모두 불성이 있다고 했는데, 무엇 때문에 조주는 없다(無)고 했는가?' 라는 근원적인 의심을 하게 되는 것이다.

그러므로 공안을 시설하여 화두를 참구하게 한 목적은 전적으로 화두에 대한 의심으로 타성일편打成一片을 이루어 일체 망념을 제거하고 본연자성本然自性이 드러나게 하기 위함인 것이다. 지혜가 수승한 상근이기上根利機는 한마디 말 아래 바로 깨닫기(言下便悟) 때문에 참구가 필요 없겠지만, 중하근기의 일반 사람들에게 있어서는 공안(화두)은 참구하는데 그 의의와 목적이 있는 것이다.

3. 간화선의 특성

(1) 생활선(生活禪)

　간화선이 묵조선을 비판하고 그 대안으로 성립되었다고 해서 묵조선적인 요소를 무조건 부정하는 것은 아니다. 즉 좌선의 효용을 전면적으로 부정하고 있지는 않다. 처음 간화선에 입문하여 참구하는 행자는 마땅히 조용한 가운데서 정중공부靜中工夫에 진력해야 한다. 좌선은 선의 실천에 있어서 기본이 되어야 한다. 그러나 너무 조용한 곳만을 찾아 좌선에만 집착한다면 이 또한 바람직한 참구의 태도는 아니다. 초참자初參者가 정중공부靜中工夫를 익히는 것은 전 생활 영역에서 참선을 순일하게 하고자 하는 기본과정이라 해야 할 것이다. 근기에 따라 차이는 있겠지만 대략 3년 정도는 좌선의 방법으로 기초를 튼튼히 할 필요가 있겠다.

　　세간의 번뇌 망념은 마치 타오르는 불과 같으니, 어느 때에 그 불길이 멈추겠는가. 시끄러운 곳에 있어도 결코 대나무 의자와 방석 위에 앉아 공부하는 일을 잊어서는 안 된다. 평소에 고요한 곳에 마음을 두는 까닭이 바로 시끄러운 곳에서 마음을 쓰려는 것이다. 만약 시끄러운 곳에서 힘을 얻지 못했다면, 거꾸로 이는 고요한 곳에서 공부를 하지 않았다는 것과 같다.[274]

간화선 수행은 고요함과 시끄러움을 초월하는데 있다. 수선자가 조용한 곳만 좋아하고 시끄러운 곳을 싫어한다면 이것은 고요함(靜) 속에서 고요함(靜)을 구하는 것이라 진정한 고요함(眞靜)이 아니다. 혜능선사는 일찍이 진정한 고요함이란 "움직이는(動) 가운데 고요한 것(靜)"이라고 말한바 있다. 만일 고요한 곳은 옳다하고 시끄러운 곳을 그르다 한다면 이는 세간상世間相을 없애고 출세간出世間의 실상實相을 구하는 것이며, 번뇌를 여의고 보리를 구하는 것이며, 생사를 떠나서 열반을 구하는 것이다. 또한 이것은 불이중도不二中道의 법문에 어긋난다. 세간이 공한 것이 출세간이요, 번뇌가 공한 것이 보리요, 생사가 공한 것이 열반이다. 시끄러운 것을 떠나서 고요한 것을 찾음은 토끼 뿔 거북 털을 찾는 격이다.

일상생활을 떠나서 불법을 추구하게 되면 단멸공斷滅空에 치우친 외도가 될 수 있다. 시끄러운 일상생활 가운데서 항상 불법이 현전할 때 살아있는 공부가 된다. 그러므로 대혜도 고요한 것을 좋아하고 시끄러운 것을 싫어할 때가 힘써서 공부해야 할 좋은 시기라고 말하고, 시끄러운 속에서 갑자기 고요할 때의 경계를 뛰어넘

---

274) 『大慧語錄』, 위의 책, p 918下. "然世間塵勞, 如火熾然, 何時是了. 正在鬧中, 不得忘却竹倚蒲團上事. 平昔留心靜勝處, 正要鬧中用. 若鬧中不得力, 却似不曾在靜中做工夫一般."

을 수 있다면 그 힘이 방석에 앉아 있는 공부보다 천만억 배 더 뛰어나다고 주장하고 있다. 시끄러운 일상생활 가운데서 화두가 여일하고 공부가 지속적으로 이루어지는 것이 진정한 간화선 수행이다. 불법은 일상생활을 떠나서 존재하는 것이 아님을 강조하는 것이 조사선의 특성이기도 하다.

> 불법은 일상생활 하는 그 곳에 있으며, 행주좌와行住坐臥의 사위의四威儀 가운데 있으며, 차 마시고 밥 먹고, 말로 서로 대화하는 일상의 모든 마음 쓰는 곳에 있다. 또한 그렇지 않다면 불법이 아니다. 알겠는가? 만약 지금 바로 이러한 줄 알면 걸림 없이 자재한 참사람(無碍自在眞人)이다.[275]

불법은 일상생활을 떠나서 존재할 수 없다. 일상생활 가운데서 화두로 무심하고, 의정으로 깨어있는 것이 올바른 수행이요, 간화의 참선이다. 그러니까 간화선에서의 좌선이란 앉아있는 것을 포함해서 전 생활 영역에서 마음이 집착 없이 순일한 것으로 앉음(坐)을 삼고, 근원적인 문제의식(話頭)으로 깨어있음을 선禪으로 삼고 있다. 그런데 지금 여기의 생활을 떠나서 적정한처寂靜閑處에 몸을 앉히고 마음을 거두어(攝心) 모아(凝心) 편안히 안주하는(住心)

---

275) 『傳燈錄』제30권, 『大正藏』제51권, p 466中. "佛法事在日用處, 在爾行住坐臥處, 喫茶喫飯處, 言語相間處, 小作所爲擧心動念, 又却不是也. 會麽. 若會得卽今, 無碍自在眞人."

것으로 수행을 삼는다면 이는 올바른 가르침이 아니다. 그래서 대혜스님은 동정을 초월해 동정이 일여한 경계에서 참구하라고 가르치고 있다.

> 선은 조용한 곳에도 있지 않고, 시끄러운 곳에도 있지 않다. 사량 분별하는 곳에도 있지 않고, 일상생활의 인연이 이루어지는 곳에도 있지 않다. 비록 이와 같지만 가장 중요한 것은 고요한 곳과 시끄러운 곳, 일상생활의 인연이 이루어지는 곳, 사량 분별하는 곳을 버리지 않는 곳에서 참구해야 한다. 홀연히 안목이 열리면 모든 것이 자기 집안의 일(家裏事)인 것이다.[276]

일체를 버리고(捨) 버리지 않음(不捨)에 머물러 있는 것은 "도중사(途中事 : 미완의 경지)"요, 버리고 버리지 않음을 일시에 초월해 그 어디에도 걸림이 없는 것이 바로 "가리사(家裏事 : 일을 마친 경계)"이다. 본색종사本色宗師는 도중사에 머물지 않고 가리사를 밝혀야 한다. 진실로 시끄러운 가운데서 고요함을 보고, 고요함 가운데서 시끄러움을 볼 줄 알아야 제대로 공부를 하게 된다. 무이선사도 『참선경어』에서 인연과 경계가 얽힌 일상 가운데서 참구해야 득력할 수 있다고 말했다.

---

[276] 『大慧語錄』제19권, 위의 책, p 893下~894上. "禪不在靜處, 不在鬧處, 不在思量分別處, 不在日用應緣處. 然雖如是, 第一不得捨却靜處鬧處, 日用應緣處, 思量分別處參. 忽然眼開, 都是自家屋裏事."

참선할 때 시끄러운 것을 피하려 해서는 안 된다. 고요한 곳을 찾아가 눈을 감고 앉아 있으면 도깨비굴 속에 앉아 살아날 궁리를 하는 셈이다. 옛사람이 이른바 "흑산黑山 밑에 앉아 있으면 사수死水가 젖어 들어올 때 어느 쪽으로 건너겠는가?"라고 한 말이 이를 경계한 말이다. 그러므로 경계와 인연의 굴레 속에 있으면서 공부해 나가야 비로소 힘을 얻게 된다.[277]

선禪은 동과 정, 시간과 공간 그 어디에도 속하지 않으면서 또한 그 어디에나 속해 있다. 일체처一切處와 일체시一切時에 항상 공부에 진력하면 생활 그대로가 공부요, 공부 그대로가 생활이다. 일상생활을 떠나서 화두공부를 한다고 생각하면 납월 삼십일(죽음)이 다가와도 제대로 할 수 없다. 왜냐, 떠나도 일상이요, 떠나지 않아도 생활이기 때문이다. 즉 떠나도 번뇌요, 떠나지 않아도 번뇌인데 번뇌가 있는 그곳이 참다운 공부처이다. 번뇌를 대치하는 것이 참선이므로 번뇌 망념이 일어나고 있는 그 자리에서 번뇌가 일어나는 곳을 향해 반조返照하면 된다.

종색의 『좌선의』에 "한 생각 일어난 사실을 바로 자각하면(念起卽覺), 자각하는 즉시 소멸한다(覺之卽失)."고 하였다. 이것은 번뇌 일념이 공하기(一念卽空) 때문이다. 번뇌가 일어나는 그 곳을 향해 간절히 화두를 들면 번뇌는 저절로 소멸되고 화두만이 역력해 진다.

---

277) 『參禪驚語』, (藏經閣), p 48. "做工夫, 不可避喧向寂瞑目合眼, 坐在鬼窟裏作活計, 古所謂黑山下坐死水浸, 濟得甚麼邊事, 只須在境緣上做得去. 始是得力處"

그러므로 독으로써 독을 치는 것(以毒攻毒)이 화두공부라고 하는 것이다.

우리는 간화선이 문자선, 무사선, 묵조선의 병폐를 극복하고 성립되었다는 것을 알고 있다. 이것을 역지사지易地思之해 보면 간화선 안에는 이미 이들 기존의 선이 이룩해 놓은 성과가 내장되어 있다는 말이 된다. 무슨 뜻이냐 하면, 간화선이 기존의 선법에서 야기되어진 단점을 보완하여 선사상을 수립했다면, 이 말 속에는 그 장점은 그대로 답습되어지고 있다는 의미이다.

따라서 문자선이 가지고 있는 광범위한 교학적 성과와 무사선이 이룩해 놓은 무사무위의 임운자재任運自在한 선지禪旨 및 묵조선의 좌선방편의 수행방법 등이 그대로 계승되어지고 있는 상태로써 간화선을 이해해야 한다. 이러한 입장에서 보면 위에서 열거한 장점의 바탕 위에 문자선의 병폐로 지적된 지해知解, 무사선의 병폐인 안일安逸, 묵조선의 폐풍인 좌선坐禪에의 집착 등의 극복이 바로 간화선의 사상으로 정립된 것이다. 그러므로 선교를 겸수하고, 노동과 선수행의 병행, 행주좌와의 생활전체가 선이 되는 생활선 등이 그 대안으로 제시되었던 것이다.

이와 같이 간화의 수행은 전체생활을 떠나지 않고 화두를 참구하는 것이다. 어떤 면에서 보면 생활 그대로가 수행이 되는 것이다. 일상생활 가운데서 한결같이 화두를 들고 공부하는 습관을 들여야 한다. 우리 모두 간화행자가 될 수 있다. 만공선사는 "장맛이 짠 줄 아는 사람은 모두 참선할 수 있다."고 했다. 다만 한 생각 일어나는 그곳을 돌이켜(一念返照) 그 자리에서 화두를 지속적으로 들면 된다. 처음에는 어렵겠지만 지속적으로 계속하다 보면 언제 어디서나 무슨 일에 종사하든 상관없이 공부가 여일해 질 수 있다. 그러면 일상이 그대로 공부요, 공부가 그대로 생활이다. 이것이 간화선이 지향하고 있는 생활선의 면모이다. 이 생활선이 바로 간화선의 하나의 특성이다.

(2) 사중선(四衆禪)

우리가 대혜의 『서장』을 열람하다 보면 그 내용의 대부분이 사대부 거사들에게 보낸 서간문이라는 것을 알 수 있다. 이것은 대혜스님이 귀향살이 도중에 간화공부법에 대해 주로 거사들에게 보낸 편지가 주종을 이루고 있기 때문이다. 스님들에게 보낸 내용도 있긴 하지만 제자들이나 출가승중에게는 굳이 편지를 하지 않더라도 직접적으로 가르침을 내릴 수 있는 기회가 많이 있었을 것이다.

여기서 알 수 있는 것은 남종선의 전통이 그렇듯이 선수행이 일부 출가집단의 전유물이 아닌 출가와 재가 남녀노소 모두에게 공유되고 있다는 사실이다. 문자선의 경우에는 일부 문화적 소양이 있는 선승들과 사대부들 사이에 크게 유행한 선풍이었으며, 무사선은 조사선의 전통에서 보면 너무나 고준한 최상승의 선법임과 동시에 무사안일에 빠져 있는 저급 해태승懈怠僧들이 가자假資하는 하마선蝦蟆禪이었으며, 묵조선은 오로지 좌선일변도의 선풍으로 인해 일부 선승들과 사대부들만의 선이 되었다.

간화선은 이러한 폐단을 극복하고 출가이든 재가이든 수선修禪에 관심이 있는 사부대중四部大衆은 누구나 화두수행을 할 수 있다고 가르친다. 화두공부는 특별히 시간과 장소가 정해져 있는 것이 아니기 때문에 특히 세속에 살면서 생활에 바쁜 재가자들에게 매우 합당한 수행법이기도 하다. 참선은 아무나 하는 것이 아니고 최상근기들이나 하는 것이며, 재가자들은 염불이나 주력을 하고 가끔 선방에 대중공양이나 가서 선방문고리나 잡고 오는 것으로 내세를 기약하는 하열심下劣心을 가져서는 안 된다.

불교의 역사에 보면 수많은 재가 이중二衆의 깨달음에 대한 기연機緣이 기록되어 있다. 그중에서 인도의 유마거사, 중국의 방온거사, 한국의 부설거사 등이 그 대표적인 사람들이다. 이 분들 중에서 선에 의해 깨달음을 얻은 중국의 방온거사를 모델로 삼아 재가 수행자들의 깨달음에 대한 신심을 새롭게 하고자 한다. 허운선사가 『참선요지』에서 설한 방온거사에 대한 전기[278]에 약간의 해설을 더하여 재가 수행의 방양榜樣으로 삼아 보겠다.

옛날 당나라 때 한 거사가 있었으니, 성은 방龐이요 이름은 온

---

278) 『參禪要旨』, p 183~188.

蘊이며 자字는 도현道玄인데, 호남湖南 형양衡陽 사람이었다. 세간 본업이 유생儒生으로 젊은 나이에 세간사가 티끌임을 깨닫고 참된 진리를 구하는데 뜻을 두었다. 정원貞元 연간 초에 석두石頭화상의 도풍道風을 듣고 찾아가서 친견하고 질문하기를, "만법과 더불어 짝하지 않는 것은 어떤 사람입니까(不與萬法爲侶者, 是甚麼人)?" 하니까 석두스님은 손으로 그의 입을 막아 버렸다. 방거사가 여기서 홀연히 깨달은 바가 있었다.

하루는 석두스님이 묻기를, "그대가 나를 만나 본 이후로 날마다 하는 일이 무엇인가?" 방거사가 대답하기를, "날마다 하는 일을 물으시면 입을 열 곳이 없습니다." 하고는 다음과 같은 게송을 지어 바쳤다.

日用事無別	날마다 하는 일 따로 없고
唯吾自偶該	오직 나 자신과 만나 어울리네.
頭頭非取捨	어떤 것도 취하거나 버리지 않지만
處處沒張乖	어디서나 틀리거나 어긋나지 않네.
朱紫誰爲號	붉은색 자주색 뉘라서 구별하리.
丘山絶點埃	산과 언덕에 티끌 하나 없는 걸
神通竝妙用	신통과 묘용이여
運水及搬柴	물 길어 오고 나무 해 올 뿐.

그러자 석두스님이 말하기를, "그대는 중인가, 속인인가?" 방거사가 말하기를, "저 하고 싶은 대로 하겠습니다." 그리고는 삭발

염의削髮染衣하지 않았다.

여기에 나오는 "신통과 묘용이여, 물 길어 오고 나무 해 올 뿐"이라는 유명한 말이 뒷날 선종에서 말하는 신통묘용의 대명사가 된다. 지금껏 기존 불교에서나 혹은 일반 사람들이 알고 있는 신통은 모두 괴력난신怪力亂神에 속하는 특별한 능력으로 여겨왔지만 조사선에서의 신통묘용이란 바로 물 길어 오고 땔나무 해 오는 일상생활의 모든 작용이 그대로 신통묘용이 되는 것이다. 일상의 행위를 떠나 신통이 따로 없다는 말이다.

그리고 깨닫고 못 깨닫고는 출가, 재가의 문제와는 하등 상관이 없다. 방거사와 같이 깨달은 입장에서는 이미 세간, 출세간을 초월해 있기 때문에 출가와 재가의 겉모양은 별 의미가 없다. 인연 따라 제도의 방편을 시설하면 되는 것이다.

방거사는 이후에 마조선사를 참예하고 또 묻기를, "만법과 짝하지 않는 것은 어떤 사람입니까?" 하니 마조스님이 말하기를, "그대가 한 입에 서강의 물을 다 마시고 오면(一口吸盡西江水) 내가 말해 주겠다."고 했다. 방거사는 언하에 그 깊은 뜻을 바로 깨달았다. 그리고 게송을 지어 바쳤다.

十方同聚會　시방세계十方世界 대중들이 한 자리에 모여
箇箇學無爲　한 사람 한 사람이 모여서 무위법을 배우니

此是選佛場　　여기는 부처를 뽑는 도량이라
　　心空及第歸　　마음이 비어서 급제하여 돌아간다.

여기서 마조선사가 말하고 있는 내용은 훗날 하나의 공안이 되는데, "일구흡진서강수一口吸盡西江水"가 바로 참구하는 대상인 화두이다. 그리고 이른바 "선불장選佛場"이란 말이 여기서부터 시작된다. 우리의 절 도량이나 선방은 바로 부처를 뽑는 과거장이다. 즉 과거장에서 과거시험을 통해 인재를 뽑는 것과 마찬가지로 선방에서는 무위의 법을 거량하고, 마음의 도리(心空)를 깨우쳐서(及第) 본래 고향(本來面目)으로 돌아가는(歸) 것이다.

　　방거사는 이후 마조의 문하에서 2년을 머무르면서 마조선사를 시봉하였다. 그는 본래인本來人을 투과(參透)한 뒤로부터는 아무 것도 하지 않고 하루 종일 오직 조리(漉籬)를 짜면서 살아갔다. 집에 있던 만 관貫의 금은金銀도 모조리 상강湘江 강물에 던져 버리고 말았다.

방거사가 깨달음을 얻고 난 뒤 많은 금은보화의 재산을 강물에 던져버리는 것은, 재물이 수도와는 아무 상관이 없을 뿐만 아니라 오히려 그것으로 인해 많은 업을 짓기 때문이다. 그러면 버리지 말고 다른 사람에게 주면은 되지 않느냐고 생각할지 모르지만, 내가 업을 짓기 싫어서 버리는 재물을 남에게 주는 것은, 나는 업을 짓지 않기를 원하면서 다른 이는 업을 지어도 좋다는 것이 되기 때문이다. 이런 단호한 의지가 바로 선의 정신으로 나타난다.

하루는 두 부부가 함께 무생無生의 도리를 이야기하는데, 거사가 말하기를, "어렵다, 어렵다, 어렵다. 참깨를 주워 담아 나무 위에 널기가." 하니 부인이 말하기를, "쉽다, 쉽다, 쉽다. 온갖 풀끝에 다 있는 조사의 뜻이(百草頭上祖師意)"라고 했다. 딸인 영조靈照가 듣고 웃으며 말하기를, "두 분 어르신, 어떻게 그런 이야기를 다 하십니까?"라고 했다. 방거사가 "너라면 어떻게 말하겠느냐?" 하니 영조가 대답하기를, "어렵지도 않고 쉽지도 않네. 배고프면 밥 먹고 피곤하면 잠을 자네."라고 했다. 그 때부터 방거사는 기변(機辯 : 상황에 응대하는 말솜씨)이 빠르고 민첩하여 제방諸方에서 다 그를 존경했다.

여기서 설해지고 있는 대화의 일절은 격외格外의 도리라 사족을 붙일 수는 없지만, 불이중도행不二中道行의 조사선 가풍을 드러낸 말이라고 하겠다. 방거사의 선행禪行은 마조의 홍주선洪州禪이 표방한 "평상심이 곧 도(平常心是道)"라고 하는 조사선의 종지에 그 바탕을 두고 있는 것이다.

그가 약산유엄藥山惟儼선사를 참예하고 나서 약산스님에게 하직 인사를 하자, 약산스님은 선객禪客 10명을 문 앞까지 배웅하도록 했다. 거사가 공중에 내리는 눈을 가리키면서 "잘 내리는 눈이로다. 송이송이 다른 곳에는 떨어지지 않는구나."라고 하니까, 한 선객이 "그러면 어디에 떨어집니까?" 하고 물었다.

거사는 그를 한 번 때렸다. 선객이 "그렇다고 대충하면 안 됩니다." 하니까 거사가 말하기를, "그러고서 어찌 선객이라 하겠소. 염라노자가 어째서 그대를 그냥 놓아두고 있는 거요?"라고 했다. 선객이 말하기를, "거사님은 어떻습니까?" 하니, 방거사가 다시 한대 때리고 말하기를, "눈으로 보면서도 장님과 같고, 입으로 말하면서도 벙어리 같구나(眼見如盲, 口說如啞)."라고 했다.

본래면목을 깨닫지 못한 사람은 눈앞에 보여주어도 도대체 알 수가 없다. 알 수 없으니 많은 말을 해봐야 이미 어긋나 버렸다. 그래서 "눈 뜬 장님이요, 입 벌린 벙어리"인 것이다. 힘써 참구해서 본분사本分事를 드러내는 일 뿐이다. 본래면목을 깨우친 명안종사明眼宗師에게는 출가니 재가니 하는 상에 치우치지 않는다. 본래 집家이 없거늘 어디에 출가, 재가가 있단 말인가. 깨닫지 못한 출가자는 깨달은 재가자에게 단련을 받아야 한다.

방거사는 일찍이 강당에 노닐면서 금강경을 강의하는 것을 즐겨 들었는데, '무아무인無我無人'이라는 대목에 이르자 묻기를, "좌주座主, 이미 나(我)도 없고 남(人)도 없다면 누가 강의하고 누가 듣는 것입니까?" 하고 물었다. 좌주가 대답을 못하자, 거사는 "저는 비록 속인이지만 대충은 압니다."라고 했다. 좌주가 "그러면 거사님의 뜻은 어떻습니까?" 하니 거사가 게송으로 답하기를,

無我復無人	나도 없고 남도 없으니
作麼有疎親	어디에 멀고 친함이 있으리오.
勸君休歷座	그대에게 권하노니 좌주 노릇 그만하소.
不似眞求眞	참으로 진리를 구함만 같지 못하니
金剛般若性	금강반야의 성품이여
外絕一纖塵	밖으로 작은 먼지 하나조차 끊어버렸네.
我聞竝信受	내가 듣고 믿어 받아 지니나
總是假名陳	모두가 거짓 이름 벌여 놓은 것.

이라고 하였다. 좌주가 듣고 기뻐하면서 우러러 찬탄했다.

좌주座主란 강주講主를 말하는데, 선어록에 등장하는 좌주는 거의 대부분이 선사들에게 지시를 받는 역할을 하고 있다. 여기서도 좌주는 지견知見으로 의리義理를 강의한 것이고, 방거사는 바로 금강반야의 본지풍광本地風光을 드러내 분별망념을 일시에 끊어버리고 깨달음의 경계로 들어가게 하고 있다.

하루는 거사가 딸 영조에게, "고인이 말하기를 '밝고 밝은 온갖 풀끝에 밝고 밝은 조사의 뜻이로다(明明百草頭, 明明祖師意).'라고 했

는데, 어떻게 생각하느냐?" 하고 물으니 영조가 말하기를, "어르신 어르신, 어찌 그런 말씀을 하십니까?"라고 했다. 거사가 "너는 어떠냐?" 하니 영조가 "밝고 밝은 온갖 풀끝에 밝고 밝은 조사의 뜻이로다."라고 했다. 거사는 껄껄 웃었다.

그가 입멸入滅하려 할 때 영조에게 말했다. "가서 해가 얼마나 올라왔는지 보고, 정오가 되거든 알려다오." 영조가 보고 와서 말하기를, "해가 막 가운데 왔는데, 아깝게도 하늘개가 해를 먹고 있어요(일식이 일어나고 있다는 뜻). 아버지는 왜 나와 보지 않으십니까?" 방거사는 사실인 줄 알고 자리에서 일어나 밖으로 나와서 해를 바라보았다.

이때 영조는 아버지의 자리에 올라가서 가부좌하고 합장한 채로 좌탈坐脫하고 말았다. 거사가 들어와 보니 영조가 이미 죽어 있었다. 탄식하며 말하기를, "내 딸이 정말 빠르구나. 나보다 먼저 가다니" 하였다.

이리하여 다시 7일이 늦추어졌다. 그 지방 목사(州牧) 우적공于頔公이 문병차 왔다. 방거사는 그에게 말했다. "모든 있는 것을 공空으로 하되, 모든 없는 것을 절대로 실實로 하지 마시기 바랍니다(但願空諸所有, 愼勿實諸所無). 세상에 잘 계십시오. 모든 것이 그림자 같고 메아리 같으니." 말을 마치자 그는 우공于公의 무릎을 베고 입적했다. 유언을 남기기를, (시신을) 화장해서 강이나 호수에 버려 달라고 했다.

부인이 이것을 듣고 즉시 들에서 일하고 있던 아들에게 알렸다. 아들은 이야기를 듣고 나자, 괭이자루에 머리를 기댄 채 서서

가 버렸다. 이때 그 어미는 이러한 광경을 보고 나서 자기도 어디론가 자취를 감춰 버렸다.

방거사 일가는 생사에 자재한 모습을 직접 연출하고 있다. 이분들이 일반 재가자들이지만 일가 네 식구 모두가 도를 성취하여 신통묘용神通妙用이 자재했다. 재가자라고 도를 못 깨닫고 공부할 수 없다는 생각은 종문에는 없는 법이다. 이 외에도 수많은 재가거사(男居士, 女居士)가 수행하여 깨달음을 얻은 입도기연入道機緣이 전해지고 있다.

생각 생각 돌이켜 나의 본래면목本來面目이 무엇인가를 반조해야 한다. 출가 재가를 막론하고 화두에 의정을 돈발하여 반드시 생사대사生死大事를 해결하고 안심입명安心立命을 얻겠다는 굳은 의지만 있다고 한다면 서있는 그 자리가 바로 법당이요, 선방이다. 출가이중出家二衆과 재가이중在家二衆인 사부대중四部大衆 그 누구에게라도 실참實參의 문은 열려 있다. 하루 빨리 입문하여 도를 묻고 도를 깨우치는 것이 진정한 불사佛事라는 것을 알아야 한다. 사중四衆이 함께 들어가는 문이 간화선문이다. 간화선의 특성 중에 하나가 바로 사부대중 모든 사람에게 열려 있는 사중선四衆禪이요, 만인선萬人禪인 것이다.

(3) 증오선(證悟禪) — 깨달음으로 법칙을 삼음(以悟爲則)

간화선은 지해의 병을 제거하고 깨달음(證悟)을 법칙으로 삼는 것이 또 하나의 큰 특성이다. 대혜가 문자선의 병폐와 묵조사선의 폐풍에 대해 비판할 때 이미 언급하였지만, 여기서 다시 한번 지해(知解 : 알음알이)에 대해 자세하게 살펴보도록 하겠다. 왜냐하면 실로 간화선은 문자선류와 묵조선류들의 지해의 병을 대치하는 방편으로써의 깨달음(證悟)을 강조하고 있기 때문이다. 그러므로 간화선이 항상 깨달음을 언급할 때는 원칙적으로 "깨달음으로 법칙을 삼는다(以悟爲則)."라고 하는 정형구定型句를 내세우는 것이다. 우선 대혜스님 당시 선림의 풍토를 그의 말을 통해 들어보기로 하자.

요즈음에는 선에도 여러 종류가 있다. 혹은 일문일답一問一答을 하다가 최후의 한 구절(末後一句)를 논하는 것으로써 선을 삼는 자가 있으며, 혹은 고인이 도에 든 인연(入道因緣)을 머리를 맞대고 분별하여 말하기를 "이곳은 허虛이고 저곳은 실實이며, 이 말은 현玄이고 저 말은 묘妙이다."라고 한다거나, 혹은 비껴가는 대답(代語)으로 선문답을 한다거나, 혹은 똑같은 물음에 대해 대답을 달리 하는 것(別語)으로 선을 삼는 자가 있다.

혹은 눈으로 보고 귀로 듣는 것을 '삼계三界가 유심唯心이요 만법萬法이 유식唯識'이라는 말에 갖다 붙이는 것으로 선을 삼는 자가 있다. 혹은 말이 없이 캄캄한 산 아래의 귀신 굴속에 앉아서 눈을 꼭 감고 있는 것을 위음왕威音王 저쪽이나 부모가 나를 낳기 이전(父母未生前)의 소식이라 말하기도 하고, 또 묵묵히 항상 비춘다(默而常照)고 말하여 그것들로 선을 삼는 자가 있다.[279]

대혜스님이 여기서 비판하고 있는 선은 다름 아닌 언어문자로 희롱하는 문자선文字禪과 일체가 유심唯心이며 만법이 유식唯識이라고 말하며 아무 일 없음(平常無事)에 안주하는 무사선無事禪, 그리고 오직 말없이 깜깜하게 앉아있는 것이 깨달음의 세계를 현전하는 것이라고 말하는 묵조선默照禪 등이다.

대혜스님이 볼 때 이들의 문제점은 하나 같이 깨달음을 구하지 않고, 깨달음을 중요하게 생각하지도 않고, 깨달음을 사람을 속이는 것으로 보며, 깨달음을 조작하는 것으로 보는데 있는 것이다. 사실 이들은 자신 스스로도 깨닫지도 못했을 뿐만 아니라, 또한 깨달음이 있다는 사실도 인정하려 들지 않고 있었다. 이러한 삿된 무리들을 향해 대혜는 파사현정破邪顯正의 심정으로 말하기를 "세간의 정교한 기예도 깨닫는 곳이 없으면 오히려 그 묘妙함을 얻지 못하는데, 하물며 생사를 해탈하고자 하면서 다만 입으로만 고요

---

[279] 『大慧語錄』권30, 위의 책, p 941中~下. "禪有多途, 或以一問一答末後多一句爲禪者, 或以古人入道因緣, 聚頭商摧云, 這裏是虛, 那裏是實, 這語玄那語妙. 或代或別, 爲禪者. 或以眼見耳聞和會, 在三界唯識, 萬法唯識上, 爲禪者. 或以無言無說, 坐在黑山下鬼窟裏, 閉眉合眼, 謂之威音王那畔父母未生時消息, 亦謂之默而常照, 爲禪者."

함을 말하는 것(口頭說靜)으로 깨달음을 얻을 수 있겠는가"[280]라고 훈계하고 있다.

대혜는 이들의 가장 큰 문제가 바로 지해知解의 병에 있다고 본 것이다. 문자선류들은 종종 고인의 공안이나 어록에 대한 "일지반해(一知半解 : 알음알이)"로 만족하고 고인과 똑같은 깨달음의 경계를 수용하려고 하지 않으니, 근본을 버리고 말엽을 따르는 격이다. 서록사瑞鹿寺 본선本先화상은 이렇게 말하고 있다.

> 선문답을 하거나 그 뜻을 논리적으로 따지는 일, 또는 대어代語나 별어別語 등을 배우는 일을 가지고 참선한다고 할 수는 없다. 또한 경론經論에 나오는 그럴듯한 이론이나 조사들의 파격적인 언어에 천착하는 일을 가지고 참선한다고 말할 수도 없다. 위에서 열거한 공부에 그대들이 비록 무애자재하게 통달했다 하더라도 불법佛法 중에 나름대로 어떤 경지를 체험하지 못했다면, 그런 이들을 '쓸데없는 지식만 쫓는 무리'라고 부른다. 그대들은 들어보지도 못했는가. 똑똑함만 가지고는 생사문제와 대적할 수 없다는 말을! 쓸데없는 지식(乾慧)만으로 고통의 수레바퀴를 멈출 수 있겠는가.[281]

묵조선류들 또한 "생사의 일을 상관하지 말고 오직 이렇게 쉬어

---

280) 『大慧語錄』제30권, 위의 책, p 941下. "世間工巧技藝, 若無悟處, 尙無得其妙. 況欲脫生死, 而只以口頭說靜, 便要收殺."

라. 단지 마음만 쉬면 중생의 알음알이가 생기지 않는다."[282]고 가르치고 있으나, "억지로 마음을 쉬도록 가르친다는 것은 모든 생각을 잊고서 공적空寂한 경계에 매달려 알음알이를 내는 것"[283]이 되는 것이다.

실제로 당시 총림의 참학자들 가운데에는 실질적인 깨달음의 체험이 없이 지해로 선을 이해하려는 구두선을 행하는 이가 가장 많았다. 앞에서 살펴보았듯이 구두선은 고인의 공안을 가지고 입도인연入道因緣을 삼아 문자를 개념화하는 지해로 깨달음을 삼는 것이다. 이것은 공안을 지성知性적으로 연구하는 것일 뿐, 철저한 의단에 의한 참구가 없어서 살아있는 견성체험이 이루어질 수 없다.

따라서 일본의 스즈끼(鈴木大拙)박사는 일찍이 이러한 지해로 선을 이해하려는 구두선의 특징에 대해 "이러한 지성화知性化, 개념화概念化의 방식으로 공안을 연구하는 것은 체험의 절대성絶對性, 특수성特殊性, 인격성人格性을 잃어버리고, 보편성普遍性, 비인격성非人格性, 개념성槪念性을 나타내고 있다"[284]라고 지적하고 있다. 선을 공안을 참구하는 수선체험修禪體驗이 없이 단지 개념적으로 이해하

---

281) 『參禪警語』, p 68. "大凡參學未必學問話是參學, 未必揀話是參學, 未必代語是參學, 未必學別語是參學. 未必學捻破經論中奇特言語. 是參學, 未必捻破祖師奇特言語, 是參學. 若於如是等參學, 任爾七通八達, 於佛法中, 倘無見處, 喚作乾慧之徒. 豈不聞, 聰明不敵生死, 乾慧豈免苦輪."
282) 『大慧語錄』제25권, 위의 책, p 918上. "更敎人是事莫管, 但只恁麼歇去, 歇得來情念不生."
283) 위의 책, p 918中. "敎人硬休去歇去. 此是守忘懷空寂, 而生解者."
284) 『鈴木大拙全集』제1권 (岩波書店), p 175.

려고 하기 때문에 비인격적으로 표출될 수밖에 없는 위험성을 지적하고 있는 것이다. 이러한 태도는 당연히 공안에 대한 진정한 깨달음을 이룰 수 없다.

대혜는 당시 납자들이 지견知見과 정해情解의 알음알이에 빠져 제대로 된 참선을 하지 못함을 이렇게 토로하고 있다.

> 요즘 납자들은 지견知見과 정해情解가 많다. 쓸모없는 말, 긴 이야기를 기억해서 그 속에서 답을 구하는 것은 마치 손에 값을 따질 수 없는 마니주摩尼珠를 쥐고 있다가, 어느 누가 손 안에 있는 것이 무엇이냐고 물으면 갑자기 그 구슬을 버리고 흙덩이를 집어 올리는 것과 같은 꼴이다. 그것은 멍청한 것이다. 그렇게 참구한다면 당나귀 해가 되도록 참선을 해도 깨닫지 못한다.[285]

불조의 말이나 기억하고 공안을 따져서 그 속에서 답을 구하는 것으로 선을 삼으려는 의리선류들의 지해知解의 병에 대한 비판인 것이다. 사량분별의 지해에 떨어진 구두선의 폐해를 중봉선사 또한 이렇게 비판하고 있다.

> 아아! 슬프도다! 미망에 빠진 인간들은 근본자리를 돌볼 생각은

---

[285] 『宗門武庫』하, (藏經閣), p 144. "今時兄弟, 知見情解多, 須要記閑言長語來這裏答, 大似手中握無價摩尼寶珠, 被人間你手中是什麼? 却放下拈起一箇土塊, 可煞癡. 若恁麼參到驢年也不省."

하지도 못하고, 그저 자신의 총명만을 밑천으로 삼아 요리조리 사량분별만 하여 언어나 문자로 깨달으려 하는구나! 그리하여 끝내는 마음자리를 깨달으려 들지 않는다. 방棒이나 할喝 등의 방편의 채찍으로 몰아대는 마차는 결국 번뇌와 망상이 우거진 숲속에 처박히고, 용상대덕의 훌륭한 자취는 결국 사량분별하는 잘못된 함정에 빠지게 되었다. 사량분별하게 되면 그 결과 좋아하고 싫어하는 욕정이 눈가에 넘치고, 취사선택하는 어리석음이 가슴에 가득하다. 고인이 말한 '제호醍醐가 도리어 독약이 된다' 라는 비유의 말씀이 바로 이것을 두고 한 말이 아니고 무엇이겠는가? 총림이 무너지는 것은 바로 이 때문이다.[286]

언어나 문자로 사량분별하여 깨달으려고 하는 지해종도知解宗徒들은 결국 거짓 방棒 미친 할喝로 인해 자기 자신이 망상의 숲으로 처박힐 뿐만 아니라, 용상대덕龍象大德의 요긴한 고칙古則 마저도 분별의 함정으로 빠뜨리고 만다. 예나 지금이나 이로 인해 총림이 망하는 것이다.

천태덕소天台德韶 또한 공안을 알음알이로 설명하는 납자의 폐해를 이렇게 꾸짖고 있다. "설사 폭포처럼 유창한 대답과 설명을 쏟아놓는다 하더라도 이것은 단지 전도된 알음알이일 뿐이다. 만일

---

286) 『山房夜話』, (藏經覺), p 49. "嗟! 世之迷妄者, 不考其源, 每以聰明之資, 廣尋博記, 顯受密傳, 惟務言通, 匪求心悟. 致使棒喝交馳之勝軌, 墮情想之稠林, 龍象蹴踏之靈蹤, 陷是非之深窀, 愛憎溢目, 取捨盈懷. 古人醍醐毒藥之喻, 驗於斯矣. 叢林之替, 莫有不本於此者."

그런 것만을 중요하게 생각한다면 참선하는 일이 무엇이 어렵다고 하겠는가? 이러한 사람은 다른 납자에게 무익할 뿐 아니라 자기의 잘못을 남에게 거듭 팔아먹는 잘못을 저지르는 것이다."[287]

참선하는 납자는 문구를 따져 연구하거나 옛사람의 말이나 외우고 다녀서는 안 된다. 이러한 일은 무익할 뿐만 아니라 공부에 오히려 장애가 되어서 진실한 공부가 도리어 알음알이로 전락해 버린다. 이러고서는 결코 '마음의 길이 소멸된 경계(心行處滅)'에 이르지 못한다.

대혜는 당시 유행하고 있던 지해로 분별하는 해선解禪과 의리로 해설하는 설선說禪의 무리들이 말하는 해오解悟는 진정한 깨달음이 아니고, 오로지 화두를 참구하여 깨닫는 구경의 증오證悟야 말로 올바른 깨달음이라고 주장했다. 그는 의리와 지해로 이해하는 것으로 깨달음을 삼는 것은 선 자체의 존립기반을 뿌리 채 흔들어 버리는 행위라고 비판했다.

그래서 선은 "문자를 세우지 않는다. 반드시 깨달음으로 얻는다."[288]고 강조하고, 아울러 "도를 배움에 다른 기술이 필요 없다. 오로지 깨달음으로 법칙을 삼는다(以悟爲則)."[289]라고 주장하고 있는 것이다. 더 나아가 혜능스님 이래 남종선의 오가칠종五家七宗은 모

---

287) 『參禪驚語』, (藏經閣), p 64. "假饒答話揀辨如懸河, 祇成得個顚倒知見. 若祇貴答話揀辨, 有甚麽難, 但恐無益於人, 翻成賺悞."
288) 『大慧語錄』권16, 위의 책, p 878下. "禪無文字, 須是悟始得."
289) 『大慧語錄』권20, 위의 책, p 895上. "學道無他術, 以悟爲則."

두가 본질상에서 일치하고 있으며, 오직 깨달음(證悟)으로써만이 오가칠종의 일치하는 본질을 체득할 수 있다고 말하고 있다. 그러므로 "깨달은 즉 같은 한 집안 일이요, 깨닫지 못한 즉 천차만별이다."290)라고 말했던 것이다.

여기서 말하고 있는 이른바 "깨달음으로 법칙을 삼는다(以悟爲則)."는 말은 간화선의 깨달음을 중요시하는 전통이 되어 이후의 간화종장들에게 면면히 이어지고 있다. 뒷날 몽산화상은 이 말을 계승하여 "큰 깨달음으로 입문을 삼는다(以大悟爲入門)."291)라고 주장하게 된다. 어느 시대를 막론하고 깨달음을 추구하지 않는 선에 대해서 깨달음을 원칙으로 세우는 간화정종의 표현방식이라고 하겠다.

그런데 위에서 보았듯이 당시에 구두선뿐만 아니라 묵조사선의 무리들도 조용히 앉아있는 가운데 지해로 분별하는 것을 깨달음의 현현(顯現)이라고 말하고 있었던 것이다. 대혜는 이에 대헤 "진정 고요한 마음이라면 모름지기 사량분별로써 일어났다 사라지는 마음을 부수어야 한다."292)고 말하고, 황벽스님의 말을 인용해서 "우리 선종에서는 예로부터 법을 전해 온 뒤로 사람들에게 지해(알음알이)를 찾도록 가르친 적이 없다."293)고 하였다.

---

290) 『大慧語錄』권18, 위의 책, p 887下, "悟則事同一家, 不悟則萬別千差."
291) 위의 책, p 55.
292) 『大慧語錄』권26, 위의 책, p 922上. "若要眞箇靜, 須是生死心破."

요즈음 묵조의 삿된 무리들이 말없는 것으로써 극칙極則을 삼아 그것을 위음나반威音那畔의 일로 간주하고 공겁이전空劫已前의 일로 간주하며 깨달음이 있음을 믿지 않고, 깨달음은 남을 속이는 것이며, 제이의第二義적인 것이며, 방편의 말이고, 교화하는 언사言辭라 간주하고 있다. 이러한 무리들은 남을 속이고 스스로를 속이며, 남을 잘못되게 하고 스스로도 잘못되게 한다.[294]

이미 앞에서도 인용하였듯이, 이것은 어떤 의미에서 묵조선 그 자체에 대한 비판이라기보다 깨달음이 없이 그저 묵묵히 앉아서 망상에 빠져 있으면서도 그것을 깨달음이라고 주장하는 묵조사선에 대한 비판인 것이다. 묵조사선의 무리들은 화두의 참구없이 좌선의 선상禪相에 빠져 그 당체를 위음왕불威音王佛 이전의 일과 공겁이전空劫以前의 일이라고 하여 적정무사에 안주해서 그것이 깨달음이라고 착각하고 있었던 것이다.

어떤 의미에서 보면 묵조선은 문자선의 수행을 하지 않음에 대한 비판으로부터 출발하여 그 대안으로써 묵조좌선默照坐禪의 방편을 세워 실천수행을 고취시켰던 선법이다. 그런데 대혜스님의 입장에서 보았을 때 묵조선마저도 묵묵히 앉아있는 그 가운데서 지

---

293) 『大慧語錄』권25, 위의 책, p 918.中. "黃檗和尙云, 我此禪宗, 從上相乘以來, 不曾敎人求知求解."
294) 『大慧語錄』권28, 위의 책, p 933下. "今默照邪師輩, 只以無言無說爲極則, 喚作威音那畔事, 亦喚作空劫已前事, 不信有悟門, 以悟爲誑, 以悟爲第二頭, 以悟爲方便語, 以悟爲接引之辭, 如此之徒, 瞞人自瞞, 誤人自誤."

혜(깨달음)의 작용이 없이 오히려 분별지해에 빠져 있었던 것이다. 대혜는 이러한 태도에 대하여 엄정한 비판을 가하고, 오로지 "깨달음으로 법칙을 삼아야 되며(以悟爲則)", 이 깨달음(悟)이야말로 선이 존재하는 관건이라고 강조하고, 심지어 깨달음이 없는 선은 선이 아니라고 주장하고 있다.

사실 지해(알음알이)에 대해서는 그것을 집착하여 깨달음으로 착각하고 있기 때문에 문제가 되는 것뿐만 아니라, 그 자체가 끊임없이 사량복탁思量卜度함으로써 사람으로 하여금 미혹되게 하는데 더 큰 문제가 있는 것이다. 그런데 이 지해를 제거하는데 있어서 지해를 완전히 소탕한 텅 빈 그 자리에 깨달음이 있다고 잘못 알아서, 공부하는데 있어 걸림돌로 생각한다면 이 또한 잘못된 견해이다.

대혜는 한편으로 반복해서 강조하기를 의정을 일으켜 화두를 참구하게 하고, 다른 한편으로 어떻게 지해知解 혹은 시견知見을 초월하느냐에 대해서도 구체적으로 많은 설명을 하고 있다. 다시 말하면 지해를 초월하는 것과 의정을 일으키는 것은 일념상에서 동시에 이루어진다고 말해야 할 것이다.

> 마침내 알음알이(知解)로 번뇌를 삼지 않으니, 이는 다만 그가 알음알이가 일어나는 곳을 알고 있기 때문이다. 이미 알음알이가 일어나는 곳을 알면 곧 이 알음알이가 바로 해탈의 장場이면서 생사를 벗어나는 곳이다. 이미 해탈의 장場이면서 생사의 문제를

벗어난 곳이라면, 알고 이해하는 것의 당체가 적멸寂滅하다. 이미 알고 이해하는 것이 적멸하다면 알음알이를 알 수 있는 자도 적멸이 아닐 수 없으며, 보리열반菩提涅槃과 진여불성眞如佛性도 적멸이 아닐 수 없다. 여기에 다시 무슨 번뇌가 있어 장애가 될 것이며, 다시 어느 곳을 향해 깨달아 들어 갈 곳을 구하겠는가.[295]

위에서 대혜는 "지해(알음알이)가 일어난 곳을 알고 있기 때문에 알음알이를 번뇌로 삼지 않는다."고 했다. 즉 알음알이가 일어나는 당체가 적멸(寂滅 : 空)한 줄 알면 알음알이를 내는 자(能)도 알음알이(所)도 모두 적멸하다고 말한다. 즉 한 생각(一念) 일어나는 그 당체當體가 본래 공空한 줄 알면 더 이상 알음알이가 번뇌가 되지 않는다는 것이다. 즉 일념의 알음알이가 공한 줄 깨달았으면 되는 것이다.

이것을 깨우치기 위해 대혜는 다만 온갖 망상의 알음알이를 한꺼번에 누르고, 눌러 내린 그곳에서 "무자화두無字話頭"를 들라고 가르치고 있다. 화두를 들어 일념이 본래 공한 그 도리를 사무쳐 깨달으면 이 알음알이는 더 이상 번뇌가 아니어서, 알음알이를 벗을 삼아 알음알이 위에서 평등한 자비를 행하고 모든 불사를 지어나

---

295) 『大慧語錄』권26, 위의 책, p 921中. "終不以此爲惱, 只爲他識得知解起處. 旣識得起處, 卽此知解, 便是解脫之場, 便是出生死處. 旣是解脫之場, 出生死處, 卽知底解底當體寂滅. 知底解底旣寂滅, 能知知解者不可不寂滅, 菩提涅槃眞如佛性, 不可不寂滅. 更有何物可障, 更向何處求悟入."

간다고 설하고 있다. 이것이 바로 번뇌 즉 보리煩惱卽菩提요, 지해 즉 지혜知解卽智慧가 되는 도리이다. 이렇게 되면 지해를 떠나서 구경의 깨달음(證悟)이 없기에, 지해가 바로 깨달음(證悟)인 것이다.

그런데 여기서 하나 지적하고 싶은 것은 대혜스님의 화두참선의 성과에 대한 완급의 태도이다. 그는 화두를 의심하는 간화의 방법으로 정진하면 반드시 금생에 일대사一大事를 해결할 수 있으며, 설사 금생에 깨달음을 얻지 못한다 하더라도 그 공능은 미래제에 걸쳐 나타난다고 말하고 있다. 즉 참선수행을 계속 지어나가면 금생에 깨닫든지 아니면 내생에 반드시 깨달을 수 있다는 확신을 주고 있는 것이다.

금생에 만약 깨닫지 못하여 벼랑에 떨어져도 미래제가 다하도록 항상 이 마음에 간직하고 있다. 금생에 비록 깨치지 못해도 반야종자般若種子를 심품의 땅에 심게 되어 세세世世마다 악도에 떨어지지 않고, 생생生生마다 사람 몸을 잃지 않아, 사견私見의 집에 태어나지 않고, 마군의 무리에 들지 않아서 어느 때 문득 심화心華가 피어나지 않겠는가.[296]

이번 생에 화두를 완전히 타파하여 알지 못하더라도, 다만 이

---

[296] 『大慧語錄』권20, 위의 책, p 895上. "今生若不悟儱崖, 倒盡未來際常存此心. 今生雖未悟, 亦種得般若種子, 在性地上, 世世不落惡趣, 生生不失人身, 不生私見家, 不入魔軍類, 況忽然心華發明耶."

렇게 공부하다 죽을 수만 있다면 염라대왕이라도 멀찍이 삼천리를 물러서서 두려워 한다. 무엇 때문인가. 반야 가운데 있는 생각들은 잘못된 다른 생각이 없어 반야의 힘이 끊어지지 않기 때문이다.[297]

　금생에 일대사를 요달하면 제일 좋겠지만, 그러나 어디까지나 오래도록 한결같이 꾸준히 공부를 지어감이 중요하다. 속효심速效心을 가지고 얼마간의 정진으로 큰 효과가 빨리 나타나기를 기다리면 이는 공부인의 자세가 아니다. 열심히 정진하여 참구해 나갈 뿐 깨달음을 기다리는 마음을 내어서는 안 된다. 그래서 말하기를 "절대로 깨달음을 기대하는 마음을 두어 깨달음을 기다려서는 안 된다. 만일 깨달으려는 마음으로 깨닫는다는 생각을 하면 영원히 깨달을 수 없을 것이다."[298]라고 했다. 즉 깨달음을 기다리는 "대오선待悟禪"의 병을 경계하고 있는 것이다. 부처를 이루고 조사가 되는 것(成佛作祖)이 어찌 하루 아침 하루 저녁에 성취될 수 있는 일이겠는가. 끈기와 인내를 가지고 금생이 다하도록 미제제가 다하도록 수행과 교화의 용맹심을 놓지 않는 것이 종문의 정도이다.
　인과와 윤회의 도를 확신하면 안광이 땅에 떨어지는(眼光落地) 납

---

297)『大慧語錄』권28, 위의 책, p 934上. "便是此生打未徹, 只恁麼崖到臘月三十日, 閻家老子也須倒退三千里始得. 何以故? 爲念念在般若中無異念無間斷故."
298)『大慧語錄』제26권, 위의 책, p 921下. "然切不可存心待破, 若存心在破處, 則永劫無有破時."

월 삼십일에 염라노자도 두려울 것이 없으며, 참구하는 인연이 언젠가는 깨달음의 과보로 나타나서 어느 날 문득 마음 꽃(心華)이 활짝 피게 될 것이다. 지금 여기에서 면면부절綿綿不絶하게 근원적인 문제의식을 가지고 치열하게 참구하는 삶을 살면 되는 것이다.

사실 깨닫고 못 깨닫고를 염두에 둘 필요가 없다. 구층 누각에 오름에 있어서 이미 일층의 계단에 발을 들여 놓았으면, 이 일층은 구층을 여의지 않는 일층이기 때문에 앞으로 나아가기만 하면 되는 것이다. 다만 누각과 계단이 견실한가, 아니한가를 염려할 뿐이다. 그래서 대혜는 금생에 깨닫는 것이 최우선이라 말하고, 혹시나 그렇지 못하더라도 반야종자가 확실하게 뿌리내릴 수 있도록 마음 밭(心田)을 경작할 것을 당부하고 있는 것이다.

그리고 법안종의 영명연수永明延壽 또한 말하기를 "가사 참구하여 철저히 깨닫지 못하고 배워서 성취하지 못한다 하더라도 귀에 스침이 남아있어 영원히 도의 종자가 될 것이다. 세세생생 삼악도에 떨어지지 않고 태어날 적마다 사람의 몸을 잃지 않고 다시 태어나 하나를 들으면 천을 깨달으리라."299)고 하여 배우고 참구하여 깨달음의 기연을 놓지 말 것을 역설하고 있다.

그런데 앞에서 묵조선의 수행구조는 본래성불本來成佛의 입장에서 좌선을 통해 본증本證 혹은 본각本覺을 드러내는 것을 강조하는

---

299) 『禪關策進』. "假使參而未徹, 學而未成, 歷在耳根, 永爲道種, 世世不落惡趣, 生生不失人身, 纔出頭來, 一聞千悟."

입장이라고 말했다. 그런데 대혜의 간화선에서는 본각의 입장을 인정하는 것은 묵조와 동일하나, 화두참구라는 수행을 통해 본각을 확인해야 하는 시각始覺의 입장을 더욱 강조하고 있다.

이미 앞에서 여러 번 말한 바와 같이, 중생은 본래 부처님과 똑같은 지혜덕상을 원만하게 갖추고 있는데, 이것을 본각(本覺 : 본래불)이라고 했다. 그러나 번뇌망념에 오염되어 청정자성을 잃어버렸으니, 이것을 불각(不覺 : 중생)의 상태라고 말한다. 불각의 상태인 중생이 본각의 본래 부처를 회복하기 위해서는 당연히 수행이 필요하다. 대혜의 입장에서는 화두참구의 수행을 통해 본각을 확인하여 깨닫는 것이 바로 시각始覺인 것이다.

다시 말하면 간화선에서는 본래불이라는 본각本覺사상의 바탕 위에서, 현실적으로는 고해중생이라는 입장(不覺)을 철저하게 인식하고, 간절한 화두수행을 통해서 시각始覺을 성취해야 한다고 주장하고 있는 것이다. 즉 본래태(本來態 : 본각)의 바탕 위에 서서 현실태(現實態 : 불각)에 철저히 사무쳐 당래태(當來態 : 시각)를 향해 나아가라고 지시하고 있다. 그러므로 대혜스님이 말하기를 "시각始覺이 근본根本에 합쳐져야 한다."라고 하였으며, 또한 "시각이 본각에 합치는 것이 곧 부처"라고 주장하고 있다.

> 시각始覺이 근본에 합치는 것이 부처라는 것은 시각이 본각本覺에 합치는 것을 말한다. 그런데도 (묵조의) 삿된 무리들은 말없이 침묵함을 시각이라 하고 위음나반의 소식을 본각이라 한다. 본래

부터 이런 도리가 아니며 이미 이런 도리는 맞지 않다. 무엇이 깨달음인가? 만약 모든 것이 깨달음이라면 어찌 다시 미혹함이 있겠는가. 만약 미혹함이 없다고 하면 어찌 석가모니 부처님이 샛별을 보고 홀연히 깨달아 자기의 본래생명이 원래 여기에 있음을 알 수 있었겠는가. 그러므로 시각으로 인해서 본각에 합친다고 말하는 것이다. 마치 수선납자들이 홀연히 본래면목을 깨친다는 것이 바로 이 도리인 것이다. 그러나 이 도리는 사람마다 본분상 本分上에 구족하지 않음이 없다.[300]

먼저 대혜선사는 "이 일은 사람마다 본분상에 구족하지 않음이 없다."고 중생의 본래성불本來成佛인 본각本覺을 인정하고 그 토대 위에서, 석가모니 부처님의 "샛별을 보고 깨달으심"을 예로 들어 시각을 증명하고 있다. 즉 본각의 바탕 위에서 화두참구의 수행을 통해 시각을 구현하는 것으로 수증문을 삼고 있다. 그러므로 "시각이 본각에 합치는 것을 부처"라고 주장하고 있는 것이다. 따라서 간화선에서는 시각의 증득證得을 위해 화두참구의 수행이 강조될 수 밖에 없다.

대혜는 중생이 본래 원각(圓覺 : 본각)을 갖추긴 했지만 마땅히

---

300) 『大慧普說』권18, 『大正藏』47권, p 888上. "始覺合本之謂佛, 言以如今始覺合於本覺. 往往邪師輩, 以無言默然爲始覺, 以威音王那畔爲本覺. 固非此理, 旣非此理. 何者是覺? 若全是覺, 豈更有迷. 若謂弒迷, 爭奈釋迦老子於明星現時, 忽然便覺, 知得自家本命元辰, 元來在這裏. 所以言, 因始覺而合本覺. 如禪和家, 忽然摸著鼻孔, 便是這箇道理. 然此事人人分上無不具足."

증득證得해야 한다는 것을 강조하기 위해서 진정극문眞淨克文이
『원각경』의 『개증론皆證論』을 지으면서 규봉종밀圭峰宗密을 통렬
히 비난한 고사를 인용하고 있다.

  규봉선사가 『원각경소초圓覺經疏鈔』를 만들었는데, 그 분이 『원
각경』 가운데서 깨달은 곳이 있어서 모름지기 『소초疏鈔』를 짓게
된 것이다. 그런데 『원각경』 가운데 나오는 "일체중생一切衆生 개
증원각皆證圓覺"이라는 구절에서 규봉선사는 '증(證 : 증득한다, 깨닫는
다)' 자를 '구(具 : 갖춘다)' 자로 고치고, 증證자로 되어 있던 것은 "번
역자의 잘못이다."라고 말을 했다. 그러나 범본梵本을 보지 못했기
에 또한 이처럼 『원각소圓覺疏』 가운데에 논해 놓았을 뿐, 감히 바
로 『원각경』 자체를 고치지는 않았다.
  뒷날 늑담진정泐潭眞淨화상께서 『개증론皆證論』을 지으면서 그 안
에 규봉선사를 통렬하게 나무라며 젖비린내 나는 볼품없는 자라
고 했다. 일체 중생이 모두 원각을 갖추고(具) 있고 증득(證)하지
못한다면, 축생은 영원히 축생이고 아귀는 영원히 아귀인지라, 시
방세계 천지가 모두 구멍없는 쇠망치로서 어찌할 수가 없다는 것
이다. 그러니 다시 진심眞心을 일으켜 근본에 돌아갈 사람이 한
사람도 없으며, 범부도 또한 해탈을 구할 필요가 없다는 것이다.
왜냐하면 모든 중생이 이미 모두 원각을 갖추고 있기에 또한 반
드시 원각을 증득할 필요가 없기 때문이다.[301]

종밀의 본래 뜻은 본래성불本來成佛을 강조하기 위해 본각本覺의

입장에서 "갖추었다(具)."고 말했고, 극문과 대혜는 시각始覺의 입장에서 "증득한다(證)."고 주장하고 있는 것이다. 종밀이 살다간 시대에는 본각을 갖추고 있다는 사실을 더욱 강조해야 할 시대였을 것이며, 대혜가 간화선을 주장하던 시대에는 이미 본각보다는 시각에 초점을 맞추어서 사람들로 하여금 적극적으로 깨달음을 증득하게 해야 할 시절인연이 도래했던 것이다. 대혜가 주장하고 강조하고 있는 "시각이 본각에 합치는 것"이 증오證悟라는 수증의 전통은 전불교 역사에 끊임없이 제기되었던 수행과 깨달음의 원칙이며, 특히 달마선으로부터 간화선에 이르기까지 전체 선종의 정통 수증문인 것이다. 간화선의 또 하나 특성이 지해의 병을 대치하고 증오證悟의 깨달음을 강조하는 것이다.

---

301) 『大慧語錄』권30, 위의 책, p 940下~941上. "圭峰密禪師, 造圓覺經疏鈔, 密於圓覺有證悟處, 方敢下筆. 以圓覺經中一切衆生皆證圓覺, 圭峯改證爲具, 謂譯者之訛, 而不見梵本, 亦只如此論在疏中, 不敢便改正經也. 後來泐潭眞淨和尙, 撰皆證論, 論內痛罵圭峰, 謂之破凡夫臊臭漢. 若一切衆生皆具圓覺, 而不證者, 畜生永作畜生, 餓鬼永作餓鬼, 盡十方世界, 都盧是箇無孔鐵鎚, 更無一人發眞歸元, 凡夫亦不須求解脫. 何以故, 一切衆生皆以具圓覺, 亦不須求證故."

4. 화두참구

(1) 발심(發心)

고인이 말하기를 "마음을 깨닫는 데는 발심보다 우선하는 것은 없다."고 하였다. 즉 화두참선을 하기 위해서는 우선 발심發心부터 해야 한다. 발심이 있는 곳에 화두가 있고, 화두 있는 곳에 발심이 있다. 발심이란 발보리심發菩提心의 약칭으로 무상보리심을 구할 것을 발원하는 것을 말하는데, 혹은 초발의初發意, 신발의新發意, 초발심初發心이라고 부르기도 한다.

발고여락拔苦與樂이란 말이 있듯이 생로병사의 고통으로부터 벗어나서 무상대도를 성취하여 일체 생명에게 즐거움을 주겠다는 간절한 마음이 곧 발심의 뿌리가 되는 것이다. 부처님이 말씀하시기를 "일체 세상 일이 다 허망하다. 중생의 모든 하는 일이 다 나고 죽는 생사법이니, 오직 제 마음을 깨달아야 진실한 법이다."라고 하셨다. 수행자는 가장 먼저 생사심生死心을 해결하겠다는 굳은 마음을 내야 한다. 생사심이란 나의 생사가 목전에 달려있다고 느끼는 다급하고 절박한 마음을 말하는데, 이 생사심이 바로 발심의 주체가 되는 것이다.

그래서 대혜가 말하기를, "참으로 고요한 경지에 도달하려면 모름지기 생사심을 깨뜨려서 집착하지 말아야 한다. 참선하는 데는 생사심이 깨어지면 저절로 고요해 진다."[302]라고 하였다.

생사심을 깨뜨리고자 하면 화두를 들어 의정을 일으켜 의단疑團을 형성해야 하고, 화두참선을 하여 의단을 이루기 위해서는 반드시 간절함(切)이 있어야 한다. 무이는 『참선경어』에서 간절함에 대해 다음과 같이 말하고 있다.

> 참선하는 데 있어서는 '간절함(切)'이라는 한 마디가 가장 요긴하다. 간절함은 무엇보다도 힘이 있는 말이니 간절하지 않으면 게으름이 생기고, 게으름이 생기게 되면 편한 곳으로 내쳐 마음대로 놀게 되며 못할 짓이 없게 된다.
>
> 만일 공부에 마음이 간절하며 방일할 겨를이 있겠는가. 간절하다는 이 한 마디만 알면 옛 스님들의 경지에 이르지 못한다고 근심할 필요도 없고, 생사문제를 해결하지 못한다고 근심하지 않아도 된다. 이 간절하다는 말을 버리고 따로 불법을 구한다면 모두 어리석고 미친 사람들로서 형편없이 빗나가고 있는 것이다. 그러니 이런 엉터리와 참선하는 사람을 어떻게 동일시할 수 있겠는가.[303]

---

302) 『參禪警語』, (藏經閣), p 86. "若要眞個靜, 須是生死心破不着, 做工夫生死心破, 則自靜哉."

화두를 드는 것은 비상非常한 일이다. 팔만사천의 망념이 마치 폭포처럼 빗발치는 의식의 강물을 역류하는 것과 같은 화두법은 간절한 마음이 없이는 잠시도 참구가 되지 않는다. 그러므로 대혜, 고봉, 무이 등 간화종장들은 한결같이 이마에 간절 "절切"자 한 글자를 써 붙이고 다니라고 말하고 있다. 그런데 간절한 마음은 어디서 생기는가? 무상심無常心에서 비롯된다. 생사의 일이 하루아침 풀잎의 이슬과 같다는 무상심의 바탕 위에서만이 간절한 의심이 돈발頓發될 수 있다. 경허선사는 그의 「참선곡」에서 인생의 무상함에 대해 다음과 같이 읊고 있다.

> 홀연히 생각하니 모두 꿈속의 일(都是夢中)이로다.
> 천만고 영웅호걸 북망산의 무덤이요,
> 부귀문장 쓸데없다 황천객을 면할소냐.
> 오호라! 나의 몸이 풀끝에 이슬이요,
> 바람 앞의 등불이라.[304]

세상사 모두가 전도된 꿈속의 일이라고 보고 빨리 꿈속에서 깨어나고자 발심하는 것이다. 그래서 『심경』에서도 "전도된 꿈속의

---

303) 『參禪警語』, (藏經閣), p 40. "做工夫, 最要緊是個切字. 切字最有力, 不切則懈怠生, 懈怠生則放逸縱意靡所不至. 若用必眞切, 放逸懈怠何由得生. 當知切之一字, 不愁不到古人田地, 不愁生死心不破, 捨此切字別求佛法, 皆是癡狂外邊走. 豈可以做工夫同日而語也."
304) 『鏡虛法語』, p 502.

일을 멀리 여의고(遠離顚倒夢想), 구경에 열반을 성취한다(究竟涅槃)."
고 설하고 있는 것이다. 경허도 거듭 말하기를 "사람 되어 못 닦
으면, 다시 공부 어려우니, 나도 어서 닦아보세."라고 하여 무상함
으로부터 발심수행으로 나아갈 것을 권고하고 있다. 옛 조사들의
기연을 살펴보더라도 대다수가 무상을 절감하고 발심출가 했거나,
혹은 출가한 이후라도 문득 무상이 신속함을 통감하고 참선으로
전향하여 생사를 영단할 것을 재발심하고 있다. 대혜도 이렇게 말
했다.

    묘희妙喜는 십칠 세에 이 일에 대해 의심하기 시작하여 장장 십
칠 년을 참구하고서야 쉴 수 있었다. 깨닫기 이전에 항상 스스로
생각하기를 내가 지금 이미 몇 살이나 먹었는가? 또 남섬부주에
태어나기 이전에 어느 곳으로부터 왔는지 모른다. 마음이 어둡기
가 마치 칠통과 같아서 어디서 왔는지를 알 수가 없다. 이미 온
곳을 모르니 이것이 태어남의 문제가 크다(生大)는 것이다. 내가
백년 후 죽을 때 어디로 향해 가는가? 마음 또한 어둡고 어두워
서 갈 곳을 모른다. 이와 같이 갈 곳을 모르니 이것이 죽음의 문
제가 크다(死大)는 것이다. 이를 일러 무상이 신속한데(無常迅速) 생
사의 일이 크다(生死事大)는 것이다."[305]

---

305) 『大慧語錄』권16, 『大正藏』47권, p 878下. "妙喜自十七歲, 便疑着此事, 恰恰參十七年, 方得休歇. 未得已前, 常自思惟, 我今已幾歲? 不知我未託生來南閻浮提時從甚麽處來. 心頭黑似漆, 並不知來處, 即是生大. 我百年後死時, 却向甚麽處去? 心頭依舊黑漫漫地, 不知去處. 旣不知去處, 即是死大, 謂之無常迅速生死事大."

선은 깨달음으로 얻는다. 깨달음의 내용이 무엇인가? 연기緣起, 무아無我, 공空이다. 이것은 곧 생명의 본체에 대한 깨달음이다. 생명은 시작과 끝이 있는가? 태어남은 어느 곳으로부터 오는 것이며(生從何處來) 죽음은 어디로 향해 가는가(死向何處去)? 이 문제는 불교가 설하고 있는 가장 핵심과제이며, 인간과 우주에 대한 근원적인 문제의식이기도 하다. 이 근원적인 일대사一大事를 대하는 대혜의 문제의식이 바로 "무상신속無常迅速, 생사사대生死事大"라는 말로 표현되고 있는 것이다. 고봉의 설법도 대혜의 그것과 대동소이하다.

나고 죽음의 일이 크고 덧없는 세월의 흐름은 빠르다(無常迅速). 태어나되 어디에서 오는지를 알지 못함을 삶의 큰일이라 하고, 죽되 어디로 가는지를 알지 못함을 죽음의 큰일이라 한다. 이 나고 죽음의 일대사一大事가 참선하며 도를 배우는 이들의 목구멍이며, 부처님이나 조사가 되는 수행처修行處이다.[306]

마음을 다스리기로 했다면 이 일착자一着子를 깨닫기 위해 먼저 결정지決定志를 세워야 한다. 화두를 참구하다 보면 경계에 부딪치고 반연을 만남에 혹 역경계도 있고 순경계도 있으니 먼저 안정을 하여 주체가 되어 갖가지 사설邪說에 미혹되지 말아야 한다. 일상

---

306) 圓珣 역해『禪要』, (도서출판 法供養), p 130. "生死事大, 無常迅速. 生不知來處, 謂之生大, 死不知去處, 謂之死大. 只者生死一大事, 乃是參禪學道之喉襟, 成佛作祖之管轄."

생활 가운데서 항상 무상이 신속함을 알아 "생사生死"라는 두 글자를 가슴에 품고, 이 일을 해 마쳐야 되겠다는 결심이 확고부동하게 정립되어야 한다. 무이선사도 참선에 필요한 몇 가지 태도를 열거하고 있는데, 그 가운데 첫째가 "긴박함(緊)"이라고 말하고 있다.

　　무엇을 일러 긴박함이라고 하는가? 사람의 생명은 호흡에 달려 있는데, 생사대사生死大事를 밝히지 못한 채로 숨이 떨어지면 앞길이 깜깜하여 어디로 가야할지 모른다. 그러므로 긴장하지 않을 수가 없다. 옛날 어떤 큰스님도 죽음의 일이 마치 "삼으로 꼰 새끼를 물에 적시듯 하여 한 발짝 한 발짝 갈수록 조여드는 것과 같다."라고 하였다.[307]

　수선자의 발심은 일대사를 기필코 해결해야겠다는 결심의 출발이다. 고인이 말하기를 "화두 안 되는 것을 한탄 말고 발심 못한 것을 부끄러워하라."고 하였다. 거듭 말하기를 공부하는 사람이 마음 움직이지 않기를 산과 같이 하고, 마음을 넓게 쓰기를 허공과 같이 하고, 지혜로 불법을 생각하기를 해와 달같이 하여, 남이 나를 옳다고 하든지 그르다고 하든지 마음에 두지 말고, 다른 사람의 잘하고 잘못하는 것을 내 마음으로 분별하여 참견하지 말고, 좋은 일을 당하거나 좋지 않는 일을 당하여도 마음을 평안히 하

---

307) 『參禪警語』, (藏經閣), p 44. "何謂緊, 人命在呼吸, 大事未明, 一口氣不來, 前路茫茫, 未知何往, 不得不緊. 古德云, 如麻繩着水, 一步緊一步."

며, 일체에 무심하여 남이 봄에 숙맥같이 지내고, 병신같이 지내고, 벙어리같이, 소경같이, 귀먹은 사람같이, 어린아이같이 지내면서 오직 생사화두生死話頭에 매달리면 마음에 저절로 망상이 사라진다고 하였다.

옛날에 이부마李駙馬가 석문石門선사를 참문하고 깨달아 이렇게 읊었다.

> 도를 배우려면 반드시 무쇠로 된 놈이라야 한다.
> 착수하는 마음에서 바로 결판내도록 하라.
> 곧바로 위없는 무상보리에 나아가려거든
> 일체의 시비에 상관하지 말아라.
> 學道須是鐵漢 着手心頭便判 直趣無上菩提 一切是非莫管[308]

무상보리를 깨달으려고 하는 사람은 발심하기를 무쇠처럼 단단하게 해야 한다. 불퇴전의 발심으로 일체 시비 이해에 물들지 말고 곧바로 생사를 향해 부딪혀 나가야 한다. 수행자에게 있어서 생사문제는 보통의 일이 아니라 필생의 가장 큰 일이다. 따라서 일대사인연一大事因緣이라고 말하는 것이다. 이 일대사인연은 말로 전할 수도 없고 배울 수도 없다. 모름지기 스스로 증득하고 스스로 깨달아야 하며 스스로 긍정하고 스스로 쉬어야만 비로소 공부

---

308) 『圓悟心要』上, (藏經閣), p 30.

에 철두철미해지는 것이다. 대혜스님의 생사문제를 향한 발심은 다음과 같다.

> 대장부가 일대사인연(一大事因緣 : 생사문제)을 결판내려 한다면 모든 세상일을 돌보지 않고 조급한 마음으로 꼿꼿이 앉아서 남 생각에 끌려가지 말고 평소부터 품어오던 자기의 의심을 붙들고 늘 염두에 두어야 한다. ……그리하여 급할 것도 없는데서 무슨 일이나 난 듯 참구해 나가야만 비로소 이 생사문제를 해결해 나갈 자격을 갖게 된다.[309]

근세의 선지식인 만공선사는 참선공부의 과정을 첫째, 지무생사 知無生死를 들어 생사가 본래 없음을 알아야 된다고 하였다. 둘째, 는 계무생사契無生死로서 생사가 없는 경지에 계합해야 하며, 셋째, 체무생사體無生死로서 생사가 없는 도리를 체달體達해야 한다고 했으며, 마지막으로 용무생사用無生死라 하여 생사 없는 경지를 내 마음대로 수용해야 한다.[310]고 하였다.

이 네 종류의 생사의 일을 마치기 위해서는 반드시 화두참선을 해야 한다고 주장하였다. 아울러 모든 납자는 화두공부밖에 할 것

---

309) 『參禪警語』, p 60. "大丈夫漢, 決欲究竟此一段大事因緣, 一等打破面皮, 性燥竪起脊梁骨, 莫順人情, 把自平昔所疑處, 貼在額頭上, ……無急得急, 無忙得忙, 無大得大底, 一件事方有趣向分."
310) 『滿空法語』, p 262.

이 없다는 서원을 세우라고 말하고 있다. 그래서 그의 입실제자인 일엽一葉선사에게 "세세생생世世生生에 참선밖에 할 것이 없음을 알아야 할 것"[311]이라는 유훈을 남기고 있다. 발심납자는 한결같이 무상이 신속하고(無常迅速), 생사의 일이 크다(生死大事)는 생사화두生死話頭에 철저해야 한다. 이 것이 일대사인연을 해결하는 바탕이 된다.

(2) 선지식 참문(參問)

선문에 들어 발심한 자는 마땅히 선지식善知識을 찾아 법을 물어야 한다. 이것을 참문參問이라고 한다. 선지식이란 안목과 덕행을 갖추고 정도正道로 인도하여 정법正法을 깨닫게 해주는 스승을 말한다. 『대품반야경』 27권에 설하기를 선지식은 "공空, 무상無相, 무작無作, 무생無生, 무멸無滅의 법과 일체종지一切種智를 설하고, 사람들에게 환희심과 믿음의 기쁨(歡喜信樂)을 줄 수 있는 자"라고 정의하고 있다. 주지하는 바와 같이『화엄경』「입법계품」에는 선재동자善才童子가 53선지식을 참방하는 구도과정을 그리고 있는데, 여기서 위로 불보살로부터 아래로 사람(人) 천인天人 등 온갖 형태의 선지식들이 출현하여 중생들을 인도하여 악을 버리고 선을 닦을

---

311)『一葉禪文』(修德寺 歡喜臺, 도서출판 문화사랑, 2004年), p 165.

것을 가르치고 있다.

그리고 천태지자는 『마하지관摩訶止觀』권4에서 "삼종선지식三種善知識"을 설하고 있다. 첫째, 외호선지식外護善知識으로 대중을 외호하여 안온하게 수도할 수 있게 하는 사람을 말하며, 둘째, 동행선지식同行善知識인데 대중과 더불어 행동하며 서로 격려하고 경책해 주는 도반을 가리키며, 셋째, 교수선지식敎授善知識으로서 선교방편으로 설법해 깨달음으로 인도해 주는 스승을 가리키는 말이다.

만공도 말하기를 "참선은 절대로 혼자는 하지 못하는 것이니, 반드시 선지식善知識을 여의지 말아야 하나니, 선지식은 인생문제를 비롯하여 일체 문제에 걸림 없이 바르게 가르쳐 주나니라."고 말하고, 도량道場, 도사道師, 도반道伴의 삼대요건을 갖추어 공부하라고 지시하고 있다.[312] 여기서의 도량은 외호선지식에 해당되며, 도반은 동행선지식이요, 도사는 다름 아닌 교수선지식이 되는 것이다.

사실 선종의 역사는 사자상승師資相承의 전등傳燈, 전법傳法의 역사이며, 특히 간화선에서는 스승과 제자간의 제시提示, 문답問答, 거량擧揚, 점검點檢, 인가印可 등 일대일一對一의 교육방법이 절대시 되어왔다. 더러 스승의 지도없이 스스로 깨닫는 전통(無師自悟)이 없지는 않으나, 모든 문제에 있어서 선지식의 계도啓導가 결정적인 역할을 하고 있다. 그러므로 선지식(스승)의 역할은 대단히 중요시

---

312) 『滿空法語』, p 250. p 294.

되어 왔다.

만일 대선지식大善知識을 만나 지도를 받고 좌선하여 무심無心을 깨달으면 모든 업장이 다 녹아 없어져 생사生死가 끊어지니 마치 어두운 곳에 햇빛이 한번 비치면 어둠이 다 가시는 것과 같다.[313]

불보살로부터 역대 조사 모두가 다 선지식이다. 그러므로 수많은 깨달은 사람 가운데 선지식(스승)의 도움 없이 깨달음에 이른 사람은 하나도 없다고 말하는 것이다. 원오선사 역시 말하기를 "참구를 하려면 모름지기 실답게 참구해야 하며 진정한 스승을 만나야 한다."[314]라고 하였다. 사람으로 태어나 불법을 만났다 하더라도 바르게 인도해 줄 스승을 만나지 못하면 무거운 돌이 강을 건넘에 배를 만나지 못하는 것과 같아서 끝내 피안彼岸에 이르지 못한다. 또한 중병이 들었을 때 양의를 만나면 그 병을 치료받을 수 있는 것처럼 선지식은 자비의 배요, 훌륭한 의사이다.

선지식은 훌륭한 의사와 같아서 중병을 능히 고칠 수 있고, 큰 시주와 같아서 능히 마음먹은 대로 베풀 수 있다. 납자가 자기 공부에 만족하는 생각을 내어서 선지식을 만나보지 않으려 해서는

---

313) 『無心論』, 『大正藏』제85권, p 1269中. "若遇大善知識, 敎令坐禪, 覺悟無心, 一切業障, 盡皆消滅, 生死卽斷. 譬如暗中, 日光一照, 而暗皆盡."
314) 『圓悟心要』上, (藏經閣), p 66. "參須實參, 得眞正道師."

안 된다. 선지식을 친견하려 하지 않고 자기의 견해에만 집착해 있다면, 선공부에 이보다 더한 큰 병이 없음을 마땅히 알아야 한다.[315]

선지식은 도를 배우려는 사람에게 때로는 순경順境의 섭수로, 때로는 역경逆境의 배척으로 근기와 상황(機緣)에 따라 자비를 베풀어 도에 들게 한다. 어떤 때는 사람만 빼앗고 경계는 빼앗지 않으며(奪人不奪境), 어떤 때는 경계만 빼앗고 사람은 빼앗지 않으며(奪境不奪人), 어떤 때는 사람과 경계를 함께 빼앗기도 빼앗지 않기도 하면서(人境俱奪俱不奪)[316] 형식과 종지를 초월하여 완전한 경지를 이루게 한다. 그러므로 원오선사는 "도를 배우는 사람은 부지런히 생사 문제를 가슴에 품고 밤낮으로 고생을 꺼려하지 않을 수 있어야 한다. 선지식을 섬겨 한 마디 반 마디 말에서 깨달음의 약을 찾아야 한다. 꾸짖고 배척히는 갖가지 나쁜 경계를 만나더라도 힘써 전진해야 한다. 숙세의 훈습으로 이루어진 자연종지自然種智가 아니면, 반드시 주저하거나 혹은 물러나 후회하리라."[317]고 경책하고 있다. 이와 같이 선지식은 순화純化와 역화逆化, 자비와 무자비의

---

315) 『參禪警語』, (藏經閣), p 111. "善知識者, 是大醫王能療重病, 是大施主能施如意. 切不可生自足想不欲見人, 當知不肯見人, 爲執己見, 禪中大病無過此者."
316) 臨濟義玄禪師의 四料揀. '根機에 따라 施設하는 方便의 規範.
317) 『圓悟心要』下, p 126. "學徒之人, 能矻矻孜孜以生死之事居懷, 晝三夜三, 不憚勞苦. 事善知識, 求一言半語發藥. 雖遭呵斥, 種種惡境, 而力向前. 非自宿昔薰成自然種智, 必且猶豫或則退悔."

방편으로 중생들을 잘 인도하되, 평등하여 다름이 없어야 한다.

예로부터 종문에서는 명안종사의 안목을 획득하지 못한 장로長老는 감히 선지식으로서 방장方丈이나 조실祖室의 지위에 나아가지 않았다. 선지식으로서 대중을 지도하는 지위가 바로 총림의 방장이다. 조사선 전통에 비추어 볼 때, 총림의 방장은 수선납자修禪衲子의 표상이자 사표師表로서 위로 불조의 혜명을 잇고, 아래로 사부대중四部大衆의 귀의처가 되어 선중禪衆의 공부를 점검, 지도하여 후학들에게 정법正法의 안목眼目을 열어 선문의 정로(禪門正路)를 제시해 주고, 종문의 법통法統을 여실如實하게 세우는 막중한 책무를 지닌 최고의 상징이며, 권위이다.

방장方丈의 어원은 유마거사의 선실禪室이 사방일장四方一丈이었음에 연원하고 있으며, 중국에서 주지住持의 거실居室을 가리키는 말로 바뀌었다. 당대唐代 이후 선종이 발전함에 따라 백장회해선사에 의해 선사(禪寺 : 禪院)가 율종사원律宗寺院으로부터 독립하여 선원청규禪苑淸規를 제정함에 있어서 선중禪衆의 주지住持임무를 맡은 장로화상(長老和尙 : 일명 堂頭和尙)을 방장方丈이라 칭하게 된 것이다.

『선림보훈禪林寶訓』 권4에 설하기를, "장로선지식(방장, 조실)의 요건으로 첫째, 도덕道德이 종문의 사표가 되어야 하며, 둘째, 언행言行이 일치하여야 하며(解行相應), 셋째, 인의仁義가 충실하여야 하며, 넷째, 예법禮法을 존중하여야 한다."라고 하였다.

그리고 『백장청규百丈淸規』에 의거하면, 장로선지식(방장, 조실)의 책무로 다음과 같은 여러 가지를 논거하고 있다.

(1) 상당上堂. 법당에 나아가 대중을 위하여 설법함.
(2) 만참晚參. 저녁 정진 후에 대중들을 위해 설법하여 수시垂示함.
(3) 소참小參. 매일 혹은 수시로 설법을 행함.
(4) 보설普說. 법당에서 널리 대중을 운집하여 법을 설함.
(5) 입실入室. 방장실에 입실하여 각자의 공부에 대해 점검 받음.
(6) 고향告香. 새로 입방한 납자를 위해 향을 피워 올리고 설법을 개시(說法開示)함.
(7) 염송念誦. 매월 3, 8일에 행하는 기념행례祈念行禮를 지도함.
(8) 순료巡寮. 요사寮舍를 순시하여 점검 지도함.
(9) 숙중肅衆. 수시로 대중을 지도 감독함.
(10) 훈동행訓童行. 행자들에게 훈시함.
(11) 수법의受法衣. 사법嗣法의 징표로 법의를 받음.
(12) 영대존숙迎待尊宿. 존숙(장로)을 영접하고 접대함.
(13) 청시관재請施管齋. 시주를 청하여 재를 관장함.
(14) 사법자嗣法者에게 차(茶)를 대접함.
(15) 법을 전해 끊어지지 않게 함.

그리고 회산계현晦山戒顯은 『선문단련설禪門鍛鍊說』에서 선지식(장로)의 역할에 대해 자세하게 설명하고 있다. 총 열 세 가지의 단련설을 열거하고 있는데 아래에 중요한 부분을 발췌하여 선지식의 역할을 살펴보도록 하자.

1. 서원을 굳게 세우고 고통을 감내해야 한다.

무릇 선문에 장로선지식(長老 : 方丈 혹은 祖室)이 된 자는 불조의 정위正位를 차지하였으니 반드시 불조의 가업을 이어가야 하고, 인천人天의 스승이 되었으니 응당 인천의 안목을 열어주어야 한다. 그러므로 선지식은 반드시 먼저 큰 서원을 굳게 세우고 대기大機와 대용大用을 발휘해야 한다.

장로가 되었으면 반드시 용천龍天에 맹서하고 불조에 호소하되 '만약 중생으로 하여금 불성을 개오케 할 수 있다면, 비록 살과 뼈를 갈아 그 힘이 다하여 죽을지라도 그만두지 않을 것이요, 만약 법문을 위하여 인재를 양성할 수 있다면, 비록 밤낮을 가리지 않고 침식을 잊어서 마치 눈을 먹고 털방석을 씹듯이 하여 그 고통을 무릅쓰면서 마다하지 않아야 한다.'

2. 근기를 살펴 화두를 간택해 주어야 한다.

선중을 단련하려면 먼저 화두를 간택해 주어야 하며, 반드시 올바른 참구법을 일러주어야 하고, 엄한 수단을 쓰려면 먼저 근기를 살펴야 한다. 즉 근기를 상 · 중 · 하로 나누어 거기에 맞게 화두를 일러주어야 한다. 그 사람의 숙세의 인연을 잘 관찰하여 자신의 인연과 근기에 맞는 화두를 선택하게 하는 것은 화두수행에 있어서 첫 번째 중요한 관문이라 할 수 있을 것이다.

말하자면 화두는 비록 갖가지이지만 모두 위쪽에 묘하게 자물

쇠를 채워버리는 것이다. 이미 자물쇠를 채워버렸으면 학인이 용
심할 때에 문이 막혀 버리고 길이 끊어질 것이요, 아래쪽에서 질
문하는 곳도 그 의정을 발하는 것이 반드시 진실할 것이다. 의정
이 진실해지면 깨달음도 철저할 것이다.[318]

선지식이 화두를 간택해 줄 때 가장 중요한 것이 용이주도하게
납자의 근기에 맞추어서 의리로 헤아릴 수 없는 현성공안現成公案
을 제시하여 진실하게 참구하도록 해야 한다. 이를 일러 자물쇠로
채운다고 말한 것이다. 아울러 선중을 제대로 단련시켜 깨달음에
이르게 하려면 먼저 자세히 근기를 살펴 화두를 간별하여 상근上
根이나 하근下根에 적합하게 하는 것이 가장 중요하다고 말하고 있
다. 근기에 상관없이 아무렇게나 화두를 주어서는 안 된다는 말이
다.

화두를 일리 주었으면 그 다음은 잘 참구하게 해야 한다. 참구
방법에는 두 가지가 있다. 하나는 화평한 참구법이요, 둘은 맹렬
한 참구법이다.

화평하게 참구하는 경우에는 학인이 깨닫기가 어렵고, 간혹 깨
닫는다 하더라도 특출하기는 어렵다. 맹렬하게 참구하는 경우에
는 학인이 깨닫기 쉬워서 한번 용광로에 들어가면 매우 특출한

---

318) 『선문단련설(禪門鍛鍊說)』, p 37.

인재가 배출된다. ……

　만약 인재를 얻고자 한다면, 불현듯 절단해 버리고 활활 타는 불 속에 몸을 뒤치며 험준한 절벽 위에 목숨을 던져서 좌절을 당하고 고초를 겪더라도 안연부동晏然不動하는 자의 경우에는 맹렬한 참구법이 아니면 안 된다.[319]

또한 맹렬한 참구법이 훌륭하기는 하나 수선납자의 힘이 미치지 못할까 염려가 된다고 말하고 있다. 그래서 선칠禪七[320]과 같이 기한을 정해 놓고 용맹하게 단련(정진)을 하는 것이 좋다고 한다.

3. 입실入室하여 다스려라.

선지식이 이왕 단련(지도)하는 일로 목적을 삼았으면, 입실入室하여 다스려야 한다. 다스림에 있어서 마음 씀이 돈독해야 하고, 용의用意가 깊어야 하고, 법을 세움이 준엄해야 하고, 공력을 가함이 세밀해야 한다.

　그리고 승당僧堂에 나아가 직접 일대일一對一로 지도해야 한다. 장로가 선당(禪堂 : 선방)에 직접 나아가 지도하려면 먼저 대중의 이름이나 얼굴을 익히고 한 사람 한 사람의 본참화두本參話頭를 일일이 챙긴 뒤, 입실한 납자를 철저히 분석하여 집중적으로 지도를

---

319) 위의 책, p 42~43.
320) 칠일 혹은 삼칠일, 칠칠일의 기간을 정해 놓고 용맹정진(勇猛精進)하는 수행법.

해야 한다. 만약 장로가 대중의 이름이나 얼굴도 모르고, 또한 그들의 본참화두도 모르면서 비록 한 방에서 머리를 맞대고 구순九旬을 지내더라도 전혀 낯선 사람과 같아서, 이른바 결제라는 것이 흥청대는 집안 꼴이 되고 말 것이니 대중에게는 아무런 이익도 없을 것이다. 만약 이런 것들을 알고자 한다면 그 방법은 입실하여 납자를 철저히 분석하여 진실한 참구를 하게 하여야 한다.

> 대개 사람의 근기는 한결같지 아니하여 참학參學하는 이들도 갖가지 차별이 있다. 비록 화두를 받았으나 어떤 이는 참구할 뜻이 없고, 어떤 이는 마음을 확실히 정하지 못하며, 혹은 뜻이 있으나 의정을 일으키지 않으며, 어떤 이는 화두를 들기만 하면 망상에 휩싸이는 자도 있고, 또는 몇 년을 참구하였으나 어떤 것이 공안인지조차 모르는 자도 있다. 어떤 이는 경교經教의 이치를 끌어다 화두에 맞추기도 하고, 어떤 이는 그저 화두를 빌려서 망상을 없애려는 자, 또는 무사無事의 껍질 속에 스스로 몸을 숨기는 자, 혹은 억지로 대답하는 것으로 능사를 삼는 자, 어떤 이는 입을 다물고 아무 대꾸도 하지 않는 것으로 깨달음이라고 여기는 자도 있다.[321]

이러한 여러 가지 병통은 잘못을 바로 잡아주는 스승이 없고, 또한 본인 스스로가 진실한 의심이 없기 때문에 일어나는 현상이다. 이들의 병을 지적하여 낫게 하며 진실한 참구를 할 수 있게

---

321) 위의 책, 47.

해 주는 것이 바로 선지식의 몫이 되는 것이다.

4. 직접 선방에 나아가 일깨워 주어야 한다.

입실을 거쳐 납자를 철저히 분석하였으면 최소한 하루에 세 번씩 승당(僧堂)에 나아가 납자를 성실하게 일깨워 주어야 한다. 일깨워주는 방법은 그 사람의 근기나 성실성을 살펴서 완급에 맞게 해야 한다. 그 중 중요한 것이 대략 네 가지가 있다고 말했다. 첫째, 입지를 분명히 하도록 한다. 둘째, 참구하는 방법을 가르친다. 셋째, 게으름을 경책한다. 넷째, 마병(魔病)을 막아준다.

입지를 분명히 한다는 것은 생사를 벗어나 불조의 대도를 성취하기 위해서는, 차라리 뼈가 부서지고 살이 마를지언정 큰일을 성취하지 않으면 물러서지 않을 것이요, 차라리 몸과 목숨을 버릴지언정 조사관(祖師關)을 뚫지 않으면 쉬지 않겠다는 마음가짐이다. 이와 같이 생사를 벗어나겠다는 견고한 입지만 서면 반드시 의정이 진실할 것이며, 참구함이 힘찰 것이다.

참구하는 방법을 어떻게 가르쳐야 하는가. 고인이 말하기를 "의심이 크면 깨달음도 크고, 의심이 작으면 깨달음도 작다. 그리고 의심이 없으면 깨달음도 없다. 그러므로 의심이 극에 달하면 깨달음도 구경에 달한다."고 하였다. 그러나 세상에는 사람들에게 화두만 멍하게 지키고 바라보게 하며(觀話頭), 화두를 생각하게 하며(念話頭), 혹은 화두를 입으로 부르게 하여(誦話頭) 의정을 일으키게 하지 않은 자가 있다. 이것이 참선의 가장 큰 병이다.

대개 생사심이 간절하면 의심도 간절히 일어나게 마련이며, 의심이 깊어지면 깨달을 수 있다. 그러므로 선지식은 오로지 화두를 전심전력을 다해 의심해 나가도록 지도해야 한다.

게으름을 경계한다는 것은 무슨 뜻인가. 느슨하고 힘없이 참구하는 태평선太平禪은 진취도 퇴보도 없다. 맹리선猛利禪을 참구해야 깨달음에 다가갈 수 있다. 또한 중·하근의 납자는 나태함을 경계해야 한다.

마병魔病을 막는다는 것은 처음으로 배우는 초참자에게 화두를 개시하여 반드시 위에서 자물쇠를 채워야 한다. 자물쇠를 단단히 채워두고 엄격히 다스림으로 해서 마음속의 삿된 생각이 엿볼 틈이 없게 한다. 그렇게 함으로 해서 수선납자는 깨달음에 나아갈 뿐 마병魔病에 떨어지지 않게 된다.

5. 실제 단련법을 제시한다.

선지식이 단련법을 쓰지 않으면 비록 용상龍象과 같은 납자가 있을 지라도 모두 쓸모없는 그릇이 되고 말 것이요, 수십 년이 지나더라도 한 사람의 깨달은 자도 얻지 못할 것이다. 만약 단련법을 정확히 알면 비록 중·하의 근기일지라도 깨달을 수 있으니, 마치 능력 있는 한 사람이 수십 인을 조련하는 것과 같다. 그러나 한 평생 적막하여 한 사람의 인재도 얻지 못하면 불조의 혜명을 전하지 못할 뿐만 아니라, 문중이 적막하고 후대가 끊어져서 아무도 돌아보는 이가 없고 조정祖庭에 잡초만 무성하게 될 것이다.

6. 교묘하게 책발策發하라.

단련함에 있어서 위엄을 쓰지 않으면 선중禪衆이 권태로워서 책발(策發 : 경책하여 분발케 함)할 수 없을 것이니, 반드시 선관禪關을 뚫어 깨닫게 하지 못한다. 또한 책발함에 있어서 방편을 쓰지 않으면 엄숙한 규칙이 단지 낡은 법이 되고 말 것이니, 역시 분발하여 앞으로 전진하게 하지 못할 것이다.

참으로 깨닫고자 하는 자라면 가장 유의해야 할 점은, 한밤중에 방선하여 잠깐 자고, 다음날 상쾌한 정신으로 진의眞疑를 일으켜 힘써 투탈하기를 구하는 것이다. 이러한 방편을 잘 알지 못하고 한사코 오래 앉아있는 것으로만 능사를 삼는다면, 3일도 안 되어 걸으면 안개 속을 헤매듯하고 앉아있으면 취한 듯 꿈꾸듯 할 것이다.

그러므로 깊이 단련에 밝은 자는 방편을 알고 근기를 짐작하여, 위에서 말한 허물을 멀리 버린 후에야 진정한 선지식이라 할 수 있을 것이다.

7. 교묘하게 전환轉換하라.

깨닫는 것은 마찬가지라고 할지 모르나 스승의 기봉機鋒 아래에 투탈하는 것과 적막하게 홀로 촉발하는 것과는 그 공용이 판연히 다르다.

적막하게 참구하는 자는 근본적으로 침잠해 있어서 선지식이 매섭게 전환해 줌을 얻지 못하면 10년 20년이 되어도 깨닫지 못하게 된다. 원대元代 이후 묵조사선이 유행하여 열조列祖의 단련법을 행하지 않고 한사코 식은 재나 고목과 같이 오래 앉았기만 하는 냉선冷禪을 귀히 여겼다. 이를 고목당枯木堂선이라 하는데 얼마나 오래 앉아 있는가와 그렇지 못한가로 공부의 우열을 잣대질하게 되었다.

전환하는 법은 하나가 아니어서 법전法戰의 전환, 실중室中의 전환, 또는 전환의 전환, 전환하지 않는 전환 등이 있다.

8. 관문(關門 : 祖師關)을 부수고 안목을 열어주어야 한다.

관문을 부수는 비결을 알고자 한다면 그 공功을 모질게 몰아붙이는데 있고 오묘한 이치는 전환하는데 있으며, 그 힘은 인도하여 책발策發하는데 있다. 인도하지 않으면 행로行路가 엇갈리기 쉽고, 경책하여 분발하게 하지 않으면 참구의 불이 왕성하지 못할 것이며, 모질게 몰아붙이지 않으면 삿된 지견이 끊어지지 않을 것이요, 전환하지 않으면 분별망념이 지성할 것이다. 신지식은 납자를 제접提接함에 최후에 백척간두에서 한 발짝 더 나아가게 하여 줄탁동시啐啄同時[322]의 기연으로 안목을 열어주어야 한다.

관문을 부수고 안목을 열어주는 일이야말로 세상에서 지극히 어려운 일이니, 기이한 공력이나 특수한 작용이 필요한 것이다.

9. 강종(綱宗 : 선학의 이론적 체계)을 연구하라.

올바른 선에는 근본이 있고 강종이 있다. 근본을 깨닫지 못하고 강종만을 일삼는다면, 지해知解가 많아서 깨달음의 문이 막힐 것이니, 근본은 깨달았으나 강종을 버린다면 헛된 그림자만을 쫓거나 깡마르고 거친 풍격을 이루게 될 것이니, 필시 막대기선(禪)으로 전락하여 종지가 멸하게 될 것이다. 그러므로 깨닫지 못한 강종은 있을 수 없고, 깨닫고 난 후에 강종이 없을 수 없다. 스승은 납자가 근본을 꿰뚫었으면 다시 강종의 안목을 투탈하게 하여 정법안장正法眼藏을 영원히 유전케 하여야 한다.

10. 행실을 엄정히 해야 한다.

달마가 말하기를 "깨달음(解)과 실천(行)이 서로 상응하는 이를 조사祖師라 한다."라고 하였으니, 예로부터 모든 조사들이 수행과 깨달음을 둘로 나눈 적이 없었다. 도안道眼이 통철했으면서도 또한 행실을 소중히 여겼다. 비록 방장이기는 하지만 매사에 대중과 함께 했으며, 그의 몸은 청결하고 그의 인품은 고상하다. 도행道行이 안으로 충실하여 총림이 본받을 만해야 한다.

---

322) 이른바 "줄탁동시(啐啄同時)"란 스승과 제자와의 의기(意氣)가 딱 맞아 조금도 틈이 없다는 말인데, 수행자가 참구하여 도를 깨닫는 그 순간을 말한다. 이것은 마치 어미닭이 알을 품어서 마지막 순간에 밖에서 알을 향해 한 번 쪼을 때, 안에 있는 병아리도 동시에 밖을 향해 결정적으로 한 번 쪼으므로 해서 새 생명이 탄생되는 것에 비유한 말이다. 또한 병아리가 알에서 껍데기를 쪼고 나올 때를 "줄지절(啐地絕)", 밤을 구울 때 속이 다 익어 탁 터지는 순간을 "폭지단(爆地斷)"이라고 표현하기도 한다. 또 다른 표현으로 화살과 화살이 서로 맞부딪치는 것과 같다하여 "전전주봉(箭箭拄鋒 : 혹은 箭鋒相拄)"이라 표현하고, 혹은 댓돌과 맷돌의 위·아래짝이 서로 꼭 들어맞는 것과 같다하여 "축착합착(築着磕着)"이라고도 한다.

11. 학업을 연마하여야 한다.

대도는 언어에 있지 않으나 언어가 아니면 도를 밝힐 수 없고, 불법은 배우는데 있지 않으나 배우지 않으면 법을 밝히지 못한다. 진정으로 생사를 벗어나고자 하는 자가 명상名相을 버리고 자신을 다그치며 힘써 참구하지 않고 의학義學만을 쫓거나 근본根本을 버리고 지말支末만을 추구한다면, 총명으로는 업식業識을 대적할 수 없거든, 박학으로 어찌 고륜苦輪을 면할 수 있겠는가!

어떤 이는 "선류禪流는 텅 비워 배우지 않고, 암둔하여 무지한 것이 본분이다."라고 말한다. 그러나 그렇게 하고서 어떻게 불조의 심수心髓를 밝힐 수 있으며, 천하 승속의 준걸들을 복종시킬 수 있겠는가.

참학參學이라는 말은 조사들께서 세우신 것으로서 여기에는 순서가 있다. 비록 학문만을 중히 여기고 참구를 버려서도 안 될 것이지만, 참구하기만 하고 학문을 폐해서도 안 된다. 신지식의 위대한 점은 재목을 잘 단련하는데 있으니, 먼저 깨달음의 문을 단련하고, 다음은 학업을 연마하여 근본과 외형이 있게 하고, 덕과 학문이 있게 하여 종교를 선양하고 쇠퇴한 흐름에도 의연하게 대처한다면, 법문이 무궁하여 불조사를 바라볼 수 있을 것이다.

12. 재능이 있는 자를 선발하여 단련하라.

선지식이 되어 총림을 주관하고 납자를 가르치며 법문의 막중한 소임을 떠맡으며 불조의 높은 깃발을 세우려 한다면, 우수한 재능이 있는 자거나 소질이 있는 이를 선발하여 단련하지 않으면 어찌 능히 소임을 감당하고 법문을 빛낼 수 있겠는가.

가장 소중히 해야 할 자는 도가 있는 자로서, 이런 자들을 도야하고 탁마한다면 강직하거나 유순한 자들을 모두 효과적으로 쓸 수 있고, 날카롭거나 둔한 자라도 쓸모없는 재목감은 아무도 없으므로 이런 자를 선택해 단련하여 일을 맡겨야 한다.

속담에 "백성을 가르치지 않는 것은 바로 백성을 버리는 것이다."라고 하였다. 통곡하고 탄식해야 할 일은 바로 이 점이다.

13. 신중히 법을 전하라.

만약 불성이 있는 이면 누구라도 단련을 받을 수 있고, 단련을 받으면 누구나 깨달을 수 있다. 그러나 누구나 깨달을 수 있다 하여 반드시 누구에게나 전할 수 있는 것은 아니다. 제자가 이 법을 전해 받을 만한 이는 반드시 도안이 종조宗祖를 계승할 만하고 행덕行德이 인간이나 천상에 모범이 될 만하며, 학식이 후학을 깨우쳐 인도할 만하고, 발톱이 납자를 사로잡을 만한 자여야 한다. 마치 도장을 찍음에 도장의 문양이 꼭 같은 듯이 되어야만 법문이 허락하고 믿을 수 있는 것이다.

또한 도안道眼이 밝고 인품이 고상하며 불조의 강골을 갖추고 성미가 대쪽같아서 남의 곡식을 해치지 않는 이어야만 될 것이요, 용열한 자나 삿된 자는 절대 발을 들여놓게 해서는 안 된다.

차라리 쉬운 것은 깨닫는 일인데도 도리어 거북털이나 토끼뿔처럼 어렵게 생각하고, 어렵게 여겨야 할 것은 법을 전하는 일인데도 법명을 짓거나 계를 받듯 쉽게 생각한다.

참으로 조계의 정맥이 근원이 깊고 지류가 길며, 열조의 혜명이 올바르게 전하고 받기를 원한다면, 법을 전함에 있어서 꼭 부촉할 이에게 부촉하고 신중히 하고 거듭 신중히 하여 성벽과 같이 튼튼하고 태산과 같이 엄준하여, 그림자를 보고 메아리를 들은 자가, 한번 전하고 다시 전함으로 해서 불법이 점차 붕괴되어 혼란에 빠지게 하지 않으면, 법문이 망하는 지경에 이르지 않을 것이다.[323]

그런데 요즈음 현실에 비추어 생각해 보면 차라리 법을 전하는 것을 신중히 해야 함이 오히려 두 번째 일이 될 수 있다. 이미 전한다는 것은 일단 전하는 명안종사가 존재한다는 말이다. 우선 깨달아 명안종사가 되는 일이 첫 번째 일이다. 정작 문제는 깨달음도 없으면서 이른바 "그림자를 보고 메아리를 들은 자가 한번 전하고 다시 전함으로 불법이 점차 붕괴되어 혼란에 빠지게" 하는 일이다. 이것은 그때의 일일 뿐만 아니라 오늘날의 행태일 수 있다. 참선을 조금 해서 어떤 경계를 보고서는 깨달았다고 오도송을 짓고, 본분종사가 된 양 납자들을 모아 한두 철 나게 하고는 법호

---

323) 위의 책, p 131~132.

를 내리고 전법게를 전하는 일이 어찌 계현 당시에만 한정되었겠는가. 만약 지금에도 이런 삿된 무리들이 종문의 한 귀퉁이를 차지하고 있으면서 불법을 농단하고 있다면 염라노자의 철퇴를 감당할 수 없을 것이다. 참으로 신중하고 신중해야 할 일이다.

이와 같이 선지식의 위대한 점은 인재를 선발하여 재목을 잘 단련하는데 있다. 그래서 계현은 "우수한 재능이 있는 이거나 소질이 있는 이를 선발하여 단련하지 않는다면 어찌 능히 소임을 감당하고 법문을 빛낼 수 있겠는가"라고 말하였다. 수행의 문을 단련하여 깨달음의 집에 들게 하여 빼어난 용상대덕을 배출하는 것이 선지식의 역할이다. 그러므로 신심납자는 모든 것을 믿고 맡기어 선지식의 조정祖庭을 참문하는 것이다.

(3) 화두의 간택(揀擇)

만약에 당대唐代나 오대五代의 선종조사의 안목에서 본다면 간화선 또한 특별히 고명한 묘지妙旨는 아니다. "마음으로 마음을 전한다"(以心傳心)거나, "말 아래 바로 깨닫는다(言下便悟)."라고 하고, 혹은 "한 구절에 요연히 백억 법문을 뛰어 넘는다(一句了然超百億)."거나, "한 번 뛰어넘어 바로 여래의 지위에 든다(一超直入如來地)."는 것 등이 조사선의 진면목이다. 그러나 송대에 이르러 전문적으로 구두선, 하마선, 고목선 등의 병폐를 대치對治하여 수많은 사람들에게 깨달음을 고취한 방편의 입장에서 본다면 분명 간화선 또한 최고의 가르침이라고 평가해야 한다.

앞에서도 수차 기술하고 있듯이 간화선의 출현과 발전에는 대혜선사의 각고의 노력이 있었기에 가능했지만, 또한 선학사상의 전개과정에서 볼 때 어쩌면 필연적인 결과라고 말할 수 있다. 즉 선종사의 요구에 부응한 것이 공안참구라는 실참實參으로 나타나게 된 것이다. 그러므로 간화선 수행에 입문하면 우선 하나의 공안을 간택揀擇해야 한다. 공안 가운데 일구의 간단한 화두를 결택決擇해서 정신을 집중하여 의심을 일으킨다.

앞에서 이미 살펴보았듯이 화두의 간택은 원칙적으로 선지식을 참문하여 지도를 받아야 한다. 선지식은 참문자의 근기와 인연에 의해 일칙의 공안, 즉 하나의 화두를 간택해 주게 된다. 그러나 부득이한 경우에는 본인 스스로 간택을 해야 한다. 이때에 중요한 것이 바로 생사화두生死話頭에 바탕을 둔 현성공안現成公案을 선택해야 하는 것이다. 즉 사구가 아닌 활구를 참구하도록 해야 한다. 예를 들어 혜능대사의 본래면목本來面目을 참구하든, 조주화상의 무자화두無字話頭를 참구하든, 마조스님의 즉심시불卽心是佛을 참구하든 상관 없다. 선자가 어떤 공안을 선택하든 공안의 내용과 참선은 무관하다. 공안은 하나의 도구일 뿐이다. 화두의 선택은 일자一字 혹은 일구一句 모두 가능하다.

고래로부터 내려오는 공안의 수는 일반적으로 천칠백 공안千七百公案이라 일컫는다. 그러나 이것은 공안이 천칠백 이라는 의미가 아니라 『전등록(傳燈錄)』에 실린 조사의 수가 1701명인데서 기인한 말이다. 선문에 제시된 공안의 수는 대략 500여 칙이 된다. 대혜가 보기에 도에 들어가는 데는 어떤 공안이든 간에 무슨 차별이 있는 것은 아니다. 그가 평생 언급한 공안은 6, 70칙 정도가 되지만, 그러나 평상시 다른 이에게 제시한 화두는 아래의 몇 종류에 불과하다. 즉 "수미산須彌山 · 방하착放下着 · 구자무불성狗子無佛性 · 죽비자竹篦子 · 일구흡진서강수一口吸盡西江水 · 정전백수자庭前柏樹子 · 동산수상행東山水上行" 등의 화두가 그것이다. 대혜가 비교적 여러 번 거론했던 공안에 대해 간단히 열거해 보면 다음과 같다.

- 어떤 스님이 조주스님에게 물었다. "개에게도 불성이 있습니까, 없습니까?" 조주스님이 말하기를 "무無."[324]

- 조주스님에게 물었다. "무엇이 조사가 서쪽에서 오신 뜻입니까?" 조주스님 답하기를 "뜰 앞에 잣나무[325]이니라(庭前栢樹子)."[326]

---

324) 『大慧語錄』 권17, 위의 책, p 886上.
325) 공안의 의미와 글자가 중요한 것이 아니기 때문에 상관은 없겠지만, 엄격히 말하면 위의 "백(栢)"자는 "잣나무"로 번역해서는 안 되고 "측백나무"로 고쳐야 한다. 조주가 행화한 관음원(觀音院), 즉 지금 중국 조현(趙縣)의 백림사(栢林寺)가 있는 하북 지방에는 예로부터 잣나무는 자생하지 않고 측백나무만 자생한다고 한다. 실제로 백림사에는 지금도 오래된 측백나무 몇 그루가 그대로 서 있다.
326) 『大慧語錄』 권8, 위의 책, p 843中.

- 엄양화상이 조주스님에게 물었다. "한 물건도 가져오지 않은 때는 어떠합니까?" 조주스님 답하기를 "놓아라(放下着)". 엄양스님이 다시 묻기를 "이미 한 물건도 가져오지 않았는데 무엇을 내려놓습니까?" 조주스님 답하기를 "내려놓지 못하겠거든 도로 가져가라."[327]

- 어떤 스님이 운문스님에게 물었다. "아버지를 죽이고 어머니를 죽인 죄는 불전에 참회할 수 있지만 부처를 죽이고 조사를 죽인 죄는 어디를 향해 참회해야 합니까?" 운문스님 말하기를 "로露!"[328]

- 어떤 스님이 운문스님에게 묻기를 "한 생각도 일으키지 않을 때 허물이 있습니까? 없습니까?" 운문스님이 대답하기를 "수미산須彌山".[329]

- 어떤 스님이 운문스님에게 물었다. "무엇이 부처입니까?" 운문스님이 답했다. "마른 똥 막대기(乾屎橛)."[330]

---

327) 『大慧語錄』권29, 위의 책, p 938下.
328) 『大慧語錄』권24, 위의 책, p 912上.
329) 『大慧語錄』권25, 위의 책, p 918下.
330) 『大慧語錄』권14, 위의 책, p 868下.

- 어떤 스님이 운문스님에게 묻기를, "모든 부처님의 출신처出身處는 어디 입니까?" 답하기를, "동산이 물 위로 간다(東山水上行)."

- 스님이 마조스님에게 묻는다. "화상께서는 왜 마음이 부처(卽心是佛)라고 말하십니까?" 마조 답한다. "애기 울음을 그치기 위해서다." 스님이 또 묻기를 "울음을 그쳤을 때는 어떻게 합니까?" 마조스님이 말하기를 "마음도 아니고 부처도 아니다(非心非佛)."[331]

- 방온거사가 마조스님에게 참문했다. "만법과 더불어 짝하지 않는 자는 어떤 사람입니까?" 조사가 말하기를 "네가 한 입에 서강西江의 물을 다 마실 때(一口吸盡西江水)를 기다려 바로 너에게 말해 주겠다."[332]

- 대혜선사가 상당하여 설하기를 "평상시 늘 너희들에게 말했다. 이 물건을 죽비라고 부르면 경계에 부딪치게 되고, 죽비라고 부르지 않으면 눈앞의 사실에 위배된다. 무엇이라 해야 하는가? 죽비를 향해 생각을 일으키는 곳을 향해 인정하는 것도

---

331) 『五燈會元』권3.
332) 上同.

안 되며, 생각으로 추측해도 안 되며, 자기의 알음알이로 말해도 안 되며, 침묵하여 말이 없어도 안 된다."[333]

이상에 열거한 몇 칙의 공안은 모두 대혜선사가 제자들을 향해 제시한 공안이다. 그는 이 가운데 조주 "무자화두"를 가장 강조하고 있다. 역대의 간화종장들 역시 무자화두를 가장 많이 제시하고 있음을 볼 수 있다. 이 외에 종문에서 많이 참구되고 있는 공안을 소개하면 대략 다음과 같다.

- 만법이 하나로 돌아가는데(萬法歸一) 이 하나는 어디로 돌아가는가(一歸何處)?

- 육조스님이 말하기를 "나에게 한 물건(一物)이 있는데 위로 하늘을 받치고 아래로 땅을 괴었으며, 밝기는 일월 같고 검기는 칠통과 같아서, 항상 나의 동정 가운데 있으니 이것이 무슨 물건인가?" 이뭣고(是甚麼)?

- 마조스님이 말하기를 '마음도 아니요, 부처도 아니요, 물건도 아니다. 이것이 무엇인가(是甚麼)?

---

333) 『大慧語錄』권4. 위의 책, p 825下.

- 이 송장을 끌고 다니는 것이 누구인가(拖死屍的是誰)?

- 염불하는 자가 누구인가(念佛是誰)?

- 어떤 것이 부모로부터 태어나기 이전의 본래면목인가(父母未生前本來面目)?

- 어떤 것이 공겁이전의 자기인가(空劫以前自己)?

- 어떤 것이 학인의 자기인가(如何是學人自己)?

- 과거의 마음도 얻지 못하고, 현재의 마음도 얻지 못하고, 미래의 마음도 얻지 못한다. 이 세 마음을 얻지 못한다면 필경 마음은 어느 곳에 있느냐?

- 어떤 것이 조사가 서쪽에서 오신 뜻인가? 앞 이빨에 곰팡이가 났다(板齒生毛 : 직역, 판자 이빨에 털 났다).

- 죽어서 모두 타서 흩어졌는데 어느 것이 내 성품인가(死了燒了, 那個是我性)?

- 석가와 미륵도 그(남)의 종(奴)인데, 그가(남이) 누구인가(他是阿

誰)?

- 무착이 도리어 문수에게 물었다. "여기서는 어떻게 수행합니까?" "범부와 성인이 동거하고(凡聖同居), 용과 뱀이 뒤섞여 있다(龍蛇混雜)." "대중이 얼마나 됩니까?" "앞도 삼삼(前三三), 뒤도 삼삼(後三三)이다."

화두를 간택하였으면 오로지 일심으로 참구해야 하며, 그것을 이해하려고 해서는 안 된다. 오직 순일하게 화두를 참구할 뿐이니, 마음에 아무 잡념 없이(純一無雜) 온 정신을 다해 화두를 들어, 밤낮으로 의식분별을 끊어야 한다.

대혜가 제시한 일련의 법문은 화두 참구에 있어서 중요한 단서를 제공해 주고 있다. 그는 화두참구를 완정完整하게 세 단계로 나누어 설명하고 있는데, 첫째, 의정을 일으키고, 둘째, 화두를 참구(看)하고, 셋째, 투철히 깨달음이다. 깨닫기 전 마음에 갈등, 곤혹이 일어난다. 갈등과 곤혹이 있음이 참구하는 동기부여가 된다. 참구의 방법은 이른바 "화두를 본다(看話)."는 것인데, 여기서 본다(看)는 말은 화두를 가만히 바라보라는 뜻이 아니라, "화두를 의심한다."는 말이다. 의심한다는 말의 의미는 "간절하게 생각하여 마음을 모은다."는 말이다. 그래서 의심하고 의심하여 만 가지 의심이 하나의 의심이 되어야 한다. 이른바 "큰 의심에 크게 깨닫고(大疑大悟), 작은 의심에 작게 깨닫고(小疑小悟), 의심이 없으면 깨달음도 없다(無疑無悟)."는 것이 바로 이 뜻이다. 이 세 단계는 화두 참구에서 반드시 거쳐야 하는 과정이다.

(4) 활구(活句)의 참구

간화선에서 화두를 참구할 때에 사구死句가 아닌 활구活句를 참구하게 한다. 이것을 일명 활구참선活句參禪이라고 한다. 활구란 일체의 정식망상情識妄想과 분별의식을 초월한 불조佛祖의 간명직절한 기연機緣·언구言句를 말한다. 여기에는 언어의 길이 끊어지고(言語道斷), 생각의 길마저 끊어져서(心行處滅) 아무 재미도 없고(沒滋味) 만져볼 만한 아무런 단서도 없다(無摸索底巴鼻). 사구死句는 말과 생각을 사용하여 지해를 작용시켜 알음알이로 알 수 있는 것을 말한다.

사구와 활구에 대한 제시는 대혜스님이 처음으로 주장한 것은 아니다. 이미 만당晚唐 오대五代의 시대 이래로 남종선의 발전과정 가운데 나타난 사제간의 문답과 응대에 대한 분류이다. 즉 사제지간 혹은 도우道友 사이에 주고받는 응대의 기어機語를 사구와 활구의 두 종류로 분류하였다.

다시 말하면, 이른바 사구는 납자의 물음에 정면으로 대답함으로써 그 뜻을 바로 파악할 수 있는 말을 가리킨다. 이른바 활구란 선사들이 물음에 대한 정면의 대답을 피하고, 비밀스런 말(隱語)과 반대되는 말(反語) 등을 사용해 대답했다. 이러한 대답은 묻는 바와 다르게 답하는 것으로 그 자체는 어떠한 의미도 없다. 그래서 석문혜홍石門慧洪과 동산수초洞山守初는 다같이 "말 가운데 말이 있는 것을 사구死句라 하고, 말 가운데 말이 없는 것을 활구活句라 한다."334)고 말했다.

그리고 덕산연밀德山緣密도 말하기를 "다만 활구를 참구하고 사구를 참구하지 말라. 활구 아래에 깨달으면 영겁에 얽매임이 없다. 한 티끌이 하나의 불국토이며, 한 잎이 하나의 석가라고 하는 것은 사구이며, 눈썹을 치켜 올리며 눈을 깜빡거리고 손가락을 들어 올리고 불자를 세우는 것은 사구이며, 산하대지가 다시 뒤섞여 거짓이 없다는 것은 사구이다."335)라고 하였다. 이것을 계승하여 원오는 사구를 참구하지 말고, 활구를 참구할 것을 이렇게 말하고 있다.

> 본분종사는 활구를 참구하였고 사구를 참구하지 않았다. 활구 아래에서 깨달으면 영겁토록 잊지 않고, 사구 아래서 깨달으면 자기마저도 구제하지 못한다. 만약 조사와 부처와 더불어 스승이 되고자 한다면, 반드시 활구를 밝혀야 한다.336)

---

334) 『禪林僧寶傳』上 12권, (藏經閣), p 378. 『林間錄』卷上, (藏經閣), p 81. "夫語中有語, 名爲死句, 語中無語, 名爲活句."
335) 『五燈會元』권15 「德山緣密禪師」, (中華書局, 1984년), p 935. "但參活句, 莫參死句. 活句下薦得, 永劫無滯. 一塵一佛國, 一葉一釋迦, 是死句. 揚眉瞬目, 擧指竪拂, 是死句. 山下大地, 更無淆訛, 是死句."

이른바 "활구 아래에서 깨달으면 영겁토록 잊지 않고, 사구 아래서 깨달으면 자기마저도 구제하지 못한다."[337]라는 격언은 종문에서 "화두참구의 준칙"으로 삼고 있는 말이다. 다시 말하면 사구란 지성적으로 이해하는(알음알이) 언구이며, 일체의 사량을 초월해서 지성적 이해로는 미칠 수 없는 언구라야 활구가 된다. 즉 활구란 지금 여기에 살아 움직이는 생명의 언어적 표현이다. 분별의 자취가 깃들어 있고 관념과 사유의 그림자가 남아있으면 사구로 전락한다. 그래서 대혜가 말하기를 "해석으로 참구할 수 있는 말을 사구라 하고, 해석할 수 없는 말을 참구하는 것이 활구이다."[338]라고 하였다. 대혜의 활구선사상은 원오의 가르침에 의한 것이다. 원오는 대혜를 향해 활구를 참구하고 사구를 참구하지 말 것을 지시하고, 참구함에 "언구를 의심하지 않는 것이 큰 병(不疑言句, 是爲大病)"이라고 지적하였다.

그런데 중국의 왕지약王志躍선생은 그의 『분등선分燈禪』에서 사구와 활구에 대한 설명에 있어서 결론적으로 다음 세 가지 관점에 대해 주목하고 있다.[339]

첫째, 사구와 활구의 분류는 화두와 결합해서 한 말이며, 공안 가운데 답어를 화두로 삼는 것을 벗어나면 사구와 활구의 구분은

---

336) 『圓悟心要』上, (藏經閣) p 26. "他參活句. 不參死句. 活句下薦得, 永劫不忘, 死句下薦得, 自救不了."
337) 『大慧語錄』권14, 위의 책, p 870中. "活句下薦得, 永劫不忘, 死句下薦得, 自救不了."
338) 『大慧語錄』권14, 위의 책, p "有解可參之言乃是死句, 無解之語去參繼是活句."
339) 王志躍 著, 『分燈禪』, (圓明出版社), p 303~304.

아무런 의미가 없다. 이러한 점은 간화선이 공안을 떠나서 이루어 질 수 없으며, 반드시 공안과 화두를 연관시켜 이해해야 한다는 것이다. 이로부터 간화선의 첫 번째 이론 계통인 공안, 화두, 사구와 활구 등이 형성된다. 사실 사구와 활구는 화두와 공안의 관계를 둘러싸고 하는 말이며, 공안 가운데 답어에 대한 성질이 만든 분류이다.

둘째, 혜홍과 수초가 말한 이른바 "말 가운데 말이 있는 것(語中有語)"과 대혜가 주장한 이른바 "해석으로 참구할 수 있는 말(有解可參之言)" 등의 사구에 대한 설법은 선사들이 납자를 응대할 때에 그 답어(答語)가 제시한 문제에 대한 정면의 대답임을 가리킨다. 이러한 대답 자체는 분석이 가능한 어구이며, 또한 그 속에는 의미를 가지고 있다. 이른바 "말 가운데 말이 없는 것(語中無語)"과 "해석할 수 없는 말(無解之語)"은 일종의 정면의 회답이 아님을 가리키는데, 그 자체에는 아무런 의미가 없고, 분석할 수 없는 것인데, 이러한 대답이 활구이다.

셋째, 사구와 활구를 구별하는데 가장 관건이 되는 것은 화두로 삼아 참구한 답어 자체가 참선수행자를 개오시키느냐 여부의 기능이다. 사구는 그것이 정면의 대답이기 때문에 "말 가운데 말이 있고", "해석으로 참구할 수 있는 말"이어서 질문과 대답 사이에는 논리상의 연관이 있다. 이것은 일종의 분석이 가능하고 의미가 있는 어구이기 때문에 이러한 화두는 수선자에게 깨달음을 일으키는 공능이 없다.

활구는 정면적인 의미를 갖추고 있지 않기 때문에 참선자를 원래의 화제에서 벗어나도록 인도하여 질문과 대답 사이의 논리상의 관련 여부를 고려하지 않는다. 따라서 사유방식을 바꾸어 자신의 문제로 되돌아오게 하는데, 이렇게 하여야 비로소 참선자를 개오시킬 수 있다. 그러므로 활구가 강조하는 것은 깨달음에 대한 기능이다. 이러한 기초 위에서 대혜는 사량분별로 아는 사구에 대해 아래와 같이 구체적으로 언급하고 있다.

> 망상으로 전도顚倒된 마음, 사량 분별하는 마음, 삶을 좋아하고 죽음을 싫어하는 마음(好生惡死心), 알음알이로 알려는 마음(知見解會心), 고요함을 좋아하고 시끄러움을 싫어하는 마음(欣靜厭鬧心)을 한꺼번에 누르고, 내리 누른 그 곳에서 화두를 들어라.[340]

위에서 언급한 오종심은 결국 사량 분별심이라는 알음알이(知解)로 귀결될 수 있다. 대혜는 이 오종의 분별심을 끊고, 극복하고, 초월하는 것으로 화두를 참구하는 목적을 삼고 있다. 이것은 화두를 드는데 있어서 모든 작위적인 유위심과 분별심을 떠나서 무분별심으로 깨달음을 추구해야 한다는 것이다. 이 사량분별의 알음알이로 아는 것이 바로 사구死句가 되는 것이다. 대혜는 이러한 사량분별심의 알음알이를 제거하기 위해서 화두참구에 있어서 간절

---

340) 『大慧語錄』권26, 위의 책, p 921下. "但將妄想顚倒底心, 思量分別底心, 好生惡死底心, 知見解會底心, 欣靜厭鬧底心, 一時按下. 只就按下處看話頭"

(切)할 것을 요구한다. 그래서 화두참구에 간절함이 있으면 활구참선活句參禪이요, 간절함이 없으면 사구참선死句參禪이라고 말하기도 하였다.

대혜는 이러한 사량분별의 오종심을 일시에 누르고, 오직 꽉 눌러 내리는 그곳에서 "무자화두"를 참구할 것을 강조하는 것은 이 "무無"라는 한 글자가 숱한 나쁜 지견들을 꺾는 무기이기 때문이라고 말하였다. 즉 이 주장은 진정한 활구는 사량분별의 지견을 일시에 끊을 수 있어야 함을 주장하고 있는 것이다. 대혜가 가장 강조하고 있는 활구는 다름 아닌 조주의 "무자화두"인 것이다. 활구로써의 무자화두를 깨닫기 위해서는 다음과 같이 행해서는 안 된다고 주장하고 있다.

> 유有와 무無의 상대적인 의식으로 알려고 해서도 안 되며, 도리로 알려고 해서도 안 되며, 의식意根으로 헤아려 분별해서도 안 되며, 눈썹을 치켜 올리고 눈을 깜빡거리는 곳에 머물러서도 안 되며, 말하는 그곳에서 살 궁리를 찾아도 안 되며, 아무 일 없는 데서 머물러서도 안 되며, 제시된 공안을 향하여 바로 받아들여서도 안 되며, 문자 가운데서 증거를 찾으려 해서도 안 된다. 오로지 하루 24시 행주좌와行住坐臥의 일상생활 가운데 항상 화두를 제시하여(時時提撕) 정신 차려서 참구해야 한다. "개에게도 불성이 있습니까?" "없다(無)!"라고 하는 화두를 일상생활 가운데서 여의지 않아야 한다.[341]

위에서 열거하고 있는 내용은 다름 아닌 지견知見으로 깨달음을 삼아 거기에 안주하는 것을 경계하는 말이다. 대혜는 지견에서 일어나는 일체 사량분별을 일시에 누르고 활구인 무자화두를 들어 행주좌와의 일상생활 가운데서 끊임없이 이어져야 한다고 주장하고 있는 것이다. 이것이 그가 주장하는 무자공안을 통한 활구참선의 요체이다. 이러한 전통은 종문에 면면이 이어져서 조선의 청허선사도 『선교결禪敎訣』에서 말하기를 "바로 본분의 경절문 활구로써 그들로 하여금 스스로 깨달아 스스로 얻도록 해야만 모름지기 종사가 사람을 위하는 근본이다."[342]라고 하여 활구참선을 권장하고 있다.

(5) 화두 참구의 방법

1) 시시제시(時時提撕)

하나의 화두가 간택 되었으면 본격적으로 참구에 들어가야 한다. 대혜가 화두참구의 방법에 있어서 그 첫 번째로 제시한 것이 바로 위에서 언급한 바 있는 "시시제시時時提撕"[343]의 방법이다. 이

---

341) 上同. "不得作有無會, 不得作道理會, 不得向意根下思量卜度, 不得向揚眉瞬目處垜根, 不得向語路上作活計, 不得颺在無事甲裏, 不得向擧起處承當, 不得向文字中引證, 但向十二時中四威儀內, 時時提撕, 時時擧覺, 狗子還有佛性也無? 云無."
342) 『韓國佛敎全書』제7冊, p 658. "直以本分徑截門活句, 敎伊自悟自得, 方是宗師爲人體裁也."

른바 "시시제시"란 직역하면 "때때로 화두를 든다."는 뜻이니, 곧 "하루 24시의 사위의四威儀 가운데 끊어짐 없이 화두를 참구하는 것"을 말한다. 즉 간화의 방법론에서 "시시제시"란 시간과 장소에 구애됨이 없이 행주좌와의 일상생활 가운데서 "밤낮을 가리지 않고 공부한다(日夜不輟做工夫)."는 의미로 사용된 말이다. 화두를 참구함에 있어서 화두의 의정이 타파되는 그 순간까지 끊어짐 없이 한결같이 이어져 가야함을 강조하는 말이다.

본색납자는 참구함에 오로지 화두에 전심전력할 뿐 화두에 내포된 뜻을 사유해서는 안 된다. 생각 생각에 간절히 화두에 대한 의심을 지어 나가서 한 티끌의 망념도 일으켜서는 안 된다. 기실 이것은 몰자미沒滋味한 일이나 간화행자는 오로지 화두에 전념해야 할 뿐, 의식으로 분석하고 추리해서는 안 되며, 또 마음으로 이해하고 추측하려고 해서도 안 된다. 즉 일체의 의식활동을 멈추고 오직 정념淨念만 남게 하여 송국에 철저히 의단疑團을 타파하려는 일념만이 역력歷歷하게 해야 한다. 즉 화두를 참구함에 온갖 어려움이 있더라도 한결같이 간절하게 밀고나가야 한다. 마치 하루에 공부를 다 마치듯이 해야 퇴보함이 없다. 황벽선사는 수선납자를 향해 이렇게 경책하고 있다.

티끌세상을 벗어남은 보통일이 아니다.

---

343) "十二時中四威儀內, 時時提撕, 時時擧覺,"

고삐 끝을 꼭 잡고 한 바탕 일을 치루라.
매서운 추위가 한 번 뼛속에 사무치지 않으면
어떻게 매화향기 코를 찌르랴.
塵勞逈脫事非常　緊把繩頭做一場
不是一番寒徹骨　爭得梅花撲鼻香

참선할 때는 오직 일념으로 화두만을 참구해야 한다. 그렇지 않고 다른 망념이 오락가락하면 도道와는 아무 상관이 없다. 이런 식으로는 미륵이 하생할 때까지 계속해도 깨달음과는 십만 팔 천 리나 떨어지게 된다. 고봉의 『선요』에는 실참실오實參實悟하는 본분납자가 화두참구를 할 때의 태도에 대해 이렇게 말하고 있다.

만일 실제 참구하여 깨닫는 내용을 말하자면, 마치 팔십 늙은 이가 거꾸로 부는 바람과 물살을 향하여 밑 빠진 한 척의 쇠로 된 배를 끌고 가는 것과 같이, 공부가 되든 안 되든 깨치고 못 깨치는 여부를 묻지 않아야 한다. 바로 틈이 없는 마음의 온전한 생각에서 한 걸음 한 걸음 평생의 기량을 다하여 공부를 밀고 나아가야 한다. 발붙일 수 없는 곳, 힘줄이 끊어지고 뼈가 으스러지는 때의 경계에 도달하면, 별안간 물살과 바람의 방향이 바뀔 터이니, 이곳이 곧 집에 도달한 소식이니라."[344]

---

344) 圓珣 역해, 『禪要』, p 152. "若論實參實悟, 正如八十翁翁, 向逆風逆水裏, 牽一隻無底鐵船相似, 不問上與不上, 徹與不徹, 直須心心無間, 念念無虧, 一步一步, 盡平生技倆, 眡將去. 眡到着脚不得處, 筋斷骨絕時, 驀然水轉風回, 卽是到家消息."

화두참구는 마치 폭류瀑流하는 의식(망상)의 강물을 역풍에 역류 逆流하여 한 걸음 한 걸음 위로 나아가는 것과 같다. 이 때에 평생 의 기량을 다하여 참구의 노를 저어서 거슬러 올라가다 보면 언젠 가 순풍에 순류順流를 만나게 되는 날이 있다는 것이다. 여기서 고 봉이 말한 "틈이 없는 마음(心心無間)"이 바로 위에서 대혜가 제시 한 "시시제시時時提斯"의 참구법이다. 화두를 참구함에 있어서 가 장 중요한 것 중의 하나가 바로 한결같은 지속심이다. 이것을 "무 간단無間斷"이라고 하는데 간단間斷이 없다는 것은 곧 "틈이 없다." 혹은 "끊어짐이 없다."는 말이니, 화두참구가 끊어짐 없이 "지속적 으로 이루어져야 함"을 가리킨다. 옛사람들은 참선할 때 끊어짐 없이 참구하는 모양을 마치 "고양이가 쥐를 잡을 때" 혹은 "닭이 알을 품을 때"에 비유해서 말하곤 한다.

화두를 들고 공부하는 납자는 쥐를 잡으려는 고양이처럼 분명 하고 또렷하게 깨어 있어야 한다. 옛사람도 "적군의 목을 베지 않 고서는 맹세코 쉬지 않겠다."라고 말하였다. 그렇지 않으면 망상 의 도깨비굴 속에 들어앉게 되어 어둡고 깜깜한 채로 일생을 다 보내고 말 것이니 참선한들 무슨 소용이 있겠는가.
고양이가 쥐를 잡을 때는 두 눈을 부릅뜨고 목표물을 노려보며 네 다리에는 힘을 주고 곧추서서 오는 쥐를 잡아 물어야만 비로 소 목적을 달성한 것이다. 그런데 그때 닭이나 개가 옆에 있다 하 더라도 돌아볼 정신이 없다. 참선하는 사람도 마찬가지여서 오직

열심히 이 도리를 밝히기만 하면 될 뿐이다.[345]

　무릇 참구하는 공안 위에서 간절한 마음으로 공부하기를 마치 닭이 알을 품듯 하며, 고양이가 쥐를 잡듯 하며, 굶주린 자가 밥을 생각하듯 하며, 목마른 사람이 물 생각하듯 해야 하며, 어린 아이가 엄마 생각하듯 하면 반드시 투철히 깨달을 때가 있을 것이다.[346]

　화두를 참구함에 있어서 가장 큰 금기사항이 의심이 끊어지게 하는 것이다. 망념의 바다에 가끔 화두의 돌팔매질로 한 번씩 파문을 일으키는 것과 같이 참구한다든가, 아니면 망념 반 화두 반으로 망진동거妄眞同居하는 것 같이 참구해서는 안 된다. 예를 들어 말하면 물을 끓임에 있어서 물의 온도가 40~50도에 이르도록 불을 때다가 그만두고, 다시 50~60도에 이르도록 하다가 끊어지는 행동을 반복한다면 평생 동안 불을 때도 물이 끓을 수 없는 것과 마찬가지이다.

　그래서 몽산은 "화두에 의심이 끊어지지 않는 것이 참 의심이라

---

345) 『參禪驚語』, (藏經閣), p 31~32. "做工夫擧起話頭時, 要歷歷明明如猫捕鼠相似. 古所謂不斬黎奴誓不休, 不然則坐在鬼窟裏, 昏昏沈沈過了一生, 有何所益. 猫捕鼠, 睜開兩眼四脚撑撑, 只要拿鼠到口始得, 縱有鷄犬在傍, 亦不暇顧. 參禪者亦復如是, 只是憤然要明此理, 縱八境交錯於前, 亦不暇顧, 纔有別念非但鼠, 兼走却猫兒."
346) 『禪家龜鑑』, "凡本參公案上, 切心工夫, 如鷄抱卵, 如猫捕鼠, 如飢思食, 如渴思水, 如兒憶母, 必有透徹之期."

고 한다. 만약에 의심이 잠깐 생겼다가 다시 없어진다면 이것은 참 마음으로 의심을 낸 것이 아니다."³⁴⁷⁾라고 말하고 있다.

만일 의정疑情이 문득 일어난 납자라면 허공 속에 갇혀 있어도 그것이 허공 인줄 모르고 또한 은산철벽銀山鐵壁 속에 앉아 있듯 하여 오직 살아나갈 길만을 모색해야 하니, "살길을 찾지 못하면 어떻게 편안하게 은산철벽 밖으로 빠져나갈 수 있겠는가."라고 생각해야 한다. 단지 이렇게 공부해 나가다 보면 때가 올 것이니, 그 때는 어쩔 수 없이 자연히 들어갈(入道) 곳이 나타나게 될 것이다.

그런데 문제는 실참에 있어서 뜻대로 잘 되지 않는다는데 있다. 종문에 "1년 참구하면 초참初參이요, 2년 참구하면 구참久參이요, 3년 참구하면 불참不參이다." 라는 옛말이 있듯이 신심을 내어 조금 참구하다 마음대로 되지 않으니 장원심長遠心을 잃어버리고 그만 퇴굴심退屈心을 내고 만다.

> 퇴타(退墮 : 퇴굴)한다는 의미는 보리심이 퇴타하다, 장원長遠한 마음이 퇴타하다, 정진하는 마음이 퇴타하다는 뜻으로, 부처님께 예배하기도 싫고, 선지식을 친견하기도 싫고, 도우道友를 가까이 하기도 싫고, 화두를 들기도 싫고, 그저 마음대로 방탕하고 싶은 마음이다.³⁴⁸⁾

---

347) 『蒙山和尙普說』, 「示古原上人」, "話頭上有疑不斷, 是名眞疑. 若疑上, 小時又無疑者, 非眞心發疑."
348) 斷雲智徹, 『禪宗決疑集』, 『禪門鍛鍊說』, p 150.

어찌 그렇게 옛날이나 지금이나 사람 마음은 똑 같은지. 요즈음도 이런 경우를 많이 본다. 단운지철은 이렇게 퇴굴심이 일어나는 것은 "용심이 너무 지나쳤거나 혹은 숙세의 업장은 깊고 선근이 미약한 탓"이라고 그 이유를 설명하고, 이런 때에는 불보살전에 나아가 간절하게 발로發露참회하라고 가르치고 있다. 참회하고 불보살이 도와주실 것을 기원하며 다시 용맹스럽게 화두를 들게 되면 망념이 마치 끓는 물에 얼음이 녹듯 사라지고 의정이 순일정념純一淨念하게 될 것이라고 격려하고 있다.

2) 생사교가(生死交加)

그런데 화두를 참구할 때 위에서 말한 것처럼 그렇게 순일하게 진척되어진다면 얼마나 좋겠나. 하나 그것이 그렇게 호락호락하지가 않다. 쉽고 간단하면 그 누가 조사가 못되며 부처를 이루지 못하겠는가. 막상 실참實參에 들어가 보면 온갖 어려움과 마장이 겹쳐온다. 이에 대해 나옹의 경책을 한번 들어보자.

> 어떤 때는 화두가 분명하고 어떤 때는 분명하지 않으며, 어떤 때는 나타나고 어떤 때는 나타나지 않으며, 어떤 때는 있고 어떤 때는 없으며, 어떤 때는 틈이 있고 어떤 때는 틈이 없거나 하면 그것은 신심과 의지가 견고하지 않기 때문이다. 이렇게 세월을 허송하면서 헛되이 남의 보시만 받으면 반드시 뒷날 염라대왕이 밥값을 계산하게 될 것이다. 이른바 부질없이 세상에 와서 한번

만났을 뿐이라 하였으니, 어느 겨를에 다시 쓸데없는 말을 하고
짧은 소리·긴소리하며, 이쪽을 가리키고 저쪽을 가리키겠는가.
생각하고 생각하여라.[349]

　만약에 이와 같이 화두를 들고 참구를 하는데 의정이 사라지고
화두가 잘 들려지지 않을 때는 어떻게 해야 하는가? 대혜선사는
이러한 때에 또 한번 자신의 생사대사生死大事에 대해 고심해야 한
다고 가르치고 있다. 어떠한 공안도 자신의 생사문제에 견줄만한
것은 없다. 가장 간절한 마음으로 자신의 생사를 보는 것이야 말
로 "생사화두生死話頭"를 참구하는 것이다. 이와 같이 간화선에서
는 가장 절실한 자신의 문제가 바로 "현성공안現成公案"이 되는 것
이다. 그래서 현성공안은 지금 여기서 가장 큰 자신의 문제의식으
로 제기된다. 대혜는 생사대사로 귀결되는 현성공안의 "생사가 겹
치는 곳(生死交加)"에서 참구하여 본참공안本參公案으로 옮겨가라고
말하고 있다.

　이와 같이 태어난 곳을 모르고 죽어 가는 곳을 몰라 의심하는
마음이 없어지지 않는 것이 생사가 겹쳐지는 때(生死交加)이다. 이
때를 당하여 반드시 생사가 겹쳐지는 곳을 향해 화두를 참구해야

---

349) 『懶翁錄』, (藏經閣), p 131. "話頭, 或時明白, 或時不明白, 或現或不現, 或有或無, 或
間斷不間斷, 是謂信心不堅, 立志不固. 如此虛送日月, 空受信施, 他時後日, 未免閻
羅老子, 打算飯錢. 是謂空來世上, 打一遭耳. 何暇. 更求閑言長話, 長句短句, 東指西
持者也. 思之思之."

한다. 이 화두가 바로 어떤 스님이 조주선사에게 묻기를 "개에게도 불성이 있습니까?" 조주가 대답하기를 "무無"라고 하였다.

그대는 오직 태어난 곳을 모르고 죽어 가는 곳을 몰라 의심하는 마음을 무無자 위에 옮겨오면, 겹쳐지는 마음은 다시 조작造作하고 취향趣向하지 않는다. 일단 겹쳐진 마음이 더 이상 조작하고 취향하는 활동이 없어진다면 생사거래를 의심하는 마음 또한 끊어진다. 이 때에 그대는 오직 이 활동을 단절하고 또한 아직 단절되지 않는 곳을 향해 일념으로 응대하며 항상 화두로 깨어있으면 언젠가는 시절인연이 성숙하여 돌연히 한번 분출하여(噴地一下) 단박에 깨닫게 된다.[350]

그렇다. 이러한 경계를 당해서 해태심, 퇴굴심을 내지 않고 "생사가 겹쳐지는 곳(生死交加)"에서 본참공안本參公案으로 넘어가 용맹심으로 간단없이 정진해야 한다. 그래서 "모름지기 굳센 믿음과 뜻을 갖추어 생각마다 머리에 타는 불을 끄듯 공부하여야 한다."[351]라고 말한다. 즉 "삼백 육십 골절, 팔만 사천 털구멍, 온몸이 한 의심 덩어리가 되어"[352] 공안을 참구해야 한다. 이와 같이 화두의 의심이 일념으로 지속되면 하나의 의단疑團을 형성하게 된다. 의단

---

350) 『大慧語錄』권23, 위의 책, p 911上. "疑生不知來處死不知去處底心未忘, 則是生死交加. 但向交加處, 看箇話頭. 僧問趙州和尙, 狗子還有佛性也無? 州云無. 但將這疑生不知來處死不知去處底心, 移來無字上, 則交加之心不行矣. 交加之心旣不行, 則疑生死來去底心將絶矣. 但向欲絶未絶處, 與之廝崖, 時節因緣到來, 驀然噴地一下便了."
351) 『大慧語錄』제26권, 위의 책, p 924上. "須有決定信具決定志, 念念如救頭燃."

에 대한 고봉과 무이의 가르침을 살펴보자.

의단이 형성되면 걷거나 앉을 적에도 의심뿐이고, 옷 입고 밥 먹을 때에도 의심뿐이며, 똥오줌 눌 때에도 의심뿐이니, 나아가 견문각지見聞覺知가 온통 하나의 의심일 따름이다. 의심하고 의심함에 그 의심이 힘들지 않는 곳에 도달하면 그 곳이 바로 득력처이다.

의심하지 않아도 저절로 의심이 되고 화두를 들지 않아도 저절로 들어져, 아침부터 저녁까지 의심이 이어져 한 덩어리(打成一片)가 되니 털끝만치도 그 틈이 없게 되는 것이다. 흔들어도 흔들리지 아니하고, 쫓아내도 쫓겨나지 아니하며, 한없이 밝고 신령하여 늘 앞에 있되, 마치 물을 따라 흘러가는 배와 같아 전혀 손 쓸 데가 없는 바로 이 때가 힘을 얻는 시절이다.[353]

참선하는 납자는 고개를 쳐들어도 하늘을 못보고 고개를 숙여도 땅을 못 보며, 산을 보아도 산으로 보이지 않고, 물을 보아도 물로 보이지 않아야 한다. 또한 길을 걸어가도 걷는 줄을 의식하

---

352) 『無門關』제1칙. 『大正藏』48권, p 293上. "將三百六十骨節, 八萬四千毫竅, 通身起箇疑團."
353) 圓珣 역해, 『禪要』, p 46. "如是, 行也, 只是箇疑團, 坐也, 只是箇疑團, 着衣喫飯也, 只是箇疑團, 屙屎放尿也, 只是箇疑團, 以至見聞覺知, 摠只是箇疑團. 疑來疑去, 矣至省力處, 便是得力處. 不疑自發, 不擧自擧, 從朝至暮, 粘頭綴尾, 打成一片, 無絲無縫罅. 撼亦不動, 趁亦不去, 昭昭靈靈, 常現在前, 如順水流舟, 全不犯手, 只此便是得力底時節也."

지 못하며, 앉아 있어도 앉아 있는 줄 몰라야 한다. 많은 인파 속에서도 한 사람도 눈에 보이지 않아야 한다. 그리하여 몸과 마음이 온통 의심 덩어리 하나뿐이니 세계를 하나로 뒤섞어 놓았다 할 만하다. 이 의심 덩어리를 깨뜨리지 않고서는 맹세코 마음을 쉴 수 없으니, 이것이 공부에 있어서 요긴한 것이다.[354]

화두를 참구함에 화두 하는 자(能)와 화두 됨(所)이 하나가 되어 의정疑情이 타성일편打成一片이 되어야 한다. 즉 자신이 화두와 하나가 되어야 한다. 의정이 타성일편이 되면 화두 함에 힘을 덜게 된다. 화두참구에 힘을 덜고(省力) 힘을 얻으면(得力) 화두를 억지로 들지 않아도 저절로 들어지게 된다. 이것을 "자연화두自然話頭"라고 한다. 자연화두란 억지로 참구하려고 하지 않아도 저절로 의심이 지속적으로 이루어지는 상태를 말한다. 그래서 "다만 바른 신심을 발해서 진심 가운데 의심이 있으면 자연히 화두(自然話頭)가 현전하리라. 만약 용을 써서 화두를 들어 나갈 때에는 공부가 힘을 얻지 못하리라."[355] 즉 의심하지 않아도 저절로 의심이 되고, 화두를 들지 않아도 저절로 들어지는 경계를 말하고 있는 것이다.

---

354) 『參禪驚語』, (藏經閣), p 29~30. "做工夫, 人擡頭不見天, 低頭不見地, 看山不是山, 見水不是水, 行不知行, 坐不知坐, 千人萬人之中不見有一人, 通身內外只是一箇疑團, 可謂攪渾世界, 疑團不破, 誓不休也, 此爲工夫緊要."
355) 『蒙山法語』, 위의 책, p 8. "但發眞正信心, 盡心中有疑, 則自然話頭現前. 若涉用力擧話時, 工夫不得力在."

3) 성성적적(惺惺寂寂)

이와 같이 자연화두로 간단없이 깨어있는 상태를 성성적적惺惺寂寂이라 표현한다. 화두를 참구함에 있어서 화두가 한결같아(話頭一如) 일체 번뇌망념을 여의어 고요한 상태를 적적寂寂이라 하고, 의정이 한결같이 지속되어 화두로 깨어있음이 성성惺惺의 경계이다. 이는 곧 적적하면서 성성하고(寂寂而惺惺), 성성하면서 적적한(惺惺而寂寂) 불이중도不二中道의 경계를 이르는 말이다. 이에 대한 보조의 설법을 들어 보자.

> 그러므로 영가永嘉는 "성성적적惺惺寂寂은 옳고 성성망상惺惺妄想은 그르며, 적적성성寂寂惺惺은 옳지만 적적무기寂寂無記는 그르다."고 말했다. 이미 고요한(寂寂) 가운데 멍하니 있는 상태(無記)를 용납하지 않고, 또렷한(惺惺) 가운데 어지러운 생각(亂想)을 일으키지 않으니 모든 망심이 어찌 일어나겠는가?[356]

깨어있는 가운데 고요해야지 망상으로 산란함은 잘못된 것이며, 고요한 가운데 깨어있어야지 아무 생각 없음(無記)에 빠짐은 잘못된 것이다. 즉 일체 망념이 일어나지 않아 고요하되 화두로 깨어있고, 화두일념으로 깨어있되 경계에 걸림이 없어 항상 고요한 순일무잡純一無雜의 상태로 화두함을 말한다. 화두를 함에 있어 성성

---

[356] 普照, 『眞心直說』. "故永嘉云, 惺惺寂寂是, 惺惺妄想非. 寂寂惺惺是, 寂寂無記非. 旣寂寂中, 不容無記, 惺惺中不用亂想, 所有妄心, 如何得生."

적적惺惺寂寂의 상태가 유지 되지 않으면 혼침, 도거, 무기에 빠지기 쉽고, 또한 마군의 경계에 침범당하기 쉽다. 몽산덕이夢山德異 역시 번뇌가 쉬어 고요함 가운데 화두가 현전해야 한다고 설하고 있다.

고요함(定) 가운데 반드시 화두가 현전해야 한다. 고요함(定)을 탐하여 화두를 놓치면 안 된다. 화두를 잊으면 공空에 떨어져 도리어 고요함이 미迷하게 된다. 고요함(定) 가운데서 힘을 얻기는 쉽다. 그러니 반드시 성성惺惺하여 어둡지 않아야 한다.[357]

마치 가을 들판에 맑은 물 같으며, 옛 사당 안의 향로와 같아서 고요한 가운데(寂寂) 또렷또렷하여(惺惺) 마음 길이 끊어졌을 때, 또한 이 육신이 인간세계에 있는 것도 모르고 오직 화두만 면면히 끊어지지 않음을 보리라.[358]

고요한 가운데 힘을 얻기는 쉬우나, 또한 그 가운데 화두가 없으면 혼침昏沈이나 무기공無記空에 떨어질 염려가 있다. 그래서 고요함 가운데(寂寂) 항상 화두가 성성惺惺해야 한다는 것이다. 이것이 바로 몽산화상이 말한 "참선의 묘妙는 성성惺惺함에 있다."는 것

---

357) 『蒙山法語』, p 35. "定中却要話頭現前. 不可貪定, 而忘話頭. 忘則落空, 反被定迷, 無有是處. 定中得力易, 却要惺惺不昧."
358) 위의 책, p 62. "如澄秋野水, 如古廟裏香爐相似, 寂寂惺惺, 心路不行時, 亦不知有幻身, 在人間, 但見箇話頭綿綿不絶."

이다. 사실 남종선의 "정혜등지定慧等持"의 사상에서 볼 때, 선정禪定 가운데 지혜智慧가 현전하고, 지혜가 현전하는 그것 역시 선정을 여의지 않고 있는 것이다. 그러므로 선정과 지혜를 함께 닦는 "정혜쌍수定慧雙修"가 선가의 전통으로 내려오고 있다. 그런데 고려의 나옹은 화두가 순일한 경계를 또한 공적영지空寂靈知로 표현하고 있다.

　　생각이 일어나고 생각이 멸하는 것을 생사라 한다. 생사의 순간순간에 부디 힘을 다해 화두를 들어라. 화두가 순일하면 일어나고 멸함이 곧 없어지는데, 일어나고 멸함이 없어진 그 곳을 신령함(靈)이라 한다. 신령함 가운데 화두가 없으면 그것을 무기無記라 한다. 신령한 가운데 어둡지 않으면 그것을 신령함(靈)이라 한다. 즉 텅 비고 고요하며(空寂) 신령스럽게 아는 것(靈知)은 무너지지 않고 잡된 것도 아니니, 이렇게 공부하면 멀지 않아 이루어질 것이다.[359]

　나옹화상이 말한 공적영지空寂靈知는 성성적적惺惺寂寂의 다른 표현에 지나지 않는다. 텅 비어 고요한 가운데 신령스런 앎이 있고(空寂而靈知), 신령스런 앎 가운데 텅 비어 고요함(靈知而空寂)이 바로

---

359)『懶翁錄』, (藏經閣), p 147. "念起念滅, 謂之生死. 當生死之際, 須盡力提起話頭. 話頭純一則起滅卽盡. 起滅盡處, 謂之靈. 靈中無話頭, 則謂之無記. 靈中不昧話頭, 則謂之靈. 卽此空寂靈知, 無壞無雜, 如是功用, 不日成功."

성성하면서 적적한 것(惺惺而寂寂)이요, 적적하면서 성성한 경지(寂寂而惺惺)이다. 하택신회선사는 "공적함이 본체(體)요, 영지靈知함이 그 작용(用)이니, 본체는 작용을 여읜 본체가 아니요, 작용 또한 본체를 여읜 작용이 아니기 때문에 체용일여體用一如가 된다."라고 말한바 있다. 물결을 떠나 물을 말할 수 없고, 물을 떠나 물결이 존재할 수 없는 것과 마찬가지로 적적함(寂寂)을 떠나 성성함(惺惺)이 없으며, 성성惺惺함을 여의고 적적寂寂함이 없다. 화두를 참구함에 적적하며 성성함이 생명인 이유가 바로 여기에 있다. 화두참구가 성성적적惺惺寂寂하게 빈틈없이 지속적으로 이루어지면 화두와 내가 하나가 되는 화두삼매話頭三昧를 이루게 된다.

4) 화두삼매(話頭三昧)

만약 마음을 써서 화두를 들지 않아도 자연히 화두(自然話頭)가 들리고, 고요한 가운데(寂寂) 또렷하고(惺惺) 역력하게(歷歷) 화두가 현전할 때에 이르면 몸과 마음과 경계가 한결같아 동정動靜간이나, 꿈속(夢中)에서나, 자나 깨나(寤寐) 또한 끊어짐 없이(無間斷) 화두가 들리게 된다. 이것을 화두삼매라고 하는데, 화두삼매에는 "공부삼분단工夫三分段"이라 하여 동정일여動靜一如, 몽중일여夢中一如, 오매일여寤寐一如의 세 단계를 제시하고 있다. 성철스님은 『백일법문』에서 공부삼분단에 대해 자세하게 논증하고 있다.[360] 여기서 말하

---

360) 『百日法門』하, (藏經閣), p 268.

는 일여一如는 '화두가 늘 한결같다.'는 의미로 사용되어 '화두가 한결같이 지속적으로 들리는 것'을 이르는 말이다. 동정일여란 화두가 '가만히 있을 때나 움직일 때나 한결같이 간단없이 지속적으로 들리는 것'을 말한다. 몽중일여란 화두가 '잠잘 때 꿈 가운데서도 한결같음'을 의미하고, 아울러 오매일여란 화두가 '깨어있을 때나 깊은 잠을 잘 때나 한결같은 것(熟眠一如)'을 가리킨다. 이에 대한 태고화상의 법문을 들어보기로 하자.

> 만약 하루에 한 번도 끊어짐이 없는 줄 알았거든 더욱 온 정성을 다해 때때로 점검하여 날마다 끊어짐이 없게 하라. 만약 삼일 동안에 여법하게 끊어짐이 없어, 움직이거나 가만히 있을 때에도 한결 같고(動靜一如) 말하거나 침묵할 때에도 한결같아(語默一如) 화두가 항상 앞에 나타나 있음이, 마치 급히 흐르는 여울물 속의 달빛 같아서 부딪쳐도 흩어지지 않고 헤쳐도 없어지지 않으며 휘저어도 없어지지 않아서 자나 깨나 한결같으면(寤寐一如) 크게 깨달을 때가 가까운 것이다.[361]

화두가 끊어짐이 없어 동정動靜지간에 한결같고 어묵語默지간에도 한결같아서, 마치 여울물 속의 밝은 달빛이 항상 부딪쳐도 흩

---

361) 『太古和尙語錄』卷上, (藏經閣), p 61~62. "若知一日一度, 也無間斷, 則添些精彩, 時時點檢, 一日無間斷. 若三日, 如法無間斷, 動靜一如, 語默一如, 話頭常現在前, 猶急流灘上月華相似, 觸不散撥不去蕩不失, 寤寐一如, 大悟時近矣."

어지지 않고, 헤치거나 휘저어도 없어지지 않음과 같아서 자나 깨나 한결같이 되어야 한다는 주장이다. 나옹선사도 오매항일寤寐恒一의 경계를 다음과 같이 설하고 있다.

> 공부가 이미 동정動靜에 틈이 없으며 자나 깨나 항상 한결같아서(寤寐恒一) 부딪쳐도 흩어지지 않고 움직여도 없어지지 않는다. 마치 개가 기름이 끓는 솥을 보고 핥으려 해도 핥을 수 없고 버리려 해도 버릴 수가 없는 것 같나니, 그때에는 어떻게 하는 것이 합당하겠는가.[362]

또한 나옹은 다른 곳에서 오매일여에 대해 설하기를 "언제나 끊이지 않고 참구하여 고요하거나 시끄러운 속에서도 공안이 앞에 나타나며, 자나 깨나 그 화두가 분명하여 들지 않아도 저절로 들리고, 의심덩어리가 의심하지 않아도 저절로 의심되면, 마치 물살이 급한 여울의 달과 같아서, 부딪쳐도 흩어지지 않고 헤쳐도 없어지지 않을 것이다. 진실로 이런 경지에 이르면 세월을 기다리지 않고도 갑자기 한 번 온몸에 땀이 흐르게 되리니, 그때는 잠자코 스스로 머리를 끄덕거릴 것이다."[363]라고 하였다. 태고, 나옹 두 선

---

362) 『懶翁錄』, "工夫, 旣到動靜無間, 寤寐恒一, 觸不散蕩不失, 如狗子見熱油鐺相似, 要捨又捨不得, 要捨又捨不得時, 作麼生合殺?"
363) 『懶翁錄』, "提來提去, 靜中鬧中, 公案現前, 或寤或寐, 話頭明明, 不提自提, 疑團, 不疑自疑, 正如急流灘頭月, 觸不散, 蕩不失. 眞實到此田地, 不待年月, 驀得一廻通身汗流, 則默默自點頭."

사 공히 이른바 "여울물 속의 달(灘上月華)"처럼 흔들리지 않는 경계가 화두일여임을 강조하고 있음을 볼 수 있다.

여기서 이른바 "여울물 속의 달"이라는 말은 애초에 몽산덕이(蒙山德異)가 "동정에 일여(動靜一如)하고, 자나 깨나 역력하게(寤寐惺惺) 화두가 현전함"의 경계를 "마치 물속에 달이 비춰(如透水月華) 여울 속에 있는 것과 같아서(在灘浪中) 물이 세차게 흘러 부딪치거나 헤쳐도 흩어지지 않음"[364]에 비유하여 아름답게 시적으로 표현한 말이기도 하다.

그런데 경론에서 설하고 있는 동정일여(動靜一如)와 오매일여(寤寐一如)의 참뜻은 동(動)과 정(靜)이 본래 공(空)하여 동 가운데 정이 있고, 정 가운데 동이 있어서 동정 어디에도 집착함이 없이 한결같음을 말한다, 아울러 오(寤 : 깨어 있음)도 연기적 오요, 매(寐 : 어두움)도 연기적 매이기 때문에, 오매하되 오매 어디에도 실체가 없으므로 해서 깨어있되(寤) 깨어있음도 없고, 어둡되(寐) 이두움도 없음을 요달히여 그 어디에도 실로 얻을 바가 없음을 말한다. 그래서 학담스님은 "그렇다면 '깨어있음과 잠듦이 늘 한결같음(寤寐一如)'은 어떤 뜻인가. 이 물음의 해답은 '깨어있음의 밝음과 잠듦의 어두움이 어디서 오는가.'를 물어 밝음과 어두움에 모두 얻을 것이 없음을 사무칠 때 물음의 자기전환이 자기해답을 줄 것이다."[365]라고 말하

---

364) 『蒙山法語』, p 63. "動靜一如, 寤寐惺惺, 話頭現前, 如透水月華, 在灘浪中, 活潑潑, 觸不散蕩不失."
365) 학담 평석, 『현사사비선사어록』, (큰수레), p 48.

고 있다.

여기서 하나 주의할 점은 공부삼분단工夫三分段의 동정일여, 몽중일여, 오매일여란 말을 경지론境地論적으로 사용해서는 안 된다. 즉 동정일여의 경지 넘어서 몽중일여가 있고, 몽중일여의 경지를 넘어서 오매일여의 경지가 따로 있다는 말로 이해하면 지위점차地位漸次에 떨어져 돈오견성법문에 위배된다. 그리고 또한 오매일여寤寐一如를 자나 깨나 소소영령昭昭靈靈한 마음의 실체로 이해하면 연기론에 위배된다.

다시 말하면 화두할 때 화두 함(能)과 화두 되어짐(所)이 하나 되어 주객主客과 능소能所가 끊어져 동과 정이 일여(空)하고, 오와 매가 일여일 때를 동정일여, 오매일여의 경지라고 표현한 것이다. 즉 화두가 일여한 경계에 이르러 화두 하는 자(能空)도 없고 화두 함(所空)도 없으니, 움직임(動)과 고요함(靜) 밝음(寤)과 어두움(寐)이 함께 공하여 실로 한 법도 얻을 것이 없으니, 움직이는 가운데 고요함이 있고 고요함 가운데 움직임이 있으며, 밝음 가운데 어두움이 있고 어두움 가운데 밝음이 있게 되는 것이다. 이때 사실은 움직임(動)도 없고 고요함(靜)도 없으며, 깨어있음(寤)도 없고 잠듦(寐)도 없는 화두삼매話頭三昧일 뿐이다.

5) 절후재소(絶後再甦)

선종에서는 오매일여를 절대적 경지로 이해하여 주착住着하지 않고 초월해 나아갈 때를 '크게 죽었다 다시 살아남(大死後却活)'이라고 말한다. 그래서 백척간두에서 한 걸음 더 나아가고(百尺竿頭進一步), 천길 낭떠러지에서 손을 놓아야(懸崖撒手)만이 납자의 살길이 열린다고 한 것이다.

그러므로 옛선사가 말하기를 "깎아지른 절벽에서 손을 뿌리치듯(懸崖撒手) 더 나아가 깨달아보려 해야 하니, 죽은 자리에서 다시 살아나야(絕後再甦) 자기를 속이지 않는 깨달음이니라."고 하였다. 대혜가 말한 이른바 "죽은 자리에서 다시 살아난다."는 의미의 "절후재소絕後再甦"[366]가 되어야 진정한 깨달음을 이룬다. 이른바 절후재소絕後再甦란 달리 "사중득활(死中得活 : 한번 크게 죽었다 다시 살아남)"이라고도 말한다.

이것은 동정일여, 오매일여를 하나의 경지로 부여잡고 크게 죽어 있는 사람(大死底人)이 다시 화두에 의심을 붙잡아 향상일로向上一路의 길로 나아가야 한다는 말이다. 그래서 무이선사 또한 "홀로 큰 경지를 밟으니 마음 밖에 따로 경계가 없이시 시방세계와 부모가 준 심신을 하나로 녹여 그 자리에서 생사를 끝장내야 비로소 방편 하나 얻었다 하리라. 여기에서 향상일로向上一路의 화두를 다시 붙들어라. 그렇지 않으면 이 모든 것이 도깨비굴에서 살 꾀를 내는 꼴이다."[367]라고 말했다. 굉지정각은 소참법문에서 "밝음과 어

---

366) 『大慧語錄』제26권, "老師云, 可惜, 爾死了不能活, 不疑言句爲大病, 絕後再甦, 欺君不得."
367) 『參禪驚語』, (藏經閣), p 135. "獨踏大方心外無境, 將十方世界洎父母身心融成一箇, 坐斷兩頭始得個入門. 向上一路更須自看. 不然盡是鬼家活計."

두움", "삶과 죽음"이 일여한 구경의 경지를 다음과 같이 설하고 있다.

조주선사가 투자선사에게 물었다.
"크게 죽은 사람이 다시 살아날 때에는 어떠합니까?"
"밤길 가는 것을 허락하지 아니하고 날이 밝아서 가야 한다."
굉지선사가 소참에서 이 법문을 거론하고서 말하였다. "만약 이 시절을 알면 곧 '밝음 가운데 어두움이 있으니 어두움으로 서로 만나지 말고, 어두움 가운데 밝음이 있으니 밝음으로 서로 만나지 말라.' 함을 알 것이니라. 일체 만법이 다 없어진 때에 밝고 밝아 항상 있으며, 일체 만법이 생길 때에 비고비어 항상 고요하니, 문득 죽음 가운데 삶이 있고 삶 가운데 죽음이 있다고 말함을 알 것이다."[368]

크게 죽은 사람이 향상일로向上一路, 절후재소絶後再甦하여 이른바 "어두움 가운데 밝음이 있고 밝음 가운데 어두움이 있으며, 삶 가운데 죽음이 있고 죽음 가운데 삶이 있는" 불이중도를 깨달아 구경각究竟覺을 성취해야 한다.

---

368) 『宏智禪師廣錄』卷第5, 『大正藏』第48권, p 63上 ~中. "趙州問投子, 大死底人却活時如何? 投子云, 不許夜行, 投明須到. 若箇時識得, 便知道當明中有闇, 勿以闇相遇, 當闇中有明, 勿以明相覷. 一切法盡處, 箇時了了常存, 一切法生時, 箇時空空常寂, 須知道死中有活活中死."

5. 간화선의 선병(禪病)

(1) 혼침과 도거

 간화선은 당시 유행했던 선병禪病을 치료하기 위해서 제출되었기 때문에 약방문이라 한다. 선병에는 도거掉擧, 혼침昏沈, 무기無記 등이 있다. 문자선류文字禪流들의 알음알이로 헤아려 마음이 산란하게 된 병을 "도거"라고 하는데, 이것을 대치하기 위하여 묵조선에서는 사람들에게 백가지 생각을 하지 말고, 일체 인연을 놓아서 마음을 식은 재와 고목처럼 냉랭하게 하라고 가르쳤다.
 대혜는 이러한 선법을 흑산귀굴黑山鬼窟에 앉아 "혼침"에 빠진 고목선枯木禪이라 비판했다. 그리고 무사선류無事禪流들의 아무 일 없이 앉아서 적정무사에 떨어진 선정병을 "무기"라고 한다. 대혜가 이러한 도거, 혼침, 무기의 선병을 치유하기 위하여 문자선과 무사선과 묵조사선을 비판하고 간화선을 주창하게 된 것이다.

 오늘날 참선하는 납자뿐만 아니라 총명이기聰明利機로 책을 많이 읽은 사대부들까지도 각각 두 가지 병이 있다. 그것은 착의著意가 아니면, 곧 망회忘懷이다. 이른바 망회忘懷라는 것은 흑산 밑의 귀신굴에 떨어져 있는 것이니, 교 가운데 혼침昏沈이라고 하는 것이다. 착의着意라는 것은 마음과 의식이 들떠서 한 생각을 이어 또 한 생각이 이어지는 것이니, 앞생각이 끝나지 않았는데 뒷생각이 이어지는 것을 말한다. 이것을 교 가운데서는 도거掉擧라고 한다.[369]

대혜는 그의 전적에서 혼침昏沈·망회忘懷·묵조默照 등과 도거掉擧·착의着意·관대管帶 등의 두 종류의 선병을 열거하고, 이 선병을 극복하지 못하면 생사를 해탈하지 못한다고 말하고 있다. 여섯 가지로 나누어 설명하고 있지만 이는 결국 혼침과 도거를 달리 표현한 것에 지나지 않는다.

옛날 4조 도신선사는 "어떤 사람이 선사禪師인가?"라는 물음에 답하기를 "고요함(靜)과 산란함(亂)에 장애받지 아니하면 곧 훌륭한 선(禪)으로 용심하는 사람이다. 항상 지(止)에 머무르다 보면 마음은 가라앉게 되고, 오랫동안 관(觀)에 머무르다 보면 마음이 산란하게 된다."[370]라고 했다. 수선修禪에는 산란함을 떠나야 한다. 그렇다고 고요함을 취하려고 하면 이 또한 장애가 된다. 그래서 고요함과 산란함 그 어느 쪽에도 장애받지 않아야 한다. 참선수행을 저해하

---

369) 『大慧語錄』제17권, 『大正藏』47권, p 884下. "今時不但禪和子, 便是士大夫聰明靈利博極群書底人, 箇箇有兩般病. 若不着意, 便是忘懷. 忘懷則墮在黑山下鬼窟裏, 教中謂之昏沈. 着意則心紛飛, 一念續一念. 前念未止後念相續, 教中謂之掉擧."
370) 『楞伽師資記』「道信章」, 『大正藏』85권, p 1287中. "如何是禪師? 信日, 不爲靜亂所惱者. 卽是好禪用心人. 常住於止, 心則沈沒, 久住於觀, 心則散亂."

는 가장 큰 장애가 혼침과 도거인데 이것을 제거하기 위해서는 성성적적惺惺寂寂하게 몸과 마음이 화두와 하나가 되게 하는 것뿐이라고 태고화상은 말하고 있다.

> 한 생각 일어나고 멸하는 것을 생사라 한다. 이 생사에 부딪혀 온 힘을 다해 화두를 들어라. 화두가 순일해지면 일어나고 멸함이 없어질 것이니 이를 일러 고요함(寂)이라 한다. 고요함 가운데 화두가 없으면 무기無記라고 하고, 고요함 가운데서도 화두가 어둡지 않음을 일러 신령스런 지혜라고 한다. 이 텅 빈 고요함과 신령스런 지혜는 무너지지도 않고, 뒤섞여지지도 않으니, 이와 같이 공부하면 멀지 않아 공을 이룰 것이다. 몸과 마음이 화두와 한 덩어리가 되어 의지하고 기댈 것도 없고 마음이 있는 바도 없을 것이다.[371]

앞에서도 밝혔듯이 좌선을 할 때 혼미하여 몽롱한 마음의 상태를 혼침이라 하고, 마음이 가라앉지 못하고 산란하게 들떠 있는 상태를 도거라고 한다. 태고스님은 혼침은 깨어 있는 마음(惺惺)으로 다스리고, 도거는 고요한 마음(寂寂)으로 다스리라고 말하고 있다. 성성적적惺惺寂寂인 상태가 바로 화두와 내가 하나 되는 것이

---

[371] 『太古和尚語錄』卷上, (藏經閣), p 61. "念起念滅謂之生死. 當生死之際, 須盡力提起話頭. 話頭純一, 則起滅卽盡, 起滅盡處, 謂之寂. 寂中無話頭, 謂之無記, 寂中不昧話頭, 謂之靈知. 卽此空寂靈知, 無壞無雜, 如是功用, 則不日成功. 身心與話頭, 打成一片, 無所依倚, 心無所之.

다. 이를 이루기 위해서는 간절히 참구하는 길 밖에 없다. 의정의 간절함이 극에 달하면 적적과 성성이 어우러져 타성일편打成一片이 된다. 즉 화두와 내가 한 덩어리가 되어 참구하게 되면 혼침과 도거의 병을 대치對治할 수 있다는 것이다.

> 화두에 의심이 끊어지지 아니하면, 이것을 이름하여 참다운 의심이라 한다. 만약 의심을 한 번 잠깐 하다가 다시 의심이 없으면 진심으로 의심을 낸 것이 아니다. 이것은 억지로 조작하여 낸 의심이기 때문에 혼침과 도거가 모두 들어오게 된다.[372]

몽산스님은 참선 할 때에 혼침과 도거가 생기는 이유가 참된 의심(眞疑)이 없이 억지로 조작한 의심으로 참구하기 때문이라고 지적하고 있다. 그러므로 화두에 간절하고 진실한 의심을 일으키면 이 두 가지 병은 저절로 사라진다고 말하고 있다. 결국 참다운 의심이 모든 선병을 다스리는 무기이다.

---

372) 『蒙山法語』, 위의 책, p 3. "話頭上, 有疑不斷, 是名眞疑. 若疑一上少時, 又無疑者, 非眞心發疑. 屬做作, 是故昏沈掉擧, 皆入作得."

(2) 무자화두의 십종 병

앞에서 이미 언급하였지만, 대혜는 여러 공안 중에 특히 무자화두를 참구할 것을 강조했다. 그래서 무자화두를 참구함에 있어서 빠지기 쉬운 열 가지 선병에 대해 다음과 같이 제시하고 있다. 앞에서 이미 인용한 구절이지만 다시 한 번 구체적으로 살펴보도록 하자.

> 한 스님이 조주스님에게 물었다. "개에게도 불성이 있습니까? 조주스님이 말했다. "없다(無)." 바로 여기에서 말하는 '무無'라는 한 글자는 허다한 악지악각惡知惡覺을 쳐부수는 무기이다.
> 유有와 무無의 상대적인 의식으로 알려고 해서도 안 되며, 도리로 알려고 해서도 안 되며, 의식意根으로 헤아려 분별해서도 안 되며, 눈썹을 치켜 올리고 눈을 깜빡거리는 곳에 머물러서도 안 되며, 말하는 그곳에서 살 궁리를 찾아도 안 되며, 아무 일 없는 데서 머물러서도 안 되며, 제시된 공안을 향하여 바로 받아들여서도 안 되며, 문자 가운데서 증거를 찾으려 해서도 안 된다. 오로지 하루 24시 행주좌와行住坐臥의 일상생활 가운데 항상 화두를 제시하여(時時提撕) 정신 차려서 참구해야 한다. '개에게도 불성이 있습니까?' '없다(無)!' 라고 하는 화두를 일상생활 가운데서 여의지 않아야 한다.[373]

위에서 열거한 여덟 가지 외에 다시 "참으로 없다고 헤아리지 말며(不得作眞無), 마음으로 깨달음을 기다리지 말라(不得將心待悟)."는 두 가지를 합해서 열 가지 병통이라 한다.

용성은 『수심정로』에서 무자화두의 열 가지 병통에 대해 상술하고 있다.[374] 무자화두를 참구함에 있어서 일어나는 열 가지 병에 대한 용성스님의 지적을 인용해서 다시 설명해 보도록 하겠다.

첫째, 이른바 "유有와 무無의 상대적인 의식으로 알려고 해서도 안된다."라고 한 것은 유무有無의 무無로 아는 병이니 학자의 큰 병은 깨쳤다, 알았다 하는데 있다. 확철하게 깨닫지 못하면 병이 많은 것이다. 차라리 아무 것도 모르고 화두만 참구하는 것이 좋다.

혹 어떤 사람은 "내가 조주께서 '무'를 말한 것을 깨쳤소."

"어떻게 깨쳤소?"

"예, 내가 깨친 것은 각성覺性이 있는 것에 대하여 없다고 하는 것이니, 일체중생이 각성이 있다고 하는 말은 깨치는 성품이 있다는 말이요, 이 신령하고 참된 성품이 드러나 각覺과 다름없기 때문에 일체중생이 각성이 있다고 하는 말이오. 각성이 없다는 말은 신령하게 깨친 그 당처當處가 본래 공(本來空)하여 한 법도 없는 것

---

373) 『大慧語錄』권25, 『大正藏』47권, p 921. "僧問趙州, 狗子還有佛性也無? 州云無. 此一字子, 乃是摧許多惡知惡覺底器仗也. 不得作有無會, 不得作道理會, 不得向意根下思量卜度, 不得向揚眉瞬目處垛根, 不得向語路上作活計, 不得颺在無事甲裏, 不得向擧起處承當, 不得向文字中引證, 但向十二時中四威儀內, 時時提撕, 時時擧覺, 狗子還有佛性也無? 云無."
374) 참조, 『覺海日輪』(世界佛敎聖地保存會), p 271~276.

이니 무엇을 마음이니, 각이니, 성품이니 하겠소? 그러므로 없다고 하오."

용성이 이르되, 그대의 말은 불조의 설화문說話門에 앉아 보면 병이 될 것은 없다. 그러나 화두를 참구하는 데는 큰 병이 될 것이다. 그러므로 말하길 "있다 없다 하는 것으로 알 것이 아니니라." 하셨다.

둘째, "도리로 알려고 해서도 안 된다."라고 한 것은 "말로 보일 수도 없고 분별로도 알 수 없는 묘한 도리, 즉 현묘玄妙한 도리로 도를 삼을까 싶어 도리로 앎을 짓지 말라."고 하였다.

셋째, "의식으로 헤아려 분별해서도 안 된다."는 것은 계교하고 사량하여 알려고 하는 병을 말한다. 사량하고 분별하는 마음이 만병의 근원이 되는 것이다.

넷째, "눈썹을 치켜 올리고 눈을 깜빡거리는 곳에 머물면 안 된다."라는 말은 "이 도리는 가만히 작용하는 것으로 보일 수밖에 없다고 생각하여, 가만히 눈썹을 드날리고 눈을 깜빡거리는 것으로 그 진상眞相을 보일 수밖에 없다."고 하는 병통이다. 곧 자기의 본래면목을 깨닫지 못하고 옛 사람의 기틀을 따라 한 번 눈을 깜빡해 보이는 것으로써 자기의 깨달음으로 삼는 것을 말한다.

다섯째, "말하는 그 곳에서 살 궁리를 찾아도 안 된다."고 한 것은 진실로 공부는 하지 않고 말로만 도를 닦는 병이다. 말은 도가 아닌 것이다.

여섯째, "아무 일 없는 데서 머물러도 안 된다."는 것은 일 없는 것(無事)을 깨달았다는 병이다. 자기 자성을 확실히 깨달아서 '무' 자를 타파할 것이지, 자성을 깨닫지도 못하고 일이 없다고 한다. 이런 소견으로는 무상도無上道를 알 수 없다. 요즈음 학자들의 폐단이 많다. 자칭 일을 마친 사람이라고 하여 고기 잡는 집과 술파는 집에서 한가히 놀며 녹수청산綠水靑山에 뜻대로 하여 하염없이 즐겁다 하니 이것은 무단히 저절로 깨쳤다는 것과 같다. 그래서 고인이 일 없는 곳에 머물면 안 된다고 한 것이다.

일곱째, "공안을 향해 바로 받아 들여서도 안 된다."는 것은 무상대도無上大道를 눈치로 알려고 하는 것이다. 종사가 고인의 향상법向上法을 들어 말할 때 얼른 눈치로 알아 승당承當하는 사람이 있다. 이런 사람은 도를 모르는 사람이다.

여덟째, "문자 가운데 증거를 찾으려 해서는 안 된다."라고 한 것은 도안道眼이 명백하여 가슴 가운데 솟아난 것이라도 정세히 하여 간택해야 하거늘, 고인의 책 가운데 있는 것으로 인증引證하려고 하는 것을 경계한 말이다. 문자 가운데 인증함을 허락하지 않는 것이다.

아홉째, "참으로 없다고 헤아리면 안 된다."는 말은 나의 본래면목은 있는 것(有)과 없는 것(無)이 절대로 없어, 각성이 있느니 없느니 하는 이것을 다 없애버린 참으로 없는 것(眞無)이라고 여기는 병통이다. 유무를 함께 초월하면 정각正覺을 수순한다는 말은 경에도 있는 말이기는 하지만 화두를 참구하는 데는 큰 병이 된다.

열째, "마음으로 깨달음을 기다리지 말라."고 한 것은 미혹한 사람이 어서 깨닫기를 기다리는 병을 말한다. 고인의 현관玄關을 알지 못하므로 어서 급히 공부를 하여 얻으려는 속효심速效心으로 머리에 불 끄듯이 하니, 급히 깨닫고자 하는 마음이 앞서 있어 큰 장애가 되는 것이다. 절대로 깨달음을 기다리지 말아야 한다.

이것이 용성이 설한 "무자화두無字話頭의 십종 병통"에 대한 요긴한 설명이다. 이 문중에 들어와서 공부를 하고자 하는 사람은 다만 화두만 참구하고, 아는 마음을 두어서는 안 된다. 모든 병통이 알음알이의 분별로부터 일어난다. 그러므로 조사가 "이 문 안에 들어 온 이는(入此門來), 일체의 알음알이를 내지 말라(莫存知解)."고 말한 것이다.

그런데 위에서 열거한 열 가지의 내용을 크게 보면 사량하고 계교하는 분별심과 일체를 놓아버리는 무사심無事心의 두 종류로 귀결된다. 분별심과 무사심은 다름 아닌 도거와 혼침의 원인이 된다. 혼침과 도거는 일체 번뇌망념의 근본이기 때문에 이를 잘 다스려야 화두일념을 이루어 구경각에 이를 수 있다.

> 하나의 향을 피워 놓고 조용히 앉아 있을 때 혼침에 빠져도 안 되며 또한 도거에 휩싸여도 안 된다. 혼침과 도거는 선성先聖이 꾸짖은 바이다. 고요하게 앉아 있을 때, 혼침과 도거가 현전하면 다만 '개에게 불성이 없다.'는 화두를 들어라. 그러면 두 가지 병이 애써 물리치지 않아도 당장에 가라앉을 것이다.[375]

앞에서도 언급하였듯이, 혼침과 도거는 선병의 근본이 된다. 대혜는 이 두 가지 병을 다스리기 위해 무자화두를 들으라고 권하고 있다. 간절히 참구하는 것이 혼침과 도거를 다스려 스스로 물러가게 하는 방법이다.

그런데 대혜스님이 "마음으로 깨달음을 기다리지 말라(不得將心待悟)."고 강조한 것은 안으로는 선병을 대치하고, 밖으로는 묵조선에서 간화선을 향해 "화두를 들고 깨달음을 기다리는 선", 즉 "대오선待悟禪"이라고 비판한데 대한 대응이라 할 수 있다. 간화선에서는 본래심인 불성을 드러내기 위해 일체의 번뇌망념을 타파할 것을 강조한다. 번뇌망념을 타파하기 위해서는 화두를 의심하는 조사관祖師關을 통과해야 한다.

오로지 간절하고 면밀하게 성성적적惺惺寂寂하여 간단없이 화두가 일념으로 현전하면 이러한 선병을 대치하고 깨달음의 땅에 이를 수 있다. 그래서 종문에서는 본참공안의 활구를 참구하여 정식망상과 사량분별, 혼침무기를 부수고 생사를 해탈하는 것을 귀하게 여길 뿐이다.

실제로 간화선에서의 모든 선병은 간절하지 못한데서 오는 마장이다. 고봉이 당시 선중禪衆들에게 말하기를 열 해, 스무 해, 나아가 평생 동안 세상의 반연을 잊고 오로지 이 일을 밝혀가도, 이

---

375) 『大慧語錄』제26권, 위의 책, p 922中. "但燒一炷香靜坐, 坐時不得令昏沈, 亦不得掉擧. 昏沈掉擧先聖所訶. 靜坐時纔覺此兩種病現前, 但只擧狗子無不性話, 兩種病不著用力排遣, 當下怗怗地矣."

일을 해결하지 못했던 병이 어디에 있는지 드러내 보이라고 하면서 지적한 열 가지 선병의 종류는 다음과 같다.

> 전생에 닦은 지혜가 없었던 것은 아닌가. 눈 밝은 스승을 만나지 못했던 것은 아닌가. 하루 공부하고 열흘 놀았던 것은 아닌가. 근기가 시원찮고 의지가 약했던 것은 아닌가. 번뇌 망상에 푹 빠져 있었던 것은 아닌가. 공적한 곳에 걸려 막혀 있었던 것은 아닌가. 쓸데없는 잡념이 있었던 것은 아닌가. 시절인연時節因緣이 아직 도래하지 않았던 것은 아닌가. 화두를 의심하지 않았던 것은 아닌가. 얻지 못한 것을 얻었다 하고, 증득하지 못한 것을 증득했다고 말했던 것은 아닌가.[376]

전생에 닦은 지혜가 없는 것은 어쩔 수 없다. 그럴수록 더욱 분발하여 지혜를 닦아야 한다. 혹자는 요즈음은 눈 밝은 선지식이 없다고 말한다. 눈 밝은 선지식을 스스로 찾지 않았을 뿐이다. 두두물물頭頭物物, 인비인人非人 모두가 선지식이다. 다만 스스로가 눈이 멀어 보지 못할 뿐이다. 그리고 시절인연은 꾸준히 진득하게 참구해 가면 저절로 도래하게 되어 있다. 시절인연이란 그냥 찾아오는 것이 아니라 스스로 만들어 가야 한다. 그 외에 병폐는 모두

---

376) 圓珣 역해, 『禪要』, p 95. "莫是宿無靈骨麼. 莫是不遇明師麼. 莫是一曝十寒麼. 莫是根劣志麼. 莫是汨沒塵勞麼. 莫是沈空滯寂麼. 莫是雜毒入心麼. 莫是時節未至麼. 莫是不疑言句麼. 莫是未得謂得, 未證謂證麼."

간절한 신심과 의심이 부족한데서 오는 병이다. 간절함이 선병을 물리치는 열쇠이다.

제 5장 현재 간화선풍에 대한 반성

간화선의 전통이 가장 잘 보존되고 있는 나라가 한국이라고 말한다. 아마도 이 말은 간화선이 제창된 중국에서의 선불교 쇠퇴현상과 일본불교의 세속화현상에 비해 간화선 수행이 절대적 우위를 차지하며 실천되고 있는 한국불교의 현실을 반영한 것이라고 생각된다. 현재 조계종의 제방선원에는 안거마다 2천여 수선대중이 운집하여 정진에 매진하고 있으며, 다른 종단의 선원대중까지 합하면 그 수는 더 늘어난다. 아울러 재가불자들을 위한 선원이 여러 곳 개설되고, 선수행 프로그램도 다양하게 마련되고 있다. 그럼에도 불구하고 여전히 우리는 간화선의 위기를 제기하는 이유가 무엇일까? 본장은 간화선의 정신과 실천의 입장에서 한국 선불교 전반에 걸쳐 나타나고 있는 몇 가지 문제점을 반성하고 고민해 보는 것으로 간화선풍을 진작하는데 조그마한 디딤돌로 삼고자 한다.

1. 이론과 실참의 병행

현재 한국 선불교의 문제점 가운데 하나는 이론과 실참이 양극화되어 있다는 점이다. 선원에서 실참하고 있는 수선납자들은 오로지 실참실구實參實究만이 최고의 가치이며 선사상과 선학이론에 대해서는 거의 무관심하며, 이른바 선학자들은 선학이론의 연구에 치우쳐 실수實修를 등한시하고 심지어 일각에서는 수선안거修禪安居마저 잘못된 행태라고 비판하고 있다.

이러한 양쪽의 입장을 정리해 보면, 수선납자들은 선은 오로지 실참을 통해 깨쳐야만이 일대사一大事를 요달하는 것이라는 깨달음절대주의(見性絶對主義)에 빠져있다. 이러한 관점에서 언어나 문자에 의해 선을 논하는 것은 구두선, 문자선을 행하는 지해종사知解宗師의 할일이라고 치부해 버린다. 그렇기 때문에 이것은 교가教家나 학자가 하는 짓으로 폄하되고 있다. 물론 대혜가 "깨달음을 법칙으로 삼아(以悟爲則)" 간화선을 제창하였고, 깨달음이 전제되지 않는 선은 선이라고 말할 수 없다. 그러나 깨닫기 전에는 오직 앉아서 참구參究하는 것 외에는 아무 것도 하지 않겠다는 극단적 수행행태는 일종의 편향된 시각이다.

그리고 선학자들은 실참대중을 향해 불교의 세계관이 정립되지 못하여 선학이론에 무지하며, 일신의 해탈에 매몰되어 세상을 향한 구세대비救世大悲의 교화가 결여되어 있다고 비판하고 있다. 이러한 시각 또한 올곧은 수행은 수행 그 자체가 교화로 승화되어 행화일치行化一致가 된다는 사실을 무시한 발언일 수 있다.

이러한 현상은 마치 옛날 천태지자선사가 언어문자에 집착하여 이론만 천착하고 그 공능에 매몰되어 선을 실참하지 않는 학자들을 향해 "문자법사文字法師"라 칭하고, 언어문자를 배척하고 실천의 지혜가 없이 오로지 앉아있음만으로 선을 삼는 선사들을 향해 "암증선사暗證禪師"라고 비판한 것과 괘를 같이 하고 있다.

선종사를 거슬러 올라가 개괄해 보면 선지禪旨와 더불어 교학에 능통하지 않는 역대 선사나 조사가 거의 없으며, 경학과 함께 선을 실수하지 않은 강주나 종장이 한 분도 없다. 분명한 것은 양비론兩非論에 입각하여 선가와 교가 모두가 비판의 목소리를 겸허히 수용해야만 한다는 것이다.

선학자는 풍부한 이론을 토대로 불법에 대한 올바른 견해(眞正見解)를 가지고 실참실수를 병행해야 하며, 실참납자는 "한 구절에 요연히 백억 법문을 초월하고(一句了然超百億), 한번 뛰어 넘어 바로 여래의 지위에 드는(一超直入如來地)" 조사선의 종지를 바탕으로 선사상과 교학이론으로 무장하여 연기적 세계관을 구축하여 인천의 사표가 될 수 있는 안목을 갖추는 선교겸수禪敎兼修의 선풍을 진작시켜야 한다. 조선시대를 살다간 벽송지엄碧松智嚴의 제자 경성敬聖의 일갈이 소중한 것은 바로 이런 이유 때문이다.

> 대저 공부하는 사람이 활구를 참구하지 않고 다만 똑똑함과 영리함을 믿고 구이의 학문(口耳之學 : 지식을 쌓는 학문)을 닦아 세상에 뽐내며 자랑하는 부류들이 있다. 그들은 실속 있는 공부를 접하지 못해서 말과 행동이 엇갈리고 이곳저곳 산수를 찾아다니며 헛되이 밥만 축낼 뿐 아니라 경론을 배운답시고 일생을 졸면서 보내기가 예사다.

그리하여 마침내 지옥 찌꺼기로 전락하여 세상 사람들을 제도하는 배가 되지 못한다. 또 어떤 사람들은 한가롭게 노는 버릇이 성품으로 굳어져 바른 스승을 찾지 않고 여우굴 속에 들어 앉아 졸면서 입으로만 화두를 중얼거리니 참으로 불쌍한 노릇이다.[377]

진정으로 생사를 요달하고자 하는 수행자가 명상名相을 버리고 자신을 다그치며 온 힘을 다해 실참實參을 하지 않고 의리義理만을 연구하는 것은 근본根本을 버리고 지말枝末을 추구하는 격이다. 이것은 총명聰明으로 업식業識을 대적할 수 없고, 박학博學으로 고륜苦輪을 면할 수 없음을 모르는 어리석은 행이다. 그러나 학문의 기초가 없이 어찌 향상일로向上一路의 일착자一着子가 있음을 알 것이며, 혜맥慧脈의 종지宗旨를 선양할 수 있겠는가. 종문의 안목이 되고 인천의 스승이 되려 한다면 학문 또한 소홀히 할 수 없는 과목이다. 그래서 계현戒顯선사는 참구와 학문을 겸수하라고 지시하고 있다.

참학參學이라는 말은 조사들께서 세우신 것으로서 여기에는 순서가 있다. 비록 학문만을 중히 여기고 참구를 저버려서도 안 될 것이지만, 참구하기만 하고 학문을 폐해서도 안 된다.[378]

---

377) 金侖世 譯, 『東師列傳』, 「敬聖一禪」, (광제원) p 124.
378) 『禪門鍛鍊說』, p 112.

물론 계현은 본분작가本分作家의 단련에 의거하여 의단을 타파하고 근본이 분명해진 이후 애써서 학문을 연마하라고 지시하고 있지만, 본색종사本色宗師를 만나지 못한 시절에는 어쩔 수 없이 참구와 학문의 선후차제先後次第를 따질 수가 없게 된다. 선교병수禪教並修에 입각하여 참구와 학문을 지혜롭게 균등히 할 필요가 있다. 그래서 고덕은 "대개 도는 말과 문자에 있지 않더라도, 실로 말과 문자를 떠나서는 도를 드러낼 수가 없다."라고 말하였다. 말과 문자야말로 마음의 빛을 드러내어 오묘한 도를 그려내는 것이니, 이것이 어찌 처음부터 도를 장애하는 것이 될 수 있겠는가.

이러한 이론과 실참을 바탕으로 오늘 이 시대를 살아가는 사회대중들에게 간화의 종지를 널리 선양하여 간화의 선식禪食으로 삶을 풍요롭게 살아가도록 해야 한다. 그리고 세계화, 지구촌 시대를 맞이하여 전세계 인류를 위해 물질문명의 병폐를 극복하는 그 대안으로써의 선문화禪文化를 고양시켜 일상생활 가운데서 수행과 깨달음이 현전되어, 세계일화世界一花가 이루어지기를 노력해야 한다.

2. 안빈낙도(安貧樂道)의 승풍

　오늘날 우리의 승풍은 안빈낙도安貧樂道의 수행자적 생활이 결핍되어 있다. 즉 수선납자로서의 윤리적 긴장과 절제가 부족하다. 세속이 물질적 풍요를 구가하고 쾌락적 풍조에 오염되었다고 하여 출가수행자의 생활행태가 무비판적으로 세태를 흉내 낸다면 이것 역시 수행납자의 가풍이라 할 수 없다. 출가하여 사문이 된다는 자체가 명예와 이익(名利)을 멀리 하고 오직 수행하여 널리 중생을 제도하고자 함이다.
　그러므로 수행자는 언제 어디서나 정신적으로 깨어있어야 하며, 물질적으로 방회설옥方會雪屋[379]의 청빈가풍을 본받아야 한다. 지금 선문에서 결제 용상방에 이름이 오른 대중의 수가 수천에 이름에도 불구하고 아직 명안종사가 우후죽순처럼 출현했다는 소식은 듣지 못했다. 출가대중의 생활방식을 반성해 보아야 할 것이며,

---

379) 양기방회楊崎方會의 도량이 노후하여 서까래가 내려앉아서 눈비가 선상禪床까지 들이쳤다. 양기가 임종에 다달았을 때 밤새 내린 눈이 선상에 수북이 쌓였으므로 제자들이 집을 고칠 것을 간청했으나, 고인은 삼의일발三衣一鉢로 나무 아래에서 수행하였던 것을 기억하고 오직 정진에만 힘쓸 것을 당부하고 고치지 못하게 하였음을 일컺는 말이다.

특히 수선납자의 의식과 수행풍토가 철저히 청빈의 조사선 가풍에 의거하지 않고 물질적 풍요 속에서 편리함만 추구한다면 속인과 다를 바가 무엇이 있겠는가. 13, 4세기를 살다간 천목중봉은 당시 청빈淸貧과는 거리가 멀고 편안함에 안주하는 승가의 풍토를 맹렬히 비판하고 있다.

슬프다! 요즘 도를 닦겠다는 자들은 그저 도를 닦는다는 그 자체로써 명분을 삼기는 한다. 그러나 그 하는 행동을 살펴보면 배고프지 않아도 밥 먹고, 피곤하지 않아도 침소로 향한다. 그런가 하면 모든 것을 다 받아들이고 제멋대로 시주물을 쓴다. 그러다가 더러 마음에 들지 않으면 원망과 탄식이 마구 일어나며, 남이 부지런히 정진한다는 이야기를 들으면 귀를 막고 물러나 움츠러든다. 천하에 어찌 노력하지 않고 거두며 심지 않고 수확하는 것이 있겠는가? 생각해 보니, 선배들은 대근기를 갖추었으면서도 깨닫지 못했거나 사무치지 못한 날에는 밥 짓고 절구질 하며, 일상생활 속에서 자기를 숨기고 아무리 천한 일이라도 감히 꺼려하지 않았다. 그런데 지금 우리들은 도대체 어떤 존재이기에 감히 방종하면서 스스로를 돌보려 하지 않는가!³⁸⁰⁾

---

380)『東語西語』下, (藏經閣), p 147~148. "嗟! 今置身空寂之地者, 例以學道爲名. 逮觀其所由, 惟未飢而餐, 未倦而寢. 百種受用, 任意所需. 或不隨情, 怨嗟交作, 聞勤苦精進, 則掩耳退縮. 天下安有不爲而成, 不種而穫者哉. 思前輩雖負大根器, 每於未悟未徹之頃, 凡執爨負舂, 陸沈賤役, 尚不敢憚其勞苦. 我曹何人, 而敢縱逸無檢!"

이러한 현상은 비단 그 당시에만 국한된 일이 아니다. 바로 오늘날의 승풍僧風을 향해 내리치는 조사의 장군죽비이다. 출가수행자는 당연히 시주물을 수용할 권리가 있다고 생각하고 그 은혜를 너무 소홀히 하는 것이 오늘 우리들의 모습이 아닌가. 이른바 "노력하지 않고 거두며, 심지 않고 수확하는 것"이 오늘 우리 선문의 모습이 아닌지 깊이 반성해 볼 필요가 있다. 만약 이러한 행태가 조금이라도 깃들어 있다면 우리는 지체없이 수정해 나가야 한다.

손끝 하나 까닥하지 않고 편안히만 지내려는 생각, 이런 썩은 생각으로는 절대로 대도를 성취하지 못한다. 땀흘려 일하면서 수행해야 한다. 남이 준 밥을 당연한 마음으로 받아먹고 내 공부하려는 썩은 정신으로는 만사불성萬事不成이다. 그러므로 "일일부작一日不作 일일불식一日不食"의 만고철칙을 가슴에 새겨야 한다.

『선가귀감』에서 청허는 이렇게 경책하고 있다. "불자여! 그대의 한 벌 옷과 한 그릇 밥이 농부와 직녀의 피와 땀이 아닌 것이 없거늘, 도의 눈이 밝지 못한다면 어떻게 소화하리오."

광혜원련의 법문에 "만약 도를 배우려거든 먼저 가난과 고생 속에서 힘써 수행해야 한다. 그렇게 하지 않고는 도를 이루려고 하여도 이룰 수가 없다."[381]라고 하였다. 그리고 고인의 말에 "춥고 배고픔에 도심道心이 일어나고, 따뜻하고 배부름에 색심色心이 일어난다."고 하지 않았던가.

---

381) 『人天寶鑑』, (藏經閣), p 88.

지금까지 살펴본 선종조사의 전적에는 하루에 두 끼 공양을 하고 있음을 알 수 있다. 하루에 세 끼 공양을 배불리 먹고 거기다가 간식까지 먹고, 또 맛있는 차(茶)까지 골고루 챙겨 먹었다는 기록은 찾아 볼 수 없다. 물론 시대적인 환경과 물질적 풍요를 감안하지 않을 수 없지만, 그렇다 하더라도 도를 닦아 생사를 해탈한다는 사실에 있어서는 옛날이나 지금이나 변한 것이 하나도 없다.

단운지철은 14세기(元代)를 살다간 명안종사이다. 그는 스스로 말하기를 나는 늦은 나이에 출가하였기에(31세에 출가) 도를 향한 마음이 견고하여 위험이나 죽음도 돌아볼 틈이 없이 전력으로 앞으로만 향하여 내달렸다. 수행하던 시절에 하루는 불전에 향을 사루고 3년을 죽기로 한정하고 서원하기를 '제가 만약 나태하여 앉거나 눕고자 하여 몸을 자리나 형상에 붙인다면 무간지옥에 떨어져 영원히 이곳에서 벗어날 기약이 없어지이다.' 라고 했다. 이로부터 두 끼 공양 때에만 자리에 앉았을 뿐, 밤낮으로 앉지 않고 눕지 않고 화두를 들고 정진하여 도를 이루었다. 그의 신명을 돌보지 않은 이러한 수행의 뒤에는 출가할 때 속가 맏형인 여십黎+거사의 간곡한 부탁이 있었기에 가능했다. 다소 긴 문장이기는 하지만 전문을 인용해 보기로 하겠다.

    출가의 공덕은 조그만 인연이 아니다. 성인에 들어 범부를 초월하여 부처님의 혜명을 이으려는 것이니, 이것은 대장부나 할 수 있는 일이다. 반드시 힘써야 한다. 지금 부모와 형제를 떠나고 처자와 가업을 버리려 하니, 이것이 어찌 차마 아무나 할 수 있는 일이겠느냐.

너는 듣지 못했느냐? 고덕이 말씀하시기를 '한 아들이 출가하면 구족九族이 하늘에 태어난다.'고 하신 말씀을. 이 말씀은 사실이다. 그러나 이 말씀이 사실이라면 눈앞의 많은 출가한 자들을 보아라. 그들의 행동거지나 하는 일은 구족이 하늘에 태어나기를 바라기에는 전혀 가망이 없다.

너는 기왕 출가했으면 반드시 뜻을 굳게 세워 다른 스님들처럼 마음 내키는 대로 동분서주하거나 이름이나 명예를 쫓지 말고, 나다 남이다 하는 것을 다투어 시비를 가리려 하지 말아라. 나의 재능을 자랑하지 말고, 다른 이의 장단점을 말하지 말아라. 누가 때리거든 참고 감수하고, 얼굴에 침을 뱉거든 닦으려 들지 말아라.

잠을 마음껏 자지 말고, 음식을 배불리 먹지 말아라. 세상일은 끝이 없으니 낱낱이 챙기려 하지 말고, 집을 떠나 문을 나서는 최초의 한 걸음부터 발을 들거나 발을 놓을 적에도 화두를 기억하여라.

행주좌와行住坐臥에 만약 화두를 놓게 되면 음식과 의복과 와구와 의약을 주신 임금과 토지의 은혜를 저버리게 되고, 만약 화두를 버리게 되면 시주의 사사四事를 공급한 은혜를 저버리게 된다. 이 화두를 간절히 지켜, 화두와 함께 살고 화두와 함께 죽을 각오를 하여라.

큰 뜻과 원을 발하여 바로 이 하나의 큰일을 해결해야만 비로소 네가 출가하여 도를 배우려 한 의지를 저버리지 않게 된다. 그러므로 경에는 '네 가지의 은혜를 널리 갚고 삼계의 중생을 모두 이익되게 한다.'라고 하였으니, 어찌 금생의 부모나 구족의 은혜를 갚지 못할까를 걱정하겠느냐.

기왕 길을 떠나게 되면 고통은 많고 즐거운 일은 적을 것이다. 소득이 있든 없든 반드시 화두로 스스로 소중히 여기고 스스로 보호하여라. 만약 입문하여 안락한 경지를 얻게 되거든 반드시 돌아와 가족들에게도 가르쳐 다오.

지철이 '예! 예!' 하며 가르침을 받고 몇 걸음을 가는데, 거사가 다시 손짓하여 부르며 "하나는 어디로 돌아가는가(一歸何處)?!" 하였다.[382]

화두를 타파하여 불조사의 혜명을 잇고 사은四恩을 갚는 일이 작은 일이 아니다. "발을 들거나 발을 놓을 적에 화두를 기억하여", "이 하나의 큰일(生死大事)을 해결해야만" 본분납자의 사명을 다했다 할 것이다. 옛 스승이 말하기를 "출가하여 도를 이루지 못하면 삼가三家에 죄를 짓는 것이다."라고 하였으니, 즉 국가國家와 사회, 속가俗家의 가족 친지, 출가出家의 삼보와 단월의 은혜를 저버리는 무거운 중죄인이 된다는 말이다. 동산양개화상의 사친서辭親書에 답하는 그의 어머니의 편지 내용을 살펴보기로 하자.

---

382) 『禪宗決疑集』, 회산계현 지음, 연관 역주, 『禪門鍛鍊說』, p 200~202.

내 너와 전생에 인연이 있어 처음 모자로 맺어질 때, 애정을 쏟아부어 너를 밴 뒤로 아들 낳게 해달라고 부처님과 신령님들께 빌었느니라. 임신하고 달이 차서는 실낱같은 목숨이었으나 마침내 바람이 이루어지고 낳아서는 너를 보배처럼 아꼈으니, 더러운 똥도 냄새난다고 하지 않았으며 고생스럽게 젖먹일 때도 고생인 줄 몰랐느니라. 차츰 자라서 공부하러 보내 놓고는 조금이라도 돌아올 때가 지나면 문에 기대고 바라보곤 했었는데, 보내온 편지에 굳이 출가 하겠다고 하는구나.

그러나 네 아버지는 돌아가시고 이 어미는 늙었으며, 네 형과 아우는 다들 살림이 넉넉하지 못하니 내 누구를 의지하겠느냐. 자식은 어미를 버릴 마음이 있으나, 어미는 자식을 버릴 뜻이 없느니라. 네가 일단 다른 곳으로 떠난 뒤에는 밤낮으로 항상 슬픈 눈물을 흘리게 되었으니 이보다 더 괴로운 일이 없구나. 그러나 이제 너는 출가하여 집에 돌아오지 않겠다고 맹서했으니, 네 뜻대로 하기를 허락하노라.

나는 네가 얼음에 눕는 왕상王祥이나, 나무를 새기는 정란丁蘭이 되기를 기대하지는 않으련다. 다만 네가 목련존자처럼 되어서 나를 구제하여 윤회에서 해탈케 하고 나아가 부처되기만을 간절히 바랄 뿐이다. 만일에 그렇게 되지 못한다면 무거운 죄를 짓는 것이니 깊이 명심하도록 하여라.

천하에 어미 된 자는 항상 자식을 걱정한다. 설사 그 자식이 부처가 되고 조사가 되었다 한들 그 마음은 변함이 없다. "자식은 어미를 버릴 마음이 있으나, 어미는 자식을 버릴 뜻이 없다."고 하지 않은가. 어미가 자식을 걱정하는 그 마음을 항상 생각하고 그 은혜에 보답하고자 노력한다면 중노릇하는 자세가 많이 달라질 것이다. 청허淸虛의 중노릇에 대한 간명직절簡明直切한 말씀이 오늘에 절실한 것은 무엇 때문인가.

> 출가하여 스님이 되는 것이 어찌 작은 일이겠는가. 편안함을 구하는 것도 아니요, 따뜻하고 배부름을 구하는 것도 아니요, 이익과 명예를 구함도 아니다. 생사를 해탈하기 위함이요, 번뇌를 끊기 위함이다. 불조의 혜명을 잇기 위함이요, 삼계를 벗어나서 중생을 제도하기 위함이다.[383]

옛날 관자管子는 제齊나라 임금에게 이르기를, "임금의 몸으로서 편안하기를 바라는 것은 짐독鴆毒을 가까이 하는 격입니다. 그것을 절대로 그리워해서는 안 됩니다."라고 했다. 나라의 임금이 되면 부귀와 편안함을 가까이 하는 것은 당연한 일인데도 그것을 허락하지 않았다. 그런데 더구나 수행하는 우리들은 생사대사를 뼈아프게 여겨 출가하여 머리를 깎고 승복을 입었다. 그러니 머리에 불을 끄는 것처럼 화급히 공부하더라도 오히려 시간이 없을 텐데,

---

383) 『禪家龜鑑』, 『韓國佛敎全書』제7권, p 641. "出家爲僧, 豈細事乎. 非求安逸也, 非求溫飽也, 非求名利也. 爲生死也, 爲斷煩惱也, 爲續佛慧命也, 爲出三界度衆生也."

편안함에 안주해서 어떻게 생사를 벗어나서 중생의 복전이 될 수 있겠는가.

야운野雲조사는 『자경문自警文』에서 검소하고 청빈한 수행가풍을 이렇게 읊고 있다.

"출가한 뜻 저버리지 않고자 한다면 모름지기 적정처에서 오묘한 뜻(화두)을 끝까지 궁구하되, 청빈하고 검소한 살림살이로(一衣一鉢) 중생심을 끊어버리고 배고프고 배부름에 무심하라. 그러면 도는 저절로 높아지리라."

오늘날 우리의 선문에 시은施恩을 소홀히 여기고, 청빈의 조사선풍을 구현하지 않는 풍조가 만연되어 있다. 이러한 가풍 속에서는 명안종사가 출현하기를 기대할 수 없다. 하루속히 소박하고, 진실하며, 검소하고, 청빈한 수행전통으로 돌아가야 한다.

3. 동중수행(動中修行)의 강화

간화선의 전통에서 볼 때 현재 우리 선문의 수행풍토의 문제점은 동중수행動中修行의 약화에 있다. 간화선은 앉아있음만으로 선을 삼는 묵조선에 대한 반동으로 제기되었다. 간화의 정신에 입각하여 동정일여의 수행방법이 강화되지 않고, 단지 오래 앉아있는 것만으로 선업禪業을 삼는다면 도통하기 전에 먼저 신경통, 관절통부터 하게 될 것이다. 만약 선정주의에 매몰되면 올바른 지견을 열 수 없을 뿐만 아니라, 정혜쌍수定慧雙修의 수행전통에도 위배된다.

다시 말하면 오늘의 선원풍토로 볼 때 선수행의 문제점은 오로지 좌선일변도의 정진 분위기 속에서 동중공부動中工夫에 대한 변역을 전혀 키우지 않은데 있다. 혹자는 말한다. 조용히 앉아서도 화두가 될까 말까한데 어떻게 움직이는 가운데서의 공부를 운운하느냐고. 초학자는 고요히 앉음으로부터 시작하는 것이 필요할지 모르지만 평생토록 좌복 위에 앉아서 세월을 보낸다는 것은 간화선의 역사와 사상에 비추어 보더라도 결코 자랑은 아니다.

설사 어떤 납자가 고요한 데서 힘을 얻었다 하더라도 시끄러운 경계를 당하여 무너진다면 올바른 공부라 할 수 없을 것이다. 입으로는 동정일여動靜一如를 외치면서도 정작 동중공부에는 소홀하고 있는 것이 오늘날 우리의 실정이 아닌지. 예전 선원청규에 의한 총림의 살림살이와는 달리 아예 동중공부의 실습은 사장되어 버렸고, 적정무사에 안주하는 것만이 최고의 수행가치가 되어 버렸다. 대혜는 동정병수動靜幷修의 생활선을 강조하며 "일상의 삶을 떠나지 않고 화두참구를 하라."[384]고 당부하고 있고, 고봉화상도 자신의 수행을 예로 들어 아래와 같이 경책하고 있다.

> 내가 옛날 대중 가운데 있을 때 두 끼니의 죽과 밥을 먹을 때를 제외하고는 좌복 위에 앉지를 않았다. 다만 아침부터 저녁까지 이리저리 걸으면서 걸음걸음마다 화두를 조금도 여의지 않았을 뿐이었다. 이와 같이 하여 세 해가 지나도록 일찍이 한 생각도 게으른 마음이 없었다.[385]

옛 총림의 간화선 수행은 오히려 앉지 않는 행선行禪에 더욱 치중하였다. 앉음을 부정한 것은 아니지만 사위의(四威儀 : 行住坐臥)가운데서 한결같이 참구하게 가르쳤다. 구체적으로 선당에서 좌선정진을 할 때에도 반드시 좌향(坐香 : 坐禪)[386] 반半, 행향(行香 : 經行) 반

---

384) 『大慧語錄』권26, 『大正藏』47권, p 921. "不離日用試, 如此做工夫看"
385) 『禪要』, p 103. "山僧昔年在衆, 除二時粥飯, 不曾上蒲團. 只是從朝至暮, 東行西行, 步步不離, 心心無間, 如是經及三載, 曾無一念懈怠心."
386) 옛날 총림에서는 좌선이나 경행을 할 때 향을 피워 시간을 정하였으므로 좌선을 좌향(坐香), 경행을 행향(行香)이라고 했다.

牛으로 하였으며, 경행을 할 때에는 빠르고 늦음을 병행해서 경계에 맞닥뜨리게 하여 참구를 여물게 하였다. 그리고 농선農禪의 강화로 일하는 가운데서 선정을 익히는 수행법을 제시하였다.

오늘의 선원에서는 말은 간화선을 한다고 하면서 이전에 간화선이 배격한 묵조의 형태에 침잠해서 경계를 수용하지 않고 오직 편안한 가운데서 태평선太平禪만 추구하고 있다. 이것을 어찌 간화종지를 선양한다고 하겠는가. 급변하는 세상의 현실을 도외시하고 흑산귀굴黑山鬼窟에 오래 앉아만 있으면 정진을 여법하게 하는 것이며, 이런 살림살이가 뒷날 조실이 되고 방장이 되는 지름길이라고 착각하고 있는 납자가 있다면 한심스런 일이라 하겠다. 이렇게 하여 지도자가 된들 무슨 안목으로 세상을 구하고 대중을 깨우치게 할 수 있겠는가.

4. 생산성의 제고

　현재 우리 승가의 허약한 체질이 생산성이 전무한 수행풍토이다. 간화선이 무사안일과 무위도식에 빠져있는 무사선의 병폐를 극복하기 위해 시설된 선풍이라고 앞에서 이미 고찰한 바 있다. 혹자는 부처님을 핑계대면서 출가사문은 정신적 지혜의 계발에만 힘을 써야지 육체적 노동을 금하고 있다고 말한다. 그러나 아무 일도 하지 않고 고요함을 즐기는 적정경계에의 탐닉은 본분납자의 제일 금기사항이다.

　대승불교는 일찍이 "생사에도 머물지 않고(無住生死), 열반에도 머물지 않음(無住涅槃)"을 강령으로 하는 실천불교를 강조하였다. 조사선의 생활신조는 "하루 일하지 않으면(一日不作), 하루 먹지 않는다(一日不食)"는 백장청규에 있다. 또한 선종의 생존방식이 선농겸수禪農兼修에 의한 자급자족에 그 기반을 두고 있다면, 오늘날 아무런 생산활동에 종사하지 않고, 아무 일도 하지 않고 앉아 있는 좌선만이 최고수행이라는 의식에 빠져, 의식주를 오직 시은施恩에만 의존하고 있는 우리의 선원풍토는 과연 건강한 체질인지 깊이 반성해 보아야 한다.

또한 대혜가 경산사 능인선원能仁禪院에서 종풍을 선양함과 동시에 "반야농원般若農園"이란 농장을 운영하여 생산성을 제고하며 자급자족한 사실은 오늘 우리에게 시사하는 바가 크다. 아울러 근세의 선지식이신 용성龍城과 학명鶴鳴이 당시 무기력한 불교승가를 중흥시키는 한 방편이 바로 생산불교에 있음을 지적하고 "선농일치禪農一致"를 제창했다는 사실을 잘 알고 있다.

선원대중이 농부나 노동자가 되자는 말이 아니라, 최소한 선원청규의 보청普請정신에 기초를 두고 선과 노동이 둘이 아닌 수행풍토를 조성해서, 우리의 먹거리는 최소한 우리 자신들이 청정 농산물로 해결해야 하며, 만약 잉여생산물이 있다면 단월과 사회로 회향한다고 누가 탓하겠는가. 오늘날 승가의 참신한 모습은 재시財施를 받아들이고 법시法施를 행한다는 차원에 머무는 소극적인 자세를 극복하고, 재시를 받아들이되 도리어 법시와 재시가 함께 되돌아가게 하는 적극적인 교화방편이 절실히 요구되고 있다.

조동종의 조정祖庭인 운거사 운정전의 보청普請을 원붕元鵬선사는 이렇게 노래하고 있다. "푸른 논두렁은 흩어져 벼 물결에 부서지는데, 향기로운 햇볕은 떠돌아다니며 벼꽃을 살찌운다. 몸소 경작하는 가풍家風의 명성은 오래였고, 귀로에는 농요소리 햇빛 속에 흥겨웁다."

성철, 보문, 청담, 향곡 등 선사들에 의해 진행되어 한국 선원수행의 근간이 된 "봉암사 결사"에서도 "부처님 법대로 살자."고 서원하고, 그 공주규약公住規約에 명시하기를 "수행상의 만고방양萬古

榜樣인 일일부작—日不作, 일일불식—日不食의 표치標幟하에 운수반시 (運水搬柴 : 물 긷고 땔나무 함), 종전파침(種田把針 : 농사짓고 바느질 함) 등 여하한 고역(苦役 : 고생스러운 노동)도 불사한다."라고 적고 있다. 생명의 근원을 체달하려는 수행납자가 최소한의 정신적, 물질적 생명산업에 종사하는 것은 어떤 면에서 당연지사라 하겠다.

5. 수행과 인격의 일치

  바람직한 승가상 정립에 있어서 수행과 인격이 일치하지 못한다는 현실은 매우 비관적일 수 있다. 선종의 종지가 "직지인심直指人心, 견성성불見性成佛"에 있다면, 직지인심의 차원은 인격人格의 단련을 내포하는 언어개념으로 볼 수 있으며, 견성성불은 불격佛格의 완성을 가리키는 언어범주에 속할 수 있다. 즉 인격(人格 : 人心)을 닦아 불격(佛格 : 成佛)을 이룸이 수행의 모범이라고 해석할 수도 있다. 중국 조사선에서는 조사를 "조불祖佛"이라는 말로 존숭尊崇한다. 이른바 조불祖佛이란 "조사인 부처", "부처인 조사"라는 의미인데, 다시 말하면 "조사가 바로 부처"라는 말이다. 백장선사의 선원청규禪苑淸規 제정이래로 선종이 율종으로부터 독립하게 되는데, 그 변화 가운데 하나가 바로 불당佛堂을 없애고 법당法堂을 중앙에 배치하는 것이다.

  이것은 조사라는 부처가 법을 설하는 그 장소가 바로 법당法堂이 된다는 의미이다. 이와 같이 조사선불교에서는 조사가 그대로 부처님을 대신하고 있다. 이것은 무엇을 의미하는가. 깨달은 조사가 부처님을 대신한다고 하는 것은 첫째, 그 깨달은 바가 부처님과 똑같다는 뜻이고, 둘째, 조사의 인격이 부처님과 같은 고매한 인격을 갖추어 수많은 대중을 거느리고 인도할 수 있다는 것이다.

우리가 입만 열면 조사선의 전통을 들먹거리듯이 행동 하나 하나에 조사를 지향하는 수선납자로서의 인격이 구비되어야 한다. 그럼에도 불구하고 현재 우리의 승가풍토에는 수행이력과 인격이 일치하지 못하는 경우가 비일비재非一非再하다. 십년을 수행하면 십년 수행한 만큼의 인격이 이루어져야 하고, 삼십 년을 한결같이 참구했다면 설사 부처님과 똑같은 깨달음을 이루진 못했다 하더라도 거기에 걸맞는 고매한 인품이 묻어나는 인격적 성숙이 이루어져야 한다.

몽산은 달마의 말을 인용해서 말하기를 "불심종佛心宗을 깨닫는 것은 한 가지라 평등하여 차별이 없으나 깨달음(解)과 실천행(行)이 서로 상응해야 그것을 이름하여 조사祖師라 한다."[387]고 하였다. 즉 조사는 깨달음과 실천이 일치해야 한다는 말이니, 곧 "지행합일知行合一"의 인격을 갖추어야 한다는 말이다.

그렇지 못하다면 이는 연기적 중도관의 정립 없이 수행을 내면적 경지의 공고화 내지 외적 초월성에 그 초점을 맞추었거나, 철저한 계행의 수지나 학문의 연찬이 없는 상태에서 참구만 잘하면 된다는 편향된 수행의 결과 때문일 수 있다. 수행이란 지금 여기의 살아있는 인격이 언제 어디서나 주체적 삶으로 서 있어야隨處

---

[387] 『蒙山法語』, p 70. "達摩有頌云, 悟佛心宗, 等無差互, 行解相應, 名之曰祖."

作主) 하는 것이다. 즉 선의 깨달음이 주체적 삶과 행위의 창조적 해탈로 승화되지 못하고 초월적 실재를 경험하는 것으로 오해하고 있는 결과일 수 있다. 수행이란 인격의 도야에서 오는 덕행의 완성이다.

옛날 당대唐代의 고승 태전太顚선사는 당시 폐불론廢佛論을 주장하던 한유가 보낸 기생 홍련紅蓮의 유혹에 철저히 무심무동無心無動으로 대처하여 도리어 그들을 제도한 바 있다. 이것은 높은 수행력과 청정한 덕행에서 묻어나는 고매한 인격이 출가사문의 필요충분 덕목이라는 것을 시사한다. 이때 오히려 홍련을 위해 써준 시에는 선사의 수승한 도절道節과 애민중생哀愍衆生의 인품이 묻어난다.

> 十年不下祝靈峰 축령봉 내려가지 않기 십 년
> 觀色觀空卽色空 색을 보고 공을 봄에 색 그대로 공이네.
> 如何一適曹溪水 어찌 조계의 한 방울 물을
> 肯墮紅蓮一葉中 홍련의 잎사귀에 떨어뜨릴 수 있으랴.

이른바 "조계의 한 방울 물"이란 다름 아닌 수행에서 얻은 인격의 결정체이다. 인간(我)을 연기적 관점에서 물질과 정신의 여러 계기(매개)가 합쳐진 관계성의 존재로 본다면, 하루의 수행이 하루의 인격(해탈), 십년의 수행이 십년의 인격으로 드러나는 것은 자연의 이치라 할 것이다. 이것을 학담스님은 "무엇이 불법의 바른 뜻인가를 묻는 인식론적인 물음과 역사를 어떻게 사는 것이 바른 삶인가라는 실천적인 물음과 통일시켜야 한다."[388]고 말하여 인식과 실천의 통일을 매개로 하여 인격의 고양을 고취시키고 있다. 이것은 선이 적정무사의 경계에 안주하는 것이 아니라, 사회와 역사를 계도하고 중생을 향해 깨달음의 메시지를 드날리며, 나아가 시대정신을 구현하는 진취적 방향으로 나아가야 한다는 방향설정인 것이다.

---

388) 『간화결의론 과해』, p 7.

맺는 말

말 이전의 소식이요, 언하에 바로 대오大悟하는 상근보살의 입장에서는 굳이 화두참선을 얘기할 필요가 없다. 그러나 대다수 많은 하근범부를 위하여 옛 조사들께서는 애민중생哀愍衆生의 심정으로 고칙공안古則公案을 시설하고 화두를 참구하게 하여 분별을 일시에 떨치고 본래면목을 바로 드러내 해탈의 삶을 살게 하였다.

화두공부 역시 하나의 방편임에는 틀림없지만 업식業識이 두껍고 번뇌가 치성한 말세중생에게는 가장 실천하기에 적합한 수행법이라 할 수 있다. 대혜선사를 비롯한 수많은 깨달은 스승들이 간화의 정로를 일러주었듯이, 오늘을 살아가는 선문의 간화행자도 안으로 참구의 일념을 놓지 않고, 밖으로 많은 대중이 간화의 방편에 들어 해탈의 삶을 살아가게 인도하여야 한다.

그렇게 하기 위해서는 교관을 겸수하고(敎觀兼修), 동정의 수행을 병수하며(動靜幷修), 자비와 지혜를 함께 발현하고(悲智雙運), 수행과 교화를 일치시키는(行化一致) 간화선 본래의 실천으로 복귀하여야 한다.

오늘날 우리 선원의 풍토에서는 언어와 문자에 의한 선교겸수를 제기하는 것은 의리선義理禪이요, 문자승文字僧으로 전락되고 만다. 이러한 가풍 속에서는 선종의 종지종풍에 의거한 수행의 지침이 완벽하게 정립될 수 없다. 완벽한 수행의 지남이 없이 간화선을 수행하는 것은 일대일의 전승방법을 고수해온 종문의 전통에도 맞지 않다. 선교겸수는 달마선의 전통이자, 한국불교의 특징이다.

그리고 문제는 지금 재가자의 대부분은 간화선이 무엇인지 잘 모르고 있다. 일부 사승邪僧은 방편이란 이름으로 비불교적 행태로 행화行化하여 무당불교, 사주불교로 전락시켜 불법을 호구지책糊口之策으로 삼고 있다. 또한 일각의 수선납자는 오로지 수행과 깨달음에 편향되어 역사와 사회의 질곡을 타자화他者化하여 소위 "비지쌍운悲智雙運"의 조사선종지에 무관심으로 일관하고 있다. 이런 가운데 일부 선자들은 간화방법론의 형식화, 교조화에 의해 간화선풍을 크게 진작시키지 못하고 오로지 선정주의禪定主義에 매몰되어 있다.

그래서 학담스님은 "간화의 물음이 삶 전체의 문제를 풀어내는 보편적인 방법론에 기초하지 못하고, 적정무사에 안주하여 선미禪味를 탐착하는 일부 수행자의 도피적 방편으로 전락될 것"을 우려한 바 있다. 간화선은 깨닫기 전이나 깨달은 이후의 전 삶을 통해, 지금 여기 고통의 현실 속에서 고통이 공空함을 바로 보아, 고통으로부터 해방되어 늘 깨어있고 열려있는 삶을 살아가는 것이다. 조사선에서는 이러한 삶의 모습을 "직하무심直下無心"이라 표현하고, 이러한 삶을 살아가는 사람을 "무위진인無位眞人"이라 불렀다.

지금 현재 한국불교를 냉철히 진단해 보면, 재가불자는 불교적(연기적) 인생관이 빈약하고, 출가수행자는 수행이력과 인격이 일치하지 못하고, 깨달음과 실천이 하나로 통일되지 못하는 기형적 신앙형태를 연출하고 있다. 중도적 인생관이 확립되지 못하여 인격이 고양되지 않는 내면적 수행은 참된 수행이라 할 수 없으며, 실천으로 회향되지 못하는 깨달음은 올바른 깨달음일 수 없다.

그러므로 수행과 인격이 일치하고 깨달음이 실천으로 회향되어지는 "해행상응解行相應", "지행합일知行合一"의 인격적 완성이 선의 지향점이 되는 것이다. 그럼에도 불구하고 만약 오로지 좌복 위에 앉아 화두 하나만 타파하면 바로 부처가 되고, 조사가 된다고 믿는 전문 직업수좌의 한탕주의적 발상이 있다면 과연 조사선의 종지종풍에 합일되는 것인지 깊이 반성해 보아야 한다. 간화방법론 역시 어떤 특정종파, 혹은 출가수행자의 전유물일 수 없음에도 불구하고 출가중심주의·선정주의·신비주의·법통주의에 의해 간화의 역동적 선풍을 제대로 살려내지 못하고 있는 것이다. 한국불교는 하루 빨리 선 본래의 정신으로 복귀해야 하며, 간화의 사상과 방법론으로 돌아가 간화정종으로 행화를 일치시켜야 한다.

진실로 올바로 수행하는 수행자는 말이 없다. 정말 도를 체득한 분들은 일찍이 도를 깨달았다는 말을 한마디도 하지 않았다. 이것은 마치 산속에 훌륭한 옥玉이 묻혀있는데도 겉에는 그저 초목만 무성하게 자라나는 것과 같고, 또 연못에 보배구슬이 들어 있는데도 겉으로는 그저 파도와 물결만 출렁이는 것처럼 자연스런 이치이다. 진짜 깨달은 스님(本色宗匠)은 자신이 체득했다는 사실을 구차하게 끌어들여 남들이 믿어주기를 강요하지 않는다.[389] 그런 의미에서 위에서 열거한 여러 비판의 언사는 모두 필자 자신을 향해 던지는 문제의식이며, 올바로 수행하지 못한 한 수행자 자신을 향

---

389) 『山房夜話』, (藏經閣) p 141.

한 자성의 몸부림임을 고백한다.

　간화의 경절에 의해 많은 정안종사가 탄생되길 바라면서 편양언기鞭羊彦機의 간화 경절의 소식을 들으며 결론을 맺고자 한다.

　옛적 마조의 일할에 백장은 귀가 멀고 황벽은 혀를 내 둘렀다. 이 일할이야 말로 세존께서 꽃을 들어 보인 소식이고, 달마가 중국에 온 참뜻이며 또한 공겁이전 부모에게 태어나기 전(父母未生前)의 소식이다. 모든 부처님과 조사들의 기이한 말과 묘한 구절(奇言妙句)과 양구良久와 방棒·할喝·백 천의 공안 등 가지가지 방편이 모두 이로부터 나온 것이다. 은산철벽이라 들어갈 문이 없고, 전광석화라 사량분별을 용납하지 않는다. 이것이 교외별전의 선지이며, 이른바 경절문徑截門이라고 하는 것이다.[390] 이뭣고?

---

390) 鞭羊彦機, 『禪敎源流尋劍說』.

부 록

1. 무자화두(無字話頭)

1) 무자화두의 연원

주지하는 바와 같이 무자화두無字話頭의 연원은 당대唐代의 선사인 조주종심으로부터 시작되었다. 『조주록趙州錄』에 보면 다음과 같은 일단의 선문답禪問答이 기록되어 있다.

> 묻기를 "개에게도 불성이 있습니까?" "없다(無)." "위로는 모든 부처님으로부터 아래로는 개미에 이르기까지 모두 불성이 있는데, 어째서 개에게는 없습니까?" "다만 업식業識의 성품이 있기 때문이다."[391]

이 공안은 조주선사와 학인간에 이루어진 선문답의 일단이다. 무자 화두는 이 가운데 조주가 말한 "업식의 성품이 있기 때문이다."라는 마지막 대답의 구절(答句)을 제하고 "위로는 모든 부처님으로부터 아래로는 개미에 이르기까지 모두 불성이 있는데, 어째

---

391) 『趙州錄』, "問, 狗子還有佛性也無. 師云無. 學云, 上至諸佛, 下至螻子, 皆有佛性, 狗子爲什麼無. 師云 爲伊有業識性在."

서 개에게는 불성이 없습니까?"라는 의문의 구절에 대해 의심을 일으키는 구조로 이루어져 있다. 이것은 아마도 조주가 대답한 마지막 구절, 즉 비단 개뿐만 아니라 일체 중생이면 다 공유하고 있는 '업식의 성품(業識性)'을 대답의 전형으로 삼지 않고, 다시 학인 자신의 물음으로 되돌려서 "일체 중생이 다 불성이 있는데 어째서 개에게는 없다고 말하는가?"라는 문제의식을 강조함으로 해서, 이른바 "무자화두"가 제시되고 있는 것이다. "어째서 없다고(혹은 無라고) 했는가?"라는 문제의식이 뒷날 선문에서 무자화두 참구의 전형을 이루게 된 것이다.

그런데 『고존숙어록古尊宿語錄』 4권과 『선관책진禪關策進』에 의거하면 황벽의 『완릉록宛陵錄』에 언급된 "구자무불성狗子無佛性"의 공안이 무자화두를 가지고 참구한 최초의 일이라고 전하고 있다.

> 만약 장부라면 공안을 참구하라. 어떤 스님이 조주에게 묻기를, "개에게도 불성이 있습니까?"라고 묻자, 대답하기를 "없다(無)"라고 하였다. 오직 스물 네 시간 가운데 "무無"자만 보아 밤낮으로 행주좌와行住坐臥 가운데 옷 입고 밥 먹고, 똥 싸고 오줌 누고 하는데서 생각 생각에 정성을 다하여 "무자"를 고수하면, 날이 가고 달이 지나 타성일편打成一片이 된다. 어느 날 문득 마음 꽃이 활짝 피어 불조의 심인을 깨달아 천하 노화상들의 말끝에 속지 않고 큰소리치게 되리라.[392]

여기서 문제가 되는 것이 바로 조주와 황벽은 동시대 사람으로서 둘 다 마조스님의 법손이라는 것이다. 그런데 조주는 80세가 되어 관음원觀音院에서 개당하여 설법교화하기 시작했으며, 황벽 역시 조주보다 50년 가까이 빨리 입적하였기 때문에 그가 조주 "무자화두"를 제시하여 총림에서 사용하였는지는 의문시 된다. 또한 『완릉록』의 기록도 여러 유통분마다 이 부분에 대한 내용유무의 출입出入이 있고, 『신수대장경』에도 맨 끝 부분에 증보增補된 내용인 것 같아 진위 여부는 명확히 알 수 없다. 그러나 사실여부는 차치하고 어쨌든 당대 조사선의 선수행 방법에도 이미 간화적 의미의 공안이 제시되고 있었음을 엿볼 수 있다.

 종문에서 "무자화두無字話頭"를 정식으로 참구하게 하여 참선공부로 전환한 선사가 바로 오조법연五祖法演이다. 즉 정식으로 공안 참구를 통한 간화선의 시작은 임제종 양기파의 조사인 오조법연(五祖法演 : ? 1104)에 의해 이루어지고 있다고 할 수 있다. 일반적으로 법연에 의해 『조주록趙州錄』에 수록된 '구자무불성'의 선문답이 정식 공안으로 제시되어 참학자들이 전문적으로 참구하게 되었다고 말한다.

---

392) 『宛陵錄』, 『大正藏』 48권 p.387中. "若是箇丈夫漢, 看箇公案. 僧問趙州, 狗子還有佛性也無? 州云無. 但擧二六時中看箇無字, 晝參夜參行住坐臥, 看衣喫飯處, 阿屎放尿處, 心心相顧 猛看精彩, 守箇無字, 日久月心打成一片, 忽然心花頓發, 悟佛祖之機, 便不被天下老和尙舌頭瞞, 便會開大口."

상당하여 말했다. 어떤 스님이 조주에게 물었다. "개에게도 불성이 있습니까?" 조주가 답하기를 "없다(無)." 스님이 말했다. "일체 중생이 모두 불성을 가지고 있는데 어째서 개에게는 없다고 하십니까?" ......

선사는 이르기를, 대중 여러분! (조주의 구자무불성화에 대해) 평소에 어떻게 알고 있는가? 노승은 평소에 다만 무자無字를 들어 바로 쉰다. 그대들이 만약 이 무자를 투철히 깨달으면(透得) 천하의 사람들이 그대를 어떻게 할 수 없을 것이다. 여러분은 어떻게 투철히 깨닫겠는가? 투철히 깨달아 철저해야 한다. 깨달은 자가 있으면 나와서 말해 보아라. 나는 있다고 말하는 것도 원하지 않고, 없다고 말하는 것도 원하지 않는다. 또한 있지도 않고 없지도 않다고 말하는 것도 원치 않는다. 그렇다면 여러분은 어떻게 말하겠는가? 신중하게 생각해 보아라.[393]

위에서 법연이 강조하고 있는 점은 무자공안을 참구하여 투철히 깨달아야 한다는 것이다. 여기서의 "무無"는 있다 없다의 무(有無之無)가 아니라고 말하고, 법연은 단지 이 무자無字로써 참학자의 사량분별思量分別을 절단하고 있다. 이러한 참구의 방법은 이미 훗날

---

393) 『法演禪師語錄』卷下. 『大正藏』제47권, p 665중~하. "上堂擧, 僧問趙州狗子無佛性也無. 州云, 無. 僧問, 一切衆生皆有佛性, 狗子爲什麽却無. ......師云, 大衆爾諸人, 尋常作麽生會. 老僧尋常只擧無字便休. 爾若透得這一箇無字, 天下人不柰爾何. 爾諸人作麽生透. 還有透得徹底麽. 有則出來道看, 我也不要爾道有, 也不要爾道無, 也不要爾道不有不無, 爾作麽生道. 珍重"

대혜선사가 강력히 제창한 "조주무자화두"의 참구법에 대단히 근접하고 있다고 볼 수 있다. 만약에 황벽의 『완릉록』에 기록된 무자공안이 뒷날 첨가한 것이라고 가정한다면 선종사에서 오조법연이 최초로 간화看話적 의미의 무자공안을 제시하고 참구케 한 선사가 되는 것이다.

 법연선사의 어록에 보면 구자무불성의 화두를 제시한 것 외에 또한 일권화두—拳話頭394), 정전백수자庭前栢樹子, 마삼근麻三斤, 운문호병雲門餬餠395) 등의 화두를 제시하고 이것을 조사관祖師關이라고 말하고 있다. 이것은 공안이 수행하는 납자가 생사를 해탈하여 조사가 되기 위해서는 반드시 통과해야 하는 문이기 때문에 이를 조사관이라고 부른 것이다.

 법연이 거량한 무자화두는 대혜선사에게 계승되어져 공안의 꽃으로 발전되었다. 대혜는 간화선을 제창하면서 여러 종류의 공안을 들고 수십 종의 화두를 제시하고 있다. 그리고 그 가운데 무자화두를 가장 강조하고 있음을 볼 수 있다. 대혜는 그의 법문 곳곳에서 일체의 사량분별을 일시에 누르고, 오직 꽉 눌러 내린 그곳에서 "무자화두"를 참구할 것을 강조하고 있는데, 그 이유는 이 "무無"라는 한 글자가 숱한 나쁜 지견들을 꺾는 무기이기 때문이라고

---

394) 오조법연선사가 상당(上堂)하여 주먹을 쥐고, 만약 이것을 주먹이라 한다면 한 번도 생각하지 않은 사람과 같고, 만약 주먹이 아니라고 한다면 바로 앞에서 속이는 것이다. 이렇게 하는 것 외에 더 이상 주먹을 뭐라고 해야 하는가?
395) 운문선사에게 어떤 스님이 물었다. "어떤 것이 부처를 초월하고 조사를 뛰어넘는 (超佛越祖) 말씀입니까?" 선사가 말하였다. "호떡(餬餠)이니라."

하였다. 대혜는 그의 『어록』에서 법연의 무자화두 참구법을 계승하여 다음과 같이 주장하고 있다.

> 유와 무의 상대적인 의식으로 알려고 해서도 안 되며, 도리로 알려고 해서도 안 되며, 의식으로 헤아려 분별해서도 안 되며, 눈썹을 치켜 올리고 눈을 깜빡거리는 곳에 머물러서도 안 되며, 말하는 그곳에서 살 궁리를 찾아도 안 되며, 아무 일 없는데 머물러서도 안 되며, 제시된 공안을 향하여 바로 받아들여서도 안 되며, 문자 가운데서 증거를 찾으려 해서도 안 된다. 오로지 하루 24시 행주좌와의 일상생활 가운데 항상 화두를 제시하여(時時提撕) 정신 차려서 참구해야 한다. "게에게도 불성이 있습니까?" "없다(無)"라고 하는 화두를 일상생활 가운데서 여의지 않아야 한다.[396]

위에서 열거한 여덟 가지 외에 다시 "참으로 없다고 헤아리지 말며(不得作眞無), 마음으로 깨달음을 기다리지 말라(不得將心待悟)"는 두 가지를 합해서 무자화두 참구의 열 가지 병통(無字話頭十種病痛)이라 한다. 이와 같이 대혜선사 역시 간화선을 제창하면서 특히 무자화두를 확립하여 지혜를 소탕하고 깨달음으로 나아갈 것을 주장하였다.

---

396) 『大慧語錄』권 26, p 921下. "不得作有無會, 不得作道理會, 不得向意根下思量卜度 不得向揚眉瞬目處朶根, 不得向語路上作活計, 不得颺在無事甲裏, 不得向擧起處承當, 不得向文字中引證, 但向十二時中四威儀內, 時時提撕, 時時擧覺, 狗子還有佛性也無? 云無."

그리고 무문혜개無門慧開 또한 『무문관無門關』에서 다른 어느 공안보다 무자화두를 강조하여 제1칙의 반열에 올려놓았다. 그는 무자화두를 선종의 "무문관無門關"이라 칭하고 반드시 이 조사관祖師關을 투과할 것을 주장하고 있다.

조주화상은 어떤 스님이 "개에게도 불성이 있습니까?"라는 질문에 "없다(無)."라고 대답했다. 무문無門이 말했다. 참선은 반드시 조사의 관문(祖師關)을 통과해야 한다. 미묘한 깨달음(妙悟)을 얻기 위해서는 반드시 마음에서 일어나는 모든 번뇌망상(心路)이 완전히 끊어져야 한다.

조사관을 투과한 체험도 없고, 마음에서 일어나는 모든 번뇌망상을 완전히 끊어버리지 못한 사람은 마치 초목에 붙어 사는 정령과 같은 존재이다. 어떤 것이 조사관인가? 오직 무자공안만이 종문의 하나의 관이다. 그래서 이것을 '선종무문관'이라고 한다. 만약 이 조사관을 투과한다면 비단 조주를 친견할 수 있을 뿐만 아니라, 역대의 모든 조사들과 손을 맞잡고 함께 진리의 세계를 걸어갈 수 있다. 또한 역대의 모든 조사들과 똑같은 경지에서 (눈썹을 결합하여) 그들과 똑같은 안목으로 진리를 보고, 똑같은 경지의 귀로써 들을 수가 있을 것이니 이 어찌 기쁘지 않으랴![397]

---

397) 『無門關』. "趙州和尚 因僧問, 狗子還有佛性也無. 州云, 無. 無門曰, 參禪須透祖師關. 妙悟要窮心路絶. 祖關不透, 心路不絶. 盡是依草附木精靈. 且道. 如何是祖師關. 只者一箇無字, 乃宗門一關也. 遂目之曰, 禪宗無門關. 透得過者, 非但親見趙州, 便可與歷代祖師, 把手共行, 尾毛厮結, 同一眼見, 同一耳聞. 豈不慶快."

여기서 무문은 오조법연의 조사관 사상을 계승해 조주의 무자화두가 수선자가 반드시 통과해야 할 조사의 관문이라고 주장하고, 나아가 종문의 가장 중요한 일관一關이라고 강조하고 이를 '선종의 무문관(禪宗無門關)'이라고 말하고 있다. 이와 같이 오조법연으로부터 시작하여 대혜종고를 거쳐 무문혜개에 이르러 무자화두가 종문에서 가장 중요한 공안으로 자리 잡게 되었던 것이다.

그리고 송말宋末, 원대元代에 이르러서도 당시 선문에서 무자공안이 가장 많이 참구되어지고 있었다. 특히 천목중봉天目中峰, 환산정응晥山正凝, 몽산덕이蒙山德異에 의해 무자화두의 참구법이 크게 선양되게 되었다.

이러한 무자화두의 전통은 우리나라에도 전해져 고려 중엽 보조지눌普照知訥의 『간화결의론』에 "무자화두"와 무자화두의 십종 병이 소개되고 있으며, 그의 제자 진각혜심眞覺慧諶이 찬집撰集한 『선문염송禪門拈頌』에도 417칙에 무자공안을 수록하고 있다. 또한 고려 말 태고보우太古普愚와 나옹혜근懶翁慧勤에 의해 본격적으로 본참공안으로 무자화두가 실참되기 시작했다. 이후 조선의 벽송지엄碧松智嚴이 무자화두에 의해 의심을 타파하고 간화경절看話徑截을 선양하고 있다.

그리고 근세에 경허와 용성에 의해 무자화두가 선문에 널리 참구되게 되었다. 특히 용성은 『수심정로修心正路』에서 대혜와 몽산, 보조의 사상을 이어 무자화두의 열 가지 병통에 대해 자세하게 소개하고 있다. 용성, 만공 시절에 무자화두가 천하선림天下禪林을 풍미했음을 『만공법어』에는 다음과 같이 서술하고 있다.

    망월사 용성龍城 조실스님에게 대중이 이르기를, 「지금 제방에 월분과도越分過度 하는 학인學人들이 많습니다. 무슨 문제 하나 내주시면 제방에 돌려 경책警策하려 합니다.」 하였다. 용성스님이 「조주趙州스님 무자화두에 열 가지 병을 여의고 한 마디 일러 보시오.」 하는 글귀를 각 선방禪房에 돌렸다.

    이에 덕숭산德崇山 만공滿空 스님의 회답은, 「중이 조주에게 묻되 "개도 불성이 있습니까, 없습니까?" 조주스님 이르되, "무無"라 하였다.」고 하였고, 금정산金井山 혜월慧月스님은 답하기를 맹성猛聲 일할一喝하고 「나의 이 한 할이 옳으냐, 그르냐?」 하였고, 태화산太華山 성월星月스님은 답하기를 「망월산 마루턱 구름이요, 금정산 아래 도적이로다.」 하였고, 상왕산象王山 보월寶月스님은 「이 낱 무無자가 몇 가지 병인가?」 하였고, 삼각산三角山 용성스님의 자답은 「박넝쿨이 울타리를 뚫고 나가 삼밭에 누웠도나.」라고 하였는데. 후일 혜암惠菴스님은 평하기를 「한가한 경계에 병들어 누운 사람이다.」 하였다.[398]

이와 같이 무자화두는 종문에서 가장 선호하는 본참공안으로서 면면히 참구되어져 수많은 정전조사正傳祖師들에게 대오정안大悟正眼을 열게 하는 활구로써의 역할을 해왔음이 분명하다. 그런 의미

---

398) 『滿空法語』 (德崇山能仁禪院, 1982년), p 96~97.

에서 우리 간화행자看話行者들은 무자공안에 대한 정확한 안목을 가질 필요가 있다. 그런데 근자에 무자화두에 대한 이설異說이 분분하여, 이에 종문에서 확립되어진 무자화두 참구법에 대한 정설을 확립함으로써 실참납자들의 혼란을 줄여야 한다.

2) 무자화두의 참구법

위에서 살펴본 바에 의하면 무자화두는 대혜의 간화선 참구에 있어서 가장 강조되어진 화두이며, 무문혜개無門慧開에 이르러서 "선종의 무문관"이라 칭할만큼 중요한 위치를 점하게 되었다. 그런데 『대혜어록』이나 『무문관』등 당시의 선적禪籍에는 무자화두를 참구함에 있어서 오늘날과 같은 참구법을 구체적으로 적시하고 있지 않았던 것 같다. 예를 들어 "무자無字를 보라."고 지시하고, 또한 "화두에 의심을 하라."고만 가르치고 있을 뿐 구체적 참구의 내용이 기술되어 있지 않다. 이로 인하여 뒷날 무자화두 참구에 혼란이 야기되었던 것 같다.

다시 말하면 일부 선자들 가운데 무자화두를 참구함에 "무자를 보라." 혹은 "무자를 들어라."고 한 말에 착안하여 의심이 없이 다만 "무!" "무!" 하고 앉아 있는 폐단이 생겨났던 것이다. 성철선사의 법문에 의거하면, 예전에 고봉원묘高峰原妙선사가 처음 무자화두를 참구했을 때 의정을 일으키지 않고 그냥 앉아서 "무無"라고 했다. 그냥 "무-, 무-"하고 삼년을 해도 아무런 진척이 없고 공부가 제대로 되지를 않았다. 훗날 "만법귀일萬法歸一, 일귀하처一歸何處"를 참구하다 본래소식을 접하고 출세出世한 뒤에는 그만 "무자화두"를 참구하지 못하게 했다. 왜냐하면 그 때 당시 사람들이 그냥 "무-, 무-" 하고 앉아 있었기 때문이었다. 그래서 그의 제자인 중봉명본 中峰明本이 무자無字를 못하게 할 것이 아니라, 무자를 참구하는 방법을 "어째서 무無라고 했는가?"라고 고치라고 했던 것이다. 이 때부터 "조주는 어째서 무라고 했는가(趙州因甚道無)?"라는 말이 생겨 내려오게 된 것이다.[399]

몽산덕이도 화두 참구하는 공부방법에 대해 "반드시 본참공안 위에서 의정을 일으켜야 하니, 크게 의심해야 크게 깨칠 수 있다. 그러니 천 가지 만 가지 의심을 아울러 한 개의 의심으로 만들어 본참공안本參公案에서 깨달음을 이루어야 한다. 화두에 의심이 없는 것이야말로 공부의 가장 큰 병이다"[400]라고 설파했다.

그리고 그가 각원상인覺圓上人에게 설한 법문에 보면 "조주무자 화두"를 참구할 것을 당부하면서 "항상 의심을 일으키되 '일제 중생이 모두 불성이 있는데 조주는 어째서 없다고 했는가? 필경 없다고 한 뜻이 무엇인가? 하고 의심하라"[401]고 말하고 있다. 또한 명대明代의 독봉(毒峰季善)선사는 화두를 참구함에 깊이 의정 속으로 들어가라고 지시하고 있다.

---

399) 참조, 性徹스님의 『話頭하는 法』, p 19.
400) 『蒙山法語』, p 52. "當於本參公案上有疑, 大疑之下, 必有大悟. 千疑萬疑, 倂作一疑, 於本參公案上取辦. 若不疑言句, 是爲大病."
401) 『蒙山法語』, 위의 책, P 17. "道箇無字意, 作生麽, 蠢動含靈, 皆有佛性, 趙州因甚道無. 畢竟者箇無字, 落在甚處."

혹 무자를 참구하려 하는가? 그러면 모든 힘을 다해 '조주는 어째서 개에게 불성이 없다 하였는가?' 라고 의심하여라. 혹 만법귀일萬法歸─을 참구 하려는가? 그렇다면 모든 힘을 다해 '하나는 어디로 돌아가는가?' 라고 의심하라. 혹 염불로 참구하려 하는가? 그렇다면 목숨 바쳐 '염불하는 이 놈이 누구인가?' 라고 의심하라. 마음을 돌이켜 화두를 비춰보며 깊이 의정에 들어가라.[402]

"화두에 의심을 일으키라." 이것은 선가의 불문율이라 역대 간화종장 어느 조사치고 이런 가르침을 펴지 않은 사람이 한 사람도 없다. 여기서 이 말을 틀렸다고 한다면 이는 역대조사의 깨달음을 올바른 깨달음으로 인정하지 않고 그 가르침을 외도사설外道邪說로 치부하는 천연외도가 될 수밖에 없다.

그리고 고려시대에 원나라에 유학하여 임제종을 계승하고 돌아온 태고와 나옹은 그들의 전적에서 한결같이 조주무자화두를 참구하는 방법에 대해 "무엇 때문에 조주는 '무無'라고 했는가?"라고 의심하고 의심하라고 가르치고 있다. 그러면 여기서 경허鏡虛선사의 무자화두 참구에 대한 지침을 살펴보도록 하자.

만일 참구하는 행문行門을 논할진댄 어떤 스님이 조주스님에게 묻기를 "개에게도 불성이 있습니까, 없습니까?" 조주가 이르기를

---

402) 『禪關策進』, 『大正藏』48권, p 1104中.

"무無"라 하였으니, 길 버러지 날짐승이 다 불성이 있다고 하였는데 조주는 무엇 때문에 "무無"라고 일렀는가? 하는 문제를 옷을 입고 밥을 먹거나, 대소변을 보거나, 시봉하고 남을 가르치거나, 경을 읽고, 손님을 맞이하고 보내거나 내지 가고 머물고 앉고 눕는 어느 때 어느 곳에서나 회광반조廻光返照하여 언제나 화두를 들어오고 들어감에 의심해 가고 의심해 가되 …… 고양이가 쥐를 잡는 것과 같이 하라.[403]

여기서 경허선사는 망념이 일어나는 곳을 향해 "무無!"라고 하라는 것이 아니라, 분명히 "무엇 때문에(어째서) '무(없다)'라고 일렀는가?"라고 의심하고 또 의심하라고 지시하고 있다. 이것은 종문에서 무자화두를 드는 만고불변의 원칙이기 때문에 제론의 여지가 전혀 없다. 용성龍城선사 역시 『수심정로修心正路』에서 무자화두를 참구參究하는 구체적인 방법에 대해 다음과 같이 말하고 있다.

 무자의 중국中國말과 우리말은 서로 다르다. 순전純全한 중국말로 하면 준동함령蠢動含靈이 개유각성皆有覺性인데 조주인심도무趙州因甚道無라 하나니 이것을 전제全提라 하고, 인심도무因甚道無 이것은 단제但提라 한다.
 또 순전히 우리말로 하자면 고물고물하는 미물微物이라도 신령神靈한 것을 머금고 있으며 모두 깨닫는 성품이 있다고 하셨거늘

---

403) 『鏡虛法語』(鏡虛惺牛禪師法語集刊行會, 1981年), p 127~128.

조주趙州는 "무슨 까닭으로 없다고 하는고?" 또 "무엇으로 인하여 없다고 하는고?" 하는 것이며, 우리말과 중국中國말을 섞어서 하자면 준동함령이 다 각성이 있다고 하셨거늘 조주는 "무엇으로 인하여 '무'라고 이르셨는고?" 하는 것은 단제但提라 하는 것이다. 이 화두는 대각大覺의 말씀으로 보면 준동함령이 모두 대원각성大圓覺性이 있다고 하셨거늘 조주는 "어찌 없다고 하시는고?" 하며 이로부터 의심한다.[404]

여기서 용성은 무자화두의 생명은 "무슨 까닭으로 무無라고 하는가?"라고 하여, 조주가 "무無"라고 한 것에 대한 의심의 참구가 무자화두참구의 본령이라고 설하고 있다. 그런데 일부 학자들의 주장처럼 의심이 없이 다만 망념이 일어나는 곳을 향해 무無! 무無! 라 하고 앉아 있다면 올바른 참구가 아닐 것이다. 이런 모습에 대해 용성은 "또 입을 삐죽하여 '무' '무'의 소리를 하고 앉았으니 생각을 붙들어 매자는 주의인가? 무슨 까닭인가? 하필 무자만 '무' '무' 할 것이 아니라 옴唵자라도 '옴' '옴' 하면 되지 아니할까? 내가 이런 것을 많이 보아왔다. 무릇 언구言句를 의심치 아니하는 것이 큰 병이다. 큰 의심이 있은 연후에야 크게 깨닫는다고 고인古人이 말씀하셨다"[405] 라고 경책하고 있다.

만공滿空선사 역시 무자화두 드는 법에 대해 자세히 일러주고

---

404) 『覺海日輪』 「修心正路」 (세계불교성지보존회), p 262~263.
405) 『覺海一輪』, p 264.

있다.

한 중이 조주趙州스님께 묻되 "개도 도리어 불성佛性이 있나이까 없나이까?" 하니 조주스님은 "무無"라 하였으니, 조주는 무엇을 인하여 "무"라 일렀는고?

이 한 생각을 짓되 고양이가 쥐 생각하듯, 닭이 알을 품듯 앞생각과 뒷생각이 서로 끊어짐이 없이 샘물 흘러가듯 하여 가되 아침 일찍 찬물에 얼굴을 씻고 고요한 마음을 단정히 하고 앉아 화두를 들되 개가 불성이 있단 말인가, 없단 말인가? 있고 없는 것이 다 공하여 참으로 없단 말인가?

이 같은 요별 망상은 옛 사당의 찬 향로와 같이 고요하게 하고, 화두는 성성하게 하여, 밝은 달이 허공에 뚜렷하게 드러난 것 같이 하여, 망상은 적적하고 화두는 성성하여 적적함이 달덩어리와 달 광명이 서로 어김없는 것같이 화두를 지어가라.[406]

이것으로 미루어 보아 우리나라에서 경허, 용성, 만공선사의 시대에 이르러 선문에 무자화두가 널리 참구되자, 전통적으로 전해 오던 무자화두 참구법에 대해 완벽하게 재정립시켜 주의를 환기시키고 있음을 알 수 있다.

대혜大慧, 고봉高峰, 몽산蒙山, 무이無異선사 등 역대 모든 간화종장看話宗匠들도 일찍이 말하기를 "큰 의심에 큰 깨달음이 있고, 작

---

406) 『滿空法語』, p 236~237.

은 의심에 작은 깨달음이 있고, 의심이 없으면 깨달음도 없다."라고 말했다. 하나의 화두에 대해 의심을 지어 가다 보면 일체 사량분별이 사라지고 오로지 의심만이 성성적적惺惺寂寂하여 화두함(能)과 화두되어짐(所)이 하나가 된다.

만약 공안참구에 의심을 일으키지 않는다면 간화선이 아니다. 간화의 참구는 화두에 대한 의심이 지속되어야 한다. 불법의 대의나 정법에 대한 지혜를 구족하지 못한 중생이기 때문에 이것을 갖추기 위해서 화두를 의심하는 방편을 통해 번뇌 망념을 조복하려는 것이다. 화두에 의심을 일으킨 간화행자는 이미 우주와 인생에 대한 근원적인 문제의식을 뼈저리게 느끼고 있는 자일 것이다. 문제의식이 없이는 의심이 일어나지 않는다. 문제의식이 간절하면 의심은 저절로 일어나게 된다.

그런데 문제의식은 가지고 의심을 일으키지 않는다면 이는 외도外道의 삿된 법이 된다. 화두는 간절하게 사무치는 문제의식을 가지고 참구해야 한다. 철저한 문제의식이 없이는 화두참구, 즉 의심이 일어날 수가 없다. 화두에 대한 의심이 돈발頓發되면 일체의 사량분별의 알음알이가 용납되어지지 않는다. 이에 대해 용성선사는 이렇게 말하고 있다.

> 무릇 화두에는 의정疑情이 큰 불덩이와 같아서 참구하는 의정 밖에는 티끌만큼이라도 달리 아는 생각을 두지 아니하면 이것이 활구참선이 되는 것이다.[407]

이른바 "큰 불덩이와 같은 의정"이야말로 화두참구의 관건이다. 그 외의 소리는 망견에 지나지 않는다. 이렇듯 간화선의 생명은 화두참구에 있다. 참구는 의심의 참구이다. 그러므로 무자화두의 참구에 있어서 "어째서 조주는 무無라고 했는가?"라는 의심이 생명이 되는 것이다. 무자를 참구하여 의심하고 또 의심할 뿐이다. 의심이 하나의 큰 덩어리를 이루어(打成一片) 시절인연時節因緣이 맞아 떨어져 한 번 크게 분출하여(噴地一發) 명심견성明心見性하면 집 앞 뜰에 복사꽃이 흐드러지게 핀 소식을 알게 될 것이다.

---

407) 『修心正路』, 위의 책, p 264.

2. 이뭣고(是甚麽)?

근세에 와서 "이뭣고是甚麽?" 화두를 수선납자들에게 정식으로 제시한 분은 경허선사와 용성선사이다. 사실 두 선사는 근세 한국 선불교의 중흥조라고 일컫는 분들이다. 이 두 분 선사에 의해 전통적으로 선문에 전해져 내려오던 "시심마是甚麽?" 화두가 다시 제시된 것이라고 할 수 있다. 경허는 참선곡과 법문곡을 통해 이뭣고? 화두를 선양하였고, 용성은 자신의 저술 『수심정로修心正路』를 통해 이뭣고? 화두에 대해 자세히 제시하고 있다. 먼저 경허선사의 노래를 들어보자.

> 그 마음을 알게 되면, 진작 부처 이것이니, 찾는 법을 일러 보세. 누우나 서나 밥 먹으나, 자나 깨나 움직이나, 똥을 누나 오줌 누나, 웃을 때나 화낼 때나, 일체 처 일체 시에, 항상 깊이 의심하여, 궁구하되 '이것이 무엇인고? 어떻게 생겼는가? 어두운가. 누른가. 푸른가. 있는 건가. 없는 건가. 어떻게 생겼는고. 시시때때 의심하여 의문을 놓지 말고 염념불망念念不忘 하여가면, 마음은 점점 맑고, 의심은 점점 깊어, 상속부단相續不斷 할 지경에 홀연히 깨달으면 천진면목天眞面目 좋은 부처 완연히 내게 있다.[408]

이것은 경허의 「법문곡」의 일단이다. 여기서 경허는 단순히 우주와 인생에 대한 근원적인 문제에 대해 성찰해 볼 것을 권장하고 있는 것이 아니라, 구체적으로 일체 처處, 일체 시時에 온 힘을 다해 "이것이 무엇인고(是甚麽)?"라는 화두를 참구할 것을 노래로 선양하고 있다. 그는 유명한 「참선곡」에서도 마찬가지로 "소소영령昭昭靈靈 지각하는 '이것이 무엇인고(是甚麽)? 천진면목天眞面目 나의 부처 의심하고 의심하라."고 하여 이뭣고? 를 하나의 본참공안으로 제시하고 있다. 이뭣고? 화두는 아마도 경허선사의 시대에 조선의 선풍禪風이 다시 진작되면서 선문에 널리 참구되기 시작했을 것으로 보인다. 경허는 또한 그의 제자 혜월慧月을 "이뭣고?" 화두로 개오시키고 있음을 볼 수 있다.

경허선사께서 이르시기를, "사대四大가 본래 거짓으로 이루어져서 법을 설하지도 못하고 듣지도 못하며, 허공도 또한 법을 설하지도 못하고 듣지도 못하느니라. 다만 눈앞에 두렷이 밝은 한 물건이 있어서 능히 법을 설하고 듣나니, 고명孤明한 이 한 물건이 무엇인고?" 하시더니 재차 다그쳐 물으셨다.
"알겠느냐? 대체 어느 한 물건이 법을 설하고 법을 듣느냐? 형상은 없되 두렷이 밝은 그 한 물건을 일러라!"
혜월스님은 앞이 캄캄하여 이 순간부터 오로지 이 화두일념話頭一念에 몰두했다. 앉으나 서나 일할 때나 잠잘 때까지도 '도대체

---

408) 『鏡虛法語』(鏡虛惺牛禪師法語集刊行會), p 161~162.

이 한 물건이 무엇인가?' 하는 일념을 놓지 않았던 것이다.

그렇게 일념에 잠겨 참구하는 가운데 3년이라는 세월이 지나가고, 그리고 어느 날 혜월스님은 짚신 한 켤레를 다 삼아놓고서 잘 고르기 위해서 신골 칠 준비를 하고 있었다.

무심삼매無心三昧에서 짚신을 다 삼아놓고서 신골을 치는데 '탁' 하는 그 망치소리에 '이 한 물건이 무엇인가?' 하는 의심이 환하게 해소 되었다. 혜월스님이 그 길로 경허선사를 찾아가니, 선사께서 간파하시고 물음을 던지셨다.

"목전目前에 고명孤明한 한 물건이 무엇인고?"

이에 혜월스님은 동쪽에서 서쪽으로 가 섰다.

"어떤 것이 혜명慧明인가?"

"저만 알지 못할 뿐만 아니라 일천성인一千聖人도 알지 못합니다."

경허선사께서는 여기에서,

"옳고 옳다." 하시며 혜월스님을 인가認可하셨다.

경허의 또 다른 제자 만공도 자화상에 찬하기를 "나는 그대를 여의지 않고(我不離汝), 그대 또한 나를 여의지 않았네(汝不離我). 그대와 내가 나기 이전에(汝我未生前), 알 수 없어라. 이것이 무엇인고?(未審是甚?○)"409)라고 하였다. 여기서의 '시심마是甚麼?'는 부모로부터 태어나기 전(父母未生前)의 본래면목本來面目에 대한 반추를 말

---

409) 『滿空法語』(德崇山能仁禪院), p 165.

하고 있다 하겠다.

그리고 위에서 언급하였듯이 만공선사는 "만법귀일 일귀하처(萬法歸一, 一歸何處 : 만법이 하나로 돌아가는데, 이 하나는 어디로 돌아가는가?)"라는 화두로 깨침을 얻었는데, 뒷날 이 화두를 대중들에게 제시할 때 "이 화두는 이중적 의심이라 처음 배우는 사람은 만법이 하나로 돌아갔다고 하니, 하나는 이 무엇인고?(是甚麽)"[410]라는 말로 바꾸어 참구하게 한 바 있다. 여기서의 "하나라는 것은 있는 것도 아니요, 없는 것도 아니요, 이 정신 영혼도 아니요, 마음도 아니니, 하나라는 것은 과연 무엇인고?"라고 하였으니, 이것은 다름 아닌 "한 물건(一物)"과 상통하는 것이다.

이와 같이 경허에 의해 제시된 이뭣고? 화두는 그의 제자들에 의해 참구되고 선양되었으며 용성에 의해 정식으로 체계화되고 보편화되고 있다. 용성선사는 『수심정로』에서 "시심마是甚麽 화두話頭에 병을 간택함"이라는 제목 하에 "이뭣고?" 화두에 내해 상세히 논술하고 있다.

> 밝기는 백천일월百千日月로 견주어 말할 수 없고, 검기는 칠통漆桶과도 같다고 할 수가 없다. 이 물건이 우리가 옷 입고, 밥 먹고, 잠자는 데 있으되 이름 지을 수 없고 얼굴로 그려낼 수 없다. 이는 곧 마음도 아니요, 마음 아님도 아니요, 생각도 아니요, 생각

---

410) 『滿空法語』, p 255.

아님도 아니요, 불佛도 아니요, 불 아님도 아니요, 하늘도 아니요, 하늘 아님도 아니요, 귀신도 아니요, 귀신 아님도 아니요, 허공도 아니요, 허공 아님도 아니요, 일물一物도 아니요, 일물 아님도 아니니, 그것이 종종 여러 가지가 아니로되 능히 종종 여러 가지를 건립하나니 극히 밝으며, 극히 신령하며, 극히 비었으며, 극히 크며, 극히 가늘며, 극히 강强하며, 극히 유柔하다.

이 물건은 명상名相이 없으며, 명상 아님도 없다. 이 물건은 마음 있는 것으로도 알 수 없고, 마음 없는 것으로도 알 수 없으며, 언설言說로도 지을 수 없고, 고요하여 말 없는 것으로도 알 수 없으니 "이것이 무슨 물건인가?" 의심하고 또다시 의심하되 어린아이가 어머니 생각하듯이 간절히 하며, 닭이 알을 품고 앉아 그 따뜻함이 끊이지 아니하는 것과 같이 하면 참 나의 본래면목本來面目을 깨친다.[411]

용성은 위에서 이뭣고?(是甚麼) 화두를 참구함에 있어서 "이것이 무슨 물건인가?" 혹은 "이 물건이 무엇인가?"라고 의심을 지으라고 가르치고 있다. 그런데 용성이 제시한 이뭣고? 화두의 그 내용을 자세히 분석해 보면 종문에 내려오는 몇 칙의 화두가 복합되어 이루어졌음을 알 수 있다. 즉 ①한 물건(一物)의 화두, ②본래면목本來面目의 화두, ③마음도 아니요, 부처도 아니요, 물건도 아니다(不是心 不是佛 不是物). 의 화두 등이 한데 어우러져 "시심마是甚麼?" 화

---

411) 『覺海日輪』「修心正路」(世界佛敎城地保存會), p 251.

두를 형성하고 있다. 이 세 공안은 종문에서 다같이 한 물건一物에 대한 의심으로 소이연所以然을 밝히고자 하는 것이다. 그래서 모두 "이것이 무엇인가?"라는 의심으로 참구하게 되는 것이다. 용성선사 자신도 "시심마是甚麼란 일물一物의 소이연所以然을 알지 못하여 의심하는 것"⁴¹²⁾이라고 밝히고 있으며, 그 연원이 바로 혜능과 회양의 한 물건(一物)에 있음을 밝히고 있다.

> 육조대사께서 말씀하시되 "나에게 한 물건(一物)이 있는데 위로 하늘을 받치고 아래로 땅을 괴었으며, 밝기는 일월 같고, 검기는 칠통과 같아서, 항상 나의 동정動靜하는 가운데 있으니 이것이 무슨 물건인가?" 하시며, 또 육조대사께서 회양懷讓선사를 대하여 물어 이르되 "무슨 물건이 이렇게 왔는가?" 하시니 회양선사는 이를 알지 못하여 팔 년 동안 궁구하다가 확철대오하였으니 이것이 화두하는 법이다.⁴¹³⁾

용성은 이뭣고? 화두가 "일물一物의 소이연(所以然 : 그렇게 됨)"에 대한 의심이며, 그 연원이 육조 혜능이 설한 일물一物과 회양이 말한 "설사 한 물건이라 해도 맞지 않다(設使一物也不中)."고 하는 법문에 있음을 밝히고 있다.

또한 마조가 "마음이 곧 부처다(卽心是佛)."라는 말로 제자들을 가

---

412) 위의 책, p 262.
413) 위의 책, p 255.

르치다가 어느 날 "마음도 아니요, 부처도 아니요, 물건도 아니다(不是心 不是佛 不是物)."라고 한데서 마음, 부처, 물건이 아니면 이 무엇인가?라는 화두가 형성된 것이다.

용성은 위에 열거한 몇 종류의 공안이 모두 "이뭣고?"라는 근원적인 물음으로 귀결되는 것이기에 이를 종합하여 "이뭣고? 화두"를 제시하고 있는 것이다.

성철선사도 그의 법문에서 "이뭣고?" 화두에 대해 "마조선사가 '마음도 아니요(不是心), 부처도 아니요(不是佛), 물건도 아니다(不是物).'라고 했는데, 그러면 이것이 무엇인가(是甚麽)?"라고 의심하라고 가르치고 있다. 이 화두의 연원은 마조馬祖이며, 『벽암록』 제28칙에 본칙공안으로 실려 있으며, 종문에서 참구된 전례는 대혜의 『종문무고宗門武庫』와 운서주굉의 『선관책진禪關策進』에 의거하면 원오와 걸봉세우(傑峰世愚 : 1301~1370)의 법문에서 찾을 수 있다. 먼저 원오의 법문을 들어보자.

범현군의 호는 적수도인이다. 성도成都에 있을 때 불과(佛果 : 원오극근)선사를 찾아보니 불과선사는 그에게 '마음도 아니요(不是心), 부처도 아니요(不是佛), 물건도 아니다(不是物). 이것이 무엇인가(是什麽)?'라는 화두를 참구하도록 하였다. 한 마디 할 수도 없고 입을 뻥긋할 수도 없고 계속 들었으나 착수할 곳이 없자 갑자기 근심이 되어 선사에게 물었다. "이 밖에 또 다른 방편으로 저를 깨닫게 해 줄 수 없습니까?" "방편이 하나 있기는 한데, 그것은 마음도 아니요, 부처도 아니요, 물건도 아니다." 적수도인은 여기서 깨닫고는 말했다. "원래 이처럼 가까이에 있는 것을……"[414]

생사대사生事大事의 관문을 투과하기 위해 "이뭣고?" 화두를 들으라고 가르치고 있는 걸봉의 법문도 원오의 법어와 대동소이하다.

진실로 자신의 대사大事를 밝혀서 생사의 관문을 뚫고자 하거든 먼저 일체의 성聖이니 범凡이니 하는 허망한 견해를 모두 끊어 버리고, 십이시十二時 중에 회광반조廻光返照하되, 다만 '마음도 아니고不是心 물건도 아니고不是物 부처도 아닌不是佛 이것이 무엇인가(是箇甚麽)?'라고 의심하여라.[415]

이것은 중국에서 참구된 이뭣고? 화두의 한 형태이다. 고려의 나옹화상도 이와 똑같은 화두를 다음과 같이 제시하고 있다.

이 눈앞에 분명하고 역력하여 설법을 듣는 자는 누구이며, 합장하고 묻는 이는 누구이며, 머리 숙여 절하는 이는 누구인가? ……여러분이 분명히 알고 분명히 보며 분명히 말한다고 한다면, 나는 다시 여러분에게 묻겠다. 알아내고 보아내는 그 주인공이란 무엇인가? 그러므로 조사도 '그것은 마음도 아니요, 부처도 아니

---

414) 『宗門武庫』(藏經閣), p 90~91.
415) 『禪關策進』(불광출판사), p 274.

며 물건도 아니다.'라고 하였다. 그러면 그대들은 말해 보아라. 마음도 아니요 부처도 아니며 물건도 아니라면 결국 그것은 무엇인가?[416]

그리고 "이뭣고?"라는 말이 아직 하나의 공안형태로 정형화 되지는 않았지만 조사선에서 선문답의 문제제기로 표기되어 있는 경우는 허다하다. 그 가운데 백장회해百丈懷海와 설봉의존雪峰義存, 운문문언雲門文偃의 법문이 그 본보기가 되고 있다.

어느 때에 설법을 마치고 대중이 법당에서 내려가자, 대중을 불렀다. 대중이 고개를 돌리자, 백장이 "이것이 무엇인가是甚麼?"라고 말했다.[417]

설봉이 암자에 머물 때 두 스님이 와서 절을 했다. 설봉이 보고 손으로 암자의 문을 박차고 뛰쳐나가면서 이르되 "이것이 무엇인가是甚麼?"라고 하였다. 스님도 이르되 "이것이 무엇입니까是甚麼?" 하니, 설봉이 고개를 떨구고 암자로 돌아왔다.[418]

향림징원香林澄遠이 18년 동안 (운문의) 시자를 했는데, 그를 가르침에 다만 "원시자遠侍者!"라고 부르면, 원시자는 "네" 하고 대답

---

416) 『懶翁錄』 (禪林古鏡叢書 22), p 79.
417) 『五燈會元』 上 제3권 (中華書局), p 134.
418) 『從容錄』 中 (장경각), p 100.

하였고, 운문은 "이 무엇인가是什麼?"라고 말할 뿐이었다. 이렇게 하기를 18년 만에 어느 날 바야흐로 깨달으니, 운문이 말하기를 "내가 지금 이후로 다시는 너를 부르지 않으리라."고 하였다.[419]

그런데 한 물건(一物)에 대한 문제의식은 전불교를 관통해서 제기되고 있는 근본적인 화두라 할 수 있다. 중국에 선종이 흥하기 전에 이미 이러한 선禪적인 일물一物에 대한 사상적 맹아萌芽가 싹트고 있었다. 이른바 부대사傅大士의 법신송法身頌으로 불리는 게송의 일부에 한 물건에 대해 이렇게 노래하고 있다. "천지에 앞서 한 물건이 있으니(有物先天地), 형상 없고 본래 공적하며(無形本寂寥), 능히 만상의 주인이 되고(能爲萬象主), 사시 어느 때나 소멸됨이 없네(不逐四時凋)."[420]

이러한 일물사상은 선종이 성립되면서 정식으로 수행방편인 선문답으로 재구성되고 있다. 일본의 스즈끼(鈴木大拙)박사도 주장하고 있듯이 근원적인 문제제기인 일물一物에 대해 "이것이 무엇인가?"라는 선문답을 통해 제자를 개도開導하고 있는 예는 이미 선종 초기 오조 홍인에게서 그 기원을 찾을 수 있다.

대사가 말했다. "여기 한 채의 집이 있는데, 그 가운데 똥과 초

---

419) 『碧巖錄』제6칙, 『大正藏』제48권, p 146上. "香林十八年爲侍者, 凡接他, 只叫遠侍者. 遠云, 喏. 門云, 是什麼? 如此十八年, 一日方悟. 門云, 我今後更不叫汝."
420) 『善慧大士錄』권3, 『續傳燈錄』권24.

토초土가 가득 찼다. 이것이 무슨 물건인가是何物?" 또 말했다. "똥과 초토草土를 전부 소제掃除하여 한 물건一物도 없으니, 이것이 무슨 물건인가?"[421]

위에서 홍인은 한 물건(一物)을 제시하고 "이것이 무슨(어떤) 물건인가(是何物)?"라고 묻고 있다. 선어록에서 "무엇(甚麽)", "어떤(何)", "누구(誰)" 등의 물음은 표현은 다르지만 모두가 다 궁극적으로 일물一物에 대한 물음으로 통일되고 있는 것이다. 홍인선사의 이러한 일물사상의 전통은 북종선의 신수와 남종선의 혜능에게 계승되어져 한 물건(一物), 본래면목本來面目, 주인공主人公 등 다양한 공안의 표현방식으로 하여 종문에 면면부절綿綿不絶 이어져 왔다. 특히 위에서 용성이 언급한 바 있는 혜능과 회양의 일물一物의 공안은 중국의 선문에서 줄곧 제기되어 왔던 인간의 근원적인 물음이라 할 수 있으니, 황벽스님은 이를 "깨달음의 성품覺性"으로 표현하고 있음을 볼 수 있다.

신령스런 깨달음의 성품은 비롯함이 없는 옛날로부터 허공과 수명이 같아서 한 번도 생기거나 멸한 적이 없으며, 있은 적도 없어진 적도 없다. 더럽거나 깨끗한 적도 없으며, 시끄럽거나 고요한 적도 없으며, 젊지도 늙지도 않으며, 방위와 처소도 없고, 안

---

[421] 『楞伽師資記』, 「弘忍章」, 『大正藏』85권, p 1289下.

과 밖도 없다. 또한 수량도 형상도 없으며, 색상과 소리도 없다. 그러므로 찾을래야 찾을 수 없고, 지혜로써 알 수도 없으며, 말로 표현할 수도 없으며, 경계인 사물을 통해서 이해할 수도 없고, 또한 힘써 노력한다고 다다를 수도 없다. 이것은 모든 불보살과 일체 꿈틀거리는 미물까지라도 똑같이 지닌 대열반의 성품이다.[422]

한 물건(一物)에 대한 문제는 우리나라에서도 고려시대 태고太古, 나옹懶翁과 조선시대 청허淸虛 등이 참구의 방법으로 제기해 왔던 본참화두인 것이다. 태고스님의 법문을 들어보자.

한 물건(一物)이 있으니, 밝고 밝으며 역력歷歷하여 거짓도 없고 사사로움도 없다. 고요하여 움직임이 없고 크고 신령스런 지혜가 있다. 본래 나고 죽음이 없고 사량분별 또한 없다. 이름과 모양도 없어 말로 할 수도 없다. 허공을 전부 삼키고 천지를 덮었으며 빛이나 소리까지 덮었으며 체體와 용用을 갖추었다. ……이 한 물건(一物)은 사람들의 본분 위에 있어 발을 들거나 내려놓을 때나 경계에 부딪치고 인연을 만나는 곳에는 단정하고 분명하며, 분명하고 단정하여 사람마다에 밝고 물건마다에 나타난다. ……여기에 다만 밝고 또렷한 것이 나타날 것이니, 이런 때에 부모에게서 태

---

422) 『傳心法要』, "此靈覺性, 無始已來, 與虛空同壽, 未曾生未曾滅, 未曾有未曾無, 未曾穢未曾淨, 未曾喧未曾寂, 未曾少未曾老, 無方所無內外, 無數量無形相, 無色象無音聲, 不可覓不可求, 不可以智慧識, 不可以言語取, 不可以境物會, 不可以功用到. 諸佛菩薩, 與一切蠢動含靈, 同此大涅槃性."

어나기 전에 본래면목本來面目을 참구하라.[423]

위에서 태고도 "일물一物"의 화두와 "본래면목本來面目"의 화두를 하나로 통일시켜 참구할 것을 지시하고 있음을 볼 수 있다. 태고의 이러한 "일물一物사상"은 조선의 청허에게 계승되고 있다. 청허스님은 『선가귀감禪家龜鑑』의 서두에 다음과 같이 한 물건(一物)에 대한 법문을 혜능과 회양의 일물一物을 인용해서 재구성하고 있다.

여기 한 물건(一物)이 있는데, 본래부터 한없이 밝고 신령스러워(昭昭靈靈), 일찍이 일어난 바도 없고 멸한 바도 없다. 이름 붙일 수도 없고, 모양을 그릴 수도 없다. 이 한 물건이 어떤 물건인가? ○ 옛 사람(古人)이 게송으로 읊었다.

古佛未生前　옛 부처 나기 이전
凝然一圓相　두렷이 하나의 원상이니
釋迦猶未會　석가도 몰랐거니
迦葉豈能傳　가섭이 어찌 전할 손가.

이것이 한 물건이 일어난 것도 아니며, 멸함도 없고, 이름 붙일 수도 없고, 모양 그릴 수도 없는 까닭이다. 육조스님이 대중에게 묻기를 "나에게 한 물건이 있는데, 이름도 없고 모양도 없다. 너

---

423) 『太古語錄』「玄陵請心要」.

희들은 알겠느냐?" ……회양선사가 숭산으로부터 와서 뵈오니, 육조가 묻기를 "무슨 물건이 이렇게 왔느냐?"고 할 때에, 회양은 어쩔 줄 모르다가 팔 년만에야 깨치고 나서 말하기를 "설사 한 물건(一物)이라 하여도 맞지 않습니다."고 하였다.[424]

청허의 『선가귀감』에 시설된 이 공안법문이 그대로 용성의 이뭣고? 화두에 전승되고 있음을 알 수 있다. 이러한 사실에 근거해 보면 이뭣고? 화두는 우리나라에서 근대에 와서 어느 날 갑자기 근거 없이 형성된 것이 아니라, 중국 조사선의 본래무일물本來無一物의 사상으로부터 시작되어 중국과 우리나라의 선사상사에서 면면부절 이어져 내려온 조사활구로서의 본참공안本參公案이라는 것이 확실해 진다.

그런데 여기서 우리가 주의해야 할 하나의 문제는 혜능스님이 "나에게 한 물건(一物)이 있다."라고 말하고 있는 언어표현상의 문제이다. 이 말은 자칫 영육이원론靈肉二元論의 입장에서 나의 육신 안에 하나의 신령한 물건(정신적인 빛)이 존재하는 것으로 오해할 수 있는 위험의 소지가 있다. 즉 나의 육신 안에 실재하는 자아의 실체(아트만)를 찾는 것으로 선禪을 삼을 수 있는 혜능의 언어표현에 대해 용성은 이러한 소지를 없애기 위해 철저히 중도적 언어관[425]에 기초해서 일물一物을 표현하고 있음에 주목할 필요가 있다.

---

424) 『禪家龜鑑』, 『韓國佛教全書』 제7권, p 634下~635上.

기실 "무슨 물건이 이렇게 왔는가?"라는 혜능의 물음에 대해 "설사 한 물건이라 해도 맞지 않습니다."라는 회양의 대답에 이미 중도적 언어표현言語이 이루어지고 있다 할 것이다.

한 물건(一物), 본래면목本來面目, 주인공主人公, 자기自己 등으로 표현된 언어구조는 중국문자의 표현방식상의 문제인 것이지 그것이 번뇌 망념 너머에 실재하는 소소영령한 실체적 존재를 의미하는 것은 결코 아니다. 이런 관점에서 이뭣고?는 내 안의 신령한 빛을 찾는 따위의 힌두교의 브라흐만적 명상과는 질적으로 다름을 유의해야 한다.

그러므로 육조의 제자 남양혜충南陽慧忠이 말하기를 "요즈음 남방의 불법이 크게 변해버렸다. 그들은 사대육신四大六身 속에 신령한 성품이 들어 있어 불생불멸不生不滅 한다고 한다. 또 이 사대가 파괴되더라도 이 성품은 파괴되지 않는다고들 한다. 그러나 이러한 견해는 인도의 외도外道들과 같은 것이다"[426]라고 하였다. 다시 말하면 육신 안에 불생불멸不生不滅하고 소소영령昭昭靈靈한 주인공이 있다고 말하는 이는 외도의 견해라는 것이다. 종문에서는 현사

---

425) "밝기는 백천일월(百千日月)로 견주어 말할 수 없고, 검기는 칠통(漆桶)과도 같다고 할 수가 없다. 이 물건이 우리가 옷 입고, 밥 먹고, 잠자는 데 있으되 이름 지을 수 없고 얼굴로 그려낼 수 없다. 이는 곧 마음도 아니요, 마음 아님도 아니요, 생각도 아니요, 생각 아님도 아니요, 불(佛)도 아니요, 불 아님도 아니요, 하늘도 아니요, 하늘 아님도 아니요, 귀신도 아니요, 귀신 아님도 아니요, 허공도 아니요, 허공 아님도 아니요, 일물(一物)도 아니요, 일물 아님도 아니다."라는 설명은 철저히 중도적 언어표현에 입각해 있다고 할 수 있다.

426) 『山房野話』 上, (藏經閣), p 37.

玄沙선사에 의해 "소소영령(昭昭靈靈 : 밝고 신령함)한 주인공"에 대한 법문이 상세히 밝혀진 바 있다.

　　다시 한 가지로 소소영령昭昭靈靈하여 신령스럽게 아는 바탕인 지혜의 성품이 있어서 볼 수도 있고 들을 수도 있으며, 오온의 몸 속에서 주재하는 자(주인)를 짓는다고 말하니, 이렇게 선지식이 되면 사람을 크게 속이는 것이다. 내가 이제 그대들에게 묻노니, "그대들이 만약에 소소영령함이 바로 너의 진실이라고 인정한다면 왜 잠잘 때에는 소소영령함을 이루지 못하는가. 만약 잠잘 때 소소영령하지 않다면 왜 또 소소영령할 때가 있는가. 그대들은 알겠는가. 이것은 도적(소소영령한 것)을 잘못 알아 아들이라 여긴 것이니, 이는 생사의 근본이요, 망상이 만들어 낸 인연의 기운이다. 내가 그대들에게 말하겠다. 그대들은 소소영령함은 다만 앞의 경계인 빛깔·소리·냄새 등의 법으로 인해 분별함이 있어서 바로 이것을 소소영령이라 말한 것이다. 그러므로 만약 앞의 경계가 없으면 그대들의 이 소소영령함은 거북 털, 토끼 뿔과 같은 것이다. ⁴²⁷⁾

지금 우리의 목전에서 밝고 신령스럽게 아는 작용은 인식주체(六

---

427) 『玄沙師備語錄』, "有一般說昭昭靈靈臺智性能見能聞, 向五蘊身田裏作主宰, 恁麼爲善知識, 大賺人, 知麼. 我今問汝, 汝若認昭昭靈靈是汝眞實, 爲什麼瞌睡時, 又不成昭昭靈靈. 若瞌睡時不是, 爲什麼有昭昭時. 汝還會麼? 遮箇喚作認賊爲子, 是生死根本, 妄想緣氣. 汝欲識此根由麼? 我今汝道, 汝昭昭靈靈只因前塵色聲香等法而有分別, 便道此是昭昭靈靈. 若無前塵, 汝此昭昭靈靈同於龜毛兎角."

根 : 眼耳鼻舌身意)에 있는 것도 아니고, 인식대상(六境 : 色聲香味觸法)에 있는 것도 아니고, 이 둘이 합쳐진 인식작용(六識 : 眼識 내지 意識)에 있는 것도 아니다. 그러나 밝고 신령스레 알 때 알려지는 바 경계는 곧 밝게 아는 활동 자체로 주어지니, 능히 아는 자를 떠나서도 그 밝음은 없고, 알려지는 바를 떠나서도 그 밝음은 없으며, 밝은 작용 자체를 버리고도 그 밝음은 없다.

그래서 현사스님은 말한다. 이 소소영령한 앎은 저 육진의 경계가 있음으로 해서 비로소 경계를 밝게 아는 앎이 된 것이니, 색성향色聲香 등의 경계가 없으면 이는 마치 거북 털, 토끼 뿔과 같다. 이와 같이 신령하게 앎 자체가 좇아온 바가 없는데, 소소영령하게 아는 주재자를 세운다면 이는 있되 있음 아닌 의근意根을 실로 있는 실체로 세우는 망상이다.[428]

그러므로 도적을 자식으로 오인하는 것이라고 말한 것이다. 이와 같은 맥락에서 이뭣고? 화두를 보고 듣고 아는 소소영령한 실체를 찾는 것으로 오인 한다면 이 또한 도적을 부처로 잘못 아는 격이 되어 버린다.

그래서 용성은 『수심정로』에서 "이뭣고?"의 참구가 "혹 소소영령한 놈이 무엇인가?"라는 실체적 물음으로 잘못 이해한 것에 대해 크게 경책하고 있다.

---

428) 참조, 鶴潭 평석, 『현사사비선사어록』 (큰수레), p 46.

육근문六根門의 머리에 아는 빛과 그림자의 식이 경계를 좇아 감각하는 대로 이것이 무엇인고? 하며, 또 뜻뿌리(意根)에 분별하는 그림자 식을 가지고 이것이 무엇인고? 하며, 또 생각으로 염念이 일어나는 뿌리(根)를 들여다보며 이것이 무엇인고? 하며 찾으니 이것으로부터 병이 많이 난다. 이런 사람은 공한 병이 아니면 맑은 병이며, 그렇지 아니하면 소소영령한 것을 지키는 병이 허다하다. 이와 같은 것으로 어찌 무상대도無上大道를 증득證得하겠는가? 천칠백 화두千七百話頭에 그 참구하는 법은 통틀어서 하나이니 어찌 다름이 있겠는가? 시삼마(이것이 무엇인가?)는 한 물건을 알지 못하여 참구하는 것이다.[429]

　용성은 "천칠백 공안이 그 참구하는 법은 결국 하나라고 말하고, 시심마(是甚麼: 이것이 무엇인가?) 화두는 한 물건을 알지 못하여 참구하는 것"이라고 결론짓고 있다.
　앞에서 고찰해 본 결과에 의하면 홍인, 육조, 회양, 마조, 원오, 걸봉으로부터 우리나라의 태고, 청허, 경허, 용성에 이르기까지 종문의 정전正傳조사들에게 끊어짐 없이 "한 물건(一物)"과 "마음, 부처, 물건이 아니다. 이것이 무엇인가?"라고 묻는 본참공안이 전승되어 왔음을 알 수 있었다.

---

429) 『修心正路』, 『覺海日輪』 (世界佛敎城地保存會), p 259~260.

3. 본래면목(本來面目) 화두

　본래면목本來面目 화두의 연원은 육조 혜능선사로 거슬러 올라간다. 『육조단경六祖壇經』에 의거하면, 혜능이 홍인의 법을 받고 대유령을 넘어가는데 뒤쫓아 온 혜명慧明을 향해 묻기를 "선도 생각하지 말고(不思善) 악도 생각하지 말라(不思惡). 바로 이러한 때에 어떤 것이 혜명상좌의 본래면목本來面目인가?"라고 묻는 말 아래 크게 깨달았다고 한다. 이 공안은 또한 『무문관』 제23칙으로 실려 있다.

　　육조는 혜명상좌가 대유령 고개까지 뒤쫓아 온 모습을 보고, 오조화상으로부터 물려받은 가사와 발우를 바위 위에 올려놓고 말했다. "이 가사는 전법의 신표이기에 무력으로는 가히 빼앗지 못할 것이다. 그대가 갖고 싶으면 가지고 가시오!"
　　그러자 혜명상좌는 그 가사와 발우를 들려고 하였지만, 마치 산처럼 움직이지 않았다. 혜명은 망설이다가 두려워하면서 말했다. "내가 여기까지 그대를 뒤쫓아온 것은 불법을 구하기 위한 것이지, 가사와 발우를 욕심낸 것은 아니요. 행자는 나를 위하여 불법을 설해 주기 바라오."

그래서 육조는 "선을 생각하지 말고(不思善), 악도 생각하지 말라(不思惡). 선악善惡을 모두 함께 생각하지 않을 때 어떤 것이 혜명상좌 그대의 본래면목本來面目인가?"라고 다그쳐 질문했다.

혜명상좌는 이 말을 듣고 곧바로 대오하고, 전신은 땀으로 젖고, 눈물을 흘리면서 예배하며 말했다. "지금 가르침을 받은 비밀스러운 말씀과 마음 이외에 또다시 어떤 깊은 의지意旨가 있습니까?"

육조는 말했다. "내가 지금 그대를 위해서 제시한 법문은 비밀스러운 것이 아니다. 만약 그대 자신이 그대 자신의 본래면목本來面目을 반조返照해 본다면 비밀스러운 것은 그대 자신에게 있을 것이다. ……

본래면목은 모양을 본뜰 수도 없고, 그림으로 그릴 수도 없다. 칭찬하는 말을 첨가할 수도 없는 것, 쓸데없는 신경은 쓰지를 말아라. 본래의 면목이란 것은 어디에도 감출 수가 없으니 설사 세계가 무너진다고 해도 그것(본래면목)은 썩지도 않으리라."[430]

이른바 "선도 생각하지 않고(不思善), 악도 생각하지 않는다(不思惡)."는 것은 달마선의 "심불기(心不起 : 마음이 일어나지 않음)"의 사상을 구체화한 것이다. 즉 선악을 분별하지 않는다는 것은 선악이라

---

430) 六祖, 因明上座, 趁至大庾嶺. 祖見明至, 卽擲衣鉢 於石上云, 此衣表信, 可力爭耶. 任君將去. 明遂擧之, 如山不動. 踟躕悚慄, 明曰, 我來求法, 非爲衣也. 願行者, 開示. 祖云, 不思善, 不思惡. 正與麽時, 那箇是明上座本來面目. 明當下大悟, 遍體汗流, 泣淚作禮. 問曰, 上來密語密意外, 還更有意旨否. 祖曰, 我今爲汝說者, 卽非密也, 汝若返照自己面目, 密却在汝邊.

는 일념의 차별경계를 초월한 근원적인 본래심을 나타내는 말이다. 중생은 본래성불本來成佛이다. 본래성불인 본심, 즉 불성은 본래 청정하여 선악善惡, 범성凡聖, 진망眞妄의 차별을 여읜 것이다. 그래서 선과 악이라는 분별망념을 다 떨쳐버린 불이중도不二中道의 본래심의 입장에서 그대 자신의 본래의 얼굴(本來面目)을 돌이켜 보라고 지시하고 있는 것이다.

그런데 이른바 혜능의 "불사선不思善 불사악不思惡"의 구절은 돈황본 『단경』에는 보이지 않고, 후대에 편집된 『단경』에 증보된 말이다. 원래 이 말은 『조계대사전』에 "불성은 선악을 생각하지 않는 것(佛性不念善惡)", "불성은 선악을 초월해 있다(佛性非善非不善)."라는 구절과 신회의 『단어壇語』 가운데 "일체의 선과 악을(一切善惡) 모두 사량하지 않는다(總莫思量)."라는 구절에 그 연원을 두고 있다. 또한 혜해의 『돈오입도요문론頓悟入道要門論』에도 『단어』의 말을 그대로 인용하고 있음을 볼 수 있다.

이러한 내용들이 뒷날 편집된 『단경』에 혜능이 대유령 고개까지 쫓아온 혜명상좌에게 설한 법문으로 재편되고 있다. 그런데 여기서 설한 선악의 차별심이 일어나기 이전의 상태를 황벽의 『전심법요』에서는 또한 "부모로부터 태어나기 이전(父母未生時)"으로 달리 표현하고 있는 것이다.

> 그때 육조스님이 묻기를 "그대는 무엇을 구하러 왔는가? 옷을 구하는가, 아니면 법인가?"하니, 도명상좌가 "옷이 아니라 오로지

법을 위하여 왔습니다."고 하였다. 육조께서 말씀하시기를 "네 잠시 마음을 거두고 선도 악도 전혀 생각하지 말라."하시자, 도명상좌가 말씀을 받드니, 육조께서 "선도 생각하지 말고 악도 생각하지 말라. 바로 이러한 때 부모가 낳기 이전 명상좌의 본래면목(父母未生時面目)을 나에게 가져와 보아라." 하셨다.[431]

이른바 "부모미생시면목父母未生時面目"이란 말은 부모로부터 태어나기 이전의 자기 본래의 모습으로 생사를 여읜 불생불멸不生不滅의 진여실상眞如實相을 나타낸 말이다. 여기서 말한 "부모미생시면목"이란 말은 황벽과 동시대 법형제인 위산영우潙山靈祐가 그의 제자인 향엄지한香嚴智閑에게 제시한 공안에서도 같은 유형으로 표현되어진 말이다. 『위산록潙山錄』에 소개된 위산과 향엄의 법문을 들어보자.

위산스님께서 하루는 향엄스님에게 물으셨다. "그대는 백장스님의 처소에 살면서, 하나를 물으면 열을 대답하고 열을 물으면 백을 대답했다고 하던데 이는 그대가 총명하고 영리하여 이해력이 뛰어났기 때문인 줄 안다. 그러나 바로 이것이 생사의 근본이다. 부모가 낳아주기 전(父母未生時)에 어디서 왔는지 일구를 지어

---

431) 『傳心法要』, 『大正藏』 제48권, p 383下. 六祖便問 汝來求何事. 爲求衣爲求法. 明上座云 不爲衣來 但爲法來. 六祖云 汝且暫時斂念 善惡都莫思量. 明乃稟語 六祖云 不思善不思惡 正當與麼時 還我明上座父母未生時面目來.

보여라(試道一句看)." 향엄스님은 이 질문을 받고는 말문이 막혀버렸다. 방으로 되돌아와 평소에 보았던 모든 책(文字)을 뒤져가며 적절한 대답을 찾으려고 애를 써 보았으나 끝내는 찾지 못하였다. 그래서 그는 스스로 탄식하며 말하였다. "그림 속의 떡은 주린 배를 채워주지 못한다."

그런 뒤로 향엄스님은 여러 번 스님께 가르쳐 주시기를 청하였으나 그럴 때마다 스님은 말씀하셨다. "만일 그대에게 말해준다면 그대는 뒷날 나를 욕할 것이네. 무엇이든 내가 설명하는 것은 내 일일 뿐 결코 그대의 수행과는 관계가 없느니라." 향엄스님은 이윽고 평소에 보았던 책들을 태워버리면서 말하였다 "금생에는 더 이상 불법을 배우지 않고 이제부터는 그저 멀리 떠돌아 다니면서 얻어 먹는 밥중노릇이나 하면서 이 몸뚱이나 좀 편하게 지내리라."

이리하여 눈물을 흘리며 스님을 하직하였다. 곧바로 남양南陽지방을 지나다가 혜충국사慧忠國師의 탑을 참배하고는 마침내 그곳에서 쉬게 되었다. 하루는 잡초와 나무를 베다가 우연히 기왓장 한 조각을 집어 던졌는데 그것이 대나무에 '딱' 부딪치는 소리를 듣고는 단박에 깨닫게 되었다. 향엄스님은 급히 거처로 돌아와 목욕 분향하고 멀리 계시는 스님(潙山)께 절을 올리고는 말하였다. "스님의 큰 자비여! 부모의 은혜보다 더 크십니다. 만일 그때 저에게 말로 설명해 주셨더라면 어찌 오늘의 이 깨달음이 있을 수 있겠습니까!" 이에 게송을 읊었다.

    一擊忘所知　딱 소리에 알음알이 떨쳐지니
    更不假修時　다시는 닦을 필요 없게 되었네.
    動容揚古路　덩실덩실 옛길을 넘나드니
    不墮悄然機　초췌한 처지에 빠질리 없어라.
    處處無蹤跡　곳곳에 자취를 남기지 않고
    聲色外威儀　빛과 소리를 벗어난 몸짓이니
    諸方達道者　제방의 도를 아는 이들은
    咸言上上機[432]　모두가 상상기라 하더라.

위의 이야기는 『대혜어록』에도 그대로 인용[433]되어 있음을 볼 수 있다. 위산이 말한 이른바 "부모로부터 태어나기 이전에(父母未生時), 어디서 왔는지 일구를 지어 보여라(試道一句看)."고 한 말은 위에서 제시하고 있는 "부모미생시면목父母未生時面目"을 묻고 있는 것이다. 이와 같은 "부모미생시면목父母未生時面目"은 『선관책진』에 기록된 설정雪庭화상과 태허太虛선사의 시중示衆에 정식으로 "부모미생전본래면목父母未生前本來面目"이란 정형화된 화두로 나타나고 있다.

  12시중에 씻은 듯이 가난한 마음[434]으로 부모가 낳기 이전(父母
  未生前) 어떠한 것이 나의 본래면목本來面目인가를 참구하되, 득력得

---

432) 『潙仰錄』(禪林古鏡叢書13), p 53~55.
433) 『大慧語錄』 卷第13, 『大正藏』 제47권, p 865下.

부록 493

力하든 득력하지 못하든 혼산昏散하든 그렇지 않든 상관하지 말고 다만 한결같이 지어 나가기만 하라.[435]

아직 깨닫지 못하였거든 모름지기 10년 20년 내지 30년이라도 포단 위에 앉아 배겨 부모가 낳기 이전 면목(父母未生前面目)을 참구하라.[436]

이러한 전통은 중국 근대불교에까지 전승되어지게 된다. 근세 중국선불교의 중흥조라 일컫는 허운虛雲선사는 오늘날 중국에서 가장 많이 참구되고 있는 "염불하는 자가 누구인가(念佛者是誰)?"라는 화두와 본래면목 화두와의 연계성을 설명하고, 두 화두 역시 "나의 본래 모습이 무엇인가?"로 귀착됨을 밝히고 있다.

옛 사람들의 공안이 많으나, 후에 와서는 오로지 '화두를 보라.'고만 가르쳤습니다. 예컨대 '이 송장을 끌고 다니는 것은 누구인가?' 나, '부모에게서 태어나기 전, 어떤 것이 나의 본래면목인가(父母未生前 如何是我本來面目)?' 하는 화두를 보라고 하는 것입니다. 근래에 와서 제방諸方에서 많이 쓰는 화두는 '염불하는 것은

---

434) 가난한 마음 : 가난한 마음이라는 것은 마음속에 일체의 알음알이나 소득심(所得心)이나 아만심을 툭! 털어버린 말끔한 마음이라는 뜻이니, 마음에 조그마한 것이라도 들어 있으면 불조의 말씀이 바로 들어가지 않고 공부가 올바르게 나가지를 못하게 된다. 마음을 비워야 한다.
435) 『禪關策進』(佛光出版社, 1997년), p 270. "十二時中 一貧如洗 看箇父母未生前 那箇是我本來面目 不管得力不得力 昏散不昏散 只管提撕去."
436) 위의 책, p 289. "如未了悟 須向蒲團上冷坐 十年二十年三十年 看箇父母未生前面目."

누구인가? 하는 것인데, 이 화두는 실은 어떤 식으로 표현해도 다 마찬가지이며 모두 너무나 평범하여 별로 특별한 것도 없습니다. 말하자면, 경을 읽는 것은 누구며, 주문을 외우는 것은 누구며, 부처님께 절을 하는 것은 누구며, 밥을 먹는 것은 누구며, 옷을 입는 것은 누구며, 길을 가는 것은 누구며, 잠자고 깨어나는 것은 누구냐 하는 것들인데, 모두 같은 내용의 화두입니다.[437]

허운은 『참선요지』에서 "부모에게 태어나기 이전의 본래면목을 본다(看)는 것은 곧 마음을 관(觀)하는 것"이며, "염불하는 자가 누구인가(念佛者是誰)? 하는 화두를 참구하는 것은 부처를 염하는 자기 마음을 관하는 것(觀心)"이라고 정의하여 "자심의 청정각체(自心淸淨覺體)를 관조(觀照)하는 것"[438]으로 통일하고 있다.

『단경』에 나오는 혜능의 본래면목本來面目 화두는 우리나라에도 원형 그대로 전해져 고려시대 보조선사의 제자 진각혜심의 『선문염송』 제118칙에 소개되어 있다. 그리고 고려 말 태고와 나옹 양 선사에 의해 본격적으로 "본래면목" 화두가 본참공안으로 참구되기 시작하였다. 『태고어록』에는 「최진사에게 주는 글」에 본래면목을 참구할 것을 아래와 같이 당부하고 있다.

> 공公은 스스로 '무엇이 부모가 낳아주기 전의 본래면목인가(父母

---

437) 虛雲, 『參禪要旨』 (대성스님 옮김, 여시아문, 2004년), p 23~24.
438) 위의 책, p 24~25.

未生前本來面目)?'하고 참구하여 보십시오. 그 한 마디에 깨치면 그만이거니와 그렇지 못하거든, 다니거나 섰거나 앉거나 누울 때나 스물 네 시간을 마음마음이 어둡지 않고 생각생각 계속해야 합니다.......

그 방법을 말한다면, 공은 "4대로 된 내 몸뚱이는 부모가 낳아준 것으로서 언젠가는 반드시 무너질 것이다. 무엇이 부모가 낳아주기 전의 본래면목인가(父母未生前本來面目)?"하고 생각하되, 부디 참구하여 어둡지 않게 하십시오. 이렇게 끊일 틈 없이 하면 공부가 저절로 순순히 익어지고 몸과 마음이 맑고 상쾌해져, 마치 싸늘한 가을 하늘의 기운과 같게 될 것입니다.[439]

위에서 태고선사가 설하고 있는 이른바 "사대로 된 내 몸뚱이는 부모가 낳아준 것으로서 언젠가는 반드시 무너질 것이다. 무엇이 부모가 낳아주기 전의 본래면목인가?"라는 구절이 바로 우리나라에서 참구되어진 본래면목 화두의 정형구라 할 수 있다. 나옹선사 역시 『나옹어록』에 「상국 이제현相國 李齊賢에게 답하는 글」에 "본래면목"을 참구할 것을 강조하고 있다.

만일 철저히 깨치지 못했으면 꼭 하고야 말겠다는 큰 뜻을 일으켜 옷 입고 밥 먹고 담소하는 하루 스물 네 시간 어디서나 그 본래면목을 참구하시기 바랍니다. 어떤 이의 말에, '금생에 이 세

---

439) 『太古錄』 (禪林古鏡叢書 21), p 65.

상에 나와 이런 모습이 된 것은 바로 부모가 낳아준 면목이지마는, 어떤 것이 부모가 낳아주기 전의 본래면목인가?' 하였습니다. 다만 이렇게 끊이지 않고 참구하여, 생각의 길이 끊어지고 의식이 움직이지 않아 아무 맛도 없고 더듬을 수도 없는 곳에 이르러 가슴속이 갑갑하더라도 공空에 떨어질까 두려워하지 마십시오. 그것이야말로 상국께서 힘을 얻을 곳이요 힘을 더는 곳이며, 또 안신입명安身立命할 곳입니다. 간절히 부탁하고 부탁합니다.[440]

당시 원元나라에 유학하여 여러 선지식을 참문하고 석옥청공石屋淸珙과 평산처림平山處林의 법을 이어온 태고, 나옹선사는 "무자화두"와 함께 "본래면목 화두"를 매우 강조하고 있다. 태고화상은 이 화두를 강조하여 이렇게 말하고 있다. "참선하는 사람은 모름지기 스스로 꾸짖고 반성하되, 자기의 공부가 옛사람과 같은가 다른가를 생각해야 한다. 조금이라도 잘못된 데가 있거든 부디 스스로 꾸짖고, 다시 장부의 뜻을 내어 시시각각으로 일체의 선악을 전연 생각하지 말아야 한다. 그리하여 그때에는 무엇이 우리 부모가 낳아주기 이전의 본래면목인가를 잊지 않고 간절히 참구하여, 갑자기 마음이 갈 곳이 없어져 한 덩어리가 되어야 한다."[441]라고 하였다.

이와 같이 고려 말의 선림에서 이미 본래면목 화두가 보편적으

---

440) 『懶翁錄』(禪林古鏡叢書 22), p 137.
441) 위의 책, p 77.

로 널리 승속 간에 참구되고 있었음을 알 수 있다. 이러한 전통은 근세의 간화선사상으로 전승되어져 본참공안으로 널리 사용되고 있다. 경허선사는 『참선곡』에서 "몸뚱이는 송장이요, 망상번뇌 본공本空하고 천진면목天眞面目 나의 부처 보고 듣고, 앉고 눕고, 잠도 자고 일도 하고, 눈 한 번 깜짝할 새 천리만리 다녀오고, 허다한 신통묘용 분명한 나의 마음 어떻게 생겼는고?"라고 노래하여 본래면목을 참구할 것을 지시하고 있다. 용성선사 또한 그의 『수심정로』에서 "부모미생전父母未生前 본래면목本來面目" 화두의 연원과 참구법에 대해 상세히 설명하고 있다.

또 부모미생전父母未生前에 화두하는 법은 위산潙山이 향엄香嚴에게 묻되, "네가 부모미생전면목面目한 글귀를 일러오너라. 그런 연후에야 너와 더불어 서로 보리라!" 하시니, 부모는 나의 고깃덩어리 몸은 낳았을지라도 나의 본래 면목은 낳지 못하였으니 어떤 것이 나의 본래 면목인가를 의심하여 볼지어다.

혹 어떤 사람이 묻기를, 그러면 내가 전세前世의 개가 사람이 되었는가? 사람이 스스로 사람이 되었는가? 의심하여 보라는 말인가요?

용성이 답하되, 그것을 궁구하라는 말이 아니라, 나의 천진본연 면목天眞本然面目은 부모가 나를 생生하려 하여도 능히 생하지 못하고, 천지가 나를 생하며, 나를 덮으며, 나를 실으려 하여도 능하지 못하는데 나의 본래 옛주인舊主人의 면목을 보지 못하고 알지

못할새 부모가 낳기 전에 어떤 것이 나의 본래 면목인고? 하며 의심하는 것이다.[442]

용성은 본래면목 화두의 연원이 위산영우와 그의 제자 향엄지한의 선문답에 있음을 밝히고 있다. 또한 본래면목에 대한 의심으로 그 참구법을 삼으라고 가르치고 있다. 즉 부모로부터 태어나기 이전의 전생사前生事를 참구하라는 것이 아니라, 불생불멸의 "천진본연면목天眞本然面目"을 의심하고 의심하는 것이 본래면목 화두의 올바른 참구법임을 제시하고 있는 것이다.

이와 같이 본래면목 화두는 혜능의 "본래면목本來面目"과 위산의 부모미생전父母未生前이 어우러져 "부모로부터 태어나기 이전에 나의 본래 면목(모습)이 무엇인가?"라는 화두로 정형화되어 참구하게 된 것임을 알 수 있다.

---

442) 『修心正路』, 「각해일륜』 (세계불교성지보존회), p 266~267.

4. 만법귀일(萬法歸一) 화두

만법귀일萬法歸一 화두는 조주종심선사로부터 시작되고 있다. 『조주록』에 다음과 같은 법문의 일단이 설해져 있다.

한 스님이 물었다. "만법이 하나로 돌아가는데 하나는 어디로 돌아갑니까?"
"나는 청주에서 베옷 한 벌을 만들었는데, 무게가 일곱 근이더라."[443)]

위의 선문답 가운데 조주가 말한 답어를 제외한 "만법이 하나로 돌아가는데(萬法歸一) 이 하나는 어디로 돌아가는가(一歸何處)?"라는 도입부를 자기 물음으로 전화轉化시켜 하나의 화두가 된 것이다. 즉 「만법은 어디로 돌아가는가? 하나로 돌아간다. 그러면 이 하나는 어디로 돌아가느냐?」라는 공안에 대해 의심을 지어가는 것이다. 여기서 화두로써 의심이 되는 것이 바로 "이 하나는 어디로

---

443) 『趙州錄』, p.96 (장경각, 2538년) 師云與麼嫌什麼問 萬法歸一 一歸何所 師云 我在靑州作一領布衫 重七斤

돌아가느냐?"라는 부분이다.

그런데 여기서 문제가 되는 것이 "만법이 하나로 돌아간다면 그 하나는 무엇인가?"라는 의심이 가능하게 되고, 그리고 또한 "이 하나는 어디로 돌아가느냐?"라는 의심이 되어 이중적 의심이 되는 것이다. 이러한 이중적 의문구조에 대해 초학자들이 참구할 때 어려움을 겪을 수 있다. 그래서 만공선사는 만법귀일 화두 참구법에 대해 다음과 같이 설명하고 있다.

> 참선법은 상래로 있는 것이지만, 중간에 선지식들이 화두드는 법으로 참선하는 법을 가르치기 시작하여 그 후로 무수 도인이 출현하였나니, 화두는 일천 칠백 공안이나 있는데, 내가 처음 들던 화두는 곧 「만법이 귀일이라 하니 일—은 어디로 돌아갔는고?」를 의심하였는데, 이 화두는 이중적 의심이라 처음 배우는 사람은 만법이 하나로 돌아갔다고 하니, 하나는 무엇인고? 하는 화두를 들게 하는 것이 가장 좋으리라.
> 하나는 무엇인고? 의심하여 가되 의심한다는 생각까지 끊어진 적적하고 성성한 무념처에 들어가야 나를 볼 수 있게 되나니라. 하나라는 것은 있는 것도 아니요, 없는 것도 아니요. 이 정신 영혼도 아니요. 마음도 아니니, 하나라는 것은 과연 무엇인고? 의심을 지어 가되 고양이가 쥐를 노릴 때에 일념에 들듯. 물이 흘러갈 때에 간단이 없듯, 의심을 간절히 하여 가면 반드시 하나를 알 게 되나니라.[444]

위에서 만공은 이중적 의심이 가능한 만법귀일 화두에 대해 초학자들은 "이 하나는 어디로 돌아가느냐?"라는 『조주록』에서 제기한 본래의 의심을 참구하지 말고 "만법이 하나로 돌아감을 전제하고, 그렇다면 이 하나는 도대체 무엇인가?"로 바꾸어 참구하게 하고 있다.

그래서 현재 선문에서는 만법귀일萬法歸一 화두를 참구함에 있어서 두 가지로 나뉘어 참구하고 있는 것이다. 하나는 "이 하나는 어디로 돌아가느냐"라는 공안 본래의 의심이며, 또 하나는 "이 하나는 무엇인가?"라는 의심인 것이다.

그러나 종문에서는 예로부터 본래의 만법귀일 화두가 그대로 전승되어져 왔음을 볼 수 있다. 이 화두로 크게 깨친 분이 바로 『선요禪要』로 유명한 고봉원묘高峰原妙선사이다. 고봉은 처음에 무자화두를 들었으나 별 진전이 없자 단교斷橋화상이 제시해 준 만법귀일 화두에 의정이 돈발하여 마침내 칠통을 타파하게 되었다.

> 때는 이월 초로서 제방諸方 모든 선방禪房의 방부房付가 끝나 갈 수 있는 절이 없었기에, 보따리를 메고 경산사徑山寺로 올라갈 수밖에 없어 이월 보름쯤에 승당僧堂으로 돌아갔다. 어느덧 시간이 흘러 다음달 열엿샛날 밤 꿈속이었다. 홀연 단교斷橋화상이 방장실에서 일러 주신 "만법귀일萬法歸一 일귀하처一歸何處"라는 화두가

---
444) 『滿空法語』 p.255. (덕숭사수덕사. 1982)

기억되었고, 이로부터 단숨에 의정疑情이 생겨 한 덩어리가 되니, 바로 동서를 가리지 못하며 먹고 자는 것조차 잊어 버렸다.

이렇게 엿새째 되던 날 오전, 행랑 아래에서 거닐다가 대중 스님들이 승당에서 나오는 것을 만나게 되었다. 나도 모르게 그 대열에 섞여 삼탑각三塔閣에 올라가서 경을 외우다 머리를 들어 문득 오조법연五祖法演화상의 진영眞影 찬讚 끝에 있는 두 마디, "백년삼만육천일百年三萬六千日을 되풀이하고 있는 것이 본디 이 놈이다."라고 하는 내용을 보게 되었다. 그러자 이전에 스님께서 다그쳐 물으시던 "송장 끌고 다니는 놈"이라는 화두를 별안간 타파하여, 바로 혼魂이 날아가고 간담이 서늘해져 죽었다 다시 살아난 듯 하였다. 이것이 어찌 백스무 근 무거운 짐을 내려놓은 것과 같을 뿐이었겠는가.[445]

그리고 고봉원묘의 문하에 참예하여 그의 법을 이은 단애요의斷崖了義 또한 "만법귀일" 공안을 참구하여 깨치고 게송을 짓기를 "대지여 산하여 한 조각 눈이로다(大地山下一片雪). 햇빛 한 번 비치니 자취조차 사라지네(太陽一照便踪). 이로부터 모든 불조를 의심하지 않고(自此不疑諸佛祖) 나아가 동서남북이 모두 사라졌네(更無南北如

---

445) 『禪要』. 時二月初 諸方掛搭 皆不可討 不免挑包上徑山 二月半歸堂 忽於次月十六夜夢中 忽憶斷橋和尙 室中所擧 萬法歸一 一歸何處話 自此疑情頓發 打成一片 直得東西不辨 寢食俱忘 至第六日 辰巳間 在廊下行 見衆僧堂內出 不覺 輥於隊中 至三塔閣上 諷經擡頭 忽覩五祖演和尙眞贊 末後兩句云 百年三萬六千朝反覆 元來是這漢 日前 被老和尙 所問 拖死屍句子 驀然打破 直得魂飛膽喪 絶後再甦 何啻如放下百二十斤擔子

東西)."라고 하였다. 고봉스님이 인가하면서 네가 후에 "고봉절정高峰絶頂에서 크게 소리칠 것이다."라고 하였다.[446] 『선관책진』에 의거하면 대승산 보암단애普巖斷崖화상 또한 만법귀일 화두를 참구할 것을 제시하고 있다.

만법이 하나로 돌아가니 하나는 어디로 돌아가는가? 공부를 짓되, 화두를 참구하지 아니하고 비고 고요한 것을 지켜 앉아있지 말며, 염화두念話頭를 하여 의정없이 앉아 있지 말지니라. 혹 혼침이 오거나 산란심이 들면 생각을 일으켜서 이를 쫓으려 하지 말고, 곧 힘차게 화두를 들고 신심을 가다듬어 용맹히 정채를 더하라.

그래도 아니 되거든 땅으로 내려와 경행하고 혼산이 사라지거든 다시 포단에 앉을지니 혹 화두가 들지 않아도 스스로 들리고 의심하지 않아도 스스로 의심되며 가도 가는 줄을 모르고 앉아도 앉아 있는 줄을 알지 못하여 오직 참구하는 생각 뿐이어서 공부가 「외로이 훤출하고 또렷하게 밝게되면」(孤孤迥迥 歷歷明明) 이곳을 번뇌가 끊어진 곳이라 하며 또한 아我가 없어진 곳이라 하느니라. 비록 이 경지에 이르렀다 하더라도, 아직 구경에 이른 것은 아니니 다시 채찍을 더하여 「저 하나는 어디로 돌아가는가?」를 궁구하라.

이 경지에 이르러 화두를 드는데는 별다른 절차가 없느니라. 화두가 간단이 없어 오직 의정이 있을 뿐이나, 혹 화두를 잊거든

---

446) 『禪關策進』 (佛光出版社, 1997년), p 245.

곧 들지니 그 중에 돌이켜 비추는 마음이 다하게 되면 이때를 「법法이 없어졌다」고 하는 것이라 비로소 무심처無心處에 이른 것이다. 그러나 이곳을 구경처라 할 것인가? 고인이 이르시기를 '무심을 도라 이르지 마라. 무심이 오히려 한 중관中關 격隔하였네.' 하였으니 여기서 다시 문득 소리나 빛을 만나 축착 합착하여 한바탕 크게 웃음치고 몸을 뒤쳐 돌아와야 비로소 「회주소懷州牛 여물 먹고 익주말益州馬 배부르다」 하게 되는 것이다.[447]

위에서 보암단애는 화두하는 법에 대해 설하기를 고요함을 지켜서도 아니 되며, 의정이 없이 염화두念話頭를 하여도 아니 되며, 혼침이나 도거에 흔들리지 말고 오직 화두에 의심을 더하여 "외로이 훤출하고 또렷하게 밝게 되는(孤孤迥迥 歷歷明明) 경지"에 이르러야 한다고 가르치고 있다. 그러나 이 경지에도 안주하지 않고 더 나아가기 위해서는 다시 "저 하나는 어디로 돌아가는가?"를 간단없이 참구하여 무심처無心處에 이르러야 하며, 여기서(無心處) 한 발짝 더 향상일로向上一路로 나아가 뒤집어져야 옛집에 이른 소식이라고 강조하고 있다.

---

447) 『禪關策進』 p.283. "萬法歸一 一歸何處 不得不看話頭 守空靜而坐 不得念話頭 無疑而坐 如有昏散 不用起念排遣 快便擧起話頭 抖擻身心 猛看精采 更不然 下地徑行 覺昏散去 再上蒲團 忽爾不擧自擧 不疑自疑 行不知行 坐不知坐 惟有參情 孤孤迥迥 歷歷明明 是名斷煩惱處 亦名我喪處 雖然如是 末爲究竟 再加鞭策 看箇一歸何處 到這裏 提撕話頭 無節次了也 惟有疑情 忘卽曝之 直至返照心盡 是名法亡 始到無心處 莫是究竟麼 古云 莫謂無心 云是道無心 猶隔一重關 忽然遇聲遇色 磕看撞著 大笑一聲 轉身過來 便好道 懷州牛吃禾 益州馬腹脹."

우리나라에서도 고려시대 진각혜심이 찬한 『선문염송』의 408조에 만법귀일 공안이 소개된 뒤 종문에 널리 유행하기 시작했는데, 고려 말 태고선사가 초학자 시절(19세)에 만법귀일 화두를 참구하였다고 전하고 있다.[448] 그리고 나옹선사도 대중들에게 무자화두, 본래면목 화두와 함께 만법귀일 화두를 참구할 것을 제시하고 있음을 볼 수 있다.

만일 그렇다면 반드시 대장부의 마음을 내고 기어코 하겠다는 뜻을 세워 평소에 깨치거나 알려고 한 일체의 불법과 사육체四六體의 문장과 언어삼매를 싹 쓸어 큰 바다 속에 던지고 다시는 들먹이지 말아라. 그리하여 8만 4천 가지 미세한 망념을 가지고 한 번 앉으면 그대로 눌러앉고, 본래 참구하던 화두를 한 번 들면 늘 들되, '모든 법이 하나로 돌아가는데 그 하나는 어디로 돌아가는가?'라든가, '어떤 것이 본래면목인가?'라든가, '어떤 것이 내 본성인가?'라든가 하라.
혹은 어떤 스님이 조주스님에게, "개에게도 불성이 있습니까?" 하고 물으니 조주스님은, "없다無" 하였다. 그 스님이 "꼬물거리는 곤충까지도 다 불성이 있다고 하였는데 무엇 때문에 개에게는 불성이 없다고 하십니까?"라고 한 화두를 들어라.[449]

이러한 만법귀일 화두의 전통이 조선시대를 거쳐 근세의 용성과

---

448) 『太古錄』, 위의 책, p 208.

만공선사 시대까지 전승되어 그즈음에 더욱 참구하는 납자가 늘어나게 된 것이다. 용성은 『수심정로』에서 「모든 화두마다 본의심 本疑心이 있으며 또한 병된 것을 가림」이라는 조條에서 만법귀일에 대해 다음과 같이 참구할 것을 당부하고 있다.

  만법귀일화두萬法歸一話頭하는 법은 만법이 하나로 돌아가나니 하나는 어디로 돌아가는고? 하며 의심하는 것이다.

이와 같이 만법귀일 화두는 조주선사의 제시로부터 종문에 면면히 이어져 온 중요한 본참화두로서, 현재 한국의 선문에서는 "하나는 어디로 돌아가느냐?"라고 의심하는 전통적 의미의 화두와 "이 하나는 무엇인가?"라고 의심하는 만공선사에 의해 제기되어진 또 하나의 화두로 나뉘어져 참구되고 있다.

---

449) 『懶翁錄』 p.92. "若如此則須發丈夫心 立決定志 將平生悟得底 解會得底 一切佛法 四六文章 語言三昧 一掃掃向大洋海裏去 更莫擧着 把八萬四千微細念頭 一坐坐斷 却將本參話頭 一提提起 或萬法歸一 一歸何處 或那箇是本來面目 或那箇是我性 或僧 問趙州 狗子還有佛性也無 州云無 蠢動含靈 皆有佛性 因甚狗子 無佛性 只將末後 一句."

5. 대혜종고선사 행장(行狀)

대혜종고(大慧宗杲 : 1089~1163)선사는 선종사에서 역사적 획을 그을 수 있는 매우 중요한 인물이다. 그가 제창한 간화선은 선종사에서 마지막으로 제출된 창조적인 선법체계禪法體系이다. 송원宋元대 이후 중국 선종은 기본적으로 대혜선사가 개창한 간화선을 계승 발전시키고 있다고 해도 과언이 아니다. 또한 후에 정토 염불사상과 결합되어 염불선念佛禪으로 발전되기도 하였다. 대혜의 간화사상은 당시 사대부들을 중심으로 한 재가불교계에도 상당한 영향을 끼쳤다.

대혜의 간화선사상을 구체적이고 체계적으로 연구하는 것은 중국 선종사와 불교사 내지 전체 중국 사상사를 이해하는데 매우 중요한 의의가 있다고 할 수 있다. 그리고 한국의 선 사상사를 이해하는데도 빼놓을 수 없는 중요한 일인 것이다.

대혜선사의 일생을 사상의 성숙도에 의거하여 구분 짓는다면 중요한 두 단계로 나눌 수 있다. 첫째, 단계는 출가하고 참학하여 사상을 확립시키는 수학기이며, 둘째, 단계는 그가 간화선법을 크게 선양宣揚하던 교화의 시기이다.

먼저 출생에 대한 기연奇緣과 참학수선參學修禪기에 대해 살펴보도록 하자. 선사의 성姓은 혜奚씨이며, 선주宣州 영국(寧國 : 지금의 安徽省 寧國縣) 사람이다. 모친의 꿈에 신인神人이 나타나 검은 얼굴에 코가 높은 스님 한 분을 모시고 침실에 들어오기에, 그들이 사는 곳을 물어보니 북악北岳이라 대답하였다. 꿈에서 깨어난 이후 태기가 있었고 태어나던 날 방안에서 흰빛이 솟아오르니, 온 동네 사람들이 경이롭게 여기지 않는 이가 없었다. 때는 남송南宋 철종哲宗 원우4년(元祐四年 1089), 기사己巳 십일월 십일 사시巳時였다.

선사의 법명法名은 종고(宗杲)이며, 자字는 담회曇晦, 호는 묘희妙喜 또는 운문雲門이라 한다. 열세 살에 향교에 입학하여 공부하였는데, 동학同學들과 같이 장난치며 놀다가 벼루를 잘못 던져 훈장의 모자를 맞혀 훼손하게 되었다. 돈 삼백 냥을 물어주고 집에 돌아와 탄식하기를 "세간의 책을 읽는 것이 어찌 출세간의 법을 탐구하는 것보다 낫겠는가?"라고 말하고 출가를 결심하였다.

십육 세 되던 해에 부모는 그가 속가에 머물 뜻이 없음을 알고 본 현의 서사西寺에 거처를 마련해 주었다. 같은 해 9월 동산東山 혜운원慧雲院 혜제慧齊선사를 스승으로 득도하였으며, 이듬해 열일곱 살에 삭발하고 경덕사景德寺에서 구족계를 받았다. 항상 혼자서 선종 제가의 어록을 탐구하였으며, 특히 운문문언雲門文偃과 목주도명睦州道明의 어록을 애독하였다.

『보설普說』에 말하기를, "나는 십칠 세에 바로 종문의 요긴한 일을 알아서 낙발落髮 후에 제방을 유력하며 선지식을 참방하였다.

오직 생사대사生死大事의 일을 알지 못하면 다른 때에 나귀의 태와 말의 뱃속에 들어가게 된다. 또한 일찍이 경을 보고 환희한 곳을 얻었다."라고 하고 있다.

이로 미루어 보아 선사는 득도하자마자 바로 선종의 법문을 좋아하고 참선으로써 생사의 일대사를 해결할 결심을 하고 있었다. 그가 비록 경을 보고 얻은 바가 있었으나 거기에 만족하지 않았다. 이것은 대혜선사가 겨우 하나의 학승에 만족하지 못했음을 표명하고 있는 것이다. 이때부터 선사는 이미 수학의 길과 방향이 기본적으로 확정되었다고 볼 수 있다.

그는 출가 후 몇 년 동안 당시 선문가풍의 영향을 받게 된다. 『보설』에 의하면 봉성초奉聖初화상 처소에서 법안의 "무엇이 학인자기學人自己인가?"의 공안에 대해 문답하였다. 『대혜연보』에 의하면, 서죽소정瑞竹紹珵화상 회상에서 설두송고雪竇頌古를 자견자설自見自說하여 통달하였다는 인가를 받기도 하였다. 또한 『보설』에는 "서암이 항상 자신을 향해 주인공아! 부르던 인연(瑞巖喚主人公)"을 좋아하였다는 전기를 전하고 있다.

이러한 소식은 모두 당시 선문이 고칙공안을 가지고 문답을 통해 깨달음을 유도하던 문자선풍이 크게 유행하고 있었음을 짐작케 한다. 대혜선사 역시 한때 당시 유행했던 이러한 선풍을 통과했음을 알 수 있다.

열아홉 살에 역시 제방을 유력하며 여러 선지식들을 참방하던 가운데, 어느 날 태평주太平州 은적암隱寂庵에 당도하였다. 암주庵主

가 융숭하게 영접하며 말하기를 "어젯밤 꿈에 가람신伽藍神이 나한테 '내일 운봉열雲峰悅선사가 여기에 오리라.'고 했는데, 스님이 맞지요"라고 하면서 운봉열선사의 어록을 보였다. 과연 선사가 한 번 보고 다 외우니, 이로부터 사람들이 그를 운봉열선사의 후신이라고 하였다.

스무 살에 조동종의 부용도해芙蓉道楷의 사법嗣法인 동산도미洞山道微선사를 참알하고 2년 동안 머물면서 조동종지曹洞宗旨를 다 배우게 되어, 도미선사가 인가하고 심인心印을 전수하기로 결정하였다. 대혜선사가 생각하기를 "선禪에 전수傳授가 있으나, 어찌 불조의 자증자오自證自悟의 법이겠는가?" 하고, "대장부가 참선하여 어찌 종사의 입가(口邊)에서 야호野狐의 침이나 먹고 있겠는가?"라고 말하고 바로 떠나갔다.

휘종대관徽宗大觀 3년 기축년(1109) 스물한 살에 륵담산泐潭山 보봉사(寶峰寺 : 지금의 江西省 南昌)에 나아가 임제종 황룡파黃龍派의 제이세인 진정극문眞淨克文선사의 제자인 담당문준湛堂文準화상 문하에 투신하였다. 6년간을 시봉하며 진정과 담당의 선법사상의 영향을 깊게 받게 된다. 진정과 문준 모두 선종의 돈오頓悟사상과 도덕수양道德修養을 매우 중시하였다. 특히 담당문준의 선사상과 중국 전통사상, 즉 유가儒家가 중시하는 윤리도덕의 사상과의 융합이 두드러졌다. 담당은 진정의 문하에서 참선하던 중 하루는 납자가 제갈공명의 「출사표出師表」를 읽는 소리를 듣고 활연개오豁然開悟하게 되었다. 문준이 공명의 「출사표」로 인해 개오했다는 사실은 중국 전통의 유가사상이 담당의 선사상에 지대한 영향을 미치고 있다는 반증이기도 하다.

훗날 문준이 말하기를 "도덕이 있는 자는 대중을 즐겁게 할 것이요, 도덕이 없는 자는 자신의 몸만을 즐겁게 할 것이다. 대중을 즐겁게 하는 것은 흥할 것이며, 몸을 즐겁게 하는 것은 망할 것이다. 오늘날 주지(방장)를 칭하는 자들이 대중과 함께 하기를 아주 싫어하니 대중이 떨쳐내려 한다. 그 좋아하는 것을 구하면 그 싫어하는 것을 알게 되고, 싫어함은 그 좋아하는 것을 아는 것이 드러나게 된다. 그러므로 대중과 더불어 근심과 즐거움을 함께하고, 좋고 싫은 것을 함께하는 것이 의義이다. 의義가 있는 곳에 천하에 누가 돌아가려 하지 않겠는가?"라고 하였다.

문준의 선의 깨달음(禪悟)과 도덕수양의 사상이 대혜에게 미친 영향은 실로 지대하다고 할 수 있다. 예를 들어서 뒷날 대혜가 충의심忠義心과 보리심菩提心을 동등하게 설법한 것의 직접적인 연원 역시 바로 문준의 이러한 사상적 영향에 있는 것이다. 그리고 뒷날 금나라와의 전쟁시기에 충의忠義적인 입장에서 주전파에 속해 귀양살이의 고초를 감내하는 것 역시 이러한 일련의 사상과 무관하지 않다고 볼 수 있다.

이와 같이 대혜의 간화종장으로서의 기본적 소양은 모두 문준의 회하에 있을 때 거의 이루어지고 있음을 알 수 있다. 아울러 선학에 대한 이론과 수습修習 또한 상당한 경지에 이르게 되었다. 그러나 문준이 보기에 대혜는 아직 지해知解의 단계에 머물러 돈오의 비약을 통과하지 못했다. 그러므로 아직 해행이 상응(解行相應)하지 못했고, 진참실오(眞參實悟)하지 못했으며, 생사를 해탈하지 못했다.

담당문준의 깨달음에 대한 철저한 가르침은 대혜로 하여금 더욱 의정을 돈발하게 하였으며, 돈오에 대한 신심을 더욱 굳건히 하게 하였다. 대혜는 후에 문준의 이러한 사상을 계승하고 발전시켜 그 또한 문준과 똑같이 반복하여 "깨달음(悟)"과 선종이 주장하는 바의 생사대사에 대한 수증의 중요성에 대해 강조하였다. 동시에 당시 성행하던 의리선(義理禪)의 지견정해(知見精解 : 알음알이)의 선풍에 대해 격렬하게 비판하게 된다.

대혜는 문준의 문하에서 나름대로 깨달은 바가 있었으나 아직 확철히 대오하지는 못했다. 문준문하에서 6년간의 참학시기는 대혜사상의 발전과 성숙의 중요한 전환점이 되고 있다. 비록 그의 사상이 아직 최후로 정형(定型)화 되지는 못했지만 선법사상의 기본특성은 분순분하의 시기에 이미 기본이 확립되었다고 말할 수 있다. 대혜 또한 후에 당시 문준이 지도한 방향으로 수행하기를 노력하였다.

정화(政和) 5년 이십 칠세 때 여름 문준이 병을 얻어 임종시에 대혜에게 "사천(四川)의 원오극근선사를 참알하고 큰일을 성취하라."고 부촉하였다.

담당문준의 부촉으로 인해 원오선사를 만나게 되는 기연이 이루어지게 되니, 이는 대혜의 생애에 있어서 결정적 사건으로 기록될 수 있다. 이 때 대혜선사는 담당문준의 선법을 널리 선양하기 위해 문준과 동문인 진정극문眞淨克文의 법을 이은 각범혜홍覺範慧洪을 방문하여 『문준어록』의 편찬을 의논하였다. 그리고 재상인 무진無盡거사 장상영張商英에게 문준선사의 탑명塔銘을 부탁하기도 하였다. 대혜가 무진거사 장상영을 만나게 된 것은 그의 인생에 많은 영향을 받게 되는데, 뒷날 스승 원오선사를 만나게 되는 것도 장상영의 도움에 의해서 이루어지게 된다. 대혜선사가 장상영과 재회하게 된 것은 선화 2년(1120) 그의 나이 서른두 살 때인데, 그동안 다른 선지식을 참문하며 차일피일 미루다가 원오선사를 참문하지도 못하였으며, 호북에 있는 장상영의 처소에서 8개월간 머물면서 그와 친교를 두텁게 하기도 하였다.

　선화宣和 4년 임인壬寅, 선사 나이 서른네 살에 원오선사를 참문하려 했으나, 그때 원오선사가 멀리 장산蔣山에 주석하고 있었기 때문에 잠깐 동안 태평사太平寺 평보융平普融선사 회하에 머물게 되었다. 선화 7년 을사乙巳, 삼십 칠세에 비로소 변경(汴京: 지금 河南 開封)의 천녕사天寧寺에서 원오선사를 친견하게 되었는데, 겨우 마흔 두 날을 시봉하게 되었다.

　하루는 원오선사께서 상당上堂하여 법을 설하시길 "어떤 스님이 운문에게 '어떤 것이 모든 부처님의 출신처出身處입니까?'라고 묻자, 운문이 '동쪽산이 물 위로 간다(東山水上行)'라고 했다. 나는 그렇게 말하지 않겠다. 오직 그를 향해 '훈풍이 남쪽에서 불어오니 전각殿閣이 시원하게 되리라.'라고 말 할 것이다." 대혜선사는 이 말을 듣고 홀연히 앞 뒤 생각이 끊어진 경계를 당하여 깨달은 바가 있었다. 그러나 원오선사는 쉽게 인가하지 않고 대혜에게 택목당擇木堂에 머물면서 일체 시봉하는 일을 그만두고 오로지 보임保任에 몰두하게 하였다.

뒷날 원오선사가 "유구有句와 무구無句는 등나무 넝쿨이 나무를 기댄 것과 같다."라는 화두를 간택해주면서 참구하게 하였다. 반년을 참구하고 하루는 대혜가 원오선사에게 "일찍이 스님께서 오조(五祖 : 오조법연) 회상에 계실 때 이 화두를 물으셨다고 들었는데, 그 때 오조법연선사가 무엇이라 답했는지 알고 싶습니다."라고 하자, 원오선사는 빙그레 웃고 대답해 주지 않았다.

대혜선사가 "스님께서 이미 대중에게 물었는데 지금 설명한들 무엇이 방해되겠습니까."라고 하니, 원오선사는 마지못해 "내가 오조에게 '유구有句와 무구無句는 등나무 넝쿨이 나무를 기댄 것과 같다는 화두의 뜻이 무엇입니까?'라고 묻자, 오조는 '그림을 그리려고 해도 그릴 수 없고, 색을 칠하려고 해도 칠할 수 없다.'고 하셨다. 또 내가 '나무가 넘어지고 넝쿨이 마를 때는 어떻게 합니까?'라고 하자, 오조는 '서로 따라 오느니라.'고 했다."는 말을 하였다. 이 말을 듣고 대혜선사는 막혔던 마음이 툭 트여 크게 깨닫고는 "저는 알았습니다."라고 말했다.

원오선사가 몇 가지 인연으로 따져 물어 보아도 모두 막힘없이 대답하였다. 원오선사는 기뻐하고 "내가 너를 속이지 않겠다."라고 하며 정식으로 인가하고 "서로 함께 법당을 건립하자."라고 법을 부촉하며, 『임제정종기臨濟正宗記』를 지어주었다. 대혜선사도 서원을 세워 말하기를 "이 몸으로 중생을 대신하여 지옥의 고통을 받을지라도 불법으로 인정을 대신하리라."고 하였다. 이렇게 하여 대혜는 원오의 사법제자가 되었다.

이로부터 종문의 정전조사가 되어 노심초사 중생구제의 역정을 시작하게 된다. 오래지 않아 삼십 팔세 때에 원오선사가 사천으로 돌아가자 선사는 천녕사에 남아 스승을 대신하여 법석을 펼쳤다. 이때부터 대혜선사의 선법과 명성이 제방에 두루 알려지게 되어, 사대부들과의 교류도 빈번해지게 되었다. 승상丞相인 여순도呂舜徒가 흠종欽宗황제에게 상주하여 자색가사를 내리고 "불일대사佛日大師"라는 호를 받게 되었다.

건념建炎원년(1127) 서른아홉 살에 북방으로부터 금金이 침략하여 북송이 멸망하자, 변경을 떠나 남하하여 양주揚州 천녕사天寧寺, 진강鎭江 금산사金山寺, 남경南京 보화사寶華寺, 홍주洪州 운거사雲居寺를 거쳐 소주蘇州 호구사虎丘寺에서 하안거를 지내며 『화엄경』을 보다가 제칠지第七地 보살이 무생법인無生法忍을 깨달았다는 내용에 이르러, 홀연 담당문준화상의 가르침이었던 '앙굴마라가 발우를 가지고 임산부를 구했다.'는 공안의 인연을 분명하게 알았다. 이때 열람한 화엄사상은 이후 간화정종의 이론구축의 토대가 되었고, 선교겸수禪敎兼修의 선교관으로 나타나게 되었다.

건염 4년(1130) 42세 때에 강서 운문암雲門庵에 주석하며 드디어 독립하여 개당전법開堂傳法하게 되었다. 소흥紹興 4년(1134)에 복건 장락長樂 양서암洋嶼庵으로 옮겨 지내게 되었는데, 이때부터 대혜가 묵조사선默照邪禪을 비판하기 시작했다. 주로 굉지정각宏智正覺의 법형인 진헐청료眞歇淸了의 묵조선법을 대상으로 하여 신랄한 비판을 가하였다.

대혜선사는 당시 복건 설봉산의 16대 주지로서 1700여 대중을 거느리고 묵조선풍을 진작하고 있던 진헐청료의 부탁을 받고 잠깐 수좌首座의 소임을 맡은 적이 있었다. 그때 진헐의 문하에 묵조선을 옳게 이해하지 못하고 묵조사선에 빠진 선류禪流들이 많이 있음을 보게 되었다. 사실 대혜가 비판한 것은 굉지정각의 묵조선이 아니며, 진헐청료의 문하에 있는 묵조사선배默照邪禪輩들이 깨달음(妙悟)을 구하지 않고 앉아서 조는 것으로써 묵조선을 삼고 있음에 대해 『변정사설辨正邪說』을 지어 공격하게 된 것이다. 이때에 한편으로 묵조선을 비판하고 다른 한편으로 간화선을 정립하게 되었다.

소흥 5년(1135) 선사의 나이 47세시에 강소·명江少明의 요청으로 복건 천주泉州 운문암에 주석하게 되는데, 운집한 내외 대중이 2백여 인이나 되어 바야흐로 총림叢林을 이루게 되었다. 이때 따르는 사대부들이 많았는데 모두 당시의 유명인사들이었다.

소흥7년(1137) 대혜선사의 나이 사십구 세 되던 해에 승상 장준張浚의 추천으로 황제의 조서詔書를 받고 임안부臨安府 경산사徑山寺 능인선원能仁禪院의 주지가 되어 크게 간화선풍을 진작하게 된다. 이때 따르는 대중이 약 천명이나 되었는데, 제방에서는 "임제선의 재흥(臨濟再興)"이라고 할 정도였다. 어느 날 스승 원오선사가 원적했다는 부음訃音을 받고 직접 제문祭文을 지어 재齋를 올리고, 그 날 저녁 소참법문에서 다음과 같이 설하였다.

어떤 스님이 장사長沙스님께 "남전南泉이 죽어 몸을 바꾸니 어느 곳으로 갔습니까?"라고 묻자, 장사스님께서 "동쪽 마을에서는 나귀가 되고 서쪽 마을에서는 말이 되느니라."고 하였다. 다시 그 스님이 "그 뜻이 무엇입니까?"라고 물으니, 장사스님께서 "타고자 하면 바로 타고, 내리고자 하면 바로 내리니라."는 대답을 하였다.

그러나 나라면 그렇게 말하지 않겠다. 만일 어떤 스님이 "원오 선사가 죽어 몸을 바꾸면 어느 곳으로 갑니까?"라고 물으면, 곧 그를 향해 "무간지옥으로 갔느니라."고 할 것이다. "그 뜻이 무엇 입니까?"라고 하면 "배고프면 펄펄 끓는 구리물을 마시고 목마르면 뜨거운 무쇠 즙을 마신다."라고 대답할 것이다. 오늘 대중 가운데 어떤 사람이 그를 제도할 수 있겠는가. 구원할 수 있는 사람이 없다. 어찌 구하지 못하는가. 이 늙은 사람의 평상시 살림이니라.

선사의 나이 오십일 세 되던 해가 소흥 9년(1139)인데, 항주杭州 경산사徑山寺에 주지한지 3년 째 되는 해이며, 이즈음에 간화선을 널리 선양하게 되었다. 이때 따르는 선중禪衆이 근 1700에 이르고 거의 용상대덕龍象大德이었으며, 재가자 중에는 명망이 있는 인사들이 많았다.

오십삼 세 때(소흥 11년 : 1141) 사월 시랑侍郎 장구성張九成이 경산사를 내방하여 부친의 재를 올리게 되는데, 이때 승좌升座하여 무구선無垢禪에 대한 설법을 하다가 무구선無垢禪을 신비궁神秘弓에 비유하여 게송을 읊었다.

  神秘弓一發 신비궁 한 발을 쏘아
  透過千重甲 천 겹의 갑옷을 뚫어
  仔細拈來看 자세히 들어 살펴보니
  當甚臭皮襪 심한 악취나는 가죽버선

이튿날 장시랑이 다시 설법을 청하였다. 이때 태주台州 요인了因 선객의 물음에 다음과 같이 답하였다.

  神秘弓一發 신비궁 한 발을 쏘아
  千重關鎖一時開 천 겹의 관문을 일시에 뚫고
  吹毛劍一揮 취모검을 한 번 휘둘러
  萬劫疑情悉皆破 만겁의 의정을 모두 부순다.

1141년 5월 금나라와의 전쟁이 화전和戰으로 끝이 나자 화전파의 우두머리였던 재상 진회秦檜가 주전파에 속해있던 장구성을 모함하여 관직을 박탈하게 된다. 그때에 대혜선사를 장구성 등의 주전파의 일당으로 보고 그가 설한 신비궁神秘弓과 취모검吹毛劍을 문제 삼아 유명한 "신비궁사건"을 조작하여 승복과 도첩을 박탈하고 형주(衡州 : 지금 湖南省 衡陽)로 귀양 보낸다. 선사는 10년간이나 귀양살이를 하게 되는데, 이때 제자들이 선승들을 위해 강설한 공안

어구公案語句를 모아 『정법안장正法眼藏』 6권을 편찬하게 된다. 대혜는 직접 "후래에 불조의 정법안장이 소멸되지 않기를 바라는 의미"를 담아 그 책 이름을 『정법안장正法眼藏』이라 지었다. 또한 귀양지에서 사대부들에게 보낸 간화선의 지침에 대한 서간문을 가려 뽑아 모은 것이 『대혜서장大慧書狀』이다.

소흥 20년(1150) 62세에 다시 광동 매주(梅州 : 지금 梅縣)로 귀양지를 옮겨 그곳에서 6년의 귀양생활을 더하게 되는데, 매주는 전염병이 창궐하는 습지로 황량한 땅임에도 불구하고 도제들이 양식을 가지고 죽기를 불사하고 그를 따랐다. 이때 법굉法宏수좌가 대혜의 설법 내용을 집록하여 『잡독해雜毒海』를 편찬하게 된다. "참선하여 깨닫지 못하는 것은 마음에 잡독(번뇌)이 들었기 때문이다." 라는 의미로 책명을 지었다. 훗날 책 이름을 개명하여 『종문무고宗門武庫』라고 하게 되는데 전혀 대혜의 뜻이 아니다.

나이 68세 때에 드디어 16년의 귀양살이를 청산하고 사면이 이루어진다. 사방에서 요청이 있었지만 응하지 않고, 그해 11월에 천동산 굉지정각의 추천으로 절강 명주(明州 : 지금 寧波)의 아육왕사阿育王寺의 주지로 취임하게 된다. 이듬해에 아육왕사에 모인 대중이 천이백萬二千指이나 되었다.

이때 천동사天童寺를 방문하여 굉지정각과의 교분을 두텁게 하였다. 서로 약속하기를, 둘 중 나중에 죽는 사람이 후사를 맡아주기로 하였다. 이 약속에 의해 정각이 먼저 원적하자, 대혜가 장례와 재를 주관하고 비명까지 쓰게 된다. 이로 미루어 보아 대혜가 비판한 것은 정각의 묵조선사상이 아니라는 것이 명확해진다. 다만 굉지선사를 후원한 정치세력이 대금對金전쟁에 있어서 화전파和戰派가 많았고, 대혜선사를 둘러싼 사대부들이 주전파主戰派에 속했기 때문에 정치적 성향에서 서로 대립되는 입장에 있었던 것이다. 그러나 인간적으로나 종교적 입장에서는 서로 존중하고 신뢰하는 사이였음을 알 수 있다.

소흥 32년 선사 나이 70에 황제의 칙명으로 18년 만에 다시 경산徑山으로 돌아와 주지하며 간화종지를 크게 펼치게 되었으니, 감회가 새로웠다. 효종孝宗이 즉위하여 선사를 존중하며 귀의하게 되어 "묘희암妙喜庵"이라는 석자의 편액을 친히 써서 하사하였고, 또한 "대혜선사大慧禪師"라는 호號를 하사하였다. 이때 천하에 간화선풍을 다시 떨치게 되니, 이즈음 경산에 운집한 대중이 이천이 넘었다.

어느 날 서녁 대중들이 찬란하게 빛나는 붉은 별 하나가 절 서쪽으로 떨어지는 것을 보았다. 뒤이어 선사가 미질微疾을 보이더니 8월 9일 "내가 내일 가겠다."고 분부하시고, 그날 밤 오경五更에 친히 황제에게 보낼 글을 쓰고 아울러 후사를 부탁하였다. 제자 요현了賢이 임종게를 청하자, 선사께서는 "사는 것도 이러하고 죽는 것도 이러한데 게송이 있거나 없거나 이 무슨 번뇌인고!"라고 하시며 편안하게 가시었다. 때는 융흥隆興 원년(1163) 8월 10일, 장소는 경산徑山의 명월당明月堂에서 세수 75세요 법랍 58년으로 원적에 들었다.

입적 소식을 전해 듣고 황제도 애도해 마지않고 시호諡號을 보각普覺이라 하고 탑명塔銘을 보광寶光이라 하였다.『대혜선사어록』 30권이 대장경에 편입되어 있고, 그 밖에『정법안장』,『종문무고』, 『대혜선사연보』등이 전하며, 선사에게 입실한 수법제자는 모두 83명이다.

『대혜보각선사어록』은 전면에 걸쳐 간화선사상에 대해 기술하고 있으며, 총 30권, 근 이십만자에 이른다. 그 내용은 어록語錄, 송고頌古, 보설普說, 법어法語, 서신書信 등으로 이루어져 있다. 어록 편찬자는 온문蘊聞선사인데, 속성이 심沈씨이며 홍주(洪州 : 지금 江西 南昌)사람이다. 그는 일찍이 대혜선사를 다년간 시봉했으며, 박식선해博識善解하여 스승으로부터 소중히 여김을 받았다. 대혜선사가 원적한 후에 선사의 일생언교一生言敎를 광범위하게 수집하여 이 책을 완성하였다. 후에 복주福州 설봉산 숭경사崇聖寺에서 선법을 전수하였다.

대혜선사의 일생은 치열한 구도와 신명을 바친 교화의 연속이었다. 중국 선종사에서 하택신회선사와 감산덕청선사와 더불어 대혜종고선사는 스스로 고난과 역경을 만들어 그 속에서 불꽃같은 열정으로 범인이 흉내 낼 수 없는 치열함으로 행화行化의 모범을 보여준 선문의 대종장이다. 그에 의해 수립된 간화종지看話宗旨는 지금 이 시간까지도 꺼지지 않는 활화산이 되어 뭇 중생의 수증의 지남指南이 되고 있다. 불조佛祖의 간명직절簡明直切한 고칙공안古則公案을 본참화두本參話頭로 간택하여 현애살수懸崖撒手의 간절함과 불퇴전의 용맹심으로 간단없이 참구하여 견성성불見性成佛하고 요익중생饒益衆生할 것을 제시하고 있다. 수미산須彌山과 향수해香水海보다 높고 넓은 불조의 은혜에 보답하는 길은 목숨이 다하고, 허공이 다하고, 미래제가 다하도록 화두를 놓지 않고 향상일로向上一路 행화行化에 매진하는 것이다.

간화정로 看話正路

1판 1쇄 발행 | 2006년 4월 12일
2판 2쇄 발행 | 2009년 5월 2일

지 은 이 | 월암(月庵)
펴 낸 이 | 오세룡
펴 낸 곳 | 클리어마인드_(주)지오비스
등록번호 | 제 300-2005-54호
주   소 | 서울시 수송동 58 두산위브파빌리온 736호
전   화 | 02)2198-5151, 팩스 | 02)2198-5153
디 자 인 | 현대북스 051)244-1251

ISBN 978-89-93293-09-8   03220

클리어마인드는 (주)지오비스의 출판브랜드입니다.
이 책은 저작권 법에 따라 보호받는 저작물이므로 무단전재와 복제를 금지하며,
이 책 내용의 전부 또는 일부를 이용하려면
반드시 저작권자 지은이와 (주)지오비스의 서면동의를 받아야 합니다.

정가 20,000원